本项目受到国家自然科学基金和博士点基金的支持

双向开放与发展系列

IDP

The Mechanism of the IFDI's Impacts on
the Capability Building of OFDI

Preliminary Construction of the Dynamic IDP Theory

吸引外资对对外投资的作用机制

——动态IDP理论的初步构建

陈涛涛　陈晓　宋爽　柳士昌 / 著

中国财经出版传媒集团

经济科学出版社

Economic Science Press

自　序

　　自 2008 年我开始涉足投资发展路径理论的研究，至今已有 9 年的时间了。与最早接触原始 IDP 理论时的兴奋与冲动相比，经过这 9 年的艰辛探索，我和研究团队的成员们已经可以相对平静地面对这一领域的复杂性与各种挑战，并且当前，我们仍然在坚定不移地、一步一步地付诸努力去征服这些挑战。我们坚信，过去的努力，以及当前及今后在此领域的一切努力，都是值得的。

　　在 2008 年接触 IDP 理论之前，我已经历经了 10 年的 FDI 溢出效应的研究。在研究的前 5 年，中国企业的对外投资还是非常少的，然而，自 2004 年起，我国的对外投资开始了稳步的增长。这一现实的增长引起了我对"引进外资"对"对外投资"的影响的强烈好奇，也就是在这个时候，我开始关注到由英国雷丁（Reading）大学的邓宁及其研究团队所开创的"投资发展路径理论"（也就是 IDP 理论）。初识这一理论，让我感到非常兴奋和冲动，原因在于该理论描述了"一国的对外净投资（对外投资减吸引外资）将随着该国人均 GDP 的增长而逐渐由负转正的过程"，这就意味着，一国可以通过开放引进外资从而带来经济的增长，进而随着经济的增长，该国也会发展出对外投资的能力！然而，研究 FDI 溢出效应的经历，使我对这一结论感到困惑，因为，我清楚地知道，引进外资并不能自然而然地对东道国产生溢出效应，也就是说，东道国本土企业的劳动生产率及竞争能力不会自动地随着外资的进入而提高；并且在不同的状况下，外资企业还非常可能对本土企业形成挤出效应！那么，IDP 理论所描述的过程究竟是怎样发生的呢？ IDP 理论的内在机制是怎样的？这些问题促使我迫不及待地要从 IDP 理论中寻求答案。然而，经过一年多的反复查询和探索，我不得不失望地得出结论，已有的 IDP 理论并没有能够充分地解释这一机制问题。IDP 理论所描述的投资发展路径，是邓宁及其团队在对 67 个国家在 1967～1978 年国际直接投资与经济发展水平间的关系进行研究的基础上得出的，本质上，这一结论仍是"静态图示"的结果，这一结果的得出并未经过对各个国家这一发展过程机理的系统化探索。

2008 年、2009 年，是中国经过改革开放 30 多年获得巨大成就的年份；也是在美国次贷危机的背景下全球跨国投资下挫而中国对外投资逆势猛增的年份。究竟经过了这么多年的开放，我国引进的大量外资是否对我国对外投资能力的培育有积极的作用？如果是这样，这一作用机制是怎样的？在未来的发展中，我国的扩大开放能否持续地支持我国对外投资能力的进一步提升？如果这一过程并不能自然而然地发生，那么，政府在其中又应该起怎样的作用？应该把控哪些环节或要素呢？这一系列关乎我国开放与发展战略的大问题非常现实地摆在我们面前，既然现有理论没有能够给出清晰的答案，那么只有靠我们自己去挖掘、去研究、去探索这些问题的答案了。正是上述的时代背景和中国开放与发展的使命，催动我带领我的博士生们踏上了探索 IDP 理论动态发展机制的征程，在本书中，我把我们所探讨的 IDP 理论的动态发展机制称之为"动态 IDP 理论"。

探索的过程是艰辛的。一是"机制的探索"从来都要求研究者首先对实践有着深刻的理解，进而才能在理论的指导下一方面解析实践；另一方面也在已有理论的基础上根据实践的新体验来创造新知。二是"开放与发展"本来就是各个发展中国家的新课题，不同国家又有着不同的体验，要寻求一般规律，必须对多个国家进行研究并加以比较。三是"对外投资"对于中国而言更是崭新的课题，因而对中国 IDP 的动态机制的探讨充满了各种复杂性，这种复杂性构成了我们涉入课题之初意想不到的巨大挑战。幸运的是，我们在 2012 年同时获得了国家自然科学基金和教育部博士点基金的支持，于是我们有了较为充裕的资金，这些资金支持了我们在从事中国 IDP 研究的同时，展开了对其他发展中国家（如巴西）以及追赶型国家（如日本和韩国）的 IDP 机制的研究，这种比较在后来的研究过程中被证实是特别宝贵和特别必要的。与此同时，2012 年我被聘为由智利卢克西奇集团资助的清华大学中国—拉丁美洲管理研究中心的主任，另外，在 2012 年以来的几年中，我又多次受国家商务部邀请进行中国企业海外投资的研究，于是我有机会带领我的研究团队深入美国、欧洲和拉美主要国家（如智利、巴西、墨西哥、秘鲁、哥伦比亚等）进行实地调研，从而对我国企业对外投资的真实状况有了切实的把握。

　　这一系列实践的真知为我们的研究插上了翅膀。这些实践使我们能够在把握产业发展脉络的基础上真切体会我国企业在开放过程中竞争能力的积累以及投资海外的动机及相对竞争力的表现；这些实践使我们能够更加真实地体会并确切地解释检验模型中的变量及其相互关系；同时，这些实践更能使我们有机会集合现有检验模型无法囊括的复杂机制的各层面要素，并梳理其内在逻辑关系，进而最大限度地步步贴近引进外资到对外投资的客观机制本身。正因为如此，我们在针对 IDP 理论内在机制的研究过程中，既根据当前国际及各国可得数据的情况尽可能充分地采用了经验检验的模型方法，同时也大量采用了国家、行业以及企业多个层面的案例研究方法，并且依据多案例研究方法的基本原则对这些案例在不同层次上进行了对比研究。在上述多种方法的系列研究基础上，我们归结了"一国从吸引外资到对外投资的逻辑分析框架"；从发展中国家的角度归结了"发展中国家产业开放发展的路径"；并且探讨了"发展中国家从开放引进外资到对外投资的过程中的关键环节及政府的相关作用"。目前，我们的研究仍在几个维度上不断地推进：一是在产业层面的机制相对清晰化的基础上，我们将把机制的研究推向产业间层面和产业与宏观层面；二是将从引进外资到对外投资的过程，进一步延展为"从引进外资到对外投资、再从对外投资到引进外资，进而循环往复不断推升"的动态发展过程；三是把这一研究不断推展到不同的发展中国家，也包括一些典型的发达国家。我们坚信，这一系列研究的不断推进，必将为我国开放发展的大战略提供可以依赖的逻辑内涵；同时也会为其他发展中国家的开放与发展提供可借鉴的理论框架和实践参考。

本书是我和我的研究团队关于动态 IDP 理论探讨的第一本，它展示了我们关于动态 IDP 理论探讨的意义、基本依据以及我们对中国、巴西、日本、韩国进行的相关研究的实证过程。陈晓同学是我研究团队的最早加入者，她和我一起经历过最早期、最艰难也是最迷茫的那段探索过程，当她最终以中国和巴西为题进行博士论文的研究时，我们对动态 IDP 的探索已经有了比较明确的把握方向。现在她虽然毕业了，但仍不改初衷，当前还坚定不移地与我共同携手在这个领域不断耕耘，我非常感谢她对我的信任并且非常珍视与她的长期合作。宋爽同学是以 IDP 为题进行毕业论文写作的第二名博士生，在她在校期间，我和她一起共同开拓了日本和韩国的动态 IDP 研究，在她的认真努力下，我们对日本和韩国的"半开放式"（主要依赖技术引进而不是引进外资）发展过程有了更深入的理解；同时这一研究也丰富了我们用以对比的国家案例。柳士昌同学自从加入我的研究团队起就开始了 FDI 溢出效应的探索，因为其加入团队相对较晚，所以对早期 IDP 研究的介入比陈晓和宋爽要少一些，但他以他积极努力的态度和真诚合作的精神赢得了团队的信任。在我们撰写 IDP 的第一本书的时候，由于从总体上需要进一步追加一些对比性的研究，我们邀请了柳士昌同学的加入，他的努力为本书的完整性做出了贡献。除此以外，我的研究团队中已经开始并且当前正在进行动态 IDP 理论的深化研究的组员还有陈忱同学和顾凌骏同学，我的新博士生也会陆续地加入这一行列；与此同时，我们也会在完成了第一本动态 IDP 理论的著作后，陆续将新的研究成果尽快呈献给进行类似研究的同行朋友们。根据我们多年的研究经验，动态 IDP 理论的探索的确复杂，绝非仅仅通过数据模型就能够解析的，它需要大量的、细致的实践考察予以配合和支撑；然而，动态 IDP 理论又是发展中国家在当前复杂多变的全球化形势下特别需要的。因此，我们艰辛的努力和充分的交流都是特别有价值的，是对社会发展有贡献的。我愿以此书与我中国的同行们共同交流，也谨以此书明志与我的团队及同行朋友们共勉！

陈涛涛
2017 年 2 月

Contents

目录

第一部分　IDP 理论及其动态拓展

第一部分

IDP 理论及其动态拓展

第 1 章
引　　言

　　中国自 1978 年中共十一届三中全会确立以经济建设为中心，实行改革开放的基本国策，至今已有近 40 年的时间。在这近 40 年的改革开放过程中，我国的经济确实实现了腾飞；与此同时，我国也于 1996 年起，成了全球吸引外资的第二大国。更令人兴奋的是，2000 年全国人大九届三次会议首次把"走出去"战略提高到国家战略层面，并写入了我国《国民经济和社会发展第十个五年计划纲要》中。自 2004 年起，我国的对外投资也开始起步，特别是在 2008 年后实现了突飞猛进的发展。2015 年，我国的对外投资也首次跃居全球第二大对外投资国的地位，并且于同年，我国的对外投资首次超过了吸引外资的数额，成了资本净输出国。

　　纵观世界，同时具有吸引大量外资进入并能够大量对外投资能力的国家，往往是以美国、英国为代表的发达国家，中国能在世界走向全球化的大背景下同时实现大额的吸引外资和对外投资，实属不易。如果说，作为全球化的推手，美国、英国等发达国家的对外投资和吸引外资的能力是在世界发展的进程中自然形成的，那么中国的吸引外资和对外投资能力则是在改革、开放的国家政策以及中国人民近 40 年的艰苦探索中逐步积累起来的。尽管国际理论界自 20 世纪 80 年代起就开启了关于"开放与发展"的研究，但当前我国开拓式的实践和丰硕的发展成果，显然为发展中国家的开放与发展理论提供了最新鲜的血液。

　　当前，我国仍在进一步扩大对外开放、增强对外投资能力的道路上前行。习近平总书记在中共十八届三中全会中指出："改革开放永无止境，停顿和倒退没有出路，改革开放只有进行时、没有完成时"，并在《中共中央关于全面深化改革若干重大问题的决定》中进一步地指出："适应经济全球化新形势，必须推动对内对外开放相互促进、"引进来"和"走出去"更好结合，促进国际国内要素有序自由流动、资源高效配置、市场深度融合，加快培育参与和引领国际经济合作竞争新优势，以开放促改革。"与此同时，世界上许多发展中国家则以中国改革开放的成功为典范，期望能够汲取为他国所用的经验。由此，本书关于"吸引外资对对外投资的影响机制"以及相关发展理论（即动态 IDP 理论）方面的探讨，具有特别重要的实践及理论价值。

1.1　问题的提出及研究意义

1.1.1　问题提出的实践意义

从表面上看，吸引外资与对外投资是一个国家对外开放的两极，迄今为止，鲜有国家从宏观上对吸引外资和对外投资进行逻辑一致的管理和控制；也鲜有学者对其内在的对立统一关系进行深入的探究。然而，在当今全球化的世界里，对于采取开放战略以求发展的发展中国家而言，开放两极之间深刻的内在逻辑，必须引起高度的重视。

一方面，一国的对外投资被视为该国国家竞争力的表现，也是该国在全球化时代有效利用国际资源的必要手段，由此，促进本国对外投资能力的提高、打造本土的跨国企业是培养发展中国家（或地区）国家竞争力的重要内容；另一方面，吸引外资甚至依赖外资参与或主导本国的经济发展，也是发展中国家寻求开放发展的另一个重要途径。遍观当今世界发展中国家的发展足迹，我们不难发现，日本、韩国作为追赶型国家是成功打造了强悍的跨国企业的典型代表，但其发展过程中却鲜有对外开放、引进外资的经历；而墨西哥和巴西作为大量吸引外资推动本国产业发展的国家，其具有对外投资能力的企业却是寥寥无几！上述事实，严酷地挑战了实施两极开放、追求双向目标的国家，即对于实施对外开放的发展中国而言，其"吸引外资的政策是否有助于对外投资能力的培养"或者其"对外投资能力的形成和可持续性是否会得益于其对外开放、引进外资的政策？"这一问题是当前实施开放政策的发展中国家无法回避、必须面对的现实挑战。本书核心问题的简明图示，如图1-1所示。

图1-1　本书核心问题的简明图示

1.1.2　问题提出的理论意义

关于吸引外资与对外投资关系的理论可以追溯到20世纪70年代~80年代初英国经济学及国际管理学大师邓宁（John H. Dunning）提出的投资发展路径理论（以下简称"IDP理论"）。依照IDP理论，在一国经济发展的不同阶段，随着人均国民生产总值（GNP）的提高，其对外净投资（对外投资减去吸引外资的差）将会经历由负转正的发展过程（Dunning，1981）。IDP理论自提出以来引起了广泛的关注，各国学者纷纷以不同时段、不同国家的样本数据对IDP模型进行了实证检验。从大量的实证检验结果来看，IDP理论中描述的发展路径在现实世界中得到了广泛的证实（Buckley & Castro，1998；Gorynia et al.，2007；Boudier，2008；刘红忠，2001；姚永华等，2006）。

然而，IDP理论所描述的投资发展路径在现实中究竟是怎样实现的？其发生、发展的机制是怎样的？一国为什么能够遵循这样的发展路径，从一个外资的净流入国发展为一个净流出国？对于上述这一系列机制性的问题，现有的IDP理论并没有能给出一个清晰的解释。由此，正如2010年邓宁教授及其合作者纳如拉（Narula）所意识到的那样，IDP理论的内在机制迄今为止仍然是一个"黑箱"（Narula，Dunning，2010）。为此，探究吸引外资与对外投资的内在逻辑将是对现有IDP理论内在机制的一个重要的补充和发展。

1.2　研究目标、 方法及本书的写作安排

1.2.1　研究目标

基于上述研究意义，我们设定的研究目标包括实践目标和理论目标两个方面。

其中，本书的理论目标可以表述为：探索一国（特别是发展中国家）从吸引外资为主的阶段发展到对外投资为主的阶段的深层机制和逻辑过程，从而在现有 IDP 理论的基础上，推动与发展动态 IDP 理论。

与此同时，本书的实践目标可以表述为：深入探讨我国及相关发展中国家吸引外资对对外投资能力形成的动态作用机制，为我国开放式发展战略提供理论依据及相关政策建议。

1.2.2　研究方法

针对以上研究目标，本书将采用"理论与实践相结合"的操作思路、"经验研究与案例研究相补充"的技术方法、"多层次、多国家比较"的综合研究方案，共同推动本书研究的实现。

其中，"理论与实践相结合"的操作思路是指，虽然本书研究领域在国际上已有一定的研究基础，但与本书所要达到的目标还有很大的差距，而这种在"机制"上的差距不是仅仅依据现有理论就可以推导而得到的，因此，要实质性地推动研究的展开，就必须深入实践第一线进行实地考察。这种实地调研既包括对目标国本国的调研，也包括对对外投资的东道国的实地调研。

"经验研究与案例研究相补充"的技术方法是指：首先，在国际、国内相关数据的支持下，本书将尽力采用经验研究的方法，根据已有的理论及研究经验，建立模型，对引进外资对对外投资的影响机制进行探索式的

检验；其次，我们将同时着力对吸引外资对对外投资的影响机制展开案例研究。事实上，由于现有理论在机制探讨方面有比较大的缺憾，因此，案例研究将是展开机制研究的最为主要的方法。为此，我们将依据相关理论搭建进行案例研究的分析框架，并在案例研究的过程中不断地对设立的分析框架进行进一步的检验和完善，从而使案例研究与有效分析框架的搭建在研究过程中相互补充、相互推进。

此外，"多层次、多国家比较"的研究方案是指：根据我们的研究，我们对吸引外资对对外投资的复杂机制已有一定的认知，该机制是涵盖宏观、行业以及企业三个层面的综合机制，因此，我们前述的经验研究及案例研究都将在宏观、行业和企业三个层面展开；与此同时，由于吸引外资对对外投资的机制是一个以国家为整体的综合机制，因而，为了探讨和把握一国（特别是发展中国家）在吸引外资和对外投资机制方面的统一规律，就必须针对多个国家展开具体的研究，而后再进行综合比较。因此，我们需要采用"多层次、多国家比较"的研究方案。

这里我们需要更加具体地对我们的综合研究方法加以说明。首先，在多国比较研究中，我们选取了两组用于比较的国家：第一组是巴西与中国；第二组是日本、韩国与中国。在以上两组的经验研究中，我们分别对这两组的经验研究结果进行了比较。其次，在所选取的两组对比国家中，我们进一步选取了相应的行业，并且采用"多案例研究"方法进行了探讨。具体而言，在巴西与中国的对比组中，我们选取了汽车行业作为案例研究的目标行业；在日、韩与中国的对比组中，我们选取了半导体行业作为案例研究的目标行业。所谓"多案例研究"方法是罗伯特·殷（Robert K. Yin）在1994年提出来的，它是综合运用历史数据、档案材料、访谈、观察等多种收集数据和资料的技术与手段，通过逐项复制和差异复制的原则对若干社会单元（个人或团体组织等）中发生的典型事件的背景、过程进行系统的、综合的描述和分析，从而建立起多个案例，进而通过多个案例的对比分析和甄别、排除竞争性解释来进行解释、判断、评价或者预测的研究方法（Yin，2005；黄振辉，2010）。根据"多案例研究"方法的要求，我们遵循重复复制和差别复制的原则，通过对中国、巴西、日本和韩国等多个案例在相同行业内部的重复检验和差异性对比，克服个案研究的普遍性不足缺点，把案例研究建立在几个不同但相互印证的证据来源上，从而得到更加可靠、准确和更具普遍意义的结论。因此，采用这种多案例研究方法，能够对多个国家的相同行业的吸引外资对对外投资作用机制进行比较研究，十分适用于本研究的"多层次、多国家比较"的研究方案。

1. 2. 3　本书的写作安排

本书由三大部分构成，共分为 8 章，围绕"吸引外资对东道国对外投资的影响及其作用机制"这一核心问题，进行逐层分析和论述。本书具体的结构及内容安排如下：

第一大部分主要介绍 IDP 理论基础及我们在此基础上对其进行的动态拓展，包含本书第 1 章至第 3 章的内容，其中：

第 1 章是全书的引言，简要介绍了问题提出的背景、研究的现实意义与理论意义，并对于本书的研究目的、方法及结构安排进行了简要介绍。

第 2 章为 IDP 理论的发展及其评述，首先对于投资发展路径（IDP）理论及其发展脉络和现状进行综述；其后，对于 IDP 理论研究的现状以及其发展至今存在的缺憾加以总结和评述。

第 3 章为动态 IDP 理论的拓展及其初步总体检验。本章首先阐明了本书问题研究的"逻辑范围"及其"理论体系"；进而，针对研究的核心问题，我们搭建了适用于具体目标国的动态 IDP 理论机制研究分析框架，并利用全球层面的大样本数据进行了初步实证检验。

第二大部分，我们以典型的发展中国家或追赶型国家为案例，对于动态 IDP 机制进行深入细致的研究。该部分包含本书第 4 章至第 6 章内容，其中：

第 4 章选取典型的发展中大国巴西为研究对象，采用实证研究与案例分析相结合的方式对于该目标国动态 IDP 机制进行研究。

第 5 章选取典型的追赶型国家日本为研究对象，沿用与第 4 章类似的分析思路分别从经验研究和案例分析两个方面对于日本动态 IDP 机制进行研究。

第 6 章选取典型的追赶型国家韩国为研究对象，沿用与第 4 和第 5 章类似的分析思路分别从经验研究和案例分析两个方面对于韩国动态 IDP 机制进行研究。

本书的第三大部分主要为针对中国的动态 IDP 机制研究以及多国比较研究，具体来看：

第 7 章为针对中国的研究，沿用与第 4 章至第 6 章一致的研究思路，采用经验研究和案例分析相结合的方法对中国进行了相对应的分析与探索。

第 8 章为国际比较分析以及本书关于动态 IDP 研究的阶段性小结。本章将在前面章节研究的基础上，分别对巴西和中国以及日本、韩国和中国这两个比较组进行国际比较分析，从而给出本书关于动态 IDP 理论研究的阶段性成果总结。

第 2 章
IDP 理论的发展及其评述

2.1 IDP 理论及其发展脉络

2.1.1 IDP 理论本身及其内在逻辑

IDP 理论是邓宁以国际生产折衷理论（OLI）为基础提出的，虽然 IDP 的理论模型中并未包含 OLI 理论的相关变量，但利用 IDP 理论检验各国实践时，其结果必须采用 OLI 理论来加以解释。从这层意义上讲，我们也可以认为，OLI 理论是 IDP 理论的一个必要的组成部分。为了较为完整地借鉴 IDP 理论及其发展过程，下面我们将对 OLI 理论和 IDP 理论做简要的陈述。

2.1.1.1 国际生产折衷理论（OLI）

国际生产折衷理论（the Eclectic Theory of International Production），是邓宁在吸收国际经济学各派学说、综合已有的国际投资理论与贸易理论的基础上提出的集大成的跨国企业理论。

OLI 理论认为企业进行国际生产是因为以下三种优势的存在：所有权优势、内部化优势和区位优势。所有权优势有的时候被称作竞争或者垄断优势，它是指跨国公司想要与东道国的企业竞争必须具有的特定所有权优势，这种优势必须足以弥补设立和操作国外的增值运营所需要的成本。所有权优势包括两大类：一是资产性所有权优势，指跨国公司拥有的特定资产（如专利、商标等）所带来的专有所有权优势，这种优势存在于结构性市场失灵；二是交易性所有权优势，指在存在交易性市场失灵时，跨国公司通过跨国经营降低交易成本的优势。内部化优势，是指当某些产品和技术通过外部市场交易时往往会产生较高的交易成本，所以跨国公司倾向于到国外投资，并在母、子公司或各子公司之间进行中间产品的交易，由此，公司可以通过内部交易替代市场交易，降低交易成本，从而获得内部化优势。内部化优势解释了为什么具有所有权优势的公司不采用出售所有权或者许可外国公司生产的方式，而是采取跨国生产，因为它有能力通过内部化来利用自身优势，从而获得更多利益。所谓区位优势，是指一国相对于其他国家在自然、经济和制度等方面具有相对于其他国家的优势因素，从而使投资于该国的企业会在成本、效率等方面获得竞争优势的特点（John H. Dunning，1988）。邓宁认为，只有把跨国企业自身的优势（即所有权优势和内部化优势）与东道国的区位优势结合起来，才能确保有效的对外直接投资。

2.1.1.2　投资发展路径（IDP）理论

投资发展路径理论的奠基性论文，是邓宁 1981 年发表的《不同国家国际直接投资地位的解释：一个动态发展的视角》一文，在其中他提出，伴随着经济发展和人均 GNP 水平的提高，一国的对外净投资（即对外直接投资与吸收外商直接投资的差额）将沿着某种特定的路径变化，先后经历四个发展阶段（John H. Dunning，1981）。此后，包括邓宁本人在内的一些学者，对邓宁原始的 IDP 理论进行了不同程度的发展，特别是，1986年，邓宁本人又进一步提出了投资发展的第五阶段（John H. Dunning，1986），并在 1996 年与 Narula 合著的著作中对此进行了深入阐述（John H. Dunning，Rajneesh Narula，1996）。以下我们对 IDP 理论五阶段论的描述正是基于此书，如图 2 - 1 所示。

处于第一阶段的国家对外直接投资与吸收外商直接投资的数额都很小，其对外净投资额等于零或是接近于零的负数。在这个时期，一国经济处于初级发展阶段，人均收入水平很低，国内市场有效需求不足，交通信息设施匮乏。其结果，一方面，由于该国缺乏足够的区位优势而无法吸引外资流入；另一方面，该国的企业在此条件下也没能积累任何所有权优势，因此没有能力对外投资。

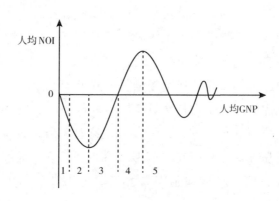

图 2-1 投资发展路径的五个阶段

处于第二阶段的国家吸收外商直接投资开始增长，而对外直接投资仍然维持在相对较低的水平，因此其对外净投资额小于零且绝对值不断增加。在这一时期，一方面，国内市场规模的扩大或购买力的提高，使外国企业对该国直接投资并在当地生产成为可能。外国企业凭借在无形资产（如技术、品牌、管理水平等）方面的所有权优势，与该国区位优势相结合，通过直接投资的形式来达到控制资源和利用东道国廉价劳动力的目的。另一方面，在经历了第一阶段的发展后，本国企业的所有权优势逐渐增长，这些优势主要存在于围绕着初级产业发展起来的支持性产业、半熟练的制造业及适用性技术密集的产业中，在政府政策鼓励下，国内企业开始对外投资。

处于第三阶段的国家以吸收外商直接投资增长率的放慢和对外直接投资增长率的加速为标志，对外净投资开始转入正增长，但仍为负值。在这一阶段，对外资企业而言，由于国内企业资金、技术、劳动力资源等所有权优势增加，加之本国人均收入大幅提高，对高档产品的需求快速增长，外资企业更注重输出新技术，并加大向高附加值和技术密集型领域投资。对于国内企业而言，除少数高新技术领域外，企业在许多领域的所有权优势都达到了可与发达国家企业相抗衡的水平，随着国内市场需求趋于饱和以及劳动力成本的不断提高,国内企业纷纷开始向国外投资,以寻求更大的经济效益。其中,流向第一和第二阶段国家的对外直接投资的增长,其动机既有寻求市场型,也有贸易替代型;而对第三和第四阶段国家的投资,就不仅是作为一种寻求市场的战略,同时也是为了获得战略资产,以保护和提高本国企业的所有权优势。

处于第四阶段的国家对外直接投资流出大于外商直接投资的流入,且前者的增长率高于后者,对外净投资额为正值,且不断增加。在这个阶段,国内企业不仅能与外国企业在每国已具备竞争优势的国内部门进行有效的竞争,还能打入外国市场。流向这一阶段国家的国际直接投资主要是其他处于较高阶段国家的企业寻求资产的投资。这些企业的所有权优势一般为交易性所有权优势,而不是资产性所有权优势,并且来自于其跨国性本身。此外,还有部分国际直接投资流入来自于较低发展阶段的国家,这类投资的性质可能是寻求市场、与贸易相关和寻求战略资产的。对外直接投资将继续增长,这不仅是为了规避贸易壁垒,也是为了把正在丧失竞争力的生产活动转移到海外较低阶段的国家,以保持其竞争优势。为了在国际竞争中获益,对外投资具有更强的市场内部化倾向。

在第五阶段,一个国家的对外净投资先是下降,继而开始围绕零水平上下波动,同时存在大规模、高效率的资本流入和流出。与前四个阶段相比,这一阶段受经济发展的影响程度大大减弱,以人均 GNP 指标对经济发展阶段的衡量已不能很好地反映优势变化,国际直接投资水平也不是必然与收入水平的变动趋势保持一致。处于这一阶段的国家可以凭借更多的优势在全球范围内进行资本运作,并分享大部分资本流动和区位优势带来的利益。20 世纪末的发达国家即是这种情况 (John H. Dunning, Rajneesh Narula, 1996)。

综上所述,邓宁的投资发展路径理论认为,各个国家的国际直接投资流动与其经济发展水平具有系统的相关性,在国家经济发展的不同阶段,其国际直接投资将呈现出特定的变化规律,其图形上表现为:在前四个阶段对外净投资额呈 U 型或 J 型曲线分布,在第五阶段又将返回零水平上下波动。

2.1.2　IDP 理论的发展脉络

基于我们可得的文献，我们认为，IDP 理论自创建之后有以下几条发展脉络。

2.1.2.1　不断探究影响一国投资发展路径的关键因素

在 1981 年的初次探索中，邓宁研究了 67 个国家在 1967～1978 年国际直接投资与经济发展水平间的关系，得出了一国的对外净投资与该国的经济发展具有系统的相关性的结论。在模型中，一国的经济发展是用人均 GNP 指标来反映的，因而从模型的表面上看，一国的对外净投资就主要由该国的人均 GNP 水平所决定。

然而，在进一步的研究中，邓宁发现，有些人均 GNP 水平相似的国家实际对外净投资额可能存在很大差异，比如英国和新西兰；而对外净投资额相似的国家其人均 GNP 水平也可以相差甚远，例如澳大利亚和牙买加。对于这种现象最明显的解释，是各国具有不同的经济结构，人均 GNP 水平这一单一指标不足以充分反映一国的经济结构。例如，在既定的收入水平下，工业化国家对外直接投资总额和对外净投资的人均水平会比资源型国家高，而吸收外商直接投资的人均水平比资源型国家低。同样，一国的市场规模也会影响其投资发展路径，市场规模较小的国家会在较早的阶段表现出 NOI 的正值，而对于市场规模大的国家则正好相反（John H. Dunning, 1981; John H. Dunning, Rajneesh Narula, 1996）。

事实上，邓宁虽然成功地利用 OLI 理论对 IDP 理论的内涵进行了解释，但 OLI 理论所包含的诸多变量并没有在 IDP 模型中得到直接的反映。相对于 IDP 模型，OLI 理论所包含的变量要复杂得多，而且不仅涉及目标国家，还涉及与目标国家具有流入流出关系的其他国家。因此，如何把握对 IDP 模型具有关键影响的 OLI 理论中的重要变量以及能够充分反映一国经济结构的其他重要变量，成了 IDP 模型需要解决的一个难点，同时这也成了后期各国学者努力完善该模型的一个方向。在这方面，邓宁（John H. Dunning, 1981）、托勒蒂罗（Tolentino, 1993）、纳如拉（Narula,

1996)、刘晓辉、特雷弗·巴克和舒畅（Xiaohui Liu、Trevor Buck & Chang Shu，2005）以及我国的学者李辉（2007）等都在这一方向上做出了有益的尝试。

2.1.2.2 进一步探讨 IDP 理论对后发国家和发展中国家的适用性

当 IDP 理论初步形成的时候，国际投资的 90% 以上都是源于发达国家；随着发展中国家对外投资的现象逐步进入研究者的视线，IDP 理论对发展中国家对外净投资地位的适用性受到了进一步的关注。1986 年，基于对 25 个发展中国家对外净投资的分析，邓宁认为，发展中国家，无论其经济结构如何，也无论其政府采用怎样的策略与政策来推动经济发展，其对外净投资的地位仍然会经过不同的发展阶段；与此同时，OLI 理论也能比较确切地解释发展中国家的对外投资能力，其中，发展中国家企业的所有权优势，主要取决于与该国的资源禀赋相关的优势要素。除此以外，邓宁特别强调了，发展中国家投资发展过程的速度和方向也将取决于其政府的政治目标以及政府在本国与国际经济进行沟通与交换中的作用（John H. Dunning，1986）。其后，邓宁又分别对韩国和中国台湾的对外投资进行了专门的研究。邓宁等注意到，这些在第二波投资中表现突出的亚洲新兴工业国恰恰伴随着其经济的迅速发展，而那些虽然在第一波中占有主要地位但之后在对外投资中处于停滞状态的国家（主要有印度、菲律宾、阿根廷等）则表现出经济增长缓慢甚至为负增长。所以说这次发展中国家第二波对外直接投资完全符合了 IDP 的预测（John H. Dunning，1996）。

此外，日本学者小泽辉智（Terutomo Ozawa，1996）以日本和亚洲新兴工业国为例，在行业层面进一步发展了 IDP 理论。他提出，每一个行业从吸引外资到对外投资的发展路径可以被称作中观投资发展路径（meso-IDP），而随着产业结构的升级，一国将会经历从低附加值、低技术的行业向高附加值、高技术的行业发展，从而形成一系列的中观 IDP 曲线，各个行业的投资发展路径所形成的包络曲线就是邓宁的宏观投资发展路径（macro-IDP），如图2-2所示。采用 GDP 作为 IDP 理论中"经济发展"的替代，其重要的不足在于没有考虑到发展过程中经济结构的内在变化

（John H. Dunning, Rajneesh Narula, 1996），因此将投资发展路径细化到行业层面更有利于理解 IDP 理论描述的发展过程。

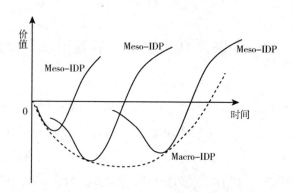

图 2-2　小泽辉智的中观投资发展路径

2.1.2.3　关注并不断探讨全球化发展的新特点对于 IDP 理论的影响

20 世纪 80 年代至世纪末，恰逢全球经济高速发展的时期，也是全球 FDI 迅猛增长的时期。全球化的快速发展不断展示出一些新的现象，这些新现象本身也给了邓宁等学者相应的机会，通过不断的探触新的变化，修正和进一步完善原有的模型。邓宁和纳如拉（John H. Dunning, Rajneesh Narula, 1996）对 IDP 模型第五阶段的补充、对跨国并购以及非股权形式的跨国公司活动对 IDP 影响的探讨，都是针对全球化发展的新特点提出的。

关于 IDP 模型第五阶段的提出，主要基于以下观察。一是 20 世纪 70～80 年代，由于日本、欧盟等国家对美国的快速追赶，这些国家的收入水平与美国的差距缩小，从而使这些国家对 FDI 的吸引力与美国开始拉近；二是这段时间，企业的国际化发展特别迅猛，其行为特征更强调通过跨国联盟与跨国并购来获取战略性资产，从而追求效率的提高；三是跨国企业的所有权优势已经较少地依赖本国与自然资源相关的资产优势（natural asset），而是更多地依赖创造性资产（created asset）所带来的优势。相对于自然资源性资产，创造性资产具有高度的可转移性，是可以通过跨国联盟或并购行为所获得的。基于上述理由，邓宁等认为，在 IDP 第四阶段之后应该存在第五阶段，即这些国家既会因具有强大的所有权优势而对同等收入的国家和较低收入的国家进行投资；同时也因其拥有有价值的创造性资产而成为同等收入的国家、甚至收入较低国家的资本所投资的目的地。因而，在这一阶段，这些国家吸引的资本流入和对外的资本投出会在平衡点附近徘徊，其对外净投资也就会在零附近震荡。

进而，针对旨在获取战略性资产的跨国并购的蓬勃兴起，邓宁和纳如拉又在五阶段论的基础上对投资发展路径理论进行了再次的修正。他们（John H. Dunning，Rajneesh Narula，1996）认为，近年来这种战略资产获得型 FDI（如跨国兼并收购）的出现可能会提高发达国家（特别是那些高级创造性资产的主要拥有国）的吸引外资水平；同时由于即使所有权优势处于弱势的企业也可以从事对外直接投资，因此发展中国家的对外投资水平也将提高，从而使传统的投资发展路径曲线变得更为平缓，如图 2 - 3 所示。

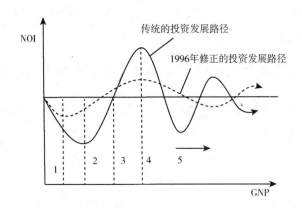

图 2 - 3   邓宁，Narula（1996）修正的投资发展路径

2.1.2.4   强调非股权形式的跨国公司活动对于 IDP 的影响

IDP 理论主要描述的是以 FDI 为主的股权形式的跨国公司（MNE）活动。虽然 FDI 是跨国公司活动的一个非常主要的形式，然而随着全球化的不断深化，战略联盟等非股权形式的跨国公司行为在国际经济中也占有越来越重要的地位。邓宁和纳如拉（1996）指出，非股权形式的跨国公司活

动作为 FDI 的替代和补充，对投资发展路径的影响是不可忽略的，也应被包含到 IDP 的研究中，从而将 IDP 的研究范围从内向和外向 FDI 拓展至内向和外向跨国公司活动。他们指出，如果将这种非 FDI 形式的跨国公司活动包含到 IDP 中，那么中低收入国家的内向跨国公司活动会增多，而高收入国家的内向和外向资源转移均会增多。

小泽辉智（Ozawa，1996）在对日本的投资发展路径进行分析时，认为可以将 IDP 的概念扩展为跨国学习曲线，将非 FDI 形式的知识获取包含在 IDP 内，以解释日本的投资发展路径。作者指出，由于日本政府减少 FDI 这种外国直接掌控本地生产能力所有权的形式，而鼓励通过许可等其他非股权形式从西方发达国家获取产业知识，因此日本并不符合 IDP 的典型形式。然而如果将其他形式的知识获取也算在内的话，IDP 模式仍然能被日本的追赶发展历程所证明。进而，作者提出了 TDP（technology development path）的概念，认为 IDP 本质上描绘了产业中知识的跨国净流动，因此 IDP 可以被解释为跨国学习曲线。IDP 从 "U" 型曲线发展到第五阶段的摆动阶段表明了知识传播的平衡：也就是发达国家和追赶国家之间的产业技术差距的缩小。

2.1.2.5 不断强调政府在影响投资发展路径上的重要作用

随着一批发展中国家，特别是东亚新兴工业国，在经济发展上令人瞩目的成就和投资发展路径上的快速迈进，这些国家政府在其中起到的关键性引导作用越来越受到国内外学者的重视，因而被邓宁等学者所反复强调。

邓宁和纳如拉（1996）认为国家政府通过许多宏观经济和组织政策，对于一国的 IDP 结构起着有力地影响。无论是使用国家横截面数据还是分国别的纵向数据都表明政府行为将影响 IDP 的发展。在政府对吸引外资的影响上，纳如拉和邓宁（2000，2010）认为东道国要想长期从吸引外资中获益，政府必须要培育国内特殊的区位优势，并且同时提高国内企业的吸收能力。在促进吸引外资的产业政策上，由于跨国公司活动存在异质性，因此政府应该针对特定国家和特定行业制定不同的政策，而不是采取一般的、普适性的政策。

邓宁等（John H. Dunning, Roger van Hoesel, Rajneesh Narula, 1996）

在解释韩国和中国台湾地区等亚洲新兴工业国或地区对外投资快速发展的原因时，也强调了政府的作用，指出这些经济体的当局在政策上具有全局性，将对内和对外 FDI 看成整体政策，将促进其内部经济持续升级作为长远目标，并且在政策上顺应全球化和开放的大势，促进了经济结构的适时和快速转变。此外，何塞（Roger van Hoesel，1996）和张、范德伯（Hai-Yan Zhang，Danny Van Den Bulcke，1996）在分析中国台湾地区和中国大陆投资发展路径的快速发展时也分别强调了政府的重要作用。

本德·拉本德和斯莱特（Bende-Nabende & Slater，2004）在对泰国从1926 年到亚洲金融危机期间的 IDP 的研究中强调了政府政策与泰国工业化进程的互动关系。泰国政府一直致力于本土区位优势的提升，并且在此过程中不断调整对本土产业和中小企业的保护政策，致使泰国的 FDI 流入一直沿着 IDP 理论所阐述的路径加速发展，于 20 世纪 90 年代初进入IDP 的第三阶段。然而，随着国内比较优势的升级和金融监管的放松，泰国最终陷入亚洲金融危机并脱离了 IDP 的传统路径，重新回到第二阶段。作者认为，如果泰国政府能够保证国内的产业升级遵循雁式模型并据此促进出口，同时加强银行体系的监管，泰国能够重新回到 IDP 的传统路径。

维尔马和布伦南（Verma & Brennan，2011）在对印度 IDP 机制的研究中也强调了政府的重要作用。他们认为印度政府不仅在宏观政策，例如，通货膨胀率、基础设施发展、教育和培训水平、关税水平和结构等方面施加影响；还在产业和企业政策上对吸引外资和对外投资具有重要的作用。特别的，政府对外资的股权限制、行业准入、投资期限等政策产生了显著的影响。

施诺尔和奎尔沃·卡苏拉（Stal & Cuervo-Cazurra，2011）以巴西为案例，重点考查了政府政策和制度环境对巴西 IDP 的作用。作者认为，对于新兴的跨国公司而言，应在 IDP 理论的基础上额外考虑两个因素：一是市场化改革，这将促使企业提升能力以应对国内市场竞争，从而更早地成长为跨国公司；二是制度缺陷，企业为了躲避国内制度环境下误导性的政策规定，而进入海外开展投资。

2.1.2.6　强调 IDP 理论内在机制研究的重要性

IDP 理论描述的是在一国经济发展的过程中，其内外向国际直接投资的发展路径。从前文中的综述可知，在 IDP 理论的发展过程中，学者们对于其所描述的这一投资发展路径进行了不断的补充和完善，并对于影响投资发展路径的诸多因素进行了强调。然而，就目前的研究来看，IDP 理论所描述的这一发展路径为什么会存在，即其内在机制是怎样的，仍然没有一个清晰的答案（Narula，Dunning，2010）。

伴随着 IDP 理论的发展，各国学者们也越来越多地关注到了 IDP 理论内在机制研究的缺失问题，尤其是在近年来，以 Narula 为代表的学者更多地强调了这一问题。例如，纳如拉和贵蒙（2010）针对已有研究和对于 IDP 内在机制重要性的认识，提出了广义 IDP 的概念（broad version），并指出，狭义的 IDP（narrow version）主要关注于研究 FDI 和发展之间的关系，并将其简化为二维图形，而这种简化会使两者之间的作用机制被掩盖。而广义的 IDP 则主要强调对于 FDI 与经济发展之间深层作用机制的探究。此外，IDP 理论的创始人纳如拉和邓宁（2010）也对于 IDP 原理本身进行了重述和发展，并更加关注了 IDP 理论的内在机制问题。在文章中他们将 IDP 理论的基本原理归纳为三个原则：一是与给定区位和该区位下的经济结构相关联的 FDI 活动的结构、程度、性质，反过来会反映其经济发展水平，两者存在系统关系；二是以下三组优势存在相互作用：国内企业的所有权优势；国外企业的所有权优势；国家区位优势。三者的动态互动是跨国公司帮助下的经济发展（MNE-assisted development）的本质；三是这种关系可以通过将他们的发展分成五个阶段从而进行有效的分析。所有国家都能观察到这种阶段性的发展，只不过变化率和拐点每个国家都是独特的。

总体来看，在 IDP 理论的内在机制问题的研究上，目前仍存在较大的未知。近年来这一问题获得了越来越多的关注，而就目前的研究来看，学者们对于 IDP 理论内在机制问题的关注和强调主要集中在 FDI 与经济发展之间的互动作用关系上。

2.1.3 国际、国内学者对 IDP 理论的实证检验

自从 IDP 理论创建之后，国际、国内的学者纷纷以不同时段、不同国家的样本对 IDP 模型进行了检验。与此同时，由于该理论对现实的重要指导意义，不少学者也利用此模型对目标国资本净流出的地位进行考察和分析。

2.1.3.1 IDP 理论的主要实证检验模型

IDP 理论的实证检验模型主要为二次函数和五次函数两种。由于在 IDP 理论所阐释的图形中，对外净投资随 GNP 的变化呈现出 "U" 型或 "J" 型曲线的特点，接近二次函数的图像，因此邓宁（John H. Dunning，1981）、邓宁和纳如拉（John H. Dunning，Rajneesh Narula，1996）以及各国学者在对 IDP 理论进行实证检验时主要采用二次函数模型来描述投资发展路径曲线，见式（2.1）。其后，巴克利和卡斯特罗（Peter J. Buckley，Francisco B. Castro，1998）在研究葡萄牙投资发展路径的论文中首次采用了五次函数的模型，见式（2.2）。[①]

$$NOI_{PC} = \alpha + \beta_1 GDP_{pc} + \beta_2 GDP_{pc}^2 + \mu \qquad (2.1)$$

$$NOI_{PC} = \alpha + \beta_1 GDP_{pc}^3 + \beta_2 GDP_{pc}^5 + \mu \qquad (2.2)$$

巴克利和卡斯特罗（1998）指出，通过对数据图形的观察，五次函数模型更加适用。并且在理论解释的角度上，二次函数包含着这样的假设：在投资发展路径的初始阶段，人均 NOI（一国的对外投资减去对内投资的差额）急剧下降，人均 GDP 则缓慢增长，而根据邓宁和纳如拉的描述，在投资发展路径初期，人均 GDP 的增长速度应该快于人均 NOI 的变化速度，因此五次函数模型能够更好地适用于描述投资发展路径的演变。

2.1.3.2 国际学者对 IDP 理论的实证检验

从国际上看，1993～2016 年，众多学者利用多国横截面数据或单个国

---

① 其中 NOI_{PC} 为人均对外净投资，GDP_{pc} 为人均 GDP。

家的时间序列数据对模型进行检验，其中大部分结论是直接支持 IDP 模型的理论假设的。例如，巴克利和卡斯特罗（1998）利用 1943～1996 年的数据采用二次函数和五次函数模型对葡萄牙的研究；迈克尔·图米（2000）针对加拿大 20 世纪的研究，均得出对外净投资和人均 GDP 之间的确存在投资发展路径理论所描述的关系的结论。巴里、戈尔和麦克道尔（Barry，Gorg & McDowell，2003）利用 1980～1999 年爱尔兰和美国的双边直接投资总量数据采用二次函数模型分析了爱尔兰对美国的投资发展路径，也验证了投资发展路径理论的 U 型曲线特征。此外，格尼亚、诸瓦克和沃尔尼亚克（Gorynia，Nowak & Wolniak，2007）针对波兰的研究、布迪那（Boudier，2008）采用二次函数模型针对中、东欧国家的研究、丰塞卡（Fonseca，2008）使用 25 个国家的面板数据以及专门针对葡萄牙和西班牙的研究等都验证了 IDP 理论所描述的发展路径。刘晓辉、特雷弗·巴克和舒畅（2005）针对中国的研究中，在 IDP 模型的基础上，以对外投资作为被解释变量，解释变量除了人均 GDP 之外，还尝试加入了人力资本积累、出口和外资流入，其结果表明人均 GDP 和人力资本积累对于对外投资有显著的正向作用，而其他两个解释变量则不显著。塞凯勒、弗朗哥和邓迪尼奥（Cechella，Franco & Dentinho，2012）梳理了巴西吸引外资和对外投资的发展历程，并按照 IDP 的五阶段理论指出巴西当前正处于 IDP 第二阶段，而且正在转向 IDP 的第三阶段，可以预见未来巴西企业对外投资会进一步的增多。斯托扬（Stoian，2013）以中、东欧国家为对象进行的研究显示，吸引外资的作用如 IDP 理论所预期的，对这些国家的对外投资产生了显著的影响。这表明 FDI 流入产生了溢出效应，促进了本土企业所有权优势的提升并将这些优势运用于对外投资活动中。丰塞卡、门多萨和帕索斯等（Fonseca，Mendonca & Passos et al.，2016）用 1990～2011 年的数据主要检验了葡萄牙的 IDP 模型，发现投资净存量和人均 GDP 之间存在显著正相关的关系，从回归结果来看，二次函数模型的关系是存在的。

当实证检验与 IDP 原模型的描述有所不同时，学者们会进一步探讨造成现实与 IDP 模型不符的原因所在。在探讨的各种理由中，多数还是与 OLI 理论所涉及的复杂因素相关，如一国的资源禀赋、国内市场的规模、东道国的与人力资本相关的创造性资产以及企业的投资能力等方面；此外，一国的发展战略和经济政策以及区域经济一体化等因素也得到了不同程度的重视。例如，Bellak（2000）针对奥地利的研究，他发现在 1980 ~ 2000 年，该国的对外净投资额与人均 GDP 之间的关系并不显著，并且随行业类型及合作国类型的不同表现出较大的差异。他认为，这一结果说明，在这种国内市场规模小的情况下，决定投资发展路径的主要因素并不是发展水平，而是国内的地域和行业结构以及所推行的政策。再比如，Pichl（1989）通过研究 18 个国家的 FDI 流动，发现小规模的、高发展水平的国家，相比于大规模的国家，FDI 流入占 GDP 的比重更高，可能是由寻求效率型的 FDI 导致。而 FDI 流出并不是由国家规模决定的，企业层面的因素与国家的发展状况则对其存在重要影响。此外，卡尔德伦、莫蒂莫尔和佩雷斯（Calderon，Mortimore & Peres，1995）分析了墨西哥的 FDI 流入流出的发展过程，指出由于墨西哥的发展战略中对外资的过度依赖，结果在很长一段时间内，墨西哥一直停留在 IDP 的第二阶段，并未向第三阶段发展。

2.1.3.3 国内学者对 IDP 的实证检验

从国内的研究来看，20 世纪 90 年代，我国主要是在微观层次对邓宁的企业跨国经营的 OLI 优势理论进行研究和借鉴，而对其宏观层面的投资发展路径理论研究较少。到 21 世纪以来对投资发展路径理论的研究开始升温，到目前为止已经取得了丰富的成果。这些研究主要集中于实证研究范围，可以分为两部分：一部分是对 IDP 理论本身的检验；另一部分是检验 IDP 模型对于中国的适用性。其中对 IDP 模型进行检验的研究有：刘红忠（2001）采用 1988 ~ 1995 年 32 个国家的数据，高敏雪和李颖俊（2004）采用 46 个国家 1995 ~ 2001 年的数据分别建立二次函数面板数据模型，以及陈漓高、黄武俊（2009）采用 1981 ~ 2007 年的数据，使用二次函数和五次函数多国时间序列模型对投资发展路径理论进行检验，他们的回归结果都证实了该理论。在对我国的实证研究中，学者们都认为中国的投资发展路径符合 IDP 模型所描述的曲线路径。其中，刘红忠（2001）首次对我国投资发展路径进行了实证研究，他采用了 1992 年我国 26 个省、市、自治区的数据建立横截面模型，并采用了 1992 ~ 1993 年的 24 个省、市、自治区的数据建立面板数据模型，两个模型的回归结果都表明，我国各省市的对外净投资服从 J 型曲线分布，符合 IDP 理论假设。涂万春和陈奉先（2006）利用中国 1982~2003 年的国际直接投资与 GDP 数据建立二次方模型和五次方模型，回归结果表明中国的投资发展阶段符合 IDP 理论的"U"型曲线假说，我国处于第二阶段末或第三阶段初。姚永华、苏佳丽和陈飞翔（2006）采用我国 1982~2004 年的数据，李辉（2007）采用我国 1980~2005 年的数据建立模型，得到了与涂万春和陈奉先类似的结论。另外还有一些学者认为虽然我国的对外净投资符合"J"型曲线路径，但是却滞后于经济发展水平。例如，高敏雪和李颖俊（2004）利用 1984~2001 年的时间序列数据进行回归，检验结果表明中国人均 GDP 的水平及其变化的确很好地解释了对外净投资的变动，符合 IDP 模型假设；并且根据对检验结果的分析，我国处于第二阶段。然而按照多国样本模型的实证结果对各阶段人均 GDP 的界定，我国的人均 GDP 应该落入第三阶段组，这两者不一致，说明我国的对外直接投资发展滞后于总体经济发展水平。薛求知和朱吉庆（2007）利用我国 1982~2003 年的数据使用二次函数模型验证投资发展路径理论，结果表明中国处于第二阶段；然而如果直接套用邓宁的经验数值对于人均 GNP 的界定，按照经过 PPP 折算的人均 GDP（2003 年为 4980 美元），中国应该处于第三甚至第四阶段。由此他们认为中国现阶段对外直接投资的实际情况与理论预期还存在较大差距，对外直接投资的发展阶段滞后于经济整体发展水平。作者认为造成这种现象的可能原因包括：一是中国经济高速发展造就了国内巨大的消费市场，一方面促进大量外资流入，另一方面国内企业缺少对外投资的压力和动力；二是中国企业缺乏所有权优势，不能很好地利用东道国的区位优势。此外，李辉（2007）在影响 IDP 模型的关键要素方面做了更多的尝试。在增加了人均固定资本形成总额、人均出口、全球 GDP、全球出口、政府支出占 GDP 的比重、制造业产出占 GDP 的比重、服务业产出占 GDP 的比重为新的解释变量，并以人口和 GDP 总额为控制变量之后；他建立了以人均对外投资存量为被解释变量的 55 个国家、1980~2004 年的面板数据模型。使用 PCSE（Panel Corrected Standard Errors）方法对模型的估计结果显示，人均 GDP、出口、全球总需求和全球贸易总量对促进对外直接投资都有显著的正向作用，政府支出比重也是一个显著因素，而服务业比重系数比制造业比重系数更加显著。田泽、刘彩云（2013）采用 1979～2011 年，中国改革开放 33 年国际投资和 GDP 的数据进行实证检验，发现中国国际投资发展总体符合 IDP 范式及规律，已进入第三阶段，目前正处于第三阶段迈向第四阶段的过渡时期。张纯威、石巧荣（2016）运用 1983～2014 年的相关数据研究发现，中国对外直接投资目前正处于 IDP 的第二到第三阶段转换期。

除了国家层面的研究，还有一些学者以我国的某个具体的省市为研究对象，对其对外投资所处的发展阶段进行分析和检验。例如，郑亚莉和杨益均（2007）针对浙江省的研究以及董佺、杨清和曹宗平（2008）针对广东省的研究等。

近期，也有学者使用 IDP 模型来检验影响对外投资的影响因素。许真、陈晓飞（2016）在 IDP 模型的基础上，用新兴经济体 11 国 2002～2013 年的数据探讨了制度因素对于对外直接投资的影响，他们发现对于新兴经济体国家，IDP 框架具有解释力，经济发展水平、研发投入、外资流入都会促进对外直接投资发展，对于新兴经济体国家，垄断性金融制度和贸易壁垒对于对外直接投资具有显著的抑制作用。

2.2 对 IDP 理论及其发展的评述

2.2.1 对 IDP 理论及其发展的一般评述

基于对 IDP 理论自身、发展脉络以及实证检验结果的综合分析，我们对该理论的发展现状有以下几点判断和评述。

（1）从投资发展路径理论的本质和内在逻辑出发，我们认为，到 1996 年为止的投资发展路径的五阶段理论是比较完善的；特别是，如果我们根据该理论建立的理论基础，将 OLI 理论与 IDP 模型相结合，确实在很大程度上能够对不同国家在特定时期的对外净投资地位进行合理的解释。与此同时，大量的实证研究结果表明，IDP 模型所反映的一国对外净投资与该国经济发展水平之间的系统性关系是普遍存在的，即使在 IDP 检验模型中并没有将经济发展以外的变量囊括进去，采用 IDP 模型对一国在特定经济发展阶段的对外净投资地位进行判断，仍然具有非常重要的参考价值。

（2）承接第一点评述，与此同时，由于各个国家的自然条件、经济结构以及发展水平和战略的不同，各个国家的投资发展路径呈现出很大的差别，这种差别是客观的、现实存在的。因此，在探讨每个国家具体的投资发展路径时，应尽可能从该国的自身特点出发，沿着经济发展及 OLI 理论所涉猎的变量范围，探讨符合本国实际情况的关键影响因素，从而设置更合理的模型及变量，对本国特殊环境下的投资发展路径予以分析和解释。

（3）IDP 理论自开创以来，邓宁及其他学者在"发展中国家投资发展路径"方面以及"国际形势变化对原始 IDP 理论的影响"方面不断探索，为后人对 IDP 理论的进一步发展奠定了基础。特别是，在对发展中国家的 IDP 路径的研究过程中，多数学者都强调了目标国政府的相关政策对本国 IDP 发展路径的重要影响和作用。

（4）进入 21 世纪以来，特别是 2010 年以后，IDP 理论的内在机制问题受到了学者们的重视，原 IDP 理论在内在机制方面的缺憾也被明确地提出（Narula，Dunning，2010；陈涛涛，张建平，陈晓，2012），同时也引导未来的研究向着 IDP 内在机制方向更加深入地展开。事实上，在 IDP 理论的创生及其发展过程中，关于 IDP 理论的内在逻辑一直在不停地被探讨，相关的重要观点（如政府的作用等）也不断地被提出，但迄今为止，仍然没有针对 IDP 路径形成相应的动态、结构化、系统化的解释和相对完整的论证。

2.2.2 现有 IDP 理论的缺憾与评述

承接以上评论，我们认为，现有 IDP 理论的缺憾主要体现在对 IDP 理论内在机制的探索方面，这种缺憾的实质和原因可以分述如下：

第一，现有 IDP 理论没有能够对其理论得以成立的内在机制给出充分的解释。在现有的 IDP 理论描述中，始终被强调的一直是"对外净投资"与一国经济发展的关系，且从前文的综述可知，IDP 理论所描述的一国从

FDI 净流入国发展为 FDI 净流出国的这一发展路径的存在性，从已有的实证研究中也得到了一定程度的证实，但深究其内在机制过程，就不难发现，该理论尚且无法清晰地解释形成这一投资发展路径的深层原因。此外，从 IDP 的理论模型来看，被解释变量被设置为"对外净投资"，即对外投资与吸引外资的差额，这种设置本身就人为地切断了一国吸引外资与对外投资的相互联系，从而也不利于对 IDP 理论内在机制的探讨。

第二，现有 IDP 理论的缺憾可以进一步表述为，现有 IDP 理论的深层机制，即一国从吸引外资到对外投资的发展机制一直未被深入的探讨和揭示；并且，从现有的相关理论（如溢出效应理论）探究，该发展过程本身存在着一定的不确定性。在现实世界的任何一个国家中，吸引外资与对外投资都是相互独立的、两个方向的经济行为，特别是，从 IDP 理论的五阶段解析中我们不难体会，一国从吸引外资到对外投资存在着一个动态发展的过程，以当前的研究现状，我们确信，作为现有 IDP 理论得以成立的深层机制，即一国如何从吸引外资为主的阶段发展到以对外投资为主的发展阶段的内在逻辑发展关系，目前尚未得到充分的挖掘和揭示。这显然是当前 IDP 理论的明显缺憾。

进一步，根据 IDP 理论所描述的投资发展路径，一国从"吸引外资"到"对外投资"似乎是一个单向的发展过程，也就是说，吸引外资对一国对外投资能力的形成与能力的积累都起着正向推动的作用。然而，在现实的全球化的发展进程中，外资对一国的流入并不会自动地对该国的产业升级和本土企业竞争能力的提高产生促进作用，这一结论已经被与 IDP 理论几乎同期发展起来的 FDI 溢出效应理论所证实（Blomström, Kokko, 2001）。因此，从当前的认知水平来判断，IDP 理论所描述的"吸引外资"到"对外投资"的单向机制事实上也存在着内含的不确定性。

第三，当前 IDP 理论的缺憾还表现为"完整国家案例"的缺失。探究 IDP 理论的实质，它描述了一个投资发展的"路径"，或者说是"发展过程"，即一国在其经济发展的过程中，随着经济发展程度的提高，其资本流入与资本流出的相对数量在发生着不断的变化，以至于对外净投资的地位也随之发生着不断的变化。有鉴于此，如果我们回顾现实中那些处于 IDP 理论所描述的高级阶段的国家，就不难发现，他们实际上并没有真实经历过 IDP 理论所描述的发展过程！

处于 IDP 模型第四、第五阶段的最典型的国家是英国和美国。其中，英国是全球范围内被公认的实施对外投资最早的国家之一，英国显然没有机会经历一个从吸收外资发展到对外投资的过程；美国，早在殖民地时期确实因其具有天然的自然资源和地理区位优势吸引了欧洲国家的投资；但两次世界大战改变了美国和欧洲的投资地位，其后，美国就一跃成了对外投资的主要来源国。因此，我们也不能认为美国曾经经历了 IDP 理论所描述的全部发展过程。

再用以对外投资的快速发展著称的两个典型的追赶型国家日本和韩国为例。其中，日本企业的对外投资能力是在一种国家相对封闭、政府刻意限制 FDI 进入的条件下，通过大量购买西方先进技术同时激励国内企业实施反向工程的方式逐步发展起来的；而韩国由于国土狭小、本土市场需求不足，政府将国家发展战略从一开始就面向了国际市场。在外向型发展战略的指导下，与日本相类似，韩国对外资也采取了限制的态度，而通过大量的政策手段激励购买和许可使用国外先进技术，最终锻造了韩国大企业（Chabol）的对外投资能力。由此，无论是日本还是韩国的对外投资能力与对外净投资地位都与 IDP 所描述的路径没有密切的联系。当然，在邓宁等在 20 世纪 90 年代将技术引进也纳入了更加宽泛的 IDP 理论后，日、韩以技术引进为主要形式的扩展的 IDP 路径也有其特殊的代表性，值得认真探讨，但其动态发展机制会与原始的以外资为主的 IDP 机制有所区别。

从这个角度考察，只有那些在发展过程中实施了开放的政策，允许外资进入本国，并期待外资能够推动本国经济发展的发展中国家，才可能真实地经历 IDP 理论所描述的投资发展过程。从这个意义上讲，虽然各国学者可以通过数据检验后宣称，某个国家的对外净投资可能符合 IDP 模型描述的某个特定的阶段，但这并不意味着，该国就经历了 IDP 理论所描述的发展过程。因此，迄今为止，具有这种特征的完整的国家案例我们尚未见到。

综合以上论述，我们认为，IDP 理论自创生以来，因其涉及一国（特别是发展中国家）开放与发展的重大议题而受到国际学术的普遍关注，而且以邓宁为首的首创团队在创立原始 IDP 理论之后，随着世界相关形势的变化也在不断地继续耕耘和发展该理论。迄今为止，现有 IDP 理论在原始理论的基础上又在阶段性描述以及所涉及的相关经济因素、政府作用等方面都取得了显著的发展性的成果。然而，在 IDP 理论所描述的发展过程的内在机制方面，虽然学者们做出了一定的尝试和努力，但截止到当前，仍然没有能够针对其内在机制的动态发展过程给出系统化的解释，这一事实被认为是现有 IDP 理论的明显缺憾，而且也成其为未来该理论发展需要继续探索的方向。特别是，与当前发展中国家在全球化时代的开放发展实践相联系，现有的 IDP 理论尚不能为实施开放战略的发展中国家提供系统化的理论支撑，由此，现有的 IDP 理论的缺憾显得更加突出。

第 3 章
动态 IDP 理论的拓展及初步总体检验

上一章节明确阐述了当前 IDP 理论存在的缺憾，即对外资流入（IF-DI）与对外投资（OFDI）之间互动关系的内在机制没有予以充分的挖掘和揭示。要弥补这一缺憾，所需要进行的研究工作是大量的，也是系统性的，事实上，我们需要将当前的 IDP 理论进行实质性的动态拓展。

为了深入探讨 IDP 理论内在机制，我们需要对机制探索所涉及的逻辑范围进行界定；同时也需要对支持内在机制探索的理论体系进行搭建。事实上，上述机制探索的逻辑范围和支持性理论体系的搭建，是在我们利用不同国家的案例进行不断探索的过程中不断厘清和建立起来的，这一理论框架的建立和国家案例探索是一个相辅相成的过程。这里，为了阐述的清晰性起见，我们将"问题研究的逻辑范围"和"理论体系"一并作为动态 IDP 理论拓展的基础内容；进而，我们将在此基础上，在实证分析模型和机制分析理论框架方面进行进一步的搭建。

3.1　问题研究的逻辑范围与理论体系

3.1.1　问题研究逻辑范围

从研究的范围来看，我们认为，吸引外资对对外投资能力的作用机制涉及多个层面，并且各个层面之间具有复杂的逻辑关系，总体上，具有综合性和整体性。

（1）我们将一国吸引外资对于对外投资能力的作用机制归结为宏观、产业、企业三个层面。其中，在宏观层面，一国的经济发展状况（如人均GDP 水平等）、资源要素禀赋、基础设施水平以及与国际经济的相互联系（如贸易、汇率以及开放政策等），都构成了一国宏观环境的重要组成部分。这一宏观环境一方面直接形成了一国吸引外资的国家环境；另一方面也深刻地影响了该国对外投资能力的形成基础。在国际组织对于一国国际商务环境相关的评价中，均将宏观层面因素作为重要的考量指标。例如，世界经济论坛每年发布的《全球竞争力报告》中会对全球主要国家的竞争力进行综合评判，在其采用的 12 项衡量指标中就包含了基础设施、宏观环境、市场规模等多个宏观层面指标。而美国、英国等发达国家之所以成了最早的对外投资最丰富的领衔国家与其宏观经济发展实力显然是密不可分的。在产业层面，一国的产业结构、发展程度、需求特点以及与不同产业相关的资源与要素状况，决定了该国中的具体产业以怎样的形式、在怎样的程度上参与到国际产业链中，因此这些因素决定了一国在特定时期能够吸引的外资的产业范畴及价值链特征；与此同时它们也奠定了该国产业是否具有国际竞争力的产业条件。在这方面，中国台湾企业较早就借助引进日本及美国的资本在半导体产业发展起来，并且在多年之后又进一步在该产业形成了对外投资能力，先后投资美国和中国大陆，就是很好的例子。在企业层面，从对外投资的角度看，企业是实施对外投资的主体，无论在一国具有国家竞争优势还是劣势的产业，具体的企业都不会天然地享有或背负本国为之创造或传承的优势或劣势，只有那些优秀的企业，才有能力将国家的竞争优势真正转化为企业自身的竞争能力；或者，只有那些勇于创新和开拓的企业，才有可能突破国家竞争劣势的羁绊，锻造出自身的国际竞争力，从而最终实现对外投资。与此同时，一国在不同行业中是否拥有以及拥有怎样特征的本土企业，在很大程度上，也决定了该国在相应行业中可以吸引到的外资的质量和水平。因此，企业层面也是研究一国吸引外资对对外投资能力的影响的必备层面。

（2）一国吸引外资对于对外投资能力的作用机制又是综合性的，上述各个层面之间虽然具有相互区分、相互独立的研究意义和价值，它们同时又是相互联系、相互支持或相互制约的关系，总体上是一个有机的作用整体，问题研究的逻辑范围如图 3 - 1 所示。不难理解，一国恶劣的宏观环境既会抑制其本国产业和企业的发展，也无法吸引外资的进入；相反，健康、稳健、开放的宏观环境会受到大量优秀外资企业的青睐。智利作为一个拉美的小国，恰恰是凭借其自由、稳健的经济制度环境，在世界银行对于外商直接投资商业环境评价上位居拉美国家首位，并被世界经济论坛评为拉美最具竞争力的国家，因此成了继拉美大国巴西之后的最具吸引力的南美国家（陈涛涛，2013）。此外，一国产业的发展及其国际竞争力的形成与其本土企业的发展及其对外投资能力的形成并不一定是同步的，在这里，一国针对本土企业的国家发展战略起着至关重要的作用。根据我们的研究，以日本、韩国以及我国为代表的亚洲国家，在其开放及发展进程中，都对本土企业的发展有着不同程度的支持政策，这种支持政策度对这些国家企业对外投资能力的形成起着至关重要的作用；而拉美一些国家，如巴西和墨西哥，虽然也发展了具有国际竞争力的产业，但形成对外投资能力的企业却寥寥无几。由此可见，在吸引外资对对外投资能力的影响机制的研究中，针对产业与企业层次的内在交互作用的探讨也是不可或缺的。

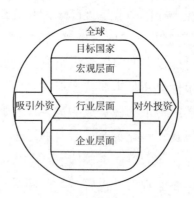

图 3 - 1　问题研究的逻辑范围

综上所述，关于一国吸引外资对对外投资能力的作用机制是宏观、产业以及企业各个层面及层面之间相互作用的综合机制，是一个逻辑整体。

3.1.2　问题研究的理论体系

针对上述问题研究的多层次、综合性的逻辑范围，我们需要相应多层次的理论体系予以支撑。虽然，由于问题的时代特征，当前并不存在现成的、完备的理论体系，而这一理论体系的搭建，也正是我们当前研究的理论标的；然而，由于这一问题涉及面广泛，其中的各个组成部分在很大程度上都曾经是一个相对独立的研究领域，因此，这为我们进一步探索挖掘现有理论之间的联系、探索各个理论框架中的联结机制，并最终搭建一体化的理论体系，提供了有力的理论支撑。

基于我们对这一问题的研究，我们认为，在宏观、行业和企业层面，将现有的 IDP 理论、外商直接投资的直接影响和溢出效应理论以及国际直接投资理论进行联结和整合，是探索并最终成就一体化理论体系的理论基础，如图 3 - 2 所示。

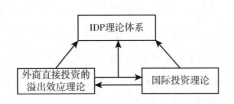

图 3 - 2　问题研究的理论基础

其中，IDP 理论是迄今为止以描述国际直接投资在宏观层面的规律性、检验国际投资净值（FDI 流入减 FDI 流出）与主要宏观变量之间的关系为主的基础理论。当前各国学者们针对不同的国家进行 IDP 理论的进一步探索时，已经在不同程度上将除 GDP 以外的对外贸易、外汇储备以及基础设施等宏观变量纳入了考察的范围，这也是我们针对当前所提问题的研究需要涉及的宏观范围；与此同时，由于 IDP 理论的创始者约翰·邓宁也是国际投资理论的创始者之一，IDP 理论本身也在一定程度上基于邓宁早期创造的"国际投资折衷理论（OLI 理论）"；特别是，在 IDP 理论的发展过程中，针对表面上不符合 IDP 理论的一些国家现象，邓宁等人也在利用国际投资理论来探索内在可能的原因。由此，我们认为，现有的 IDP 理论及其发展在宏观层面为我们从事当前的研究提供了比较扎实的理论基础，其在中微观的理论探讨也对我们的研究提供了有益的借鉴。

外商直接投资的直接影响和溢出效应理论涉及了外商直接投资在宏观、行业及企业三个层面的影响。其中外商直接投资的直接影响主要涉及外资对东道国经济发展、就业、贸易以及基础设施等宏观变量的影响；而外商直接投资的溢出效应理论则主要涉及外资对东道国行业及企业的影响。由于溢出效应理论更多地涉及了行业及企业层面的机制问题，我们这里对该理论做更多的阐述。外资溢出效应理论创始于 20 世纪 60 年代，该理论专注的主要问题是外资企业的进入，是否会促进东道国本地企业劳动生产率的提高。该理论对对外商直接投资在东道国产生溢出效应的机制性解释主要有以下三种渠道，第一种渠道是"行业内的溢出效应"，这种溢出效应是当外资企业进入到与东道国本土企业相同的行业时产生的，其产生的机制是"示范效应"与"竞争效应"；第二种渠道是"行业间的溢出效应"，这种效应主要是通过进入的外资企业与分属于不同行业的东道国本土企业形成了产业链的上下游关系而产生的；第三种渠道是"由于人员流动所产生的溢出效应"，这种效应是由于在东道国的外资企业中被雇佣的本地人员在离开外资企业后因成立自己的公司或转而服务于东道国本地企业而产生的（Blomström & Kokko，1998；陈涛涛，2003）。该理论产生之后，受到了许多国家学者的关注，特别是受到了发展中国家的学者以及政府部门的重视。其原因在于，无论是各国的开放发展实践还是学者利用各国数据的检验结果，都证实了无论哪种溢出效应都不会随着外资的引入而在东道国中自动发生！由此，如何有效地利用外资使其有效地服务于本国经济的发展就成了被发展中国家所热烈探讨的话题。与我们当前的研究论题相联系，毫无疑问，外商直接投资溢出效应理论及其发展是我们在行业及企业层面进行深入探讨的主要理论依据。

国际投资理论也始创于 20 世纪 60 年代。随着 20 世纪 90 年代以来全球化进程的加速，国际企业既是全球化的主要推动力之一，又是全球化过程的主要受益者，因此，对国际投资的研究也随着企业跨国投资的高涨而不断涌现，所涉及的内容也不断丰富。这里，与我们当前的研究问题相联系，最为重要的理论支撑是企业在跨国投资过程中其母国和东道国在国家

和行业层面的竞争优势以及企业层面的竞争能力。在国家和行业层面竞争
优势方面，其代表理论是波特（1990）提出的国家竞争力钻石模型。在该
模型中，波特教授指出，任何一个国家都不可能在所有的行业中具有国际
竞争优势，其一国的国际竞争力往往集中体现在一些特定行业所具有的国
际竞争优势方面。特定国家特定行业的国际竞争优势的形成，主要源于该
行业在需求条件、供给条件、产业配套条件、产业竞争环境四个主要方面
的特殊性以及各个要素间相互影响的内在逻辑联系。后来的 IB 学者把上
述国家及其相应行业的竞争优势称为国家的特殊优势（country specific advantages，CSA）。在国际投资过程中企业层面的竞争能力方面，其代表理
论正是前文所提到的"国际投资折衷理论（OLI 理论）"，该理论是邓宁在
前人研究的基础上提出的集大成的跨国企业理论。OLI 理论认为企业进行
国际投资是因为以下三种优势的同时存在：企业的所有权优势、企业的内
部化优势和东道国的区位优势。其中，后来的 IB 学者将企业的所有权优
势称之为企业的特殊优势，简称 FSA（firm specific advantages），并认为
FSA 的主要来源之一是 CSA，此外还源于企业成功的国际化经历以及企业
自身的一些特殊优势。

综上所述，虽然针对吸引外资对对外投资能力的作用机制这一复杂
的论题并不存在现成的理论体系，但已有的 IDP 理论、FDI 直接效应和
溢出效应理论以及国际投资理论三大理论形成了支撑我们进行研究的三
大基础理论模块。由此，我们认为，以三大理论模块的组合为基础，进
而根据我们研究的核心命题，探索将三者进行有效的衔接的逻辑关系，
就可以构建支持我们问题研究的一体化的理论体系和有效的机制研究分
析框架。

3.2　动态 IDP 理论机制分析框架的搭建

为了具体实施针对具体目标国家动态 IDP 理论机制的探究，我们需要
进一步搭建可操作的机制分析框架和解析实际操作的分析路径。

3.2.1　构建机制分析框架的基本依据

机制研究分析框架是在研究实践中被具体采用的一体化分析思路与分析工具。机制研究分析框架的构建，是我们在针对核心命题进行研究的过程中反复尝试、不断试错和修正的结果；同时也是对核心命题的认识不断全面和深入的过程。

构建机制分析框架的理论依据，是基于上述问题的研究的逻辑范围和理论体系；构建机制分析框架的实践依据，包括大量学者针对原 IDP 理论在国家层面的实证检验结果以及我们在行业层面分别针对典型发展中国家及发达国家的典型行业所做的试验性案例研究。这些试验性案例研究的对象主要包括中国电视机产业、中国汽车行业、巴西汽车行业以及美国的汽车行业和英国的制药业等。

3.2.2　机制研究分析框架的设置

图 3-3 反映了我们所构建的机制研究分析框架的基本状况。为了清晰地展示框架的内在逻辑结构，我们采取了三个层级、逐级细化的解析手段。

分析框架的第一层级，非常简洁、清晰地揭示了采用分析框架所针对的核心命题，即针对目标国家，引进外资对对外投资是怎样的综合影响机制。

分析框架的第二层级，将第一层级的核心命题，即综合影响机制，解析为"目标国家的内在机制"以及"IFDI"和"OFDI"的两端逻辑衔接机制。一是分析框架将目标国内在机制解析为"目标国宏观环境"和"目标国特定产业环境"两个层次，其中"目标国特定产业环境"是核心分析层次，这与框架构建的理论依据相符合；目标国的宏观环境构成特定产业分析的宏观背景。并且，在此基础上，分析框架强调了产业分析的动态特征，即特定产业环境的变化是一个随时间变化的动态过程。二是"OFDI"端将目标国的特定产业环境与本土企业的所有权优势以及东道国的投资环境相联系，强调了本土企业的能力来源以及实现对外投资的能力特征。三是"IFDI"端将外资企业的母国产业环境、进入目标国的外资企业与目标国特定产业环境相联系，强调了外资企业的所有权优势特征、投资动机以及进入目标国特定产业后产生影响的潜力。

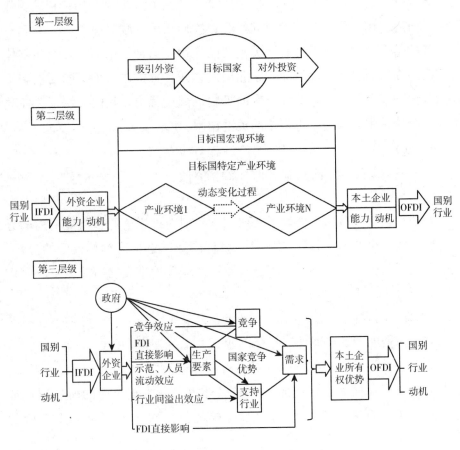

图 3-3　机制研究分析框架的分层级

分析框架的第三层级，将"IFDI"对"目标国特定产业的产业环境"的影响机制以及"目标国特定产业的产业环境"对"OFDI"的影响机制进行了进一步的解析。其中，一是我们采用波特的产业竞争力钻石模型来解析目标国特定产业的产业环境。二是我们将 IFDI 的直接影响及溢出效应影响的各种渠道与产业环境的各种要素相联系，从而分析 IFDI 对目标国特定产业的影响及其影响结果；进而，我们利用产业国际竞争力理论进一步考察 IFDI 是否对特定产业的整体国际竞争力的形成产生了影响。三是我们将 OFDI 与目标国的特定产业环境相联系，利用国际企业理论中产业国际竞争力和本土企业国际竞争优势的形成逻辑，判断 IFDI 影响下的目标产业是否具有了一定的综合国际竞争力；进而，判断实施对外投资的本土企业的所有权优势是否源于 IFDI 影响下的目标产业环境。四是我们特别需要强调的是政府作用。根据前期的研究经验，我们深信，政府在引进外资到对外投资的整个过程中都发挥着至关重要的作用，这种作用不仅体现在整体及宏观层面，而且体现在产业和企业层面；并且直接作用于不同要素和不同的重要环节。因此，在此深层次的机制挖掘过程中，我们会特别关注政府在整个体系中以及整个过程中的关键作用。

3.2.3　具体机制分析的步骤与路径

利用上述机制分析框架针对"吸引外资对对外投资的影响机制"的分析一般分为五个步骤，依次顺序是：目标产业的选择、对外投资的分析、吸引外资的分析、对外投资与吸引外资在产业环境结点的衔接以及政府作用的分析。

步骤一：目标产业的选择。一般而言，我们会选取目标发展中国家已形成对外投资能力的产业作为目标产业。

步骤二：关于对外投资的分析。机制分析的路径从对外投资端起步，试图分析：目标国家特定产业中实施对外投资的本土企业的所有权优势的特点，进而判断其对外投资的所有权优势是否主要源自本土产业的发展。

步骤三：关于吸引外资的分析。从引进外资端入手，试图分析：外资是否通过直接影响及溢出效应等途径对相关的由波特钻石模型所描述的产业环境的各个要素发生了影响，并在此基础上促进了本土产业整体环境的动态升级和发展。

步骤四：将针对对外投资的分析与针对吸引外资的分析相衔接。在步骤二和步骤三的分析基础之上，将吸引外资和对外投资通过本土产业环境相连接，试图分析：支持企业形成对外投资能力的本土产业环境，是否是在开放及其外资的影响下形成的。由此，我们可以梳理和判断吸引外资对对外投资发生影响的更加清晰的作用路径和整体的逻辑。

步骤五：关于政府作用的分析。最后，基于政府在产业从引进外资到对外投资过程中起到的至关重要的作用，还需要在上述四个步骤的基础上对于政府的作用进行进一步的关注和总结。

以上分析框架和分析步骤将具体应用于本书其他章节中对于各个案例国家的具体动态机制的分析过程中。

3.2.4 当前分析框架的局限性

事实上，如前所述，吸引外资对对外投资的影响机制本身是一个复杂的体系，上述分析框架的构建还只是本研究的初步成果，因此，该分析框架具有明显的局限性。这些局限性主要表现在以下几个方面：

（1）受限于前期我们案例研究的方法和范围，在当前的分析框架中我们更多地关注了"IFDI 对目标产业环境的影响机制"以及"目标产业环境"对 OFDI 能力形成的影响机制，这一影响和传导机制毫无疑问是我们所探讨的"IFDI 与 OFDI 内在机制"中最核心的部分；然而，我们认为，当前分析框架对企业层面的个性特征（即包括内资企业也包括外资企业）及其相互作用还没有做到充分的挖掘。

（2）当前的案例研究是针对单一行业进行的，而现实中，我们相信，一国"IFDI 对 OFDI 的内在影响机制"绝不仅止于此，不同行业 IFDI 对相关产业 OFDI 也会形成重要的影响。例如，服务业的 IFDI 对制造业 OFDI 能力的形成就一定存在重要的影响及传导机制。因此，当前分析框架的针对性还比较狭窄。

（3）根据国际企业及全球产业链理论的发展，东道国所受到的跨国公司的影响，不是仅仅通过 IFDI 发生的，贸易、许可、合同制造等多种非股权投资方式都会对东道国的经济及产业环境造成影响，而当前的分析框架还主要专注于股权投资这种单一形式。

针对上述局限性的各个方面，我们将在未来的进一步探索中逐步完善。

3.3　动态 IDP 理论实证检验的拓展及相关模型的设置

为了配合动态 IDP 理论的机制挖掘，用于实证检验的模型也需要进行相应的拓展。这里，我们先将原 IDP 理论的模型进行以下的两种拓展：对原模型中"对外净投资"的拆分以及加入中介变量的机制检验。

3.3.1　对原 IDP 理论检验模型中"对外净投资"的拆分及模型的设置

根据前文的文献综述可知原 IDP 理论的模型表达主要有如下两种形式：

模型 1：$NOI_{PC} = \alpha + \beta_1 GDP_{pc} + \beta_2 GDP_{pc}^2 + \mu$（Dunning，1981，1986）；

模型 2：$NOI_{PC} = \alpha + \beta_1 GDP_{pc}^3 + \beta_2 GDP_{pc}^5 + \mu$（Buckley，Castro，1998）

其中被解释变量 NOI_{pc} 为人均对外净投资存量，GDP_{pc} 为人均 GDP。在原模型形式 NOI = F（GDP，…）中，"NOI（一国对外投资减去吸引外资的差额）"是被解释变量的唯一形式。这一被解释变量的设定，从根本上忽略了吸引外资与对外投资的相关关系，因此，为了探讨我们所关注的"一国从吸引外资到对外投资能力形成的作用机制"这一动态变化过程，必须将原被解释变量 NOI 拆解为如下两个变量：对外投资（OFDI）与吸引外资（IFDI），并将吸引外资（IFDI）作为解释变量引进模型。由此我们需要将原 IDP 模型拓展为如下的基本形式：

模型 3：OFDI = f（IFDI，GDP，…）

此外，根据李辉（2007）以及我们的前期研究，我们将顺序加入"出口"、"汇率"等影响我国对外投资的变量作为控制性因素。下文中我们将在机制分析的基础上进行具体的模型设置及实证检验。

上述检验模型的拓展将直接应用于下文中全球面板数据的检验以及各个国家章节中的相关动态 IDP 理论的检验。

3.3.2 加入中介变量的机制检验拓展模型的设置

模型 3 中的拆分模型将 OFDI 作为被解释变量，IFDI 作为解释变量，能够对吸引外资对对外投资的影响这一动态 IDP 过程进行检验。该模型中 IFDI 对 OFDI 的影响既可能是直接的也可能是间接的。事实上，在现实中由于 IFDI 对 OFDI 作用机制的复杂性，吸引外资对对外投资的影响往往不是直接的，而是通过吸引外资产生溢出效应等途径提升本土企业的所有权优势进而推动本土企业开展对外投资活动。为了更清晰地检验吸引外资对对外投资的间接作用机制，我们还需要在模型 3 的基础上加入中介变量，对于模型进行进一步的拓展。

模型 4： $M_1 = f$ （IFDI，…）

$M_2 = f$ （IFDI，…）

…

$OFDI = f$ （M_1，M_2，…）

其中 M_1、M_2 等代表中介变量，例如本土企业的劳动生产率、本土企业的出口强度等。该模型组将对于 IFDI 对中介变量以及中介变量对于 OFDI 的影响分别进行检验，从而对于 IFDI 对 OFDI 的间接影响机制进行进一步的深入探索。

加入中介变量的机制检验拓展模型将在本书第 7 章对于中国的研究中进行具体的尝试。

3.4 动态 IDP 理论的初步检验——全球面板数据

这里，我们将选用对原 IDP 模型中的"对外净投资"进行拆分的拓展模型进行对全球层面面板数据的初步检验。

3.4.1　机制分析及理论假说

3.4.1.1　吸引外资对对外投资的作用机制分析

根据前文中对于 IDP 理论的综述可知，IDP 理论所描述的投资发展路径在实证研究中已得到了广泛的证实。IDP 理论实际上暗含了随着一国经济的发展以及吸引外资的不断扩大，其对外投资也会随之发展起来这一基本假说，因此在 IDP 理论的基础上，一个自然的引申就是：吸引外资会对一国的对外投资产生促进作用。吸引外资对对外投资的作用机制路径如图 3 -4 所示。

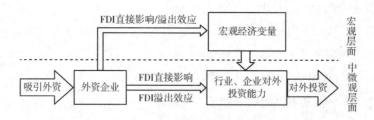

图 3 -4　吸引外资对对外投资的作用机制路径

在作用机制方面，我们进一步将这种促进作用细化为宏观层面的影响机制和微观层面的影响机制。其中宏观层面的影响是指吸引外资对东道国经济增长、对外贸易以及外汇储备等宏观变量都具有正向的促进作用，进而再通过这些宏观变量的正向变动来刺激东道国企业对外投资的增长。而吸引外资对对外投资的中微观层面的影响主要是指吸引外资产生溢出效应，从而更直接地提高了行业与企业的对外投资能力。根据前文的理论综述可知，FDI 溢出效应的产生主要通过如下四种途径：行业内的竞争效应和示范效应、行业间的关联效应以及由于人员流动产生的溢出效应。其中行业内的竞争和示范效应主要是指在特定行业内，外资的进入促进行业竞争，迫使东道国企业提高生产效率，从而产生"竞争效应"；同时外资企业带入了先进的技术和管理模式，为东道国企业提供了学习和模仿的机会，从而产生"示范效应"。行业间关联效应主要是通过进入的外资企业与分属于不同行业的东道国企业形成了产业链的上下游关系而产生的。人员流动产生的溢出效应则是由于在东道国的外资企业中被雇佣的本地人员离开外资企业后成立自己的公司或转而服务于东道国本土企业而产生的。我们认为，吸引外资可以通过直接影响以及上述四种途径产生溢出效应，从而促进东道国行业环境的提升以及本土企业对外投资能力的提高。因此，根据上述吸引外资对对外投资作用机制的初步分析，本书首先提出如下假说：

假说 3.1：总体来看，吸引外资会对对外投资产生正向影响。

3.4.1.2　东道国特点对作用机制的影响

上文的分析表明，吸引外资对东道国对外投资的促进作用主要是通过外资的进入产生了溢出效应，进而提高了东道国企业的对外投资能力。然而 FDI 的溢出效应并不是自然发生的，外资溢出效应能否发生以及发生溢出效应的大小都会受到东道国自身特点的影响（Kokko，1994）。作为期待从吸引外资中提高自身能力的东道国更为关心的问题是：什么样的条件更有利于这种促进作用的产生？这需要从东道国自身特点出发，从东道国对 FDI 的吸收能力以及东道国市场规模的角度进行进一步分析。

（1）东道国人力资本的影响。并不是所有的东道国都能够有效地利用 FDI 的所有权优势，如果东道国自身的吸收能力没有达到一个特定的"门槛"，则无法有效地吸收 FDI 的溢出效应，并很有可能在与外资的竞争中被超越甚至挤出。当跨国公司的技术能力和东道国的吸收能力不匹配的时候，流入 FDI 的作用将十分有限，在这种情况下即使存在企业间的知识转移，也不能保证本土企业能够由此而获益（Narula & Driffield，2012；Bell & Marin，2004）。而在对吸收能力的相关研究中，很多学者认为人力资本对于技术吸收能力的大小起着关键性的作用，并将其作为吸收能力的衡量指标。伯仁斯坦等（Borensztein et al.，1998）利用 1970～1989 年 69 个发展中国家的数据研究发现，只有当一国的人力资本足够丰裕时，东道国才能够有效地吸收 FDI 的外溢技术，从而促进经济增长。类似的，徐（Xu，2000）采用 40 个国家 1966～1994 年的数据对美国跨国公司技术溢出效应的实证研究也表明，东道国人力资本水平是影响该国是否能从 FDI 的技术溢出效应中获益的关键因素。而沃鲁姆等（Varum et al.，2011）的研究也表明，即使对于 OECD 国家，其人力资本也需要达到一定的门槛值，从而才有利于东道国吸收外资技术进而转化为促进经济增长的动力。部分学者对中国的研究也有类似的结论，如赖明勇等（2005）以中国 1996~2002 年的省级面板数据的研究发现，人力资本是提升中国东部地区外资技术吸收能力的重要因素，而哈勒和朗（Hale & Long，2011）在对中国微观企业的研究时也指出，国有企业人力资本的缺乏是导致国有企业无法有效吸收 FDI 技术外溢的一个原因。据此，我们提出如下假说：

假说 3.2：东道国人力资本越发达，对 FDI 的吸收能力越强，因此，吸引外资对该国对外投资的正向影响作用越大。

（2）东道国市场规模的影响。有研究表明，外资对东道国溢出效应的大小除了与东道国的吸收能力密切相关外，还会因 FDI 的进入动机不同而不同（Narula & Dunning，2000）。而影响 FDI 进入动机的一个重要影响因素就是东道国的市场规模。正如前文所述，外资对东道国不仅会产生正向影响，还会在竞争中攫取东道国企业的市场份额，导致一些竞争力较弱的东道国企业退出市场，产生所谓"挤出效应"（Aitken & Harrison，1999）。我们认为这种挤出效应的大小在很大程度上取决于东道国的市场规模。

从 FDI 的进入动机来看，如果东道国市场规模较大，国际资本的流入可能更注重对东道国的市场开发与占有，此类 FDI 属于市场寻求型 FDI。市场寻求型 FDI 更关注本土市场的需求，同时更多地采购本土的中间产品，从而客观上能与本土企业形成较多良性的联系与互动，有利于本土企业的模仿和学习，从而促进溢出效应的产生（Javorcik，2004）。何洁（2000）以及赵榄和常伟（2007）分别针对中国的研究都发现市场规模的大小在影响外资的溢出效应方面起到了重要的作用。相反，对于市场规模较小的东道国来说，国际资本的流入往往源于东道国廉价的资源、劳动力或具有优势的出口区位。此类 FDI 往往是资源寻求型的，其生产环节已处于标准化阶段，技术含量较低；同时，此类生产的原料更多来自世界各地，产品也销往世界各地，其生产和销售与东道国企业的关联程度较低，从而难以对东道国的企业产生实质的"溢出性"影响。例如，撒哈拉以南非洲地区多为市场规模小的资源型国家，米塞勒（Musonera，2007）对这一地区的实证研究表明该地区确实普遍缺乏 FDI 的溢出效应。

从 FDI 的"挤出效应"来看,巴克尔和司维恩(Backer & Sleuwaegen,2003)指出,至少在短期内,FDI 在劳动力市场和产品市场上的竞争会"挤出"东道国的企业。然而,在长期内,由于东道国企业的学习,以及与跨国公司的联系最终会产生正向效应从而逆转这一挤出效应。但是我们认为,这种长期效应能否实现,很大程度上取决于东道国的市场容量。当东道国市场容量较为狭小时,FDI 进入初期的"挤出效应"将很大程度上使得跨国公司占据整个市场份额,此时,如果东道国企业自身能力不足则可能被完全排除出市场,从而无法实现后期的逆转。在这种情况下,外资的进入将会对东道国企业的对外投资产生负面影响。相反地,对于市场规模较大的东道国来说,由于国内有足够的市场发展空间,外资的进入不会完全挤出东道国企业,更有可能与当地企业形成良性竞争,从而对国内企业的对外投资能力产生正向的促进作用。另外,对于具有较大规模市场的国家来说,其国内市场往往具有一定程度的复杂性(比如中国),而国内企业更加熟悉这样相对复杂市场环境,因此可能在外资竞争的刺激下更加高效地利用本土市场,从而赢得实现规模经济的机会做大做强并最终"走出去"。据此,我们进一步提出如下假说:

假说 3.3:东道国市场规模越大,吸引外资对该国对外投资的正向影响越大。

(3)经济发展水平的影响。东道国人力资本水平直接影响着其对流入 FDI 的消化、吸收能力,但除了这一直接影响因素外,东道国的基础设施水平、金融市场环境、市场制度与法律制度等因素也可能影响着其对流入 FDI 的吸收效果并影响着东道国进一步的对外投资水平。现有的对于 FDI 溢出效应的实证研究已发现,FDI 在大部分发达国家都产生了正向的技术外溢作用,而在发展中国家则有所不同(Javocik,2004;Knell & Rojec,2011)。对于产生这一现象的原因,学者们普遍认为,一方面,发达国家由于人力资本水平较高而具有更强的吸收能力,因此能更有效地吸收 FDI 带来的知识和技术(Blomstrom et al.,1994;赖明勇 等,2002);另一方面,发达国家具有更加发达的基础设施、相对完善的制度以及金融市场等,而后者也会一定程度上影响东道国对流入 FDI 的吸收效果(Narula &

Dunning, 2010；Stern, 1991；Olofsdotter, 1998；Durham, 2004；Alfaro et al., 2004）。由于一个国家的经济发达程度越高，这些影响吸收效果的因素水平就会越高，因此我们进一步提出如下假说：

假说 3.4：一国的经济发达程度越高，对 FDI 的吸收效果会越好，因此吸引外资对对外投资的正向影响作用就会越大。

3.4.2　模型设定与数据处理

3.4.2.1　模型设定

为了考察 FDI 的流入对东道国对外投资的作用机制以及东道国的吸收能力和市场规模对这种作用机制可能产生的影响，我们采用一个更宽泛的全球面板数据进行实证分析。在模型的设定上，根据前文描述的对原 IDP 模型中"对外净投资"进行拆分的拓展思路，我们对于检验模型的具体拓展过程及设定如下。

参照前期研究的探索（陈涛涛 等，2011），我们以 IDP 理论的原始检验模型为基础，并针对本书的核心问题进行转化和拓展。根据前文的综述，IDP 理论的原始检验模型为：

$$NOI_{pc} = f(GNP_{pc}, \cdots) \tag{3.1}$$

该模型刻画了人均净投资 NOI_{pc} 与人均国民生产总值 GNP_{pc} 在不同发展阶段的对应关系。为了考察 FDI 的流入对东道国对外投资的影响，这里将 IDP 理论模型中的对外净投资拆解为对外投资（OFDI）与吸引外资（IF-DI）两个变量，并让后者作为独立的解释变量进入模型。在控制变量的选取上，仍然保留原 IDP 检验模型中的人均 GNP，只不过根据现代国民经济核算的基本概念，GNP 已被国民总收入 GNI 所取代；除此之外，根据邓宁等（2001）的研究，如果将贸易并入到投资发展路径，则出口作为东道国国际化经验的积累，对于其对外投资能力的形成可能起到促进作用（Liu et al., 2005；李辉，2007），因此本书进一步加入人均出口（EX）作为控制变量。另外，汇率也可能影响着一国的对外投资，本币升值则国内企业购买国外资源与产品的能力增强，从而会刺激一国的对外投资水平，因此本书参照卡尔凯斯等（Kyrkilis et al.，2003）及托伦蒂诺（Tolentino，2008）等学者的研究，在模型中引入汇率（ER）作为控制变量。据此，本书设定如下的基本检验模型：

$$\ln(\text{OFDI}_{it}) = \beta_0 + \beta_1 \ln(\text{IFDI}_{it}) + \beta_2 \ln(\text{GNI}_{it}) + \beta_3 \ln(\text{EX}_{it})$$
$$+ \beta_4 \text{ER}_{it} + v_t + u_i + \varepsilon_{it} \tag{3.2}$$

其中，OFDI_{it} 表示第 i 个国家在第 t 年的累积对外投资额，IFDI_{it} 为第 i 国在第 t 年累积吸收的外商直接投资额。正如前文所指出的，东道国的对外投资是经济发展到一定阶段的产物，是一种能力的体现，外资的流入正是提升这种能力的一个重要渠道。而学习与吸收外资带来的先进技术与管理经验是具有长期性与累加性的，当这种"积累"达到一定程度后，东道国对外投资的"能力"才能提高。本书采用累积的外资流入以及累积的对外投资更能反映这种"存量"特征。GNI_{it} 表示第 i 个国家在第 t 年的人均国民总收入，它是邓宁的 IDP 理论中用于衡量东道国经济发展水平与经济发展阶段的重要指示性指标。EX_{it} 代表第 i 个国家在第 t 年的人均出口，ER_{it} 为第 i 个国家在第 t 年的汇率。为了考察各解释变量与被解释变量间的弹性关系，除汇率指标外，各变量均作对数化处理。

在误差项的设定上，本书引入时间与国家双向效应。虽然本书采用的全球面板数据涉及了 146 个国家 32 个年份，具有典型的"短面板"数据特征，但长达 32 年的时间本身并不"短"，忽略时间维度的效应可能会对模型估计带来偏差。具体而言，v_t 用于控制不随国家改变的时间维度的其他因素的冲击；u_i 用于控制不随时间改变的与国家个体特征有关的其他因素的影响；ε_{it} 代表特定异质效应，并假设 $\varepsilon_{it} \sim N(0, \sigma^2)$。

进一步，本书还将考察东道国的具体特点是否会影响外资流入与对外投资间的关系，为此还需对模型（3.2）改进如下：

$$\ln(\text{OFDI}_{it}) = \beta_0 + \beta_1 \ln(\text{IFDI}_{it}) + \sum_{j=1}^{k} \delta_j \ln(\text{IFDI}_{it}) \times X_{jit} + \beta_2 \ln(\text{GNI}_{it})$$
$$+ \beta_3 \ln(\text{EX}_{it}) + \beta_4 \text{ER}_{it} + v_t + u_i + \varepsilon_{it} \tag{3.3}$$

其中，X_{jit} 代表第 i 国第 t 年的第 j 类特征。与式（3.2）相比，式

（3.3）加入了外资流入 $IFDI_{it}$ 与国家特征变量 X_{jit} 的交叉项，用于考察国家的不同特征可能带来的影响。具体说来，本书考察三类东道国的特征变量，一是东道国的人力资本，它是直接决定对流入的 FDI 吸收能力的最重要的因素，本书采用东道国高等教育入学率 HC_{it} 来表示；第二类是东道国的经济规模变量，它主要从市场竞争角度考察流入 FDI 对东道国对外投资的作用，本书采用东道国的经济总量 GDP_{it} 来代表。第三类是除人力资本外其他间接影响东道国对流入 FDI 吸收能力的因素，如对外开放程度、基础设施的发达程度、金融市场的完善程度等。这些因素都与一个国家的经济发达程度紧密相关，因此可用东道国的经济发达程度变量来做这类因素的代理变量。本书以人均 GNI_{it} 来代表一个国家的经济发展水平。

3.4.2.2　数据来源与处理

为研究对外投资与吸收外资之间的关系，本书使用了 1980～2011 年全球面板数据作为本书实证分析的总样本。排除部分数据缺失严重的小国后，本书的有效样本国家数达到 146 个，覆盖了全球各洲的主要国家。本书的数据来源为联合国贸易和发展会议（UNCTAD）统计数据库以及世界银行（World Bank）统计数据库。另外，由于上述数据库提供的是以美元现价表示的数据，考虑到 32 年间美元通胀水平的变化，本书进一步使用了以 2005 年为基期的美元 GDP 平减指数对我们所用到的价值量指标进行了价格平减。①

在被解释变量的衡量上，本书使用以美元 GDP 平减指数调整的一国当年对外投资存量作为指标。相应地，关键解释变量，本书使用同样的方法获得了以美元不变价表示的一国吸收外资的存量。控制变量中，使用经价格调整的人均 GNI 作为人均收入的指标；而使用经价格调整的出口额与全国当年人口之比作为人均出口指标；汇率指标采用直接标价法，选取各国货币对美元的汇率作为衡量指标。另外，式（3.3）还涉及了另外两个变量：一国的人力资本与一国的市场规模。前者用高等教育入学率指标来衡

---

① 本书中选用的美元 GDP 平减指数来源为世界银行世界发展指数（World Development Indicators）。

量，后者用经过价格调整的以美元计价的支出法国内生产总值来衡量。表 3－1 列出了本书研究的被解释变量与主要解释变量及控制变量的描述性统计特征。

表 3－1 描述性统计

变　量	全样本			发展中国家样本		
	观测数	均值	标准差	观测数	均值	标准差
对外投资（百万美元）	3563	62349	279271	2487	5012	21829
吸引外资（百万美元）	3563	59240	220308	2487	14766	44688
人均 GNI（美元）	3398	9822	12930	2363	3241	4710
GDP（百万美元）	3520	303851	1090666	2448	91119	299149
高等教育入学率（%）	2457	28.7	0.229	1576	19.4	0.181
人均出口（美元）	3563	3808	7099	2487	1363	3503
汇率	3563	270.4	1027	2487	370.2	1210

注：对于发达国家与发展中国家的分类依据的是联合国开发计划署（UNDP）2010 年 11 月 4 日发布的《2010 年人文发展报告》。

3.4.3　实证结果与检验

3.4.3.1　基本回归结果

本书的研究采用了 146 个国家 32 年的相关数据，具有典型的面板数据特征。在采用面板数据分析时，一方面需要控制两类非观测效应——个体效应与时间效应；另一方面则需要在混合最小二乘估计（POLS）、固定效应估计（FE）、随机效应估计（RE）中进行有效估计方法的选择。

首先，正如本书在模型设定时所指出，虽然本书的数据具有典型的"短面板"特征，可以只关注国家效应而不考虑时间效应（Greene，2003），但 32 年本身是一个不"短"的时期。因此，本书在不考虑时间效应与考虑时间效应两种情形下，对基本模型式（3.1）进行三种方法的估计并选择相对最佳的估计方法。表 3－2 给出了相应的估计结果以及相关的检验。

表 3 - 2 外资流入对对外投资的影响，未引入东道国特征

回归式	不考虑时间效应			考虑时间效应		
	回归 I	回归 II	回归 III	回归 IV	回归 V	回归型 VI
估计法	POLS	FE	RE	POLS	FE	RE
常数项	-9.060 *** (-50.05)	-5.201 *** (-11.94)	-6.236 *** (-16.31)	-9.658 *** (-34.69)	-4.535 *** (-8.96)	-7.190 *** (-17.31)
ln (IFDI)	0.985 *** (65.17)	0.720 *** (30.73)	0.750 *** (34.25)	1.001 *** (64.23)	0.374 *** (13.12)	0.529 *** (20.14)
ln (GNI)	1.208 *** (24.54)	0.474 *** (5.81)	0.611 *** (8.27)	1.195 *** (23.62)	0.703 *** (8.61)	0.888 *** (11.98)
ln (EX)	-0.403 *** (-10.16)	0.250 *** (4.04)	0.167 *** (2.87)	-0.392 *** (-9.67)	0.083 (1.36)	0.037 (0.65)
ER	0.000 * (1.85)	0.000 (1.31)	0.000 (1.26)	0.000 ** (2.48)	0.000 (0.03)	0.000 (0.34)
年份虚拟变量	否	否	否	是	是	是
调整的 R^2	0.800			0.802		
组内 R^2		0.474	0.473		0.547	0.541
样本数	3398	3398	3398	3398	3398	3398
国家数	146	146	146	146	146	146
是否选择 POLS： F test /LM test		F = 35.14 Pr > F = 0.00	χ^2 =11458 Pr > χ^2 = 0.00		F = 42.95 Pr > F = 0.00	χ^2 =11894 Pr > χ^2 = 0.00
是否选择 RE： Hausman test		χ^2 =42.13 Pr > χ^2 = 0.00			χ^2 =217.73 Pr > χ^2 = 0.00	
是否存在时间 效应：F test				F = 1.94 Pr > F = 0.00	F = 16.96 Pr > F = 0.00	F = 375.61 Pr > F = 0.00

注：a. 在"是否选择 POLS"的检验中，F test 与 LM test 分别用来检验固定效应估计或随机效应估计是否比混合 OLS 法更合适，原假设都是"与混合 OLS 相比，个体效应不显著"；在"是否选择随机 RE"的检验中，Hausman test 用来检验随机效应估计是否比固定效应估计更合适，原假设是"两者无显著差异"；在"是否存在时间效应"的检验中，F test 用来检验模型中引入的年份虚拟变量的联合显著性，原假设为"不存在时间效应"。b. 圆括号中的数据为相应估计量的 t 值，*** 、** 、* 分别表示在 1%、5% 与 10% 的显著性水平下显著，下同。

表 3 - 2 的估计结果显示，对于基本回归模型式（3.2），无论是否考虑时间效应，混合 OLS 估计、固定效应估计以及随机效应估计都显示出 FDI 的流入是影响东道国对外投资的一个重要因素，该变量在 1% 的显著性水平上显著为正，符合本书的假说 1.1。这一结果表明，对于全球各国

普遍而言，吸收外资有助于东道国获得对外投资能力从而进行对外直接投资。从控制变量的回归结果上看，人均 GNI 的系数显著为正，表明一国的经济越发达、人均收入水平越高，其对外投资能力越强。这一结果与 IDP 理论的描述是一致的，并且也从侧面印证了吸引外资对对外投资的宏观层面影响途径的存在性。控制变量汇率在引入时间效应与未引入时间效应的六组估计中均不显著，表明该因素不对对外投资产生实质的影响。另一控制变量人均出口，在混合 OLS 估计显著为负，但在未引入时间效应的固定效应与随机效应模型中估计系数显著为正，而在引入时间效应的固定效应与随机效应模型中估计系数又不显著。这一结果表明在没有进一步考虑其他控制因素时，出口对对外投资的真实作用在基本模型（3.2）中是不确定的。

从计量估计方法的适用性来看，无论考虑时间效应与否，模型的三种估计都显示固定效应估计与随机效应估计都要比混合 OLS 估计的方法更适用；而通过 Hausman 检验进一步显示，在考虑时间效应的模型中以及不考虑时间效应的模型中，都在 1% 的显著性水平下拒绝固定效应估计与随机效应估计无差异的假设。因此，综上来看，选择固定效应估计方法来估计原模型更加适合。此外，对是否引入时间效应的 F 检验显示，时间效应是显著存在的。这表明，虽然本章研究所采用的面板数据具有"短面板"的特征，但时间效应却仍然不能被忽略，否则将带来估计的偏误。因此，综合起来看，本书将采用双向固定效应的估计方法来进行本章的后续研究。

3.4.3.2　引入东道国特征的进一步检验

前文的机制分析中已指出，FDI 的进入能否对东道国产生正向的溢出效应以及这种溢出效应的大小还与东道国某些因素的特征密切相关。本书关注了两个最为重要的直接因素：东道国的人力资本水平以及市场规模大小。人力资本水平直接影响着东道国对所流入的 FDI 的吸收能力，进而影响着其对外投资的水平；而东道国的市场规模则主要从外资流入的动机和内资与外资在东道国市场能否产生"良性"竞争的渠道，影响着内资企业对外投资的状态，即内资企业能否有机会在竞争中发展壮大并获得对外投资能力以进入国际市场，而不是在竞争中被"挤出"市场。如果说东道国人力资本水平直接影响着对流入 FDI 的吸收能力的话，东道国市场规模则主要从市场竞争渠道影响着东道国企业的成长壮大进而影响着其对外投资能力的提升。表 3 - 3 列出了引入东道国这两类特征性因素时，它们与流入 FDI 的交互作用对东道国对外投资产生的影响。

表 3 - 3　　　　　　　外资流入对对外投资的影响，引入东道国特征

回归式	回归 I	回归 II	回归 III
常数项	- 3. 981 *** (- 5. 614)	- 0. 980 (- 1. 438)	- 2. 349 ** (- 2. 519)
ln（IFDI）	0. 249 *** (7. 145)	- 0. 141 * (- 1. 945)	0. 013 (0. 139)
ln（IFDI）×HC	0. 146 *** (6. 622)		0. 129 *** (5. 632)
ln（IFDI）×ln（GDP）		0. 051 *** (7. 706)	0. 024 *** (2. 690)
ln（GNI）	0. 628 *** (5. 917)	0. 269 *** (2. 732)	0. 445 *** (3. 536)
ln（EX）	0. 246 *** (3. 145)	0. 072 (1. 190)	0. 209 *** (2. 635)
ER	- 0. 000 (- 0. 602)	0. 000 (0. 400)	- 0. 000 (- 0. 514)
年份虚拟变量	是	是	是
组内 R^2	0. 584	0. 556	0. 585
样本数	2360	3398	2360
国家数	137	146	137

首先，当单独引入人力资本因素时，表 3 - 3 的回归 I 显示，人力资本确实影响着对流入 FDI 的吸收能力进而影响着东道国的对外投资水平。人力资本与流入 FDI 交互项的参数估计为正，且通过 1% 显著性水平的检验，表明东道国的人力资本水平显著影响着东道国对流入 FDI 的消化吸收能力，高水平的人力资本更容易把外商直接投资所外溢的技术转化为自身的技术，从而促进其海外市场的拓展。其次，回归 II 显示，当单独引入东道国的市场规模变量时，代表市场规模的 GDP 与流入 FDI 交互项的参数估计也在 1% 的水平下显著为正，表明市场规模越大，越能形成内资与外资的

"良性"互动,进而提高东道国企业的对外投资能力。

以上分析均仅考虑了东道国某一个方面的特征因素,而这两个因素往往是同时发生作用的。回归Ⅲ显示,当同时引入人力资本及市场规模与流入 FDI 的交叉项时,它们在模型中都显著为正,进一步印证了我们的理论假设:即东道国的人力资本与市场规模确实能够与流入 FDI 交互作用而对东道国的对外投资能力产生影响。需要注意的是,两类交叉项同时引入后,发现单独的流入 FDI 项的参数估计变量不显著了,主要原因在于该变量与所引入的交叉项存在着一定程度的共线性。通过假设检验,本书拒绝了该三项参数联合为零的假设,[1] 意味着这里并不能简单地将独立的流入 FDI 项排除在模型之外。回归Ⅲ的结果显示,在人力资本与 GDP 的样本均值处,流入 FDI 对东道国对外投资的影响为 $0.013 + 0.129 \times 0.287 + 0.024 \times 12.624 = 0.353$,即流入东道国的 FDI 每增加 10%,将促使其对外投资增加 3.53%。类似的,在流入 FDI 的样本均值处,高等教育的入学率每提高 10 个百分点,东道国对外投资将增加 $0.129 \times 10.989 \times 10\% = 14.18\%$;而 GDP 规模扩大 10%,将促进东道国对外投资增加 $0.024 \times 10.989 \times 10\% = 2.64\%$。与表 3-2 所示的基本回归的结果相一致,在引入人力资本以及市场规模与流入 FDI 的交叉项后,人均国民总收入对东道的对外投资仍存在显著的正向影响,回归Ⅲ显示人均国民总收入每增加 10%,东道国对外投资将增加 4.45%,表明经济发达程度确实是促进对外投资的一项重要因素。表 3-3 中的回归Ⅲ也表现出人均出口与对外投资正相关,但汇率仍不影响东道国的对外投资。

3.4.3.3 经济发展水平的影响机制及稳健性检验

在上述回归分析中,用人均国民总收入作为经济发达程度的代理变量并以控制变量的形式进入到回归模型之中。无论对基本回归模型还是对引入人力资本及市场规模的体现东道国特征的扩展模型,都显示出经济发达程度对东道国的对外投资有着显著的正向影响。而经济越发达的国家与地

---

① 对 $\ln(IFDI)$、$\ln(IFDI)^* HC$、$\ln(IFDI)^* \ln(GDP)$ 的联合 F 检验结果为:$F(3, 2186) = 46.95$,$Pr > F = 0.00$。

区，往往拥有更加发达的基础设施、更加完善的金融市场、更加合理的管理制度。这里，本书进一步提出如下问题：相对发达的基础设施、更加完善的金融市场等是否会直接提高东道国对流入 FDI 的吸收效果，从而促进东道国对外投资水平的进一步提升。换言之，经济发展水平是通过直接提升东道国对流入 FDI 的吸收效果而促进其对外投资水平提高，还是通过改善整体环境、通过吸引 FDI 流入量的增加而间接地促进了东道国对外投资水平的提升。为此，需要引入代表经济发达程度的变量与流入 FDI 的交叉项来进一步探寻这一机制。

前文中已采用人均国民总收入 GNI 来代表一个国家的经济发达程度，因此这里首先引入流入 FDI 与人均 GNI 的交叉项进行考察。表 3 - 4 中回归 I 表明，流入 FDI 与人均 GNI 的交叉项在 1% 的水平下显著为正，表明东道国的经济越发达，其对流入 FDI 的消化吸收能力越强，从而更容易增进其对外投资的能力。当然，由于流入 FDI 与 GDP 的交叉项、流入 FDI 与人均 GNI 的交叉项以及人均 GNI 三个变量间存在较强的多重共线性，[1] 从而导致流入 FDI 与 GDP 的交叉项以及人均 GNI 这两个变量独立地看都不显著。当然，本书通过假设检验拒绝了该三项参数联合为零的假设[2]。

表 3 - 4   经济发达程度对对外投资的影响机制及稳健性检验

样本组	全样本		发展中国家样本	
	按人均 GNI 引入交叉项	按收入等级 引入交叉项	按人均 GNI 引入交叉项	按大小国 引入交叉项
回归式	回归 I	回归 II	回归 III	回归 IV
常数项	- 0. 124 (- 0. 11)	0. 014 (0. 03)	1. 145 * (1. 86)	0. 674 (0. 12)
ln (IFDI)	- 0. 253 ** (- 2. 04)	- 0. 326 *** (- 3. 77)	- 0. 568 *** (- 4. 70)	- 0. 319 *** (- 2. 90)

---

① 检验发现 ln (IFDI) * ln (GNI) 与 ln (IFDI) * ln (GDP) 的相关系数为 0.934，ln (IFDI) * ln (GNI) 与 ln (GNI) 的相关系数为 0.796，ln (IFDI) * ln (GDP) 与 ln (GNI) 的相关系数为 0.593。

② 对 ln (IFDI) * ln (GDP)、ln (IFDI) * ln (GNI)、ln (GNI) 的联合 F 检验结果为：F (3, 2185) = 17.8，Pr > F = 0.00。

续表

样本组	全样本		发展中国家样本	
	按人均 GNI 引入交叉项	按收入等级 引入交叉项	按人均 GNI 引入交叉项	按大小国 引入交叉项
ln（IFDI）×HC	0.076 *** (2.73)	0.139 *** (5.18)	0.116 ** (2.28)	0.097 * (1.90)
ln（IFDI）×ln（GDP）	0.012 (1.22)	0.033 *** (4.28)	0.071 *** (4.82)	
ln（IFDI）×ln（GNI）	0.051 *** (3.30)		0.011 (0.57)	0.072 *** (5.06)
ln（IFDI）×Large				0.183 *** (2.67)
ln（IFDI）×M_Low		0.546 *** (7.34)		
ln（IFDI）×M_High		0.182 ** (2.50)		
ln（IFDI）×High		0.328 *** (4.2)		
ln（GNI）	0.088 (0.53)			
ln（EX）	0.290 *** (3.51)	0.350 *** (4.86)	0.145 (1.50)	0.268 * (2.87)
ER	−0.000 (−0.17)	−0.000 (−0.21)	0.000 (0.04)	−0.000 (−0.07)
年份虚拟变量	是	是	是	是
组内 R^2	0.587	0.596	0.446	0.440
样本数	2360	2434	1513	1513
国家数	137	140	100	100

注：其中变量 M_Low、M_High、High 分别为代表中低收入、中高收入、高收入国家的虚拟变量。

为了排除共线性的影响，本书用收入等级虚拟变量代替人均 GNI，进一步考察经济发达程度与流入 FDI 的交互作用对东道国对外投资可能产生影响的机制。本书按照世界银行的标准将所考察的样本国家分为高收入、中高收入、中低收入和低收入四组,① 并以低收入组为比较基准组,对其他三组引入取值为 0 或 1 的虚拟变量。表 3 - 4 回归 Ⅱ 显示,无论是高收入组、中高收入组还是中低收入组,它们与流入 FDI 的交叉项的参数都在 1% 的水平下显著为正,表明与低收入组相比,该三组对外投资关于流入 FDI 的弹性都要大一些。这一结果意味着,发达国家要比欠发达国家更大程度地吸收流入 FDI 的溢出效应并加速其对外投资。这一结果也同时揭示出,在全球范围内,经济发达程度更是通过其发达的基础设施、完善的制度环境而直接提高了对流入 FDI 的吸收效果,进而促进了东道国的对外投资水平,即更多的是直接作用,而不是间接作用。

由于发达国家与发展中国家在吸引外资与对外投资方面可能存在着差异,如果发达国家的样本点过多,将导致本书的检验结论很可能不适用于发展中国家,为此,本书将样本范围缩小至发展中国家。表 3 - 4 的回归 Ⅲ 显示,流入 FDI 与人力资本的交叉项以及与 GDP 的交叉项均在 1% 的显著性水平下显著为正,表明对于发展中国家来说,人力资本仍是直接影响东道国对 FDI 吸收能力的重要因素,同时,市场规模大小对吸引外资对对外投资的影响作用也是显著的。但此时流入 FDI 与人均 GNI 的交叉项不显著,本书认为主要原因在于该交叉项与流入 FDI 与 GDP 的交叉项间存在着较强的共线性②。表 3 - 4 的回归 Ⅳ 显示,如果引入市场规模大小的虚拟变量 Large 与流入 FDI 的交叉项来替代流入 FDI 与 GDP 的交叉项,③ 则发现这时流入 FDI 与人均 GNI 的交叉项通过了 1% 显著性水平的检验,表明对发展中国家来说,经济发展水平对其对外投资的影响,可能也是通过直接影响对流入 FDI 的吸收效果而发挥作用的。

---

① 按世界银行 2008 年的最新收入分组标准:人均收入低于 975 美元为低收入国家,在 976 ~ 3855 美元之间为中等偏下收入国家,在 3856 ~ 11905 美元之间为中等偏上收入国家,高于 11906 美元为高收入国家。

② 该两交叉项间的相关系数高达 0.93。

③ 当发展中国家的 GDP 水平(以 2010 年为例)在全球平均水平之上时,将被认为该国的市场容量较大,定义虚拟变量的取值为 1,否则取值为 0。

3.5 本章小结

本章利用全球层面的大样本数据对于"吸引外资"对"对外投资"的作用机制进行了考察，并对于东道国特征的影响因素进行了检验，基于前文的研究结果可以得出如下几点结论：

第一，从全球总体层面来看，一国吸引外资对该国对外投资确实有着显著的正向影响，表明一国通过吸引外资从而促进本国企业对外投资能力的提高这一发展路径的范式是普遍存在的。对于采取开放式发展战略的国家来说，这一结果无疑有着重要的现实意义。

第二，吸引外资对东道国对外投资促进作用的大小与东道国的特征密切相关：人力资本因素与市场规模这两个因素直接左右着东道国通过引入 FDI 进而影响其对外投资的能力。研究表明，人力资本直接决定了东道国对流入 FDI 的吸收能力，从而直接影响着东道国的对外投资能力，因此，东道国不仅仅需要关注吸引 FDI 的数量和特点，还应充分重视提升人力资本水平，以便更有效地吸收 FDI 带来的先进技术与管理经验、提高自身的国际竞争力。同样地，由于东道国的市场规模也影响着流入 FDI 的类型以及是否与国内企业产生"良性"互动。因此，对于像中国这种具有较大市场规模的国家来说，应该充分利用这一优势，有选择地吸引更多的对本国企业发展有利的"市场寻求型 FDI"，并通过与这类流入的 FDI 的"良性"互动，来提升自己的竞争力，为本土企业"走出去"创造更广阔的空间。

第三，虽然人力资本是吸收流入 FDI 溢出效应最直接的因素，但它不是唯一的因素。东道国的对外开放政策、基础设施水平、金融市场环境等都可能影响着其对流入 FDI 的吸收效果，而这些因素都与东道国的经济发达程度密切相关。本书的研究虽然主要将代表经济发达程度的人均 GNI 这一指标作为控制变量引入模型，但考虑到上述因素可能直接影响着东道国对流入 FDI 的吸收效果，本书在研究中引入了代表经济发达程度的人均 GNI 与流入 FDI 的交叉项来考察这一机制。研究发现了这种机制是存在的，而且具有稳健性。因此，东道国提高基础设施水平、完善金融市场环境、加强制度建设都将有助于对流入 FDI 溢出效应的消化吸收，进而有助于国内企业对外投资水平的进一步提升。

本章的研究虽然从全球层面对于吸引外资对对外投资的影响进行了经验分析，而且这种全球层面大样本的研究能够从总体上获得更加可靠的实证结果，然而吸引外资对对外投资的影响都是以一个个具体国家为单位进行的，影响机制也会因国家的不同而表现出不同的特点。因此，下文中本书将进一步以中国和巴西这两个具体国家为对象、结合东道国自身特点进行更为细致的国别分析和实证检验。

第二部分

动态 IDP 理论的机制研究
——发展中/追赶型国家的案例分析

第4章
发展中国家案例研究：巴西

在前一章里我们在原 IDP 模型的基础上搭建了动态 IDP 实证检验模型，并在全球层面进行了初步的实证检验。此外，在前一章中，我们还针对具体目标国动态 IDP 理论机制的探究，进一步构建了行业层面机制研究的具体分析框架。从本章开始，我们将在不同章节分别选取典型国家及其典型行业，沿用前文构建的实证模型及机制分析框架对于动态 IDP 机制进行更加具体、深入的研究。本章将集中于对巴西及其汽车行业的研究。

4.1 国家层面及行业层面案例选择原因

巴西具有悠久的吸引外资的历史，而在此基础上，其发展过程中也确实诞生了一批有能力的本土企业，在对外投资方面也有了相当程度的发展。因此，以巴西为研究对象，探寻其发展过程中本土企业对外投资能力的来源及其与吸引外资之间的关系，无疑将为动态 IDP 机制的研究提供很好的范例。此外，同为"金砖四国"之一，巴西是一个典型的发展中大国，其无论在市场规模还是经济发展阶段等方面都与中国具有相似性和可比性。因此，对于巴西的研究将为我国的开放发展提供很好的经验借鉴。此外，我们还将在第八章中针对巴西和中国进行国际比较，以期得出更加丰富的结论。

国家层面的研究将主要通过历史研究、统计分析及实证研究的方式进行。除了国家层面的研究之外，由于吸引外资对一国对外投资的影响更直接地体现在行业层面，因此我们将针对不同的目标国选择典型行业深入到行业层面进行分析。由于案例研究的方式更加适合对于过程机制问题的探讨（Yin，2004），因此为了更加深入地探究吸引外资对对外投资的作用机制问题，并考虑到行业企业层面相关实证数据不可得的问题，行业层面的研究将利用第 3 章所构建的分析框架，采取案例研究的方式进行。

在典型行业的选择上，我们选取汽车行业作为巴西行业层面案例研究的对象。此外，我们在第 7 章针对中国的研究中，也同样会选取汽车行业作为典型案例研究的对象。选择汽车行业作为巴西和中国动态 IDP 机制研究的典型行业，主要基于以下两方面的理由：首先，由于汽车产业具有产业链长、就业面广、消费拉动大等特点，是国民经济的重要支柱产业，因此包括中国和巴西在内的很多发展中国家都将其作为战略发展产业。其次，从产业开放发展历程来看，中国和巴西两国的汽车行业均是典型的采取"开放式"发展战略的行业，吸引了大量的 FDI 流入。而正是在这样的背景之下，在中国和巴西的汽车行业中也均有一批本土企业初步地实现了对外投资。因此，为了探讨吸引外资对对外投资的作用机制问题，中国和巴西的汽车行业无疑具有典型的代表性。这里需要指出的是，由于中国和巴西汽车行业的吸引外资以及对外投资均集中在乘用车（主要是轿车）领域，因此本书对于两国汽车行业的研究范围也将更偏重于轿车产业。

4.2　国家层面分析

由于巴西的吸引外资和对外投资的发展及其特点均与其历史和经济发展背景密切相关，因此在下文中将首先对于巴西的历史背景和经济发展阶段进行简要描述。其后，将分别对于巴西吸引外资和对外投资的开放发展历程、吸引外资和对外投资的各自特点、吸引外资与对外投资的匹配性进行分析和描述。最后在前文分析的基础上，给出针对巴西国家层面的理论假设，并利用我们此前搭建的动态 IDP 模型进行相应的实证检验。

4.2.1　历史背景和经济发展阶段

4.2.1.1　巴西的历史背景

公认的说法是 1500 年，葡萄牙人佩德罗·阿尔瓦雷斯·卡布拉尔（Pedro Álvares Cabral）所带领的船队发现了巴西。此后，当时正值扩张时期的海上强国葡萄牙开始了对巴西长达 300 多年的殖民统治。巴西这个名字，最初出现于 1503 年，来源于这块土地发现初期的主要财富——巴西木。1822 年，巴西相对和平地实现了独立，结束了其被殖民的历史。然而直到 1889 年，巴西仍然一个君主专制的国家，这个新独立的国家的王位上坐着的是一个葡萄牙人国王，并且其经济上主要依附于英国。从 1889 年开始，巴西结束了君主制，其后经历了多次的政权更替，最后慢慢走向了民主。

4.2.1.2　巴西的经济发展阶段

结合不同时期经济发展特点，可以将巴西的经济发展概括为以下几个阶段：

（1）殖民地时期（1500 ~ 1822 年）。殖民地时期经济的主要特点是以大规模的出口性生产为主，从而为宗主国取得大宗收入和资本积累。殖民地时期的经济是非独立的，是依赖于宗主国葡萄牙并为之为服务的。到了殖民地时期的后期，随着葡萄牙国际势力的衰弱，英国作为新兴工业强国崛起，巴西经济开始转变为依附英国。巴西的东北部地区是殖民化和城市化的中心，在 18 世纪中期之前，这里集中了殖民地最重要的经济和社会生活活动。其中制糖是东北部地区社会经济活动的重中之重。在殖民地时期，蔗糖的出口一直占第一位。在 1760 年，糖的出口相当于巴西出口总值的 50%，而黄金则占 46%。烟草出口也占据重要地位，尽管和蔗糖相比还相差很远。17 世纪末期到 18 世纪初期，巴西多处地区黄金的发现使得殖民地经济活动开始转向重金属的采掘，葡萄牙殖民者利用巴西的资源为其自身经济利益服务。淘金热的兴起对于东北地区原本就已经在走下坡路的制糖业又一沉重的打击，使其逐渐陷入衰退。

（2）君主时期及第一共和国时期（1822～1930 年）。到了 19 世纪，巴西经济的关键词开始转变为"咖啡"。这一时期，巴西仍然是一个以农业生产为主导的国家。随着咖啡的消费在全球范围特别是欧美国家成为一种时尚，巴西的咖啡出口在经济活动中占据了越来越重要的地位。1821～1830 年，咖啡相当于巴西出口总值的 18%；而到了 1881～1890 年，则达到了出口总值的 61%。由于咖啡的原因，使得巴西的经济中心从原来的东北部地区转移到中南部地区。并且由于运输咖啡的需要，促进了港口、铁路等基础设施的修建。在中南部地区，特别是圣保罗地区，开始出现了资本主义经济的变化过程，产生了从咖啡生产的原始资本积累，逐渐发展为对铁路、银行和商业进行投资的过程。英国在巴西经济中仍然占有重要地位，是巴西进出口贸易的主要对象，并且是巴西大部分国外贷款和投资的来源国。除了英国之外，美国的重要性日益加深，保持着巴西咖啡出口的最主要市场的地位。这一时期，除了咖啡之外，1861～1865 年，美国的内战给巴西棉花出口带来了激励，而亚马逊地区橡胶的开采和出口也逐渐发展起来。

这一时期另一重要影响事件是移民的大量涌入。从 19 世纪 80 年代开始，来自意大利、葡萄牙、西班牙、日本等国的移民纷纷涌入巴西，促使形成了一个生产、消费和劳动力市场。在 1887～1930 年，380 万外国人迁入巴西，其中意大利人占 35.5%、葡萄牙人占 29%、西班牙人占 14.6%。中南部、南部和东部是接受移民最多的地区，特别是圣保罗州集中了全国 52.4% 的移民，1920 年，87.3% 的日本移民居住在圣保罗州（福斯托，2006）。

（3）工业化的初步发展（1930～1955 年）。随着 20 世纪 20 年代末期世界经济危机的爆发，国际咖啡的需求急剧下降，使得巴西这个长期依赖咖啡出口并进口工业产品的国家不得不重新审视其自身经济发展的模式。这一时期，巴西开始重视工业产品的生产，在热图里奥·瓦加斯（Getúlio Vargas）执政时期，推行民族主义提案，并采取了以国内生产代替进口和发展基础工业的政策。CSN、淡水河谷、巴西石油公司（Petrobrás）等国有企业就是在这一时期建立的。在 1952 年政府还建立了国家发展银行

（BNDE），为工业企业及技术设施的发展提供支持（Fleury & Fleury，2011）。制造业占巴西工业增加值的比重从 1928～1929 年的 22.7% 上升至 1940～1945 年的 36.1%；而相对应地，农业则从 52.5% 下降至 37.1%（Gremaud et al.，2002）。虽然非耐用消费品仍然是最重要的行业，但是耐用消费品和资本品的比例也有所增长。咖啡的作用开始下降，而用于出口和国内纺织工业的棉花生产开始增加。1925～1929 年，咖啡占出口总值的 71.7%，棉花仅占 2.1%；而在 1935～1939 年，咖啡出口值下降至 41.7%，而棉花则增加到 18.6%（福斯托，2006）。莫赖斯（Moraes，2003）认为这一时期的主要特点是政府没有明确的工业化激励政策，而仅仅是限制进口并对外部账户进行控制。

这一时期教育方面也有所进步，15 岁及以上的文盲指数从 1920 年的 69.9% 下降到 1940 年的 56.2%。19 世纪末期，巴西在里约热内卢建立了第一所大学。20 世纪 30 年代以来，又相继建立了圣保罗大学等多个高等学校。

（4）国家引导的工业化阶段（1955～1981 年）。总体来看，这一时期由于国家在政策上的引导和扶持，使得巴西在重工业上有了长足的发展。与上一个时期的区别在于，政府对资本品及中间产品进行投资，这成为促进巴西工业化发展的重要原因（Curado & Cruz，2008）。

这一时期虽然巴西的政治和经济出现过几次波动，然而总体上还是有了很大的进步。1956 年，儒塞里诺·库比契克（Juscelino Kubitschek）政府上台，这一时期他制定了巴西战后第一个全国经济的"目标计划"（Plano de Metas），该计划包括 31 个目标，分散在 6 个大的方面：能源、运输、食品、基础工业、教育以及被称为综合目标的中部地区新首都——巴西利亚的建设。"目标计划"取得了明显的效果，在 1955～1961 年，工业生产值扣除通胀因素增长了 80%（福斯托，2006）。

然而伴随着库比契克政府经济成就的同时，也存在着很多隐患。主要是由于政府在支持工业化计划和建设巴西利亚过程中的巨大开支以及进出口严重下降导致的财政赤字，并且伴随着国内通货膨胀的发展。在 1962 年，这种由投资驱动的经济发展开始受到限制。由于收入的高度集中以及消费信贷的不可得性，消费的增长比预期要慢，而大量的投资使得产能过剩。到了 20 世纪 60 年代，通货膨胀日趋严重，1962 年上升至 54.8%，与此同时经济也开始衰退，GDP 增长率从 1962 年的 5.3% 下降至 1963 年的 1.5%（福斯托，2006）。

1964 年，巴西经历了军事政变，卡斯特洛·布朗库（Castelo Branco）将军当选为总统，巴西自此经历了一段军人政权时期。为了缩小公共财政赤字及控制通货膨胀，政府采取了紧缩性的财政政策，包括缩减对基础产品的补贴以及增加税收等，这些政策使得公共赤字得到了控制，通货膨胀也逐步消退。

从 1966 年开始，GDP 重新开始增长。1968 年，在汽车工业、化工产品和电器器材工业的带动下，工业得到了强劲的恢复。从 1968～1973 年，GDP 以年平均 11.2% 的速度增长，被称作是"经济奇迹"时期。这一时期通过发放优惠条件贷款、减免税收以及出口补贴等措施，对工业产品出口给予鼓励，使得对外贸易有了巨大的发展。然而"奇迹"的背后也有一些消极面，如对外债和外资的依赖、财富的过度集中、对教育健康等的忽略以及对生态的破坏等（福斯托，2006）。

1973 年第一次石油危机之后，政府为了维持经济的快速增长，其代价是减少外汇储备、加大了外债和通货膨胀。1974 年盖泽尔（Ernesto Geisel）总统执政不久，对巴西国民经济进行调整，重点发展某些薄弱的经济部门，如优先发展动力工业（电力、石油、核能），力图减少石油进口，鼓励本国发展资本货物的生产，以节省外汇。由于 1973 年第一次石油危机的影响，以及农业连年受灾，从 1975 年起巴西经济发展速度开始有所减缓。

（5）失去的十年（1981～1991 年）。由于 1979 年的第二次石油危机，以及随之而来的波兰（1981 年）、墨西哥（1982 年）等发展中国家的相继违约，使得包括巴西在内的发展中国家信贷风险增高，贷款成本上升。由于长期的进口替代模式，导致巴西对外部资金的依赖一直很高，因此外债危机使得巴西受到的冲击很大。1981 年，经济增长明显回落，而由于石油价格上升，导致了国际收支平衡表的恶化并且限制了一些高耗能行业的发展。1980～1985 年，政府开始制订新能源（甘蔗、酒精）计划同时促进国内石油生产。为了解决国际账户不平衡的问题以及减少进口，在 1981～

1983 年政府采取了较为平缓的政策，这一时期经济增长缓慢。这一阶段通货膨胀也愈演愈烈，到了 20 世纪 80 年代末期通胀率高达 1000% （Fleury & Fleury，2011）。舒子干（Suzigan，1988）认为政府对经济的衰退应该负有责任，因为政府没有任何产业鼓励政策，例如简单的税收减免；而在其他新兴经济体，类似的产业政策从未停止过。这一时期保护主义和对外贸的关闭，加剧了环境的恶化，因为这种封闭使得国内的跨国公司能够低效率存活。

（6）自由化时期（1991 年至今）。随着自由主义经济的思潮在全球席卷而来，从 20 世纪 90 年代初期开始，巴西经济经历了巨大的自由化变革，主要包括以下几个方面：在对外经济方面，实行贸易开放政策，降低关税，同时减少对 FDI 的管制；在对内经济方面，实行对国有企业的私有化改革。例如，科洛尔（Collor）政府通过降低关税、促进出口以及实行浮动汇率制等措施来深化对外贸易的开放。这一时期，进口关税从 1989 年的 39.5% 降低到 1994 年的 13.5%。在吸引外资的政策方面，政府放开了原本只允许国内企业经营的行业，如 IT 业、油气行业、电信业、银行业等逐渐放松管制，允许外资进入。而在科多佐（Fernando Henrique Cardoso）政府时期（1995 ~ 2002 年），取消了内外资之间的制度差异。

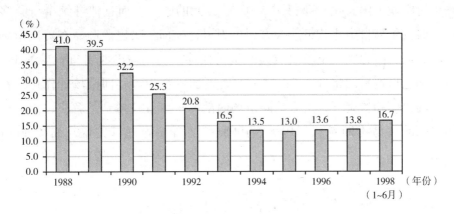

图 4 – 1　巴西平均进口关税（1988 ~ 1998 年）

资料来源：巴西财政部。

国内的自由化改革主要体现在私有化进程。由于国有企业的无效性以及为了降低国家在经济中的干预，20 世纪 90 年代开始私有化改革。1990 ~

1992 年，私有化改革主要集中在冶金、化肥和石化等行业，到了 1995 年，私有化进一步扩展到公共服务业，例如电力、运输和通信行业。采矿业的国有巨头淡水河谷（Vale）以及石油巨头巴西石油公司（Petrobrás）也分别于 1997 年和 2000 年实现了私有化。私有化过程中 48% 的投资资本来自外资，其中美国和西班牙占据主要份额，葡萄牙和西班牙在电讯行业占有较大比重。

此外，在科多佐担任财政部部长期间，于 1993 年底开始推行 "雷亚尔计划"。即先建立 "实际价值单位" 作为经济各部门的统一参考指数，再将 "实际价值单位" 变为一种新货币雷亚尔（Real），取代原有货币。"雷亚尔计划" 成功抑制了通货膨胀，使得巴西经济开始稳定增长。南方共同市场也对于巴西经济的发展起到了重要的影响。成立于 1991 年 3 月 26 日的南方共同市场于 1995 年 1 月 1 日正式运行。南共市包括巴西、阿根廷、乌拉圭和巴拉圭四个成员国以及智利和玻利维亚两个联系国。成立以来，南共市取得了令人瞩目的成绩，目前已成为世界第四大经济集团。

2003 年卢拉上台后，继续深化一系列的经济改革。尽管他上台前表示反对私有化，但上台后态度发生了明显的变化。2004 年，卢拉政府对马拉尼昂州银行实现了私有化，获得 2660 万美元的收入；2005 年又对塞阿拉州银行实现了国有化，获得了 3.02 亿美元的收入。而且他继续奉行科多佐政府的贸易自由化政策。一方面更为重视如何扩大巴西产品在美国市场上的份额，因为美国是巴西最大的贸易伙伴，美国占巴西出口贸易的 1/5 以上和进口贸易的将近 1/5；另一方面更加重视南方共同市场的作用。在卢拉的协调和斡旋下，南方共同市场内部的一些分歧得到了解决，使成员国之间的贸易不断扩大。1988 ~ 1998 年巴西平均进口关税，如图 4 - 1 所示。

4.2.2 吸引外资和对外投资的发展历程

从开放历程来看，从巴西建立的那一天起其经济活动就与外资密切相关。早在第一次世界大战之前，英国、法国、德国、比利时等国就已经大举对巴西进行投资。总体来看，巴西对于 FDI 一直是持欢迎态度的，并且吸引外资与全球经济环境和巴西自身的经济发展密切相关。从对外投资来看，巴西政府对于对外直接投资的态度是既不限制，也未实施任何鼓励措施，对外直接投资几乎全部是企业的个体行为。

4.2.2.1 吸引外资的开放发展历程及政策特征

总体来说，20 世纪初至今，巴西一直对外资持开放态度，取得了显著的增长，但同时也受到如国际战争、政权变革、经济危机等的影响，而出现不少波动。由于巴西吸引外资的发展历程与其经济发展密切相关，因此结合前文中巴西经济发展阶段的划分，本书将巴西外资进入过程大致分为五个阶段：即吸引外资的发展初期（1930 年之前）、工业化初期（1930 ~ 1955 年）、国家引导的工业化阶段（1955 ~ 1981 年）、失去的十年（1981 ~ 1991 年）以及自由化阶段（1991 年至今）。

（1）吸引外资的发展初期（1930 年之前）。实际上从 1500 年葡萄牙人发现巴西并将其作为殖民地开始，巴西就和与全球化相关的活动紧密地联系在一起。在殖民时期，殖民者将巴西作为其攫取自然资源的基地。1822 年巴西实现了独立，然而直到 19 世纪中期，巴西自己的经济才真正开始有所发展，FDI 的进入也从那时开始正式起步。如前文所述，在 20 世纪 30 年代之前，巴西一直是一个农业国家，经济主要依赖咖啡等初级农产品以及重金属的出口。因此在这一时期，外资的进入主要是为了以便利及扩大巴西对其的出口以及掠夺巴西的自然资源为目的。总体来看，巴西在这一时期经济发展水平落后，吸引外资的地位较低。

具体来看，在不同的历史时期，巴西的吸引外资有着一定的阶段性特点。在 1860 ~ 1902 年，英国在巴西吸引外资中占据绝对主要的位置，来自英国的 FDI 占巴西吸引外资总额的 77.6%（Curado & Cruz，2008）。巴西的第一波 FDI 流入主要在服务业和农业物流相关的行业以及基础设施行业，例如铁路、煤气公司、照明设备、运输、电话、电报、港口、造船、公共建设以及私人服务等。1902 ~ 1914 年，英国的投资地位有所下降，而美国、加拿大及德国等新生势力的工业化国家地位开始上升。由于巴西在农业的发展优势以及国外市场对于咖啡等产品的大量需求，FDI 流入仍然是为了加强巴西在初级产品出口的优势，其中服务业占 61.7%，制造业仅占 7.2%。1914～1933 年，美国对巴西的投资地位进一步增强，然而英国仍然占第一位。这一时期虽然服务业仍然占主要份额（50%），但是制造业的比例有所上升（23.7%）（Curado & Cruz，2008），并且已经有少数以美国企业为代表的跨国公司投资进入了现代制造业，例如，福特（1919 年进入）和通用汽车（1925 年进入）。

（2）工业化初期（1930～1955 年）。正如前文所述，由于 20 世纪 30 年代大萧条时期世界市场对咖啡的需求急剧下降，使得巴西的出口量骤减，进而导致国际收支平衡表的逆差。延续了多年的依赖初级产品出口并进口大量工业品的发展模式难以持续。因此，这一时期巴西开始发展自己的工业，并且限制消费产品的进口，开启了所谓的"进口替代"时期的萌芽。这一时期可以看作是巴西从农业国向工业化国家转变的过渡和调整时期。

这一时期 FDI 的流入受国际局势的影响较大。在 1933～1945 年，虽然政府欢迎 FDI 进入以增加外汇储备及促进经济发展，但是由于 1929 年经济大萧条的影响以及"二战"期间国际市场的不稳定使得这一时期 FDI 有所减少。在 1945～1955 年，伴随着美国大幅度的资本流出，巴西 FDI 流入也开始有所恢复。这一时期，在金属制品、水泥、玻璃、造纸、电子设备、化纤织物和化学品等工业行业也开始有了一定量的外资流入。

（3）国家引导的工业化阶段（1955～1981 年）。总体来看，这一阶段伴随着巴西经济的快速发展和工业化进程的加快，FDI 流入较之以前有了进一步的增长，并且在多个工业行业形成了外资主导的局面。

1956～1961 年，雄心勃勃的库比契克政府希望能在短时间内实现工业化和进口替代的目标。这一时期深化了进口替代政策，政府采取了一系列的保护主义措施，例如通过法律保护国内生产的产品以避免外国同类产品的冲击、提高进口关税并加大征税范围等。虽然并非出于政策的直接激励，然而由于政策导致的贸易壁垒的限制，使得大量外资不得不通过 FDI 的方式进入巴西这个巨大的消费市场。同时，政府也有一些对于 FDI 的优惠措施，例如对于进口生产用的资本产品提供税收上的优惠或减免等。这一时期将汽车工业、空运、铁路、电力和钢铁工业等作为优先发展的领域，并鼓励外资的进入。到了 20 世纪 60 年代末期，巴西的 FDI 流入从 50

年代末的 3.18 亿美元上升至 13.18 亿美元。虽然这一时期的进口替代和吸引外资取得了成功，但是也有些学者认为对 FDI 的激励可能仅仅是替代了他们对巴西的出口，转为在本地生产，而并没有创造出一个竞争性的国家工业行业，因此这种仅仅是以进口替代为目的的政策需要改变（Morley & Smith，1971）。

由于 1964 年的政治动荡，使得 FDI 的流入有所减缓。随着经济的恢复，加上军政府统治时期总体经济政策更加开放，也加大了吸引外资的力度，因此 FDI 的流入逐渐回升。特别是在 1968~1973 年的"经济奇迹"时期，由于 GDP 每年的高速增长，加上军政府对于 FDI 的一些刺激政策，例如减免长期投资的税率、通过外汇改革减少汇率波动等，使得 20 世纪 70 年代吸引了大量来自发达国家的 FDI。1974 年之后，巴西政府对 FDI 的政策更加直接，也有了更加明确的宗旨，即促进经济增长、促进技术发展和研发、提高管理技术以及促进非传统制造产品的出口。这一时期，一些政府认为是战略性的行业，如电力、石油开采、港口、铁路、航运、电信、钢铁和铁矿石开采等，仍然不对外资开放，并主要由国有企业控制。

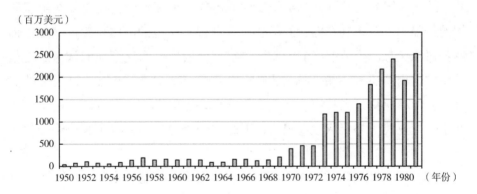

（百万美元）

图 4-2　巴西 FDI 流入量 1950~1981 年

资料来源：1950~1969 年数据来自弗勒里和弗勒里（Fleury & Fleury，2011），1970~1981 年数据来自 UNCTAD。

总体来看，这一时期在耐用消费品行业（特别是汽车和白色家电）吸引了大量的 FDI，如美国的惠而浦、德国大众、奔驰（1953 年）、博世（1954 年）等。外资和内资所处的行业在这一时期出现了明显的分化。外

资在更加现代的、技术复杂的行业占据绝对优势；而巴西的内资企业由于
缺乏与外资的竞争能力，因此主要集中在余下的所谓传统行业，如木材、
纺织、食品、饮料等；国有企业则集中在采矿、石油、化工及冶金等战略
性行业（Fleury & Fleury，2011）。

（4）失去的十年（1981～1991 年）。总体来看，由于经济的衰退，这
一时期巴西的 FDI 流入有所下降并维持在较低的水平。如前文所述，这一
时期由于第二次石油危机以及随之而来的债务危机的影响，巴西的经济增
长几乎停滞。在这"失去的十年"，面对债务危机，为了防止外企的资金
抽逃，政府制定了相对严厉的外资限制政策。例如，1980 年的外资草案规
定外资汇出利润的所得税从 1.25% 提高到 15%。1988 年的宪法还对于石
油、电力、通信、铁路、港口等行业的外国资本进行了禁止或限制（郝名
玮 等，1998）。这一时期，由于巴西经济发展的停滞加上政策的限制，跨
国公司大多持观望态度，已经进入的跨国公司则维持尽可能少的投资以等
待时机，外国直接投资规模仍然基本上保持原来的水平。

这一时期从国际背景来看，由于受到来自日本企业新型组织模式的挑
战，欧美跨国公司总部面临组织重构的需要。很多跨国公司总部在组织重
构的过程中，对于其在巴西的子公司也进行了相应的战略调整。例如，福
特公司由于总部全球战略的需要，决定部分退出巴西这个他们认为不是很
重要的市场。还有一些跨国企业则将巴西当作他们尝试日本管理模式的实
验田，如菲亚特、飞利浦、爱立信等（Fleury & Fleury，2011）。由于巴西
在多个行业对于外资依赖度很高，因此这些跨国公司的退出和战略变化加
剧了国内环境的动荡。

（5）自由化阶段（1991 至今）。总体来看，随着自由化之后市场的进
一步开放以及巴西经济的相对稳定增长，这一时期 FDI 的流出呈现出迅猛
增长的态势。虽然期间受到拉美经济危机和全球金融危机的影响有过几次
波动，但是总体趋势是不断增长的。

具体来看，20 世纪 90 年代初期，巴西经历了剧烈的经济变革，由于
政治经济的不稳定，这一时期外资仍然较少。在自由化过程中，巴西对于
FDI 的流入也更加开放，主要表现在：巴西对 FDI 放开了多个之前仅允许
国有企业经营的行业，如：IT 业、油气行业、电信业、银行业等；取消了

内外资企业之间的制度差异；1991 年，允许跨国公司从巴西开发银行（BNDES）贷款；1992 年，废除了保护本土企业的"IT 法"，等等。90 年代中后期开始，FDI 流出出现了迅猛增长。主要原因是随着通货膨胀的成功抑制，加上大的变革之后经济趋于稳定，逐渐恢复了外资的信心。并且这一时期国内私有化的进程也为外资的进入提供了绝好的机会，其中外国直接投的 1/3 用于购买巴西的国有企业。1995 ~ 2002 年，外商投资占据私有化销售额的 53% 之多。除上述原因之外，成立于 1991 年 3 月 26 日的南方共同市场于 1995 年 1 月 1 日正式运行，对于 FDI 的进入也起到了积极的作用。到 1998 年，巴西已是发展中国家吸收外资仅次于中国的第二大国。在这期间，在外国投资的主要部门中，制造业的比例仍不断下降，服务业的比例不断上升，到 2000 年为止，服务业已经占到了总量的 64%，制造业降到了 33.7%（1995 年为 67%）。

2001 年由于阿根廷经济危机的影响，使得整体拉美吸引外资急剧下降，特别是巴西的主要投资者西班牙大幅减少了对整个拉美地区的投资。加上"9·11 事件"的影响以及由于干旱导致的巴西电力短缺等因素，使得 21 世纪最初几年巴西的 FDI 流入量有所下降，并一直持续到 2003 年。

2003 年卢拉政府执政之后，继续奉行自由化政策并深化经济改革，使得 FDI 的流入重新进入了一个稳定发展的时期。2003 年的 FDI 流入在 2000 年后快速下降的基础上开始逐渐恢复，尽管并不能迅速回归到 20 世纪 90 年代末的水平，但巴西的国际竞争力、风险评级等在拉美都名列前茅，经济情况逐渐恢复。2006 年巴西的 FDI 流入大幅上升，一举超过了 2000 年的最初水平。但是经济危机的到来影响了全球经济，特别是对巴西有较多投资的美国和欧洲国家，陷入了这场波折的 FDI 流入来源国大幅度减少在巴西的投资转而拉动内需，于是 2008 年巴西的 FDI 流入直线下降。2010 年全球 FDI 温和回升，由于以巴西为首的新兴市场国家经济总体表现好于发达国家，因此 FDI 流入量出现了明显的回升。

4.2.2.2　对外投资的发展历程及政策特征

总体来看，巴西的对外投资呈现出一种循序渐进的发展历程。大多数巴西企业的对外投资经过了多年的能力积累，并且主要是自发行为，受政策干预非常小。在 20 世纪 90 年代以前，巴西的对外直接投资缓慢增长，出现了对外投资的萌芽。从 20 世纪 90 年代开始，特别是 90 年代中后期，在全球化的背景之下，随着巴西经济的稳定增长，巴西企业的对外投资有了初步的发展，主要集中在拉美地区。2000 年之后，更多的巴西企业参与到国际化经营的阵营之中，并且投资国别和行业分布都更加广泛。

（1）萌芽阶段（1990 年之前）。20 世纪 70 年代及在此之前，实现对外投资的巴西企业还非常少，主要投资地区是巴拉圭、玻利维亚、哥伦比亚和乌拉圭，以及北非和中东的一些产油国。对外投资的企业主要集中在石油、工程技术服务和银行业。其中巴西银行（Banco do Brasil）、巴西石油公司（Petrobrás）、从事飞机制造的 Embraer、工程服务业的 Odebrecht 等都是最早向国外投资的一批巴西企业。

进入 20 世纪 80 年代，巴西的对外直接投资有了进一步的发展，但由于整个 80 年代巴西经济的衰退，巴西的对外投资并非持续增长而是波动式前进。这一时期对外投资企业的行业分布更加广泛，钢铁业的 Gerdau、采矿业的淡水河谷公司（Vale）等行业巨头纷纷实现了跨国经营。

（2）初步发展阶段（1990～2003 年）。如前文所述，20 世纪 90 年代初期巴西开始了其自由化的进程，随着进口关税的降低和对 FDI 的进一步开放，国内企业面临越来越激烈的国际竞争。很大一部分能力不足的企业在竞争中被挤出市场。而对于另外一部分本土企业来说，国际竞争的加剧一方面促使其提升自身能力，另一方面也直接迫使其国际化寻求其他市场。此外，1991 年南方共同市场的建立也是这一时期巴西对外投资的重要驱动因素。在上述背景之下，总体来看这一时期巴西的对外投资有了很大的发展，行业分布也更加广泛。其中 Sabó、Metagal、Facchini 等汽车零部件企业及多个 IT 和软件相关企业如 Fugitec、Xseed、Stefanini、Totvs 等均在这一时期实现了国际化。从区域分布来看，这一时期巴西的对外投资主要集中在拉美地区，并且在进入方式上以绿地投资为主。

由于 2000 年之前阿根廷等拉美国家是巴西最重要的投资国，因此受阿根廷危机的影响，2001 年巴西对外投资出现大幅下降。而 2001～2003 年，从科多佐到卢拉总统执政的过渡期间滋生的焦虑也是导致这一时期对外投资下降的原因。其中 2002 年巴西的对外投资突然回升主要是由于巴西石油公司斥资 10 亿美元收购阿根廷的石油公司 Pecom 导致的。虽然 2003 年 FDI 流出量仍处于低位，但其 FDI 流出存量仍居拉丁美洲之首，是整个新兴市场国家或地区的第四位（前三名分别是中国香港、新加坡和中国台湾）。

（3）快速增长期（2003 年至今）。总体来看，这一时期巴西的对外投资出现了快速的增长，并且投资的区域分布也更加广泛。并构成了新时期巴西对外投资的主要形式，并且在对外投资流量较多的年份也大多是由该年份数额较大的并购案引起的。例如，2004 年巴西 FDI 流量达到了前所未有的高值，主要是由于美洲饮料公司（Ambev）并购了比利时国际酿酒公司（Interbrew），并在比利时建立新公司 InBev AS（Interbrew Ambev），这笔交易价值高达 50 亿美元。2006 年巴西对外投资又出现了跳跃式的增长，甚至超过了其 FDI 流入。这主要是由于 2006 年巴西淡水河谷公司投资 160 亿美元收购加拿大国际镍业公司的控股权。

2008 年的经济危机对于巴西的 FDI 流出造成了很大的影响，对于外部世界变化的不确定性使得巴西的公司大幅度缩减了对外的投资。虽然在 2010 年由于淡水河谷等企业的几个大的并购案使得巴西的对外投资有负转正，然而在 2011 年和 2012 年，巴西的对外投资则持续为负，没有明显的回升迹象。

4.2.3 吸引外资和对外投资的趋势和特点

4.2.3.1 吸引外资的趋势和特点

（1）吸引外资的总体趋势和特点。

第一，巴西吸引外资的总体趋势及其在全球的地位。2012 年，巴西的 FDI 流入总额为 653 亿美元，全球的 FDI 流入总额为 13509 亿美元，巴西占到全球 FDI 流入总额的 4.83%。总体上看，如图 4 - 3 所示，巴西对外资的吸引在全球具有一定的地位然而波动较大，其吸引外资占全球 FDI 流入的比例最高时期达到 6% 以上，近些年则徘徊在 2% 到 5% 之间。

从图 4 - 3 可以看出，巴西是发展中国家 FDI 流入发展比较早的国家，在 20 世纪 70 年代，其吸引外资占全球的比重一直保持在 5% 左右。而由于整个 80 年代巴西经济的衰退，以及其他新兴国家吸引外资的迅速发展，巴西的 FDI 流入占全球的地位急剧下降，在最低时候甚至不足 0.5%。在 20 世纪 90 年代自由化之后，由于对外开放程度的加深加上私有化创造的机遇，使得整个 90 年代巴西 FDI 流入有了迅猛的增长。由于 2001 年阿根廷债务危机的影响，使得整个拉美地区 FDI 流入出现了衰退，但随着经济的恢复在 2005 年之后又呈现快速增长的趋势。受金融危机的影响巴西的 FDI 流入在 2009 年又出现回落，但由于相对于发达国家来说巴西的经济增长更快，因此在近些年 FDI 流入有明显的回升。金融危机之后，巴西吸引外资的增长速度明显高于全球 FDI 流入的增长趋势，因此近年来其 FDI 占全球的比例逐年增长。虽然 2012 年巴西吸引的外资相比 2011 年有所下滑，但仍然是拉美地区吸引外资最多的国家。

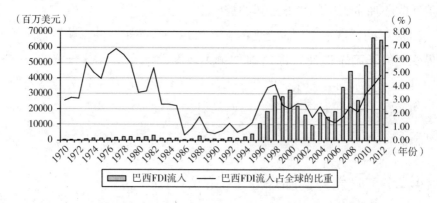

图 4 - 3 巴西 FDI 流入及其在全球 FDI 流入中的比重（流量）

资料来源：UNCTAD FDI database。

第二，巴西吸引外资在发展中国家的地位。总体来看，巴西对外资的吸引在发展中国家具有重要的地位，20 世纪 90 年代以来一直徘徊在 10% 左右。具体来看，巴西在发展中国家中是 FDI 流入发展比较早的国家，在 70 年代，其 FDI 流入占发展中国家的比重高达 30% 左右。80 年代巴西的 FDI 流入陷入了低迷，其吸引外资占发展中国家的比重出现了明显的下降。直到自由化之后及 1994 年雷亚尔计划之后巴西经济恢复稳定增长，其 FDI 流入占发展中国的比重才开始回升。近年来巴西 FDI 流入占发展中国家的比重相对稳定，截止到 2012 年，巴西占发展中国家 FDI 流入的 8.26%，如图 4-4 所示。

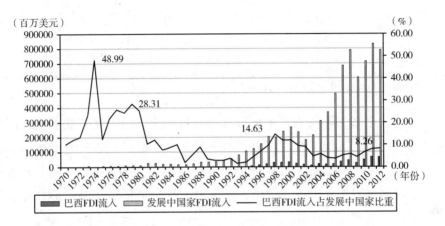

图 4-4 巴西 FDI 流入在发展中国家的地位（流量）

资料来源：UNCTAD FDI database。

进一步观察发展中国家 FDI 流入的主要国别分布，如表 4-1 所示，我们可以发现除了由于 20 世纪 80 年代巴西经济衰退的影响其排名降至 11 位之外，在 1980 年、2000 年、2010 年这三个年份中巴西 FDI 流入一直在发展中国家中排在前五名的位置上。这反映了巴西作为发展中大国对于外资是非常有吸引力的。

表 4-1 发展中国家前十大 FDI 流入国及其占发展中国家 FDI 流入的比例　　单位:%

排名	1980 年		1990 年		2000 年		2010 年	
1	墨西哥	28.0	新加坡	16.0	中国香港	26.0	中国	16.1
2	巴西	25.5	中国	10.0	中国	15.0	中国香港	11.6
3	新加坡	16.5	中国香港	9.4	巴西	12.1	新加坡	7.5
4	马来西亚	12.5	墨西哥	7.6	墨西哥	6.7	维尔京群岛	6.9
5	中国香港	9.5	马来西亚	7.5	新加坡	5.7	巴西	6.8
6	阿根廷	9.1	泰国	7.4	阿根廷	3.8	俄罗斯	6.1
7	埃及	7.3	阿根廷	5.3	维尔京群岛	3.6	沙特阿拉伯	4.1
8	阿尔及利亚	4.7	中国台湾	3.8	韩国	3.4	墨西哥	3.0
9	乌拉圭	3.9	印度尼西亚	3.1	开曼群岛	2.8	印度	3.0

续表

排名	1980 年		1990 年		2000 年		2010 年	
10	突尼斯	3.3	尼日利亚	2.9	中国台湾	1.8	开曼群岛	2.2
11	—	—	巴西	2.8	—	—	—	—
总体 FDI 流的比重		120.1		73.0		81.0		67.3

资料来源：作者根据 UNCTAD 数据整理而得。

由于"金砖四国"在发展阶段和市场规模上具有一定的相似性，因此这里再将巴西与其他三个发展中大国进行比较。根据 UNCTAD 数据，如图 4－5 所示，我们可以发现在这四个主要的发展中大国中，巴西的 FDI 流入高于印度和俄罗斯，仅次于中国，排在第 2 位。尤其在 1996～2002 年更是大大超过了俄罗斯和印度。

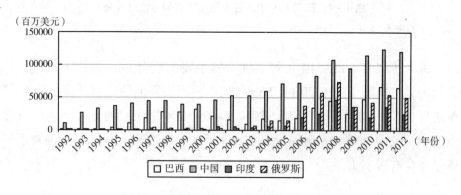

图 4－5 "金砖四国" FDI 流入对比（流量）

第三，巴西吸引外资在拉美地区的地位。总体来看，巴西的 FDI 流入在拉美国家中一直占据着重要的地位。2012 年，整个拉美地区的 FDI 流入总额为 2439 亿美元，巴西占到整个拉美 FDI 流入总额的 26.77%，远超其他国家。从图 4－6 可以看出，巴西占到拉美整体 FDI 流入的比重呈现出较大的波动性，但近年来有稳步回升的趋势。具体来看，在 20 世纪 70 年代，虽然巴西的 FDI 流入与流出量有所波动，但占据整个拉美地区的 50% 左右，处于绝对的领先地位。随后巴西 FDI 流入在拉美地区的比重进入了震荡期，除了 1988 年短暂反弹到 30.75%，一直维持在 10% 左右。从 1994 年之后，巴西 FDI 流入在拉美地区的比重开始好转，但是随着其他国家的国际化进程不断深入，包括智利的稳定发展，墨西哥加入北美贸易自由协定，在 20 世纪 90 年代之后整个拉美地区所受到的投资越来越多，巴西在其中所占据的份额也相对下降，但总体仍然保持着领先地位。

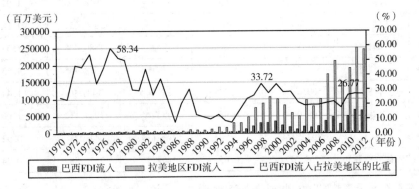

图 4 - 6　巴西 FDI 流入占拉美地区的比重

资料来源：UNCTAD FDI database。

（2）吸引外资的来源国趋势与特点。1995 年和 2000 年巴西吸引外资主要来源国分布，如表 4 - 2 所示。

表 4 - 2　　　　　　**1995 年和 2000 年巴西吸引外资主要来源国分布**　　　单位：百万美元

排名	1995 年			2000 年		
	来源国	投资金额	所占比例（%）	来源国	投资金额	所占比例（%）
1	美国	10852.18	26.03	美国	24500.11	23.78
2	德国	5828.042	13.98	西班牙	12253.09	11.89
3	瑞士	2815.302	6.75	荷兰	11055.33	10.73
4	日本	2658.517	6.38	法国	6930.85	6.73
5	法国	2031.459	4.87	开曼群岛	6224.806	6.04
6	英国	1862.609	4.47	德国	5110.235	4.96
7	加拿大	1818.978	4.36	葡萄牙	4512.102	4.38
8	荷兰	1545.798	3.71	维尔京群岛	3196.582	3.10
9	意大利	1258.558	3.02	意大利	2507.168	2.43
10	维尔京群岛	901.2175	2.16	日本	2468.157	2.40
11	开曼群岛	891.6781	2.14	瑞士	2252.052	2.19
12	乌拉圭	874.147	2.10	乌拉圭	2106.616	2.04

续表

排名	1995 年			2000 年		
	来源国	投资金额	所占比例（%）	来源国	投资金额	所占比例（%）
13	百慕大	853.0725	2.05	加拿大	2028.298	1.97
14	巴拿马	677.4077	1.62	百慕大	1940.051	1.88
15	瑞典	567.1589	1.36	巴拿马	1580.408	1.53
16	比利时	558.2262	1.34	瑞典	1578.465	1.53
17	巴哈马群岛	509.6884	1.22	英国	1487.95	1.44
18	卢森堡	408.0494	0.98	卢森堡	1034.112	1.00
19	阿根廷	393.5774	0.94	巴哈马群岛	944.0217	0.92
20	安的列斯群岛	269.527	0.65	阿根廷	757.7887	0.74

资料来源：作者根据巴西中央银行数据整理而得。

从 2011 年巴西吸引外资的国别分布存量数据来看，如图 4-7 所示，总体上流入巴西的 FDI 主要来自于欧美发达国家，来自亚洲和拉美地区的 FDI 也占有一定比重。具体来看，巴西 FDI 的来源国排在前四位的分别是荷兰、美国、西班牙、法国，全部是欧美国家。来自亚洲的发达国家日本的 FDI 占巴西 FDI 流入的 5%，排在第 5 位。而墨西哥、智利这两大拉美的主要经济体也在巴西吸引外资中占有一定地位，但份额上明显落后于发达国家。

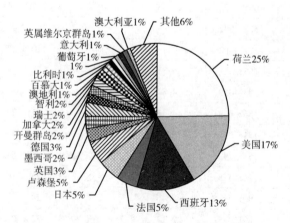

图 4-7　2011 年巴西 FDI 流入存量东道国分布

对比 1995 年及 2000 年的来源国分布，我们可以发现在这两个年份中美国一直是在巴西投资最多的国家，在 2000 年占巴西吸引外资的 23.78%，反映了美国对巴西经济的影响地位。从总体结构上看巴西的 FDI 流入虽然一直以欧美国家为主，而近些年来巴西的来源国出现了更加分散和多元化的趋势，来自美国的 FDI 在巴西的地位有所下降，而欧洲国家以及日本对巴西的投资地位则出现了上升趋势。

（3）吸引外资的行业分布趋势与特点。从巴西 FDI 流入的三大产业分布来看，2011 年巴西 FDI 流入最多的产业是服务业，占 43%，制造业紧随其后占 41%，而初级行业所占比重为 16%，相对较弱。然而对比 2000 年巴西 FDI 流入的三大产业分布，我们可以看出在这十年中流入巴西的 FDI 行业分布有了明显的变化。截至 2000 年，巴西的服务业接受了全国 64% 的 FDI，占绝对领先地位；而排在第二位的制造业为 34%，初级行业仅占 2%。随着制造业和初级行业吸引外资的发展，流入巴西的 FDI 行业分布越来越均衡，如图 4-8 所示。

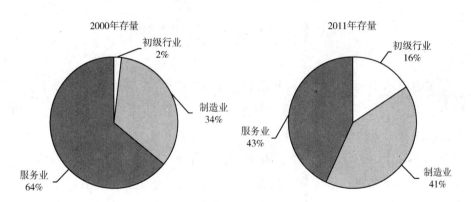

图 4-8 巴西 FDI 流入三大产业分布

资料来源：巴西中央银行。

具体来看巴西吸引外资的主要行业分布，2011 年巴西 FDI 流入排名前五位的行业中有三个来自服务业，分别为金融业、电信业和商贸业；其余两个则分别来自制造业和初级行业，为饮料业和石油及天然气开采。这前五大行业占据了巴西吸引外资总量的 44.51%。此外金属矿开采、公共事业、化学制品、汽车及零部件、冶金行业也在 FDI 流入中占有重要地位，分别占 4% 左右的比重。总体来看，巴西 FDI 流入的行业分布是非常广泛的，几乎每个行业都有一定比例的外资流入，除了图 4 - 9 中列出的前 25 大行业之外，其他未列出的行业所占比例也高达 11%。

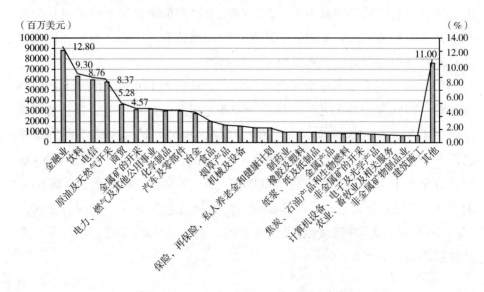

图 4 - 9 2011 年巴西 FDI 流入行业分布

资料来源：巴西中央银行。

观察巴西 1995 年及 2000 年的行业分布情况，我们可以发现以下几个特点：第一，巴西 FDI 流入的行业分布更加广泛，集中度明显降低。2000 年，巴西吸引外资中前 20 大行业就占据了全部 FDI 流入的 92.59%，而到了 2011 年，FDI 流入前 25 大行业也只占据了 89% 的份额。这说明随着巴西的开放程度加深，区位优势的提升，越来越多的行业吸引了更多的外资流入。第二，油气开采及金属矿开采这两个初级行业的外资流入在近十年中有了显著的提升。在 2000 年，这两个行业还都只占有很小的比重，而到了 2011 年这两大行业 FDI 流入已经分别占到了总体的 8.37% 和 4.57%，排在第四位和第六位。这一变化反映了巴西对于这两个传统战略性行业的开放程度变化，随着对外资开放程度的加深，这两个具有区位优势的行业在吸引外资上出现了飞跃式增长。第三，汽车及零配件行业、化学品制造、食品及饮料业以及机械设备等制造行业，一直在吸引外资中占据着重要的地位，如表 4 - 3、图 4 - 9 所示。

表 4 - 3　　　　　　　1995 年和 2000 年巴西吸引外资主要行业分布　　　　　单位：%

排名	1995 年		2000 年	
	行业	比例	行业	比例
1	化学品制造	12.79	邮电通信业	18.21
2	商务服务	11.88	商务服务	10.70
3	汽车及零部件	11.60	金融中介	10.36
4	冶金	7.21	电力、燃气和热水	6.91
5	食品及饮料	6.78	汽车及零部件	6.17
6	机械和设备	5.62	化学品制造	5.87
7	批发贸易及贸易中介	5.11	批发贸易及贸易中介	5.74
8	金融业	3.93	食品及饮料	4.48
9	纸浆、纸及纸制品	3.92	零售业和家庭用品维修	3.78
10	橡胶和塑料	3.69	机械和设备	3.23
11	房地产	2.66	计算机及相关活动	2.47
12	电气设备	2.64	冶金	2.44
13	非金属矿物制品业	2.05	电子材料和通信设备制造	2.11
14	电子材料和通信设备制造	1.88	橡胶和塑料	1.73
15	烟草制品	1.72	纸浆、纸及纸制品	1.53
16	零售业和家庭用品维修	1.60	活动的金融中介	1.44
17	金属制品	1.37	非金属矿物制品业	1.14
18	金属矿的开采	1.36	石油开采及相关服务	0.99
19	纺织品制造	1.27	电气设备	0.96
20	办公机械和计算机设备	1.10	房地产	0.77

资料来源：巴西中央银行。

（4）巴西 FDI 流入方面的特点总结。综合前面的分析，可以将巴西 FDI 流入的特点归纳为以下几点：

第一，总体来看巴西是吸引外资发展较早的国家，其 FDI 流入在全球占有一定的地位。20 世纪 80 年代由于国内经济衰退 FDI 流入明显减少，然而随着 90 年代经济的恢复巴西吸引外资又出现了快速增长，占全球 FDI 流入的比重维持在 5% 左右。

第二，从巴西 FDI 流入在发展中国家及拉美地区的地位来看，巴西一直是拉美地区乃至整个发展中国家吸引外资最多的国家之一。虽然随着其他发展中国家吸引外资的增多巴西 FDI 流入在发展中国家及拉美地区所占的比重有下降的趋势，然而总体来看一直保持着重要的地位。

第三，从巴西吸引外资的国别分布来看，流入巴西的 FDI 绝大部分来自于欧美发达国家。从变化趋势来看，巴西的来源国出现了更加分散和多元化的趋势，虽然欧美国家仍占据主要地位，然而来自日本及其他拉美国家的 FDI 比例有增加的趋势。

第四，从巴西吸引外资的行业分布来看，总体上巴西 FDI 流入的行业分布非常广泛，并且 FDI 流入的行业集中度不断降低。服务业一直是巴西吸引外资最多的行业，然而从变化趋势来看，服务业在 FDI 流入中所占的比重明显下降，而流入初级行业及制造业的 FDI 比重均有所上升。

4.2.3.2 对外投资的趋势和特点

（1）对外投资的总体趋势和特点。

第一，巴西对外投资的总体趋势及其在全球的地位。总体来看，巴西对外投资在全球的地位并不十分突出，即使在对外投资最高的年份其 FDI 流出占全球 FDI 的比重也不超过 2%。虽然巴西自身对外投资呈现增长趋势，但是其对外投资占全球的比重却相对比较稳定，平均在不到 0.5% 的水平。

从巴西自身的对外投资流量变化来看，虽然在某些年份出现了较大的波动，然而总体上是呈现增长趋势的。巴西的对外投资起步是比较早的，从 20 世纪 70 年代开始就已经有了一定数量的对外投资，到了 80 年代又有了进一步的发展。进入 21 世纪以来，巴西的对外投资有了迅猛的增长。然而从巴西对外投资占全球的比重来看，总体上却没有出现明显的增长。这说明巴西对外投资的发展与全球对外投资的发展趋势是同步的，或者说巴西的对外投资增长并未有超越全球平均增长水平的趋势。巴西对外投资流量占全球对外投资的比重只有两个特殊的年份超过了 1%，其一是在 1982 年，另一个是 2006 年。其中 1982 年，巴西的对外投资没有表现出明显的增长，其对外投资在全球所占比重的突然上升主要是由于当年以美国为主的发达国家 FDI 流出大幅下降。而 2006 年是巴西目前为止对外投资流量最高的年份，这是由于当年高达 160 亿美元的收购案导致的，如图 4 - 10 所示。

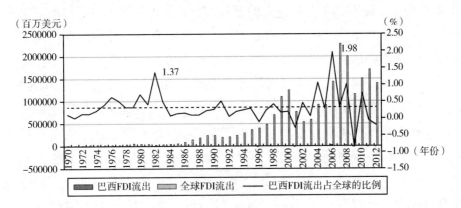

图4-10　巴西FDI流出在全球的地位

资料来源：UNCTAD FDI database。

第二，巴西对外投资在发展中国家的地位，如图4-11所示。总体来看，巴西对外投资在发展中国家中占有重要的地位，然而其FDI流出占发展中国家的比重却有着明显的下降趋势。在20世纪70年代，发展中整体对外投资水平较低，而巴西对外投资在发展中国家中的地位是举足轻重的，在最高的年份其对外投资占发展中国家的比重甚至高达45.89%。到了80年代和90年代，虽然总体上巴西对外投资一直在增长，但是其在发展中国家的地位却开始下降，在比例上从1980年的11.53%降至1999年的5.43%。说明巴西对外投资的增长速度落后于发展中国家的平均水平。

图4-11　巴西FDI流出在发展中国家的地位

资料来源：UNCTAD FDI database。

21 世纪初期，随着巴西对外投资的迅猛增长，其在发展中国家的地位又有所恢复。但是在 2008 年金融危机之后，在发展中国家对外投资迅速回升的背景下，巴西的对外投资流量却连续两年为负，没有明显的回升迹象。

第三，巴西对外投资在拉美国家的地位，如图 4 - 12 所示。由图 4 - 12 可以看出，巴西对外投资在拉美地区占据着重要的地位，然而从图中四十多年的发展历程来看，这种地位也确实有明显的下降趋势。在整个拉美地区，巴西同样是对外投资起步较早的国家。在 20 世纪 70 年代，巴西对外投资占拉美对外投资的比重超过 50%，最高年份达到 90% 以上。随着拉美其他国家对外投资在 80 年代开始发展，到了 90 年代开始快速增长，相比之下巴西对外投资的增速落后于拉美地区的平均水平，因此表现为其在拉美地区对外投资所占比重的下滑。其中在 1990 年巴西 FDI 流出占拉美地区的比重超过了 100%，出现了一个不和谐的高点。这是由于当年属于加勒比地区的维尔京群岛 FDI 流出是巨额的负值，因此拉低了拉美地区对外投资的整体水平。

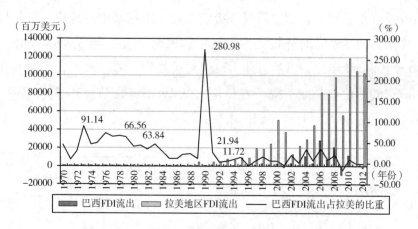

图 4 - 12 巴西 FDI 流出在拉美地区的地位

资料来源：UNCTAD FDI database。

加勒比地区的维尔京群岛和开曼群岛是国际上两大著名的离岸金融中心。由于这些地区在税收和监管等方面的优惠，吸引了世界很多国家到该地区注册公司，这些来自世界各国的企业再从当地实现对外投资。因此，这两个地区的 FDI 流出不能真实地反映拉美地区对外投资的水平。为了更

加真实地反映巴西在拉美地区对外投资的地位，在图 4 - 13 中我们描绘了
除去维尔京群岛和开曼群岛之后的拉美对外投资以及巴西在其中所占的
比例。

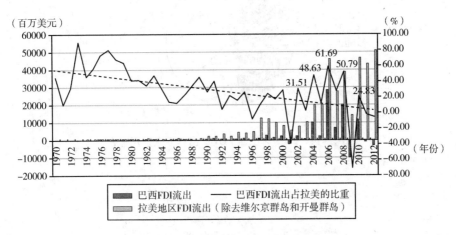

图 4 - 13　巴西 FDI 流出在拉美地区的地位

在除去两大免税岛之后我们发现，巴西在拉美地区对外投资地位的重
要性有了更清晰的显现。在图 4 - 13 中我们可以看出，虽然从 20 世纪 80
年代开始，巴西在拉美地区的投资地位相对于 70 年代有所下降，但是此
后却基本上维持在一个较高的水平上，大约在 35% 左右，而且没有明显的
下降趋势。这说明拉美地区对外投资的快速增长在很大程度上是由于维尔
京群岛和开曼群岛的大量对外投资引起的，是一个相对失真的反映。实际
上拉美地区对外投资的增长速度与巴西对外投资的增长速度是较为一致
的，表现为巴西 FDI 流出在拉美地区的比重在 20 世纪 80 年代之后一直比
较稳定。2008 年金融危机之后，巴西对外投资衰退明显，这与拉美地区总
体趋势是相悖的。之后巴西的对外投资地位是否还会恢复到危机前的水平
还需要经过时间的检验。

（2）对外投资的国别分布趋势及特点。2001 年、2012 年巴西 FDI 流
出存量东道国分布，如图 4 - 14、图 4 - 15 所示。

从 2012 年巴西对外投资前 15 位的东道国分布情况及所占比例可以看
出：总体来看，巴西的对外投资主要流向了发达国家，其区域分布上具有
较强的国际化特点。具体来看，巴西的对外投资中最大的比例是投向了开

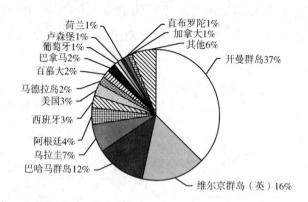

图 4 - 14　2001 年巴西 FDI 流出存量东道国分布

资料来源：巴西央行。

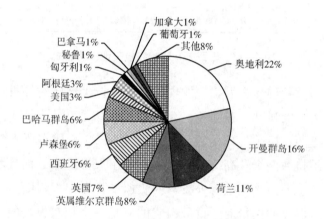

图 4 - 15　2012 年巴西 FDI 流出存量东道国分布

资料来源：巴西央行。

曼群岛、维尔京群岛、巴哈马等国际离岸中心。这些投向这些避税港的对外投资很大比例又投向了第三国或者通过企业间贷款的方式又流回了巴西。巴西企业大量投资于免税岛与其国内高税收和监管的复杂有关（Campanario et al. , 2012）。除去这些国际离岸中心，巴西的对外投资中比例最大的是流向了欧洲地区，如奥地利、荷兰、英国、西班牙、卢森堡等。巴西对奥地利、西班牙等欧洲国家的大量投资与当地的税收优惠以及和巴西之间签订的双边税收协议等政策密不可分。巴西对外投资有很大一部分是通过海外的特殊目的实体（special purpose entities，SPE）实现的。这些特殊目的实体通常是在国外建立的没有实际经济活动的"空壳公司"，一般会选择建立在离岸金融中心等税收和监管相对宽松的地区。由于近些年来奥地利、卢森堡等国对于此类特殊目的实体的税收优惠政策，使得这些国家吸引了大量的 FDI 流入（Bellak & Mayer，2010）。巴西对奥地利、卢森堡等欧洲国家的大量投资，实际上与其在维尔京群岛等离岸金融中心的投资具有类似性。除欧洲之外，美洲地区是巴西另外一个重要的投资目的地，北美的美国和加拿大以及拉美地区的阿根廷、秘鲁等国家均位列巴西前 15 大对外投资东道国之内。

对比 2001 年巴西对外投资存量的东道国分布可以发现如下几个特点和变化趋势：第一，巴西对外投资的区域分布越来越广泛，国际化程度越来越高。2000 年之前，巴西的对外投资分布具有较强的区域性特点。在截至 2001 年巴西对外投资的东道国分布中，除去几大免税岛，排在前两位的国家均位于拉美地区。其中拉美地区的乌拉圭和阿根廷分列第一位和第二位，而北美地区的美国则排在前四位。欧洲地区的西班牙、葡萄牙、卢森堡等国虽然也进入了巴西前 15 大投资目的国，但是排名都比较靠后，所占比例也远远低于美洲地区。而到了 2012 年，巴西对美洲地区的投资所占比例明显下降，而对欧洲地区的投资则占据了更加重要的地位。第二，巴西对外投资的国家分布更加分散。从 2001 年的存量数据中我们可以看到，前三大投资目的地就占据了巴西 55% 的对外投资，前 15 大投资目的地已经涵盖了巴西 94% 的对外投资。到了 2012 年，前三大投资目的地所占的比例降至 49%，并且开曼群岛、维尔京群岛等国际离岸中心所占的比例较之 2001 年有了明显的下降。

（3）对外投资的行业分布趋势及特点。2001 年、2012 年巴西 FDI 流出行业分布，如图 4 - 16、图 4 - 17 所示。

从 2012 年巴西对外投资的存量分布来看，总体上巴西对外投资最主要的行业是金融业和与自然资源相关的行业。其中金融业是巴西对外投资最多的行业，占巴西对外投资比例的 38.2%，遥遥领先于其他行业。与自然资源相关的行业是巴西对外投资的另一个重要领域。其中采矿业、石油和天然气开采分别位列第二和第五位，占对外投资的 17.32% 和 5%。除了直接的自然资源开采行业之外，冶金业和非金属矿物制品业等相关行业也分别排在第三位和第七位。此外，食品和饮料业、建筑业、农产品相关行业等也在巴西的对外投资中占有一席之地。

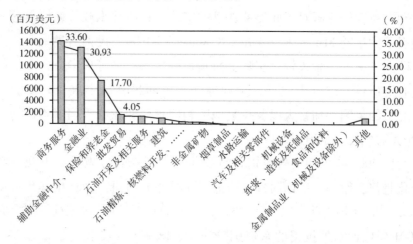

图 4 – 16　2001 年巴西 FDI 流出行业分布

资料来源：巴西央行。

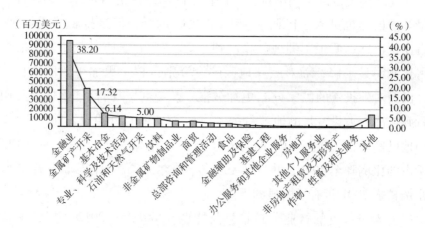

图 4 – 17　2012 年巴西 FDI 流出行业分布

资料来源：巴西央行。

对比 2001 年巴西对外投资的存量分布，我们可以清晰地看出以下几个特点：第一，巴西对外投资的行业分布越来越丰富，对外投资的行业集中度明显降低。2001 年对外投资的前三大行业就已经占据了巴西对外投资的 82.23%，位于第四位的批发贸易行业仅占 4.05%，其他行业所占比例则更低。这说明 2000 年之前，巴西对外投资中有实力的行业还相对较少，大部分行业的对外投资的发展水平还较低。而到了 2012 年，巴西对外投资的前三大行业所占比例已经降至 51.66%，说明更多不同领域的巴西企业实现了对外投资，因此巴西的对外投资已经不再集中于少数几个行业。第二，服务业在巴西对外投资中占据主导地位，但是其所占比重有明显的下降；制造业和初级行业的对外投资地位有所上升。2001 年，服务业总体占巴西对外投资的91%，而 2012 年这一比例下降至 56.9%。其中金融业一直是巴西对外投资的主要行业。此外，服务业中的建筑业也一直在巴西对外投资前 15 大行业中榜上有名。在初级行业中，2001 年只有石油相关行业榜上有名，而到了 2012 年，除了石油行业之外，金属矿开采、农产品行业都有了很大的发展。制造业在巴西对外投资的行业分布中有了明显的提升，从 2001 年的5%上升至 18.1%。此外，制造业对外投资的主要行业在这十多年中有了一定的变化。2001 年，巴西制造业对外投资的主要行业有烟草制品、汽车及相关零部件、机械设备、造纸等，而这些行业到了 2012 年均未能进入巴西对外投资前 15 大行业。制造业中只有食品和饮料行业以及非金属矿物制品业一直在巴西对外投资前 15 大行业中占有一席之地，如图 4 - 18 所示。

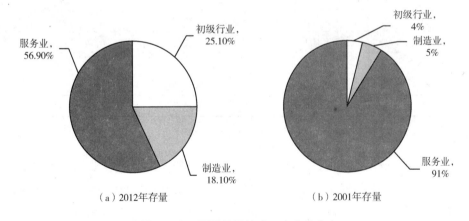

（a）2012年存量　　　　　　　（b）2001年存量

图 4 - 18　巴西 FDI 流出三大产业分布

资料来源：巴西中央银行。

（4）巴西对外投资的企业分布。在联合国贸发组织（UNCTAD）每年发布的《世界投资报告》中会统计全球前 100 大和发展中国家前 100 大非金融类跨国企业，并根据企业的国外资产排序。在 2012 年《世界投资报告》中公布的全球前 100 大跨国公司中，巴西只有淡水河谷（Vale）一家企业入围，位列第 61 位。在发展中国家前 100 大跨国公司中，巴西有三家企业入围。除淡水河谷之外还有巴西石油公司（Petrobras）和钢铁企业（Gerdau），这三家企业分列第 4、第 17 和第 21 位。总体来看，相对来讲巴西的大型跨国公司数目虽然不多，但是实力强劲。其中排名第一的淡水河谷在全球居于领先的地位，而三家入围发展中国家前 100 大的巴西企业在名单中的排名均比较靠前。从行业来看，巴西前两大跨国企业 Vale 和 Petrobras 均为自然资源开采行业，而第三位的 Gerdau 则属于钢铁制造业，也与自然资源密切相关。2009 年巴西前 10 大跨国公司，如图 4 - 4 所示。

表 4 - 4　　　　　　　2009 年巴西前 10 大跨国公司　　　　单位：百万美元

排名	企业	行业	国外资产
1	Vale	采矿业	34934
2	Petrobras	石油天然气	15937
3	Gerdau	钢铁	13916
4	Votorantim	水泥	7809
5	JBS-Friboi	食品	5296
6	Camargo Corrêa	建筑	2161
7	Marfrig	食品	1529
8	Ultrapar	化工	1514
9	Embraer	飞机制造	1378
10	WEG	机械设备	509

资料来源：VCC（Vale Columbia Center）EMGP Reports（2010）。

Vale Columbia Center 对主要新兴国家跨国公司的年度报告中会给出巴西主要跨国企业的排名。该报告共有三期，分别在 2007 年、2009 年和 2010 年。[①] 观察 2009 年巴西前 10 大跨国公司，我们可以看出这些企业的国外资产具有明显的阶层性。其中排名前三的企业国外资产均超过百亿美

① 其中 2007 年的报告中给出了按 2006 年国外资产排序的巴西前 20 大跨国公司；2009 年的报告中给出了按 2008 年企业国际化指数（国外资产/总资产）排序的巴西前 57 大跨国企业；2010 年的报告给出了按 2009 年企业国外资产排序的巴西前 30 大跨国企业。

元，而排名第 4～9 位的企业则介于 10 亿美元和 100 亿美元之间，排名第十的 WEG 则低于 10 亿美元。

Vale Columbia Center 目前发布的三年的报告中共列出了巴西 67 家企业，能够涵盖巴西最主要的跨国企业。为了更全面地考察巴西跨国企业的分布情况，在表 4－5 中对于这 67 家主要跨国企业及其所在行业进行归类统计。从跨国企业数目来看，三大行业中制造业企业数目最多，共有 43 家；其次是服务业，共有 22 家；而初级行业仅有 2 家。结合前文中巴西对外投资的行业分布，我们可以发现虽然从对外投资的总体金额上看，三大行业中制造业所占比例最小，然而从对外投资企业数目来看，则是制造业企业最多。这说明制造业中虽然有较多的企业实现了国际化，然而相对来说这些企业的对外投资金额较小。制造业中，跨国企业分布较多的行业主要是汽车及零部件、食品饮料、机械设备、化工产品和钢铁业。相比之下，初级行业对外投资的企业虽然数目较少，但均是重量级的大型跨国企业。

表 4－5　　　　　　　　　巴西主要跨国公司及其所属行业

主要业务所属行业	数目	企业
初级行业	2	
石油和天然气	1	Petrobras
采矿	1	Vale do Rio Doce
制造业	43	
钢铁	3	Gerdau，CSN，Usiminas
机械设备	6	WEG，Romi，Metalfrio，Romagnole，Lupatech，Altus
非金属矿物制品	2	Magnesita，Portobello
建筑材料	2	Tigre，Votorantim
化工产品	5	Artecola，Inplac，Duas Rodas，Braskem，Ultrapar
造纸业	3	Suzano，Klabin，Aracruz
汽车及零配件	9	Randon，Marcopolo，Agrale，Tupy，Iochpe Maxion，Acumuladores Moura，Sabó，G Brasil，DHB
食品及饮料	9	Bertin，JBS Friboi，Marfrig，Minerva，AmBev，M. Dias Branco，Perdigão，Sadia，Brasil Foods
纺织业	2	Coteminas，Marisol

主要业务所属行业	数目	企业
化妆品	1	Natura
飞机制造	1	Embraer
服务业	22	
运输	5	America Latina Logistica，TAM，Gol，Método Engenharia，Localiza
IT 及软件	7	Itautec，Bematech，Totvs，Stefanini，CI&T，Datasul，Módulo
银行业	2	Itaú，Banco do Brasil
建筑业	5	Camargo Corrêa，Odebrecht，Alusa，Andrade Gutierrez，Duratex
公共服务	2	Telemar，Cemig
传媒行业	1	IBOPE

资料来源：笔者根据 VCC（Vale Columbia Center）EMGP Reports（2007，2009，2010）及企业官网资料整理而成。

（5）巴西 FDI 流出方面的特点总结。综合前面的分析，可以将巴西对外投资的特点归纳为以下几点：

第一，巴西的对外投资在发展中国家中起步较早，其对外投资在发展中国家特别是拉美地区一直占据重要的地位。

第二，总体来看巴西的对外投资呈现出增长的趋势，但是其增长速度落后于发展中国家的平均水平，因此巴西的对外投资在发展中国家的地位呈现出下降的趋势。金融危机之后，在发展中国家对外投资蓬勃发展的背景下，巴西的对外投资则形势低迷，目前没有明显的恢复迹象。

第三，从对外投资的国别来看，早期巴西对外投资中拉美地区是最重要的东道国。随着时间的推移，巴西对外投资的东道国分布更加广泛，并且全球化趋势更加明显。目前巴西对外投资最多的地区是欧洲，其次是美洲地区。

第四，从巴西对外投资的行业分布来看，服务业一直是巴西对外投资占比最高的行业。但是近年来，制造业以及以采矿和石油天然气为代表的初级产业在巴西对外投资所占的比重越来越高。

第五，从对外投资企业来看，巴西前三大跨国公司均属于自然资源相关行业，这三家企业实力强劲，在发展中国家乃至全球都具有较强的竞争力，在巴西国内更是具有绝对的地位。制造业中的跨国企业数目最多，在汽车及零配件行业、食品饮料、机械设备等制造行业中均有巴西知名跨国企业的身影。

4.2.4　吸引外资与对外投资的匹配性分析

前文中分别从吸引外资和对外投资的角度对巴西的开放发展历程以及FDI分布特点进行了分析。下面我们将在前文分析的基础上，把巴西的FDI流入与FDI流出相结合，分别从总量、国别分布以及行业分布三个层面对巴西的吸引外资与对外投资的匹配性进行分析，以期对巴西吸引外资与对外投资的相关关系有更加清晰的认识。如果总体上FDI的流入与FDI流出的总体趋势一致，在特定国别及行业中IFDI与OFDI的比重地位相称，并且OFDI是在IFDI进入之后有了明显的发展，则认为两者之间具有匹配性。

4.2.4.1　吸引外资与对外投资的总量匹配性分析

巴西FDI流入和FDI流出的存量以及流量匹配性，如图4－19、图4－20所示。

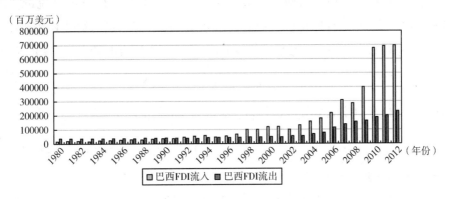

图4－19　巴西 FDI 流入和 FDI 流出的存量匹配性

资料来源：UNCTAD FDI database。

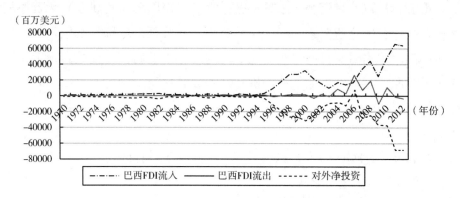

图 4 - 20   巴西 FDI 流入和 FDI 流出的流量匹配性

资料来源：UNCTAD FDI databa。

从巴西吸引外资和对外投资的存量对比来看，总体上巴西吸引外资和对外投资的发展趋势具有一定的匹配性。具体来看，20 世纪 90 年代之前巴西的 FDI 流入和流出存量均比较少。90 年代之后随着自由化及经济的稳定增长，巴西的吸引外资才开始出现明显的快速增长，在 2008 年金融危机之后的几年更是达到了吸引外资的高点。巴西的对外投资在 21 世纪之前增长较为平缓，在 2004 年之后开始出现快速增长的态势。巴西的 FDI 流入和流出的流量数据波动较大，例如，2001 年拉美债务危机之后的一段时期 FDI 流入量显著下降，而金融危机之后巴西的 FDI 流出量也出现了波动下降的趋势。

总体来看，除极少数流量的波动年份，目前无论是存量还是流量，巴西的吸引外资大于对外投资，对外净投资为负值，并且巴西 FDI 的流入与流出均与其自身的经济发展密切相关，基本符合 IDP 理论描述的发展规律。

4.2.4.2   吸引外资与对外投资的国别匹配性分析

巴西与 OECD 及非 OECD 国家之间 FDI 流入和流出的流量匹配性，如图4 - 21、图 4 - 22 所示。

由于外资的进入将带来与母国市场相关的信息溢出、增强与该来源国企业进行商务往来的能力并在与本土企业联系及合作过程中建立起彼此之间的网络关系，从而增强本土企业对特定 FDI 来源国或类似国家投资的能力（Blomström & Kokko，1998；Rademaker & Martin，2012；Johanson & Vahlne，2009）。基于上述理由，我们认为来自特定国家的 IFDI 将影响巴西对该国 OFDI 的产生，因此如果巴西的吸引外资和对外投资在国别分布上具有较强的匹配性，则说明巴西的吸引外资对对外投资可能产生了更多的影响。下面我们将从 IFDI 和 OFDI 的国别分布的角度进行匹配性分析。

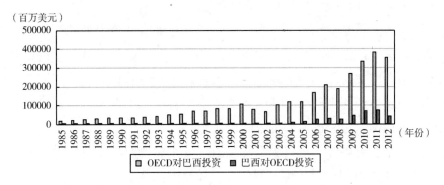

图 4 - 21　巴西与 OECD 国家之间 FDI 流入和流出的流量匹配性

资料来源：OECD 数据库。

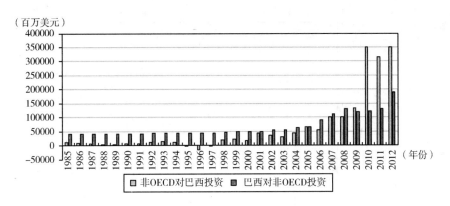

图 4 - 22　巴西与非 OECD 国家之间 FDI 流入和流出的流量匹配性

资料来源：OECD 数据库。

　　先分别来看巴西与发达国家和发展中国家之间的双向 FDI 匹配情况。由于数据的可得性，在这里我们采用 OECD 国家的数据来表示发达国家经济体，用非 OECD 国家代表发展中国家经济体。从图 4 - 21 可以看出，虽然巴西对发达国家的投资还相对较少，然而随着发达国家 IFDI 的大量流入，近些年来巴西流向发达经济体的 OFDI 也在快速增长，两者之间具有一定的匹配性。相对来讲，来自发展中国家的 IFDI 在巴西吸引外资中所占比重较少，并且在其中还有很大比重是来自于开曼群岛、维尔京群岛等国际离岸中心。在金融危机之前，巴西对发展中国家的投资一直大于发展中国家对巴西的投资，因此从时序上看来自发展中国家的 IFDI 在对巴西、发展中国家的 OFDI 的促进作用上不具有匹配性。

下面我们再来看巴西与单个国家之间 FDI 流入和流出的匹配性。在图 4 - 23 中显示了巴西前 10 大 FDI 来源国 IFDI 存量以及 OFDI 存量的比重对比图。结合前文对于巴西 FDI 流入和流出的国别分布特点的描述，可以发现巴西与发达国家之间的 FDI 流入和流出具有较强的匹配性。对巴西投资较多的发达国家也是巴西对外投资的主要目的国，例如荷兰、美国、西班牙、卢森堡、英国等。也有少数发达国家虽然对巴西的投资较多，但是巴西对其 FDI 流出却相对较少，例如日本和德国。这主要是由于这两个国家的市场区位环境较为复杂且本土企业实力较强，而巴西相对这两个国家来说对外投资能力有限。

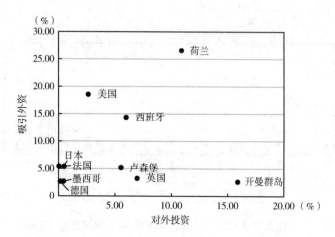

图 4 - 23　巴西与主要国家之间 FDI 流入和流出匹配性
资料来源：作者根据巴西中央银行数据整理和计算而得。

相对来看，巴西与发展中国家之间的 FDI 匹配性较弱。发展中国家对巴西的投资一直较少，滞后于巴西对发展中国家的 OFDI。从 2011 年的存量数据来看，对巴西投资最多的发展中国家是墨西哥，仅占巴西吸引外资总量的 2%，其次是开曼群岛、百慕大、维尔京群岛等免税地。巴西对发展中国家的 OFDI 除国际离岸中心之外最多的是流向阿根廷和秘鲁，而这两个国家对巴西的投资都非常少。

4.2.4.3　吸引外资与对外投资的行业匹配性分析

在前面章节的分析中我们已经指出，吸引外资对对外投资能力影响的一个主要途径是吸引外资通过产生溢出效应，进而促进本土企业能力的提升。由于 FDI 溢出效应主要产生于行业层面，因此如果巴西的吸引外资与对外投资的行业之间具有较强的匹配性，则能够在一定程度上说明巴西的吸引外资对对外投资能力形成产生了更多的影响。下面将从巴西 IFDI 和 OFDI 的行业匹配性的角度进行分析。

图 4 - 24 给出了 2012 年巴西吸引外资和对外投资存量前十位行业的分布比重对比图。从主要行业的匹配性上看，初级产业、制造业以及服务业这三大产业表现出了不同的特点。

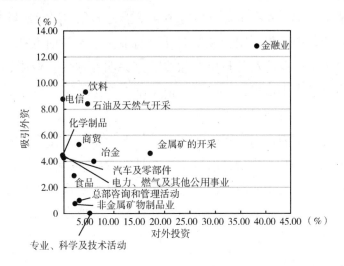

图 4 - 24　巴西 FDI 流入和流出的行业匹配性

资料来源：作者根据巴西中央银行数据整理和计算而得。

在初级产业中，金属矿的开采以及石油和天然气行业是巴西对外投资最多的两个行业之一。从图 4 - 24 可以看到这两个行业在巴西的吸引外资中也占有较大的比重。虽然巴西的初级产业中 FDI 流入与流出的地位较为相称，但是这两者之间并不具有匹配性。从前文的描述中可知，巴西初级产业中的对外投资企业以淡水河谷和巴西石油集团这两大跨国巨头为代表，而这两大企业对外投资能力均是在该行业外资大量进入之前就已经形成和发展起来的。结合前文中对于巴西吸引外资及其发展历程的描述，可以得知巴西资源类行业在前期一直限制外资的进入，直到私有化阶段才开始逐渐开放。因此在该类行业中，巴西的本土企业对外投资能力的形成主要是基于本土区位优势，与外资的进入没有明显的相关性。

从巴西制造业 FDI 流入和流出的特点来看，部分行业表现出了一定的匹配性，而也有一些行业 FDI 流入较多但对外投资却比较少。其中，以食品、饮料以及汽车及零部件行业为代表的制造行业前期吸引了大量的 FDI 流入，在此基础上部分本土企业形成了较强的能力，并实现了对外投资。以巴西的汽车行业为例，该行业采取典型的开放式发展战略，由于受到巴西大市场及政策等方面区位优势的吸引，大量的外资进入并促进了行业的发展。作为外资企业的供应商，本土汽车零部件企业有机会融入跨国公司的全球价值链当中，并在全球价值链中获得能力的积累以及国际化拓展的机会。而制造业中的化学制品及制药业等行业，虽然前期也有大量的 FDI 流入，但是本土企业的对外投资却很少。这说明在这些行业中，由于 FDI 的进入而占领了本土市场，因此本土企业还未曾在跨国强手林立的市场竞争环境中发展出自身的对外投资能力。

服务业总体上表现出较强的匹配性。其中，金融业既是巴西 FDI 流入最多的行业也是 FDI 流出最多的行业，并且随着 20 世纪 90 年代金融业外资进入的增多，本土企业对外投资也出现了明显的增长，两者之间具有一定的匹配性。商贸行业的吸引外资与对外投资也呈现出一致的趋势。服务业中的电信行业虽然有较多外资流入，但由于外资企业在市场中占据强势地位，因此本土企业对外投资相对较少。

4.2.5　国家层面实证检验

下面将通过实证研究的方式对巴西吸引外资对对外投资影响的存在性

以及作用特点进行检验。我们将首先在前文分析的基础上结合现有文献的研究做出本章实证分析的理论假设；进一步在前面章节的基础上进行模型设定并对于本章实证研究的数据选择进行描述；最终给出本章实证研究的结果。

4.2.5.1　理论假设

（1）巴西吸引外资对对外投资的总体影响。通过前文的匹配性分析可知，巴西的吸引外资与对外投资在总体层面、国别层面以及行业层面均存在一定程度的匹配性，因此有理由认为巴西的吸引外资对对外投资是存在促进作用的。

在前文的分析中已经提到，吸引外资对对外投资的一个重要的作用途径是吸引外资产生溢出效应，从而促进本土企业对外投资能力的提升。总体来看，巴西与 FDI 溢出效应的相关研究很少，相对于我国在 FDI 溢出效应领域大量丰富的研究有很大的不同，这体现了巴西自身意识形态上对于 FDI 溢出效应重视程度与中国的差异。在少数对巴西外资溢出效应的相关研究中，大部分学者证实了流入巴西的 FDI 产生了显著的垂直溢出效应，即上下游关联效应。例如，亚诺（Araújo，2004）采用 2000 年巴西 23 个制造业行业的企业层面数据；阿尔维斯（Gonçalves，2005）采用 1997 ~ 2000 年 97 个制造业行业的 22496 个企业数据；阿兹维多（Azevedo，2009）采用 1997 ~ 2008 年的面板数据，实证研究结果均表明巴西存在正向的 FDI 垂直溢出效应。马林和科斯塔（Marin & Costa，2010）对巴西电子、汽车、制药、香水以及植物油这五个制造业的 4526 个企业的实证研究则表明，对于外资在本土建立研发中心的行业，FDI 的垂直溢出效应更显著。对于巴西 FDI 水平溢出效应的研究数量较少，目前尚未得出一致的结论。部分研究证实了水平溢出效应的存在，而也有研究表明巴西没有产生显著的 FDI 水平溢出效应。例如，亚诺（Araújo，2004）的研究表明外资通过示范效应和竞争效应产生了积极的水平溢出效应；而阿尔维斯（2005）的研究则认为巴西的水平溢出效应不显著，FDI 的正向作用与市场挤出效应相抵消。德索萨和平托（De Souza & Pinto，2013）的研究则发现虽然 FDI 在短期内存在负面效应，在长期内则存在正向溢出效应。此外，亚诺和门多萨（Araújo & Mendonça，2006）采用1996~2000年企业层面数据发现外资通过人员流动效应提升了本土企业的生产率，并且本土企业劳动力素质越高对于 FDI 的吸收能力越强，生产率提升越明显。基于上述研究，我们认为巴西的 FDI 流入在总体上产生了积极的溢出效应，从而促进了本土企业对外投资能力的提升。

此外，在第3章全球层面的实证检验中已经证实，总体来看一国的吸引外资对对外投资存在普遍的正向作用，并且一国的市场规模越大，这种正向作用则越大。由于巴西具有广阔的本土市场，因此我们有理由相信巴西的吸引外资对对外投资能够产生积极的促进作用。由此，我们提出如下假说：

假说4.1：总体上看，巴西的吸引外资会对对外投资产生正向影响。

在全球层面的实证研究中，我们已经证实东道国的人力资本、市场规模以及经济发达程度均会对吸引外资对对外投资的作用机制产生影响。在针对巴西的检验中，我们仍然沿用在全球层面的上述假设：

假说4.2：巴西吸引外资对对外投资的正向作用会随着人力资本、市场规模、经济发达程度的增强而增强。

（2）区分 FDI 来源的作用特点。除了市场规模以及对 FDI 的吸收能力等东道国特点之外，FDI 来源国的特点不同也会对吸引外资对对外投资的作用机制产生影响。因此，在这里我们也将对巴西不同来源的 FDI 的作用特点进行分析和检验。

通过前文的描述可知，流入巴西的 FDI 可以分为来自发达国家和来自发展中国家两类。其中，发达国家具有长期对巴西投资的历史，来自发达国家的 FDI 一直是巴西 FDI 流入的主体，并且来自发达国家的 IFDI 与巴西对发达国家的 OFDI 之间具有较强的国别匹配性。来自发达国家的 FDI 通常具有更高的技术水平和更强的所有权优势，并且会产生信息方面的溢出，从而有利于提升巴西本土企业的对外投资能力。因此，我们认为来自发达国家的 FDI 将对巴西对外投资产生显著的促进作用。相对来看，来自发展中国家的 FDI 占巴西总体 FDI 流入的比例较少，并且滞后于巴西对发展中国家 OFDI 的发展，总体上来自发展中国家的 IFDI 与巴西对发展中国家的 OFDI 之间匹配性较弱。因此，我们认为来自发展中国家的 IFDI 对于巴西的对外投资没有产生显著的影响。基于上述分析，我们进一步做出如下假设：

假说4.3：来自发达国家的 FDI 对巴西的总体对外投资存在促进作用；来自发展中国的 FDI 对巴西的总体对外投资没有显著影响。

假说4.4：来自发达国家的 FDI 对巴西对发达国家投资存在促进作用；来自发展中国家的 FDI 对巴西对发达国家投资没有显著影响。

假说4.5：来自发达国家的 FDI 对巴西对发展中国家投资存在促进作用；来自发展中国家的 FDI 对巴西对发展中国家投资没有显著影响。

（3）区分来源行业的作用特点。除了 FDI 的国家来源之外，来自不同行业的 FDI 对对外投资的影响也将不同。从前文的描述中可知，在初级产业中，巴西企业对外投资能力的形成主要源于本土优势，与 FDI 的流入没有必然的联系。因此，我们认为初级产业的 FDI 流入对巴西的对外投资没有显著影响。在制造业中，食品、饮料、汽车等行业的 FDI 流入及流出表现出了较强的匹配性。并且针对巴西溢出效应的研究也集中于制造业，多数学者的实证研究表明巴西制造业中存在水平或垂直的溢出效应（Araújo，2004；Gonçalves，2005；Marin & Costa，2010）。因此，我们认为总体上制造业的 FDI 流入对巴西的对外投资存在正向影响。在服务业中，金融业既是 FDI 流入最多的行业也是巴西对外投资最多的行业，两者具有很强的匹配性。并且观察巴西金融企业对外投资能力的形成，可以发现与外资的进入密不可分。1988 年巴西进行银行业改革以及 1994 年雷亚尔计划实施后，大量的外资进入巴西银行业。外资银行的进入带来的竞争提高了巴西本地银行的整体竞争力，这些银行通过不断的自身完善，在竞争中求生存。并且外资银行的示范效应也会为国内银行带来先进的管理经验，并建立起国际关系网络，为其国际化打下了基础。随着外资银行的进入，巴西本地银行在竞争中不断完善、发展壮大，并且对外投资不断增长。因此，我们认为服务业 FDI 流入对巴西对外投资存在正向影响。基于上述分析，我们做出如下假说：

假说4.6：来自初级产业的 FDI 对总体对外投资没有产生显著影响；来自制造业的 FDI 会对总体对外投资产生正向影响；来自服务业的 FDI 会对总体对外投资产生正向影响。

4.2.5.2 模型设定及数据描述

在模型的设定上，本章沿用第 3 章的实证检验模型，将基础检验模型设定如下：

$$\ln(\text{OFDI}_t) = \beta_0 + \beta_1 \ln(\text{IFDI}_t) + \beta_2 \ln(\text{GNI}_t) + \beta_3 \ln(\text{EX}_t) + \beta_4 \text{ER}_t + \varepsilon_t$$

$$(4.1)$$

其中被解释变量 OFDI_t 为巴西总体对外投资存量，主要解释变量 IFDI_t 为巴西总体吸引外资的存量。为了考察假说 4.2 中东道国特征的影响，将在基础模型上加入外资流入 IFDI_t 与国家特征变量的交叉项，用于考察人力资本、市场规模以及经济发达程度这三个国家特征可能带来的影响。在区分 FDI 来源的检验中，将主要解释变量 IFDI 拆分为来自发达国家的 FDI 和来自发展中国家的 FDI，并根据需要将被解释变量转换为巴西对发达国家的投资或巴西对发展中国家的投资。在区分 FDI 行业来源的假说 4.6 的检验中，则将主要解释变量拆分为初级产业、制造业及服务业的 FDI 流入。

在数据的选取上，本章选取 1980～2015 年 36 年的时间序列数据进行分析。在数据来源上，总体 IFDI、OFDI、人均出口以及汇率的数据均来源于联合国贸易和发展会议（UNCTAD）统计数据库，人均 GNI、用高等教育入学率衡量的人力资本指标、衡量市场规模的 GDP 指标均来源于世界银行（World Bank）统计数据库，与 OECD 国家相关的 IFDI 及 OFDI 数据均来源于 OECD 数据库。在区分 FDI 行业的检验中，来自初级产业、制造业和服务业的 FDI 流入数据均来源于巴西中央银行的统计。另外，与第 3 章的数据处理方法类似，本章使用了以 2010 年为基期的美元 GDP 平减指数对所用到的价值量指标进行了价格平减。表 4－6 列出了本章研究的被解释变量与主要解释变量及控制变量的描述性统计特征。

表 4－6　　　　　　　　　　　描述性统计

变量	变量含义	观测数	均值	标准差
OFDI	对外投资（百万美元）	36	76273	54097
IFDI	吸引外资（百万美元）	36	180903	216066

续表

变量	变量含义	观测数	均值	标准差
GNI	人均 GNI（美元）	36	87566	76845
EX	人均出口（美元）	36	4722	3257
ER	汇率（雷亚尔对美元）	36	1.205	1.121
GDP	GDP（百万美元）	36	911908	747326
HC	高等教育入学率（%）	29	20.7	12.9
IFDI_ED	OECD 国家 FDI 流入（百万美元）	28	12854	21020
IFDI_ING	非 OECD 国家 FDI 流入（百万美元）	28	65686	39171
OFDI_ED	对 OECD 国家投资（百万美元）	28	113794	105350
OFDI_ING	对非 OECD 国家投资（百万美元）	28	60634	103414
IFDI_P	初级产业 FDI 流入（百万美元）	16	3446	4495
IFDI_M	制造业 FDI 流入（百万美元）	16	9300	5912
IFDI_S	服务业 FDI 流入（百万美元）	16	15586	6588

通过对主要变量 OFDI、IFDI、GNI、EX 及 ER 的单位根检验得出，这些变量在一阶差分之后均在 5% 的显著性水平下平稳，即主要变量为一阶单整变量，因此有可能存在协整关系。进一步的协整分析表明，变量之间存在协整关系，可以对其运用经典的回归模型。

4.2.5.3　实证检验结果

（1）总体基础模型检验。表 4-7 中回归 I 的结果显示，巴西的总体 FDI 流入对对外投资的影响不显著。该回归的自相关 DW 统计量为 0.919，偏离 2 较远，可能存在自相关问题。观察回归结果的残差与残差滞后项的散点图，发现结果可能存在正向的一阶自相关问题。在出现自相关时，普通最小二乘估计将失去有效性，通常的 t 检验和 F 检验也不能有效地使用。因此进一步尝试采用可行广义最小二乘法（FGLS）的 Prais-Winsten（PW）估计法对自相关问题进行处理，如表 4-7 中回归 II 所示。广义最小二乘法的结果表明在国家层面上巴西的吸引外资对对外投资在 10% 的显著性水平下显著。根据 IDP 理论以及前文的描述可知，以人均 GNI 表示的经济发展水平是影响巴西对外投资的重要控制变量，应当与 OFDI 之间存在正向相关性。在回归 I 的 OLS 估计中，人均 GNI 的系数虽然不显著；而回归 II 的 FGLS 估计中人均 GNI 显著为正，更符合经济意义。因此，在这里我们认为回归 II 的广义最小二乘法的估计结果更具稳健性。总体来看，巴西的 FDI 流入虽然对 FDI 流出存在正向影响，但是显著性水平较低。

表 4 - 7　　　　　　　　　巴西吸引外资对对外投资的影响回归结果

回归式	回归 I	回归 II
估计法 ln（IFDI）	OLS − 0.000585 （− 0.00469）	FGLS（PW 估计法） 0.103 * （1.953）
ln（GNI）	0.106 （0.616）	0.313 ** （2.424）
ln（EX）	0.858 *** （7.108）	0.140 （1.513）
ER	− 0.0999 * （− 1.761）	0.0380 （0.684）
常数项	5.237 *** （9.553）	6.651 *** （5.699）
调整的 R^2	0.862	0.974
D. W. 值	0.919	1.878
样本数	36	36

注：其中 ***、**、* 分别代表在 1%、5%、10% 的显著性水平下显著。

从控制变量的回归结果来看，人均 GNI 在 FGLS 估计中显著为正，表明巴西的本国经济发展水平是影响其对外投资的关键因素。总体上看，巴西的出口与对外投资之间存在正向关系，说明出口作为国际化的一种早期形式，能够对巴西的对外投资产生促进作用。汇率变量在 OLS 估计中显著为负，而在 FGLS 中不显著，表明汇率波动对巴西的对外投资影响不显著。

（2）加入东道国影响因素的结果。在第三章对全球层面数据的研究中，通过加入 IFDI 与影响因素的交互项，证明了东道国市场规模、人力资本以及经济发展水平均是影响吸引外资对东道国对外投资促进作用大小的关键因素。为了检验上述变量是否是影响巴西吸引外资对对外投资作用机制的重要因素，在这里，我们仍然通过加入交互项的方式依次检验市场规模、人力资本以及经济发达程度这三个变量在巴西国家层面的作用。

表 4 - 8 中展示了依次加入 GDP 与 IFDI 交互项、人力资本与 IFDI 交互项以及人均 GNI 与 IFDI 交互项的回归结果。回归结果表明，代表市场规模的 GDP 与 IFDI 的交互项为负但不显著，没有支持前文的假说。这一结果说明，对于巴西这样的市场规模已经足够大的国家来说，本土市场规模的进一步增长将不再是促进 IFDI 对 OFDI 正向作用产生的关键因素，还可能阻碍 IFDI 对 OFDI 作用的产生。我们认为这是由于随着巴西本土市场规模的扩大，本土企业在外资的影响下将更注重优先满足本土市场需求而不是拓展海外市场。例如，Da Rocha 和 Da Silva（2009）关于巴西对外投资的研究就指出，巴西的对外投资相对滞后于本土市场规模较小的国家，可能是由于巴西庞大的本土市场减弱了本土企业对海外市场的兴趣。

表 4 - 8　　巴西吸引外资对对外投资的影响（加入东道国影响因素）

回归式	回归 I	回归 II	回归 III	回归 IV
估计法	FGLS	FGLS	FGLS	FGLS
$\ln$（IFDI）	0.241 (1.514)	− 0.172 (− 1.403)	− 0.950 (− 0.782)	− 0.383 (− 0.251)
$\ln$（GNI）	0.427 ** (2.196)	0.0437 (0.324)	− 1.043 (− 0.674)	− 0.456 (− 0.235)
$\ln$（EX）	0.165 * (1.801)	0.350 * (1.987)	0.124 (1.152)	0.508 ** (2.659)
$\ln$（IFDI）* $\ln$（GDP）	− 0.00952 (− 0.987)			− 0.0224 (− 1.579)
$\ln$（IFDI）* HC		0.230 *** (3.798)		0.179 * (1.874)
$\ln$（IFDI）* $\ln$（GNI）			0.118 (0.867)	0.0652 (0.402)
ER	0.0339 (0.656)	− 0.114 *** (− 2.813)	0.0547 (0.899)	− 0.0928 (− 1.485)
常数项	5.427 *** (2.872)	10.33 *** (7.870)	18.81 (1.330)	13.28 (0.801)
调整的 R^2	0.974	0.992	0.978	0.981
D. W. 值	1.579	1.707	1.821	1.728
样本数	35	35	35	35

注：其中 ***、**、* 分别代表在 1%、5%、10% 的显著性水平下显著。

回归Ⅱ和回归Ⅳ的结果表明，用高等教育入学率表示的人力资本变量本别在 1% 和 10% 的显著性水平下显著为正，说明人力资本确实影响着巴西对流入 FDI 的吸收能力进而影响着巴西的对外投资水平。此外，从回归Ⅲ的结果来看，流入 FDI 与人均 GNI 的交叉项也为正，但不显著。表明对于巴西来说，人力资本是最重要的影响 FDI 影响巴西吸引外资对对外投资的作用的影响因素。上述结果部分支持了本书的假说 4.2。

（3）区分 FDI 来源的回归结果。由于来自发达国家的 FDI 和来自发展中国家的 FDI 具有不同的特点，这里我们对于来自发达国家的 FDI 和来自发展中国家的 FDI 对巴西对外投资的影响进行检验。为了检验这两类 FDI 来源对巴西对外投资的不同影响，我们将基础模型中的总体 IFDI 拆分为来自 OECD 国家的 IFDI 和来自非 OECD 国家的 IFDI 两个变量。这一部分的回归年限从 1985~2012 年，共 28 年。

表 4-9 的回归 I 的结果显示，变量 IFDI_ED 以及 IFDI_ING 均不显著，说明无论是来自发达国家还是发展中国家的 IFDI 对巴西的总体对外投资均没有产生促进作用。发达国家的 FDI 流入对巴西总体对外投资没有显著的促进作用这一结果与本书假说 4.3 的预期不一致。这可能是由于发达国家 FDI 的流入虽然产生了溢出效应促进了本土企业对外投资能力的提升，然而与此同时也产生了市场挤出效应（Gonçalves，2005），这两种作用的同时作用下表现出总体上发达国家 FDI 流入没有对巴西的对外投资起到显著的促进作用。

表 4-9　　区分发达国家和发展中国家 IFDI 对巴西对外投资的影响

回归式	回归 I	回归 Ⅱ	回归 Ⅲ
被解释变量	ln（OFDI）	ln（OFDI_ED）	ln（OFDI_ING）
估计法	FGLS	FGLS	FGLS
ln（IFDI_ED）	0.0818 (0.821)	1.205*** (3.072)	-0.0678 (-0.557)
ln（IFDI_ING）	0.00518 (0.789)	0.0283 (1.020)	0.00284 (0.350)
ln（GNI）	0.305* (1.857)	0.187 (0.372)	0.408* (2.036)

续表

回归式	回归 I	回归 II	回归 III
ln（EX）	0.163 (1.220)	1.177 *** (2.949)	0.172 (1.050)
ER	−0.00561 (−0.0870)	0.0906 (0.640)	0.0519 (0.679)
常数项	6.952 *** (4.711)	−14.72 *** (−7.261)	7.516 *** (4.635)
调整的 R^2	1.344	1.806	1.186
D.W. 值	1.295	1.613	1.154
样本数	28	28	28

注：其中 ***、**、* 分别代表在 1%、5%、10% 的显著性水平下显著。

下面我们进一步将被解释变量分别替换为巴西对发达国家的 OFDI 和巴西对发展中国家的 OFDI，以检验假说 4.4 和假说 4.5。在表 4－9 的回归 II 中，以巴西对发达国家的 OFDI 作为被解释变量，结果表明来自发达国家的 IFDI 对巴西对发达国家的 OFDI 产生了显著的正向影响，而来自发展中国家的 IFDI 则不显著，支持了假说 4.4。这说明来自发达国家的所有权优势相对较高的外资能够产生更多的技术溢出效应、带来与发达国家市场相关的信息溢出、与巴西本土企业建立网络联系，从而显著促进巴西本土企业对发达国家对外投资能力的提升。而相对来说，来自发展中国家的外资自身技术能力较弱，且几乎不会带来与发达国家市场相关的信息溢出，从而难以对巴西对发达国家的投资产生实质影响。

在表 4－9 的回归 III 中，显示了以巴西对发展中国家的 OFDI 为被解释变量的回归结果，从中可以看出无论是来自发达国家的 IFDI 还是来自发展中国家的 IFDI 均没有产生显著的影响。这一结果说明巴西对发展中国家投资能力的形成更多源于其本土固有优势，没有受到外资的显著影响。

（4）区分来源行业的回归结果。为了检验区分 FDI 来源行业的影响，在这里需要将基础模型中的 IFDI 拆分为来自初级产业的 FDI、来自制造业的 IFDI 和来自非制造业的 IFDI。其中三大产业 FDI 流入的数据均来自于巴西中央银行的统计，从 1996～2011 年共 16 年。由于巴西行业层面的 IF-DI 的连续数据只有流量数据，无法像存量数据一样衡量累计的吸引外资的影响，为了克服这一数据上的缺陷，在这里我们尝试选取 IFDI 的滞后项来反映 IFDI 对 OFDI 的累积的滞后的影响。由此，这一部分的回归模型在模型（4.1）的基础上设置如下：

$$\ln(\text{OFDI}_t) = \beta_0 + \beta_1 \ln(\text{IFDI\_P}_t)(-n) + \beta_2 \ln(\text{IFDI\_M}_t)(-n)$$
$$+ \beta_3 \ln(\text{IFDI\_S}_t)(-n) + \beta_4 \ln(\text{GNI}_t)$$
$$+ \beta_5 \ln(\text{EX}_t) + \beta_6 \text{ER}_t + \varepsilon_t \qquad (4.2)$$

其中，IFDI_P 表示初级产业 FDI 流入，IFDI_M 表示制造业 FDI 流入，IFDI_S 代表服务业 FDI 流入，n 表示滞后期数。

从表 4 - 10 的回归结果可以看到，初级产业的 FDI 流入在 0 - 5 期滞后期内一直不显著，这一结果符合假说 4.6 的描述，说明初级产业的 FDI 对总体 OFDI 没有显著的促进作用。制造业的 FDI 流入在 0 - 5 期滞后期内也没有表现出显著的正向作用，这可能是由于在制造业中虽然部分行业存在 FDI 溢出效应，例如食品、饮料及汽车等，但是也有一些行业由于外资的进入挤出了本土企业，因此表现出综合来看制造业的 IFDI 没有产生显著影响。服务业的 FDI 流入在滞后 1 期时显著为正，支持了假说 4.6，说明服务业的 IFDI 对巴西的对外投资产生了正向影响。

表 4 -10　　　　　　　区分 FDI 来源行业对巴西对外投资的影响

n	0	1	2	3	4	5
ln (IFDI_P)	- 0.00803 (- 0.166)	0.0172 (0.371)	0.0451 (0.859)	- 0.0270 (- 0.484)	- 0.0168 (- 0.315)	0.0705 (1.499)
ln (IFDI_M)	0.153 (1.438)	- 0.0726 (- 0.819)	0.0668 (0.716)	0.0332 (0.306)	- 0.129 (- 1.128)	0.136 (2.013)
ln (IFDI_S)	- 0.0538 (- 0.626)	0.166 * (2.035)	0.0835 (1.010)	- 0.0919 (- 1.095)	- 0.224 (- 1.404)	- 0.0838 (- 0.848)
ln (GNI)	0.529 * (1.836)	0.636 ** (2.419)	0.306 (0.897)	0.803 ** (2.855)	0.981 ** (3.523)	0.585 ** (3.207)
ln (EX)	0.614 *** (4.016)	0.791 *** (5.135)	0.676 *** (4.154)	0.587 ** (2.894)	0.774 ** (2.851)	0.303 (1.361)
ER	0.0821 (0.530)	0.213 (1.586)	- 0.0689 (- 0.374)	0.195 (1.038)	0.506 * (2.016)	0.0375 (0.222)

续表

n	0	1	2	3	4	5
常数项	1.997 (0.862)	-0.566 (-0.253)	2.949 (1.241)	1.197 (0.533)	0.371 (0.227)	3.639 * (2.302)
调整的 R^2	0.959	0.965	0.964	0.963	0.967	0.975
D. W. 值	1.644	2.194	2.050	1.885	2.469	1.972
样本数	16	15	14	13	12	11

注：其中 ***、**、* 分别代表在 1%、5%、10% 的显著性水平下显著。

由于巴西行业层面 FDI 流入数据样本时间段较短，并且只有流量数据，因此这一部分回归还只是初步的尝试，有待于在数据支持的情况下进行进一步的研究。此外，上述行业层面的回归被解释变量采用的是巴西的总体对外投资。由于目前公开资料可获得的巴西行业层面 OFDI 的数据只有 2001 – 2012 年这 12 年，尚不足以将行业层面 OFDI 数据作为被解释变量进行实证分析。因此，在后文中还将通过行业层面的案例分析对实证研究进行补充。

4.3　典型行业案例分析：　汽车行业

4.3.1　巴西汽车行业发展历程

4.3.1.1　初创阶段（20 世纪初至 20 世纪 50 年代）

早在 20 世纪初期，随着福特、通用等外资企业建立 CKD 组装厂，巴西出现了汽车行业的萌芽。例如 1923 年，福特汽车公司在巴西建立了汽车组装厂；1925 年，美国通用汽车在巴西建立了汽车装配厂，以卡车和公共汽车生产为主。这一时期外资在巴西的经营主要以 CKD 的方式为主，进入动机主要是看重巴西的潜在市场以及相对的劳动力优势。

到了 20 世纪 40 年代，巴西工业化有了初步的发展，本土的整车企业在这一时期诞生了。1942 年，巴西政府建立了 FNM（Fabrica Nacional de

Motores）汽车厂，在美国、意大利等外资企业的技术许可证之下生产卡车、发动机等。1945 年建立的 Vemag 汽车厂在德国、美国等外资的许可证之下生产乘用车和货车。1930 年诞生的汽修厂 Romi 也于 1956 年在外资的技术转移之下开始生产汽车，其生产的 Romi-Isetta 是巴西第一辆由本土企业生产的轿车。

4.3.1.2　进口替代时期的外资垄断发展（20 世纪 50 年代至 80 年代）

（1）外资的进入与产业的初步发展。随着第二次世界大战后巴西经济发展及公路运输重要性的提高，巴西进口汽车的数量逐年增加。20 世纪 40 年代末，巴西每年进口的汽车数量已接近 10 万辆，占巴西进口总额的 15%，在各类进口商品中居第一位。为了减少贸易赤字以及外汇流失，巴西政府从 50 年代初期开始推行进口替代战略。1952 年，政府禁止了 104 种国内已经可以生产的零部件的进口；1953 年，政府进一步禁止了整车进口（Göktas，2013）。在这样的背景之下，一些外资企业开始通过投资的方式进入巴西市场，例如大众、奔驰、威利斯欧陆等。

1956 年，库比契克总统上台之后开始了轰轰烈烈的工业化进程，并将汽车行业作为重点发展的战略性行业，提出了"五十年的发展五年完成"的口号。当年巴西负责汽车行业监管的机构 GEIA 提出了"国产化计划"（当时国产化率只有 30%），对于参加该计划的巴西的整车企业给予换取外汇上的优惠以及银行贷款等财政补贴，但前提是必须在五年内将国产化率提高至 90% ~ 95%（Shapiro，1996）。实际上巴西政府相当于给了外资企业两个选择：要么本土化生产，要么退出巴西市场。当时正是欧美汽车企业竞争激烈的时期，由于本土市场有限，外资企业都希望能够获取巴西这个巨大的潜在市场。为了能够在巴西市场立足，外资纷纷积极响应国产化要求，到了 1961 年巴西汽车的国产化率已经达到了 90% 左右。

这一时期在政府的主导下巴西的汽车行业建立了由外资、内资和政府三方联合的模式。其中国家主要负责建立基础设施；外资企业主要负责汽车生产；内资企业则主要负责零部件的提供。虽然政府也允许外资企业带入原有的供应商，但是仅仅限于内资企业不能生产的复杂零部件，如生产变速器的 Clark、采埃孚；生产电力系统的博世等。在这种模式下，外资整车企业与内资零部件企业是配套合作的关系，因此外资不仅会帮助本土零部件企业提升技术，还会帮助内资零部件企业与外资供应商建立合作关系。总体来看，在本土化率的要求以及这种三方联合的模式下，巴西的本土零部件企业有了很快的发展。

（2）外资垄断局面的形成及产业进一步发展。1961～1967 年，巴西经历了政治和经济的动荡阶段，1964 年的军事政变使得巴西开始了军政府统治时期。由于国内经济的不稳定，融资能力有限的内资整车企业在这一时期陷入了困境。1961 年，由于缺乏政府的支持，Romi 停止了汽车的生产；1967 年，Vemag 公司被大众收购；1968 年，FNM 公司被意大利的 Alfa Romeo 收购。原本不多的内资整车企业在这一时期全军覆没了。随着内资企业及部分外资企业被兼并或退出，巴西的市场集中度明显提高。1968 年，通用、福特、大众已经占到巴西汽车市场 89% 的份额，形成了几大外资垄断的局面，由外资整车企业构成的整车行业协会（ANFAVEA）对于政府有很强的游说能力和影响力。这一时期政府减少了对汽车行业的支持和干预，导致原有在政府主导下建立的内资零部件与外资整车企业的排他性的配套合作关系开始瓦解，一些本土零部件企业被外资供应商所替代。

20 世纪 70 年代初期，由于第一次石油危机的影响，原油进口导致巴西贸易逆差严重。为了缓解贸易压力，这一时期政府推出了促进出口的特别财政优惠计划（BEFIEX）。政府对于出口免除增值税，放宽了可以进口的零部件种类，并对于以出口为目的的零部件和机械设备的进口给予税收上的减免，但是前提是企业必须要同意长期的出口协议并且满足至少 85% 国产化率。同时，政府将巴西市场的准入作为筹码，要求想进入的外资必须满足相应的出口要求。例如，菲亚特在这一时期被巴西政府批准进入巴西市场，但前提是必须每年出口 155000 个发动机。这种出口激励计划促进了外资整车企业在巴西引进更加先进的产品和技术。例如，此前通用公司虽然想在巴西引入其世界车型（World Car）中的"J"型轿车，而由于国产化率的限制通用必须在巴西投资生产与"J"型车匹配的新型发动机，然而巴西国内的市场规模不足以弥补投资所需达到的规模效应，因此该车型一直没有引入。在出口政策激励下，通用将巴西生产的发动机出口到其所在的美国公司，从而通过出口吸收过剩产能，实现了规模经济的效益（Shapiro，1996）。在政策的推动下，70 年代巴西的汽车出口从几乎为零增长到 15 亿美元。到了 1980 年，巴西的汽车年产量超过 100 万美元，成了世界第八大汽车生产国。同时，随着产量和新增投资的上升，成本也在不断下降。受债务危机的影响，80 年代国内经济衰退，汽车的内销量也有所下降。但是由于政府出口政策的刺激，以及跨国公司通过出口吸收过剩产能的需求，出口仍然有了一定的发展，并且相比 70 年代更多的出口到了欧美发达国家。1980 年，大众巴西公司推出了 Gol 车型，并于 1987 年在美国低端市场获得了成功。1985 年，菲亚特巴西公司推出了 Duna 车型，此款车型是菲亚特原有车型 Uno 的变种，成功的出口到了阿根廷和欧洲。

20 世纪 80 年代，日本生产模式的兴起使得欧美汽车企业面临了很大的竞争威胁，欧美跨国公司总部开始进行组织重构并对于其分公司进行战略调整。一些外资整车企业将巴西作为实践日本生产模式的"试验田"，推行日本的准时生产体系（Just-in-time system），大幅减少了与其直接联系的一级供应商的数目。整车跨国企业会根据新的产品标准（如 ISO 9000）对供应商进行筛选，或根据新标准对供应商提出更高的要求。这种新型产业模式的推行也使得大部分能力不足的内资零部件企业沦为二级或三级供应商，减少了与整车企业的关联。

4.3.1.3　自由化之后的竞争发展（20 世纪 90 年代至 2005 年左右）

由于国际化的思潮在全球的盛行，加上 20 世纪 80 年代巴西经济衰退、通胀严重，使进口替代战略受到质疑，因此从 90 年代开始巴西政府试图通过自由化来振兴经济。自由化的一个重要举措就是对贸易的开放，由此巴西结束了其进口替代时期，从 90 年代开始政府放开了整车产品的进口。1991 年整车进口仍然维持着 85% 的高关税，到了 1993 年已经较为迅速地降至 35%。1991 年，巴西与阿根廷、巴拉圭和乌拉圭建立了南方共同市场（Mercosur），在该市场的内部实行零关税（Fiuza，2002）。同时，从 90 年代开始，政府也下调了对于汽车生产的本土化率要求，从原来的 90% 降至 70%，1995 年降至 60% 左右（Shapiro，1996；Göktas，2013）。

由于进口替代时期长期的国内保护，使得巴西的汽车行业缺乏竞争力。1991 年麻省理工学院一份报告对巴西汽车工业的评价是：最古老的产品、第二差的质量和最低的生产率。面对自由化带来的突然的竞争，外资厂商为了维护市场份额不得不更新厂房，并引进先进的车型和技术（Jones，2003）。同时，为了改变巴西汽车行业竞争力低下、销售低迷的局面，1993 年巴西政府主导建立了由政府、汽车企业及工会三方构成的行业议会制度，在民主的氛围下共同制定巴西汽车的发展战略。在三方的谈判磋商之下，政府同意降低汽车企业的税收，而汽车企业则同意大幅下调产品价格。在政府的主导下，该行业议会还在 1993 年制订了"经济型轿车（Carro Popular）"计划，该计划对于排量在一升以下的小型轿车免征工业产品税。大众和菲亚特率先抓住机遇，以较低的价格大量销售小型汽车，拓展了价格敏感的中低端轿车市场，福特和通用这两大巨头也紧随其后引入了其原有的小型车产品。值得一提的是菲亚特巴西公司于 1996 年开发了 Palio 车型，该小型车不仅在巴西获得了巨大成功还推广至其他拉美国家、欧洲、亚洲等。1997 年，一升以下的小型车已经占据了 50% 以上的市场份额；2001 年更是达到了 71.1%。[①] 随着汽车价格的下调以及"经济型轿车"计划的实施，巴西汽车的销量有了飞速的增长，1997 年汽车产量达到创纪录的 200 万辆，为 1991 年的两倍。

值得一提的是，巴西市场对于小型轿车有着大量的需求，小型车一直占有较高的市场比重。直到 2012 年，1L 以下的小排量轿车和 1L 到 2L 之间的中小型轿车分别占将近 50% 的市场份额，而 2L 以上排量的轿车份额不足 1%（霍潞露，2013）。这一方面由于城市交通拥堵道路狭窄，因此小型车更加便捷；另一方面由于巴西治安较差，小型轿车相对于高端车型会让消费者觉得更加安全，减少被持枪抢劫的危险。因此在巴西这种需求的推动下，跨国公司越来越重视将巴西作为小型轿车的实验基地，开发适应当地需求的产品，并推广至拉美和其他发展中国家（Catton et al.，2004）。

为了进一步开放并引入更多的竞争，政府于 1994 年 9 月将汽车产品进口关税又下调至 20%。由于当时巴西的汇率被高估，加上 1994 年雷亚尔计划之后长期高通胀时期终结后经济恢复稳定，使得巴西的需求暴增，关

---

① 资料来源：AVFAVEA，2014 年度报告。

税下调导致进口汽车产品大量进入。关税下调引发的贸易赤字加上 1994 年底爆发的墨西哥债务危机使巴西政府对于国际收支的逆差产生了极大的担忧，因此政府于 1995 年 4 月突然上调汽车产品进口关税至 70%。进口关税的上调提高了进口零部件产品的成本，损害了部分对零部件产品进口依赖较强的整车企业的利益。因此巴西的外资整车企业试图让政府相信他们将减少在巴西的整车生产，而更多地转向税收环境更加优惠的阿根廷。[①] 对此 1995 年巴西政府推出了有利于促进汽车产品出口的"汽车产业制度" (automotive régime)，该制度规定汽车企业可以享受零部件进口关税的优惠，但是必须满足相应的出口和投资要求。该政策有效地促进了汽车行业出口和国内投资，外资整车企业在巴西建立了更多的新车平台，促进了产品和过程技术的提升（Quadros，2003）。此后由于 1995 年加入 WTO 等原因，巴西又逐渐下调了整车进口关税，到了 1998 年降至 35%。

这一时期由于巴西的自由化之后对于进口的开放以及对国产化率要求的降低，加上巴西大市场的吸引力，更多的整车跨国公司投资于巴西市场。例如，三菱在巴西对进口开放之后于 1991 年进入巴西，并于 1997 年在巴西建立工厂；此外本田（1997 年）、雷诺（1997 年）、丰田（1998 年）、标志—雪铁龙（1998 年）等也分别于这一时期在巴西建立工厂。新的竞争者的进入加剧了市场竞争，逐渐打破了原有四大企业垄断的局面。到了 2012 年，通用、福特、大众、菲亚特这原有四大企业市场份额已从 1990 年的接近 100% 降至 74.7%。

这一时期，随着自由化之后进口产品的增加，巴西的零部件厂商面对更加激烈的竞争，由于习惯了被保护，因此在竞争下利润下滑。由于零部件进口关税的降低，加上巴西对于本土化率要求的降低，汽车零部件进口率在 1990～1996 年从产量的 8% 上升到 24%，出现了显著增长。这一时期，伴随着跨国公司对于其全球价值链的进一步调整，在一级供应商的选择上跨国企业更倾向于采用在全球范围内与他们有长期密切合作关系的大型供应商（mega-suppliers）。而巴西的零部件企业大多数不能满足作为一

---

① 同为南方共同市场成员的拉美大国阿根廷于 1991 年推出了相应政策，对于以出口为目的的零部件产品进口给予税收上的优惠。

级供应商的要求，因此进一步沦为二级、三级供应商或被外资收购。这一时期很多在巴西国内经营较为成功的零部件企业被外资收购了，如 Metal Leve 于 1996 年被德国的零部件巨头 Mahle 收购；Cofap 于 1997 年被意大利零部件巨头 Magneti Marelli 收购等。一般来说在被收购之后这些企业不会再保留本地的技术开发和创新，而是将 R&D 转移到跨国公司的总部（Souza & Rachid，2011）。自由化之后政策上总体对外资整车企业更有利，如降低零部件进口关税、减少对国产化的要求、汇率上升等，也对零部件国内企业的生存和发展造成了一定的冲击。同时，巴西国内高利率、高税率、基础设施薄弱、官僚性等所谓"巴西成本"也为内资的发展创造了障碍（Souza & Rachid，2011）。这一时期，国内零部件资本下降较多，本土汽车零部件公司的数量从 1990 年的 2000 家下降为 1993 年的 750 家。本土零部件企业的收益占行业总收益的比例从 1994 年的 52.4% 降至 2012 年的 28.8%。

在这一时期，少数能力较强的内资零部件企业在竞争的促动之下，抓住机遇嵌入了跨国公司的全球价值链当中成了一级供应商，例如，Arteb、DHB、Mangel、Metagal、Sabó 等。这些本土零部件企业有些在整车跨国企业全球布局的带动下实现了对外投资。

4.3.1.4 产业相对成熟期（2005 年左右至今）

这一时期，随着竞争的加剧和国内市场需求的增长，巴西汽车产业实现了进一步发展。2012 年，巴西汽车总销量达 380.2 万辆，是全球第四大汽车消费市场，汽车总产量为 334.26 万辆，位居全球第七位①。

伴随着巴西汽车产业的总体发展，在竞争中存活下来的一批本土零部件企业能力进一步提升。金融危机之后，一些能力较强的本土零部件企业抓住机遇，通过海外并购的方式进一步实现了对外投资的拓展。

2011 年，由于金融危机之后主要发达国家汽车市场需求萎缩，而巴西相对来说是一个比较健康的市场，因此近年来巴西市场汽车行业贸易赤字加剧。由于劳动力、零部件成本以及官僚成本等因素，使得巴西的汽车产品比中国竞争者要贵 60%（Jeffiris，2011）。为了对抗来自中国、韩国等发展中

---

① 资料来源：OICA 数据库。

国家产品的竞争、提高本国产品的竞争力并将更多的市场留给国内企业，巴西政府决定对于不能满足 65% 的国产化要求的汽车产品加收 30% 的工业产品税（IPI）。为了跨越贸易壁垒，2012 年韩国现代汽车在巴西建立了工厂，中国的江淮和奇瑞等整车企业也已经计划在巴西建立工厂。此外，除了在政策上对本土生产给予激励之外，巴西政府在政策上还更多地关注了汽车行业技术创新的提高。例如，2012 年 10 月推出的 Inovar-auto 计划对于汽车产品的车辆效率、本土生产、R&D 投入、工艺技术投入等多个方面进行要求，对于不能满足要求的企业将加收 30% 的工业产品税。在该计划的推动下，2013 年巴西国内汽车产量比上年提高了 10%。2012 年 4 月，为了促进零部件产业发展，巴西政府决定对 15 个行业进行工薪税减免计划，汽车零部件行业就是其中之一。2013 年 9 月，政府还推出了针对汽车零部件行业的"Inovar-Autopeças"计划，意在提升巴西零部件行业的技术含量（Cross，2013）。

从出口情况来看，目前巴西汽车出口主要集中在与之有贸易协议的拉美地区，反映了巴西汽车产品的国际竞争力相对较弱。仅阿根廷一个国家就占据了 2012 年巴西整车产品出口额的 67%。而同年巴西从阿根廷的整车进口额是其对阿根廷出口的 1.5 倍左右。虽然在发展的过程中巴西的汽车出口也有过几次快速的增长，然而这种增长主要是在政策推动下实现的。从图 4 - 25 可以看出，在 1973 年巴西出台贸易促进计划（BEFIEX）之前，巴西汽车产品出口几乎为零，而随着 1990 年该计划的取消巴西的出口也随之明显下降。此后也是分别在出口促进政策推出及贸易协议签订的年份，出口才又开始快速增长。

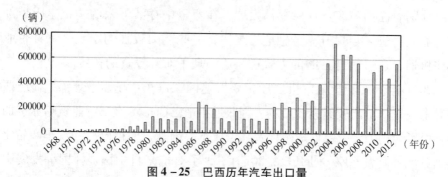

图 4 - 25　巴西历年汽车出口量

资料来源：AVFAVEA，2014 年度报告。

4.3.2　巴西汽车行业吸引外资和对外投资的发展特点

4.3.2.1　巴西汽车行业吸引外资的发展特点

（1）巴西汽车行业 FDI 流入的总体趋势特点。巴西汽车行业吸引外资的发展历程可以大致分为三个阶段。第一阶段是在 20 世纪 50 年代之前，以福特、通用为代表的跨国公司在巴西建立 CKD 工厂，为其在巴西的发展打下了基础，也使得巴西的汽车产业出现了萌芽。这一时期外资企业主要负责进口汽车在本地市场的销售，同时也会负责相关汽车零配件的进口和装配任务。与中国不同，巴西的汽车产业处于自然开放的状态，没有经历过对 FDI 的封闭发展时期。因此，可以说巴西的汽车产业自建立伊始，就与外资的活动密不可分。

第二阶段是从 20 世纪 50 年代至 90 年代自由化之前的进口替代时期，这一时期外资由简单组装开始转变为在巴西进行本地化生产，并形成了几大外资垄断市场的局面。50 年代初期，巴西进口汽车每年达到 10 万辆，由于进口对外汇的消耗使得政府不得不限制进口汽车。为了建立本国的汽车工业，巴西政府在限制进口的同时要求整车厂商必须达到相应的国产化率要求。在这种形势下，更多的外资投资进入巴西市场，并进行本土化生产。例如，福特和通用在原有 CKD 工厂的基础上进行本土化生产；大众于 1953 年进入巴西市场；奔驰、丰田、威利斯欧陆等外资也在 50 年代末期投资进入巴西市场。在 60 年代巴西政治经济动荡时期，部分早期进入巴西的外资退出了市场，例如 1967 年福特收购了威利斯欧陆。70 年代，为了促进出口，政府又批准了菲亚特进入巴西市场，此后形成了福特、通用、大众及菲亚特这四大外资垄断市场的局面。这一时期其他外资没有进入巴西市场主要由于以下两方面原因：第一，几大外资整车企业在政府面前有较强的影响力，因此能够游说政府使之不批准其他外资进入；第二，这一时期政府对于零部件进口设置了较高的关税，并且国产化率要求较高，因此对于其他外资来说进入巴西市场的壁垒较高。

第三阶段，20 世纪 90 年代初期，巴西政府开始实施自由化政策，大幅降低了汽车产品的进口关税，同时也降低了对国产化率的要求。随着市场开放程度的加深，先期进入巴西的国际汽车巨头也纷纷追加投资以应对市场竞争，同时本田、标致—雪铁龙等外资通过直接投资的方式进入巴西市场，使得市场垄断的局面逐渐被打破。近年来，为了跨越贸易壁垒，韩国的现代以及中国的奇瑞等也开始通过直接投资的方式进入巴西市场，使得巴西市场的外资更加多样化。从图 4 - 26 中可以看出，90 年代末期巴西汽车行业的 FDI 流入出现了快速的增长，进入 21 世纪以来逐渐趋于稳定。金融危机之后，在其他发达国家汽车市场衰退的背景下，巴西大市场的优势进一步显现，因此在危机中流入巴西汽车行业的 FDI 出现了逆势增长的特点。

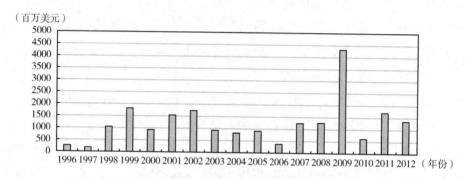

图 4 - 26　巴西汽车行业 FDI 流入

（2）巴西汽车行业 FDI 的来源国特点。从来源国分布特点来看，流入巴西汽车行业的 FDI 一直以美国和欧洲国家为主。例如在自由化之前，福特、通用、大众及菲亚特这四大外资企业占据接近 100% 的市场份额。自由化之后来自日本、韩国的外资比重有增长的趋势，特别是日产、起亚与现代增速最为明显。根据 2010 年的数据显示，巴西的汽车市场上的生产者根据他们所占据的市场份额大致可以分为以下的三个层次：第一层为大众、菲亚特、通用和福特这传统的四大外资企业，占据了大约 73.65% 的市场份额；第二层为雷诺、本田、现代、丰田、标致—雪铁龙等公司，占据了约 20.02% 的市场份额；第三层为剩余的 6.33% 的市场份额，被其他的汽车品牌所占据。

（3）外资的进入动机及战略变化。

第一，外资进入动机。总体来看，在汽车行业，外资进入巴西的动机一直主要是寻求市场为目的。具体来看，在不同时期跨国公司对巴西进行直接投资的原因有所不同。在 20 世纪 50 年代之前，以通用和福特为代表的外资通过在巴西建立组装厂的方式进入巴西市场，主要是为了扩大在巴西的出口。

20 世纪 50 年代开始，由于巴西政府采取了进口替代政策，限制整车及零部件的进口，因此这一时期外资为了进入巴西市场不得不采取直接投资的方式，并且进行本土化生产。

20 世纪 90 年代自由化之后，随着零部件进口关税以及国产化率的降低，巴西市场具备了更加优越的引资环境。这一阶段，巴西大市场的优势逐渐显现，与此同时，随着南方共同市场的建立，使得巴西市场的需求进一步扩大至区域市场。因此，这一时期跨国公司通过直接投资的方式进入巴西市场一方面为了接近客户以便更好地满足本土及区域市场的需求，另一方面也是为了追随其主要竞争对手以达到最优的全球战略布局。

第二，外资在巴西市场的战略变化。总体来看，由于不同时期巴西产业政策的变化以及巴西市场在全球战略地位的提升，外资汽车企业在巴西市场的战略也有所变化。

具体来看，在 20 世纪 50 年代进口替代政策之前，外资虽然看重巴西市场，但是由于巴西汽车产业基础薄弱，外资只想通过出口或散件组装的方式进入巴西市场，没有本土生产的意愿。

从 20 世纪 50 年代开始，由于政府进口替代政策的实施，外资被迫采取直接投资的方式进入巴西市场。这一时期，一方面市场被几大外资垄断缺乏竞争，另一方面由于外资需要满足较高的本土化率要求，而巴西自身又不具有效率方面的优势，因此外资在巴西的技术和车型更新缓慢，产业总体生产率低下。在这一时期，外资在巴西的经营是分立式的，基本同母公司的运营分离。

20 世纪 90 年代自由化之后，随着贸易的开放以及外资进入的增多，市场竞争加剧。因此这一时期外资加大了投资力度，技术引进及更新速度加快，并更多地针对本土市场进行适应性开发。例如，1992~1999 年，跨国公司在巴西推出的轿车新款式多达 34 种，1984~1991 年则只有 11 种。跨国公司更多地将其在巴西分公司的活动纳入母公司的区域或全球战略之中。随着南方共同市场的建立，一些跨国公司为了寻求地区规模效益，在巴西生产的汽车除满足巴西国内市场外，还出口到拉美南部共同市场国家。例如，1997 年，汽车出口的 58.4% 销往阿根廷，21.6% 销往阿根廷之外的其他拉美国家。近年来，随着巴西市场需求的增长，特别是在金融危机之后发达国家市场萎缩的背景之下，巴西市场在全球的战略地位进一步提升。2010 年，巴西已经成为全球第四大汽车消费国。在这样的背景之下，菲亚特、通用、大众、福特等企业均已在巴西建立了研发中心，主要针对本土市场及区域市场进行一些适应性研发。

4.3.2.2　巴西汽车行业对外投资的发展特点

（1）巴西汽车行业对外投资的总体特点。从前文中对于巴西对外投资企业的描述中可知，在汽车及零部件行业，巴西实现了对外投资的企业主要有：Marcopolo、Agrale、Tupy、Iochpe Maxion、Moura、Sabó、Grupo Brasil 及 DHB 等。在这些企业中，除了 Marcopolo 和 Agrale 属于整车企业之外，其他企业均为汽车零部件企业。而前文中已经提到，巴西在乘用车领域被外资企业占领，因此 Marcopolo 和 Agrale 这两家少数的巴西本土整车企业仅从事商用车和农机制造。由于商用车不是本书研究的重点，因此下面主要对于巴西乘用车零部件企业的对外投资特点进行分析。

基于前文中对于巴西汽车产业发展历程的描述我们可以得知，巴西的汽车产业起步较早，从 20 世纪 50 年代起就通过吸引外资建立了国内的汽车产业。由于在自由化之前巴西政府对于零部件国产化率一直采取 90% 以上的高要求，因此在外资整车企业本土化过程中，带动了一批本土零部件企业的发展。虽然本土零部件企业中主要以中小企业为主，并且集中在二级、三级供应商，但是也的确有少数实力较强的本土零部件企业成了外资的一级供应商，并实现了国际化拓展。巴西汽车行业对外投资情况，如图 4-27 所示。

在 20 世纪 90 年代之前，巴西的零部件企业几乎没有对外投资，只有 Moura 等少数企业在 80 年代为了方便出口在海外建立了销售办公室。90 年代自由化之后，由于国产化率以及零部件进口关税的降低，使得大量进口零部件涌入巴西市场，对巴西本土零部件企业造成了很大的冲击。自由化成了巴西零部件企业对外投资的直接诱因。在国际化的竞争之下，少数有能力的零部件企业开始通过对外投资的方式拓展市场同时提升自身战略地位。例如 Sabó 在 1992 年收购了两家阿根廷的零部件企业，实现了国际化的起步。此后，以 Sabó 为代表的少数巴西本土零部件企业继续国际化拓展，1993 年 Sabó 又收购了德国的 KACO；1994 年 DHB 收购了一家阿根廷的公司；1996 年，主营汽车反光镜的 Metagal 公司在阿根廷建立工厂，实现了对外投资的起步。

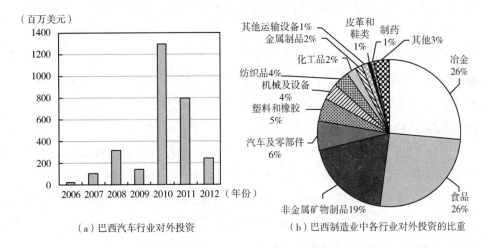

（a）巴西汽车行业对外投资　　　　（b）巴西制造业中各行业对外投资的比重

图 4 - 27　巴西汽车行业对外投资情况

随着巴西汽车产业整体的蓬勃发展，本土零部件企业的能力进一步提升。在金融危机之后，由于国际上大量企业陷入财务危机，为海外并购创造了机遇。因此，危机之后巴西零部件企业的对外投资出现了短暂的高潮期。例如，2011 年，Tupy 收购了墨西哥的 Cifunsa Diesel 和 Technocast 这两家零部件企业，从而建立了其在墨西哥的生产基地；Iochpe Maxion 分别于 2010 年和 2012 年收购了墨西哥的 Nugar 和 Galaz Group，进一步实现了自身的国际化拓展。

需要强调的是，目前实现了对外投资的巴西零部件企业为数不多，而这些少数企业大多建立较早，经历了较长时间的能力积累。例如，目前拉美地区最大的转向系统供应商 DHB 成立于 1967 年；从事发动机系统、刹车系统等的零部件制造商 Tupy 建立于 1938 年，并于 1958 年正式进入汽零部件制造领域；主营汽车电池业务的 Moura 公司建立于 1957 年；从事汽车反光镜制造的 Metagal，建立于 1935 年。并且这些企业中很多是由欧洲移民建立的，例如 Tupy 的创始人为德国移民；Sabó 的创始者为匈牙利移民。

（2）巴西汽车行业对外投资的国别分布。从对外投资的国别分布来看，巴西汽车零部件企业的对外投资以拉美地区最为集中，其次是距离相对较近的美国。除此之外，与巴西具有历史文化方面渊源的欧洲地区，如德国、西班牙、意大利等国家，也是巴西零部件企业对外投资的一个主要区域。相对来看，亚洲、非洲等其他地区巴西企业进入的还比较少。

例如，目前为止 Tupy 在墨西哥拥有两家工厂，并且在墨西哥、美国及德国设有销售办公室；Sabó 集团在阿根廷、美国、德国、匈牙利等地建有工厂，在意大利、法国、英国、日本等国家设有办事处；Moura 和 Metagal 等企业目前的业务还主要集中在拉美地区。

（3）巴西汽车行业的对外投资动机。从对外投资的动机来看，巴西汽车零部件企业的对外投资主要以寻求市场以及"提升自身在全球价值链中的地位"（Fleury et al.，2010）为目的。具体来看，汽车行业的自身特定决定了整车企业与其零部件供应商之间存在着密切的联系。在追求规模经济并全球化布局的背景之下，跨国整车巨头采取全球采购的策略，他们往往倾向于在区域市场甚至全球范围内采用相同的供应商，以保证产品质量并达到协同效应。并且由于精益生产模式要求对市场变化迅速响应，往往要求零部件企业与整车企业尽量接近，因此零部件供应商不能仅通过出口的方式提供产品。上述原因决定了汽车零部件企业有动力通过对外投资追随客户以扩大市场。以 Sabó 为代表的企业在巴西本土的发展过程中与通用等跨国公司建立了良好的供应关系，由于能力突出，通用还将 Sabó 的产品应用到其在德国的分公司。因此，Sabó 有动力投资到德国，追随其主要客户，从而扩大业务范围。此外，在自由化的冲击之下，巴西的零部件企业也被迫通过对外投资以提升在全球价值链中的战略地位，从而吸引更多的整车企业与之合作，保证自身不被外资供应商所替代。例如，在国内的发展过程中巴西的零部件企业的主要客户为通用、大众、菲亚特及福特等跨国企业的巴西公司，因此 Tupy、Moura 等零部件企业通过投资到阿根廷、墨西哥等拉美地区从而提升自身战略地位，使跨国整车企业愿意将其选为自己在整个拉美地区的供应商，从而实现市场拓展。

巴西汽车企业对外投资的另一个主要动因是寻求战略性资产。例如，Sabó 在 1993 年收购了德国第二大的密封件生产商 KACO。除了看重德国的市场优势之外，获取 KACO 所具有的技术、品牌、研发能力等战略性资产也是 Sabó 海外并购的重要动因。

4.3.3 巴西汽车产业吸引外资对对外投资能力形成的机制分析

根据前文对于巴西汽车产业发展历程的描述，可以看出，在外资的主导下，巴西搭建了本土产业体系，并实现了整体产业的升级和发展。虽然在我们关注的乘用车领域，巴西没有自己的整车企业，故而也没有整车企业的对外投资，但是，在产业的发展过程中，少数零部件企业积累了较强的竞争能力，并实现了对外投资。由于巴西汽车产业是在外资整车企业的主导下发展起来的，并且整车企业与零部件企业之间存在着密切的联系，因此，我们有理由相信巴西零部件企业对外投资能力的形成与外资的作用密不可分。下面将在前文的基础上分阶段解析在巴西汽车产业的发展进程中每一阶段产业环境的动态变化以及外资对不同阶段产业环境发展的影响。

4.3.3.1 初创阶段的产业环境

在产业发展初期，巴西发展汽车行业的基础条件是十分薄弱的，集中体现在生产要素和相关产业方面。在生产要素方面，虽然相对于发达国家而言巴西的劳动力具有充裕和低价的特点，然而由于当时巴西基础教育还不发达，1950 年时适龄儿童入学率只有 24.1%[①]，因此总体劳动力素质偏低。在 20 世纪 50 年代时，巴西刚刚完成从农业国向工业国的初步转变，在资金上还比较短缺，公路等基础设施条件也不甚完善；在相关产业方

[①] 资料来源：IBGE。

面，当时还只有极少数仅仅能生产简单零部件的企业。在 50 年代初期，巴西刚刚完成了初步的工业化萌芽，汽车行业上游的钢铁、橡胶、金属等相关行业基础还很薄弱。市场需求是当时巴西唯一具有优势的发展条件，虽然在 50 年代巴西对汽车的需求规模还不是很大，然而作为拉美地区最大的国家，在未来有着巨大的增长潜力。巴西汽车产业初创阶段的本土产业条件，如图 4 – 28 所示。

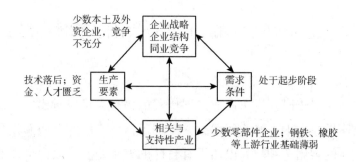

图 4 – 28   巴西汽车产业初创阶段的本土产业条件

4.3.3.2　外资垄断阶段的产业环境

这一阶段是巴西汽车产业在政府的引导下，通过吸引外资的方式真正建立和发展的重要阶段。这一时期在政府进口替代的政策之下，巴西的汽车行业对于整车及零部件的进口采取严格的限制，对于本土生产高度保护。在这样的条件下，巴西汽车行业在前一阶段的基础上有了进一步的发展。下面我们将分别从"政府引导下外资的进入""外资垄断局面的形成""外资垄断下产业的进一步发展"以及"本阶段末期呈现出的问题"这几个细分阶段对于巴西汽车产业环境的发展及变化进行梳理。

（1）政府引导下外资的进入。根据前文对于巴西汽车产业发展历程的描述，如果将时间追溯至 20 世纪 50 年代，那个时候当政的库比契克政府对于推动巴西工业化的决心是非常坚定的，提出了"五十年的发展五年完成"的口号。汽车行业作为现代工业发展的标志，自然受到了政府的高度重视并将其作为战略性行业。而对于当时正处于从农业国向工业国发展的初级阶段的巴西，无论是技术、资金还是外汇等要素条件都极其短缺，在这样的条件下通过吸引 FDI 发展本土汽车行业无疑是在短期内实现政府战略目标的一个捷径。

然而基于前文对巴西初创阶段产业环境的描述，外资虽然被巴西的市场需求所吸引，但是由于本土条件不具备，外资仅仅希望通过出口或者在巴西进口散件进行组装的方式将整车产品卖到巴西，而没有将生产转移到巴西的动力。这个时候，政府利用本土市场需求上的优势，通过限制进口贸易以及国产化率等政策迫使外资想要进入市场就必须本地生产。当时国际产业背景正是欧美大型跨国企业竞争较为激烈的时期，由于本土市场相对饱和这些跨国企业都有拓展海外市场的意愿，而巴西的巨大潜力的市场无疑对他们都是有吸引力的。同时外资也担心如果此时不进入市场，在日后巴西对贸易越来越封闭的条件下其产品将更难进入巴西市场，由此将错过机遇被竞争对手获得先机。在这样的条件下为了进入巴西市场，福特、通用、大众等跨国企业不得不在巴西建立工厂，将更多的生产环节转移至巴西。

因此，在本土条件不具备的情况下，巴西政府依靠市场规模的吸引力得以在政策的引导下实现通过吸引外资发展本土产业的战略。

（2）外资进入对产业发展的影响。这一时期，随着外商直接投资的进入，产业的发展最明显地体现在相关产业及生产要素这两个初期最为薄弱的环节上。

在相关产业方面，根据前文对于这一阶段发展历程的描述可以得知，巴西政府要求进入巴西的外资企业在三年内将国产化率提高至 90% ~ 95%，否则将不予以财政优惠和补贴。因此，外资进入巴西之后，在政府国产化率的要求之下，除了需要将自身的发动机等部件的生产本地化，还需要大量采用本地零部件厂商的产品。在这样的条件下，随着外资本地化生产程度的提升，一批本地零部件企业随之建立起来。这一时期政府对于本土零部件企业的发展给予了支持，只在一些技术相对复杂的领域允许外资零部件厂商进入。因此在政府的支持下，外资整车企业与内资零部件企业之间建立了配套合作关系，使得外资有动力帮助本土零部件企业提升技术和质量，以满足自身需求。由此，外资的进入及其生产和零部件采购的本地化，使得巴西的汽车工业真正建立起来。并且，外资整车企业在与本土零部件企业的合作过程中，通过产生上下游的关联效应，帮助本土零部件企业实现了初步的能力积累。

在生产要素方面，随着外资的进入以及本土化生产，巴西的汽车产业实现了从无到有的发展。首先，外资在巴西工业化初期资金和技术及其缺乏的条件下，投入了相应的资金，并引入了先进的生产技术。其次，外资的进入还创造了就业，培养了一批汽车行业的从业人员。例如，在 1957 年巴西汽车产业相关从业人员仅有 9773 人，到了 1960 年已经增长至 3.84 万；同时，轿车产量也从 1957 年的 1166 辆迅速提升至 1960 年的 42619 辆。这说明随着外资的进入，在短时间内扩大了巴西汽车产业的规模并提升了巴西国内汽车的生产能力。

这一时期随着产业的发展，本土汽车需求潜力也一定程度被激发出来。1957 年巴西轿车的需求量仅为 1172 辆，到了 1960 年迅速增长至 4.1 万辆。

（3）外资垄断局面的形成。如前文所述，在 20 世纪 60 年代，巴西经历了政权的更替以及经济的动荡。在这样的背景之下，本土整车企业和部分外资企业由于融资能力较差而陷入困境，相继破产或被实力较强的外资整车企业收购。到了 60 年代末期，仅通用、福特、大众这三家企业就占据了近 90% 的市场份额，形成了外资企业垄断市场的局面。并且由于本土整车企业的消亡，巴西汽车行业自此进入了完全依赖外资的发展模式。

需要指出的是，在产业发展初期，巴西政府并非完全没有建立本土企业的意愿，比如本土整车企业 FNM 就是由政府建立的国有企业。然而由于拉美长期殖民的历史和移民国家的性质，使其相对于亚洲国家来说并没有根深蒂固的"本土企业"观念，因此在政策上并未坚定和连续地支持本土企业的发展，导致竞争能力尚未形成的本土企业在危机中陷入了困境。此后，当本土企业被外资收购时，政府也没有加以阻止，最终导致本土企业全部消亡。随着幼稚的本土整车企业在竞争中消亡，巴西汽车产业才转变为全方位依赖外资的局面。巴西本土整车企业的建立和消亡使我们看到，在开放条件下，如果缺乏政府连续的政策支持，后发国家的本土企业将难以生存和发展。

由于政权的更替，政府对于本土零部件企业的支持政策在这一时期也没有延续。前一阶段政府主导下本土零部件企业和外资整车企业的配套合作关系开始瓦解，部分本土零部件企业被外资供应商所替代，零部件领域的竞争有所加剧。

（4）外资垄断下产业的进一步发展。在外资垄断市场的条件下，本土需求的增长以及政府的政策引导成了这一时期巴西汽车产业发展的两大动力。

从 20 世纪 60 年代末期开始，巴西经济发展进入了被称为"经济奇迹"的高速增长期。伴随着经济的快速发展，轿车的需求量保持了较为快速的增长。1960 年巴西的汽车需求量为 4.1 万，到了 1970 年增长值 30.8 万，1980 年进一步增长至 79.3 万辆。在本土需求的促动下，外资为了满足本地市场需求引进了新的车型和技术。例如，在 1976~1983 年，外资推出了 18 种新款车型。同时，巴西汽车行业的从业人数也从 1960 年的 3.84 万增长至 1980 年的 13.37 万人。

由于人力成本、官僚成本、基础设施不完善等"巴西成本"的存在，巴西市场本身缺乏生产效率方面的优势，因此外资进入巴西的动机仅仅是寻求市场，在满足当地市场需求的前提下没有进一步提升产品技术的动力。由于本土需求有限，因此在外资主导下，巴西汽车产业的升级和发展也受到了限制。在这样的条件下，政府成了这一时期拉动巴西汽车产业发展的另一个主要动因。20 世纪 70 年代爆发的石油危机使得巴西由于石油进口而导致贸易赤字问题严重。在这样的背景下政府希望通过促进出口缓解贸易逆差问题，为此政府推出了相应的出口促进计划（BEFIEX）。政府通过税收减免及财政补贴等政策，在本土环境不具备生产效率型优势的情况下，至少在一定时期内创造出了巴西在出口方面的竞争优势，使得外资可以通过拓展出口市场获得更大的规模效应从而降低生产成本。因此在这样的动力之下，外资引入了原本受限于成本原因无法引入市场的新车型（例如通用引入了"J"型车及其发动机的生产），从而促进了产业的进一步发展。在出口政策的激励之下，巴西的零部件企业也开始出口拓展国际市场。在本土零部件企业出口的过程中，外资零部件企业通过示范效应使本土零部件企业获得了分销网络、物流以及监管等方面的信息，而外资企业建立的运输基础设施也使得本土零部件企业在很大程度上能够得以利用，因此降低了本土零部件企业国际化的成本（Fleury et al.，2014）。

除了上述原因之外，在外资企业主导之下，国际汽车产业发展成了这一时期引领巴西本土产业结构调整与升级另一动因。跨国公司在巴西的经营是其全球经营的一部分，而跨国公司全球化的性质决定了他们的自身发展必然会受到国际产业发展的影响，并进而会调整他们在全球的战略布局。20 世纪 80 年代，日本生产模式的盛行加剧了汽车产业的国际竞争，推动了全球汽车产业生产模式的变革。在国际产业发展的促动之下，跨国公司自然会逐步将这种新的生产体系推广至其在巴西的分公司。因此，依赖外资发展的巴西汽车产业随着外资自身全球生产结构的变革，其本土产业也开始推行新型的生产和组织模式，使得在全球产业发展的引领下本土产业也在一定程度上得到提升。随着外资整车企业推行日本生产模式，少数有能力的本土零部件企业成了外资的一级供应商，与外资之间的合作增加，同时在外资整车企业更高的质量要求下获得了能力的进一步提升。

综上所述，在这一阶段，本土汽车需求进一步增长，同时伴随着政策的引导以及国际产业升级，巴西的汽车行业在外资的主导下得到了整体的发展，主要体现在技术、人员等生产要素的提升，以及相关零部件企业的进一步发展。外资垄断阶段的产业发展状况，如图 4 - 29 所示。

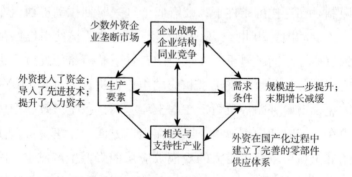

图 4 - 29　外资垄断阶段的产业发展状况

（5）本阶段末期呈现的问题。20 世纪 80 年代，由于第二次石油危机以及发展中国家债务危机的影响，巴西的经济增长几乎停滞，被称为"失去的十年"。由于经济的萧条，这一时期国内汽车市场的需求出现了明显的衰退。1980 年巴西轿车需求量为 79.3 万辆，到了 1990 年减少至 53.29

万辆。从竞争条件来看，这一时期，由于外资整车企业在政府面前有较强的游说能力，因此有能力要求政府限制新的外资进入；同时，进口替代时期高关税、高国产化率政策也为其他外资设置了较高的进入门槛。在上述原因之下，加上政府对于整车进口的限制，到了 1990 年通用、大众、福特以及菲亚特这四大外资几乎占据了巴西市场 100% 的份额。需求的衰退加上竞争的缺乏，使得外资的技术更新速度明显减慢，1984 ~ 1991 年，外资推出的新车型只有 11 种。

此外，从生产要素条件来看，由于长期以来存在的高官僚成本、高赋税、基础设施不完善等公认的"巴西成本"的存在，使得巴西的汽车产品制造不具有生产效率方面的优势。

综上所述，在 20 世纪 80 年代末期，国内需求疲软、市场竞争不充分加上生产成本较高，这三方面因素共同导致了在自由化之前，巴西的汽车行业陷入了低迷，技术更新缓慢且生产效率低下，汽车产品总体上缺乏国际竞争力。

4.3.3.3 自由化之后的产业环境

这一时期巴西汽车产业政策经历了重大的变革，从 20 世纪 90 年代初期开始，巴西开放了汽车产品的进口贸易，并大幅下调进口关税，结束了长达三十多年的进口替代阶段。导致巴西汽车产业政策变革的原因一方面源自巴西国内自由化的大背景，另一方面则由于巴西汽车行业本身由于缺乏竞争而表现出的效率低下。由于整个 80 年代巴西及其他拉美国家经济的萧条，使得长期以来实行的进口替代战略受到了普遍的质疑。因此，在当时自由化思潮盛行的背景下，巴西政府也决心通过自由化改革促进经济的发展。根据前文的描述，在前一阶段末期巴西的汽车产业由于缺乏竞争而陷入低迷，因此，在自由化的背景之下，巴西的汽车行业成了改革的一个重点行业，政府期望通过引入竞争而激活市场。

自由化之后竞争的骤然加剧成了巴西少数本土零部件企业初步实现对外投资的直接诱因。而随着这一阶段产业的逐渐发展成熟，一些本土零部件企业能力进一步提升，并实现了对外投资。下面将首先分析自由化初期在竞争刺激下巴西汽车行业对外投资的初步发展，其后分析这一时期产业的总体发展状况。

（1）竞争刺激下对外投资的初步实现。在自由化的初期，进口贸易的开放对于巴西汽车行业的本土企业及外资企业均构成了一定的冲击。正如前文所述，在自由化之前，由于市场高度保护，少数外资整车企业垄断市场，产品技术落后，生产效率较低，因此面对进口产品的涌入，这些外资企业不得不提升效率、引进新技术，以应对进口产品的竞争。由于外资企业本身就具有全球布局，因此在竞争之下有能力迅速地进行战略调整。例如，在零部件供应商的选择上，外资企业为了提高产品竞争力更多地引入了其在全球的供应商，同时在零部件进口关税及国产化率都有所降低的条件下，外资也会选择更有竞争力的进口零部件替代原有效率较低的本土供应商的产品。在这样的背景下，不具有国际化背景的本土零部件企业，是自由化之后巴西汽车行业遭受冲击最大的群体。面对进口产品以及外资供应商的双重竞争，一大批本土中小型零部件企业在竞争中被挤出市场，而一些本土大型零部件企业则成了外资企业收购的对象。截至 1998 年，前十大本土零部件企业中有七家被外资收购。

对于极少数本土零部件企业来说，他们在前期市场保护阶段的产业发展中积累了较强的竞争能力，并且已经通过出口等方式有了一定的国际化基础，对于这些企业来说，自由化带来的竞争成了促使它们实现对外投资的直接动因。为了在与外资零部件企业的竞争中能够处于更加平等的地位，以 Sabó 为代表的本土零部件企业通过对外投资提升了自身在全球价值链中的战略地位。

（2）自由化阶段产业的进一步发展。如前文所述，在前一阶段末期，由于市场竞争的缺乏以及国内需求的衰退使得巴西汽车产业的整体发展受到了制约。为了改变这一局面，政府从 20 世纪 90 年代开始下调进口关税和国产化率，同时批准了更多的外资企业进入市场。随着进口产品以及新的外资企业的进入，市场竞争不断加剧，原有的四大外资垄断市场的局面逐渐被打破。同时，随着自由化之后巴西总体经济的恢复，市场上对于汽车产品的需求开始快速增长。1990 年，巴西轿车产品的需求为 53.29 万辆，到了 2000 年已经增长至 117.68 万辆。进入 21 世纪之后，在主要发达国家汽车需求增长趋缓的背景下，巴西的汽车需求量保持了快速增长的趋势，使得巴西市场在全球的战略地位不断提高。2010 年，巴西市场轿车需求已经达到 264.47 万辆，位居全球第四大汽车消费国①。

正是在竞争环境和需求条件的共同促进之下，巴西的汽车产业在总体上有了进一步的发展。在生产要素方面，这一时期外资加快了产品和技术的更新速度，在 1992 ~ 1999 年，外资企业推出了新款轿车多达 34 种。并且 20 世纪 90 年代新车平台的数目相对于 80 年代增长了 400%（Quadros，2003）。同时，随着巴西市场战略地位的提高，外资企业越来越多地针对本土需求进行适应性的研发。例如，由于巴西本土市场对于小型车的大量需求，使得菲亚特、通用、大众等外资企业纷纷针对巴西市场开发小型车，并推广到其他发展中国家。在这种本土研发的过程中，外资企业培养了更多的研发人员，提升了行业的人力资本。例如，根据 2008 年巴西创新调查（PINTEC）的统计，汽车行业的研发人员占巴西制造行业研发人员总数的 19%。

在相关产业方面，在 20 世纪 90 年代自由化之后，随着市场的开放，进口零部件产品涌入、更多的国际供应商进入市场，使巴西零部件行业的国际竞争加剧。竞争提升了巴西零部件行业的整体效率，但是对于本土零部件企业造成了明显的挤出效应。巴西零部件行业的外资资产比重从 1994 年的 48.1% 上升至 2005 年的 79.2%。大多数本土零部件企业由于竞争能力不足沦为市场的二级、三级供应商。对于这类本土零部件企业来说，由于自身规模较小并且与整车企业的直接联系较少，因此发展空间和机会有限，难以形成对外投资能力。对于少数抓住机遇成为外资一级供应商的本土企业来说，与整车企业的密切联系使它们能够获得更多的外资溢出效应，也能够从跨国公司全球价值链中获得更多的发展机遇。上述条件都有助于这些本土企业自身能力的提升以及对外投资能力的形成。

总体来看，这一阶段的特点是随着竞争的加剧及巴西汽车市场国内需求的快速增长，进一步带动了生产要素及相关产业的进步，从而促进了产业的总体发展。正是由于巴西汽车产业总体的发展成熟，在外资整车企业的带动下少数本土零部件企业具备了较强的竞争能力。因此，在金融危机

---

① 资料来源：OICA 数据库。

之后市场上出现并购机遇时，一批本土零部件企业把握时机进一步实现了对外投资的拓展。自由化之后及产业相对成熟阶段的产业环境，如图 4 - 30 所示。

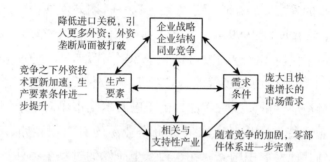

降低进口关税，引入更多外资；外资垄断局面被打破

竞争之下外资技术更新加速；生产要素条件进一步提升

庞大且快速增长的市场需求

随着竞争的加剧，零部件体系进一步完善

图 4 - 30　自由化之后及产业相对成熟阶段的产业环境

4.3.3.4　对于巴西汽车产业发展中政府作用的分析

在产业发展中，政府的作用主要体现在根据政策目标对产业内的参与者进行支持或引导。在巴西的案例中，由于整车企业全部是外资，因此政府的作用更多地体现在如何有效引导外资企业提高本土产业竞争力上。然而在这种依赖外资的发展模式下，政府的作用在很大程度上也受到了限制。下面将结合前文的分析，对于政府在产业发展中的作用机制及面临的限制进行进一步的探讨。

（1）巴西汽车产业发展中政府的作用机制。

第一，利用本土优势引导外资建立产业。20 世纪 50 年代，巴西政府将汽车行业确定为战略性行业，并期望在短期内实现该行业的快速发展。在资金、技术紧缺的情况下，巴西政府选择了通过吸引外资促进产业发展的道路。然而受限于当时巴西的本土环境，外资仅仅希望将产品卖到巴西，没有在当地生产的意愿。在外资的战略与政府的期望不一致的情况下，巴西政府通过限制进口以及国产化率的要求迫使外资要想获取市场就必须在当地生产。需要指出的是，政府期望引导外资在本地生产的这一目标的实现是有条件的，在巴西的案例中首要条件就是巴西本土市场的需求潜力。

第二，在通过相应政策促进产业出口的过程中，体现了政府在一定程度上有能力创造本土优势从而引导外资促进产业发展。由于巴西不具备生产效率方面的优势，因此外资没有将巴西的产品出口到他国的动力。为了引导外资实现扩大出口的目标，政府通过税收减免及财政补贴等政策至少在短期内创造出了巴西在出口方面的本土优势，从而促使外资利用本土优势实现出口及产业升级的目标。

第三，通过引入外部刺激迫使外资实现产业升级。20 世纪 90 年代政府通过自由化开放进口贸易引入了更多的市场竞争。这个时候由于进口产品的涌入，外资企业不得不引入新的产品和技术以维持在市场中的地位。同时，在开放的过程中政府仍然关注了对本土生产的保护。例如，这一时期政府与外资共同建立了"行业议会"，在政府减免税收的政策激励之下外资大幅降低了产品价格，从而提高了产业竞争力。

第四，对本土需求的把握和引导。在没有内资整车企业的条件下，政府适时地发现了本土对于小型车的需求，并通过引导使外资企业满足了本土市场，促进了巴西在小型车领域竞争优势的发展，同时在一定程度了弥补了缺乏内资企业的缺憾。

（2）巴西汽车产业发展中政府作用面临的限制。从巴西的案例中可以看到，政府在很大程度上可以利用甚至创造本土优势，并通过政策引导使外资满足相应政策目标。然而，也正是由于政府对于外资的引导需要依赖于本土竞争优势，因此在本土优势一定的条件下，政府在产业发展中的作用也往往会受到限制。例如，受限于其劳动力、零部件成本以及官僚成本等因素，巴西仅仅具备汽车的制造能力而没有特殊的制造优势，所以当阿根廷等其他国家有更加优惠的政策时，外资则有动力减少在巴西的生产。同时，由于本土优势的有限性，外资缺乏自发升级的动力。引入外界竞争刺激虽然能够促使外资升级，但是同时会对本土生产造成冲击。因此，政府不得不在扩大开放和保护本土生产上进行权衡，做出两难的抉择。

4.3.3.5　巴西汽车行业吸引外资对对外投资能力的作用机制总结

在外资依赖型发展模式之下，巴西的汽车行业是在外资的带动下发展起来的。外资通过作用于钻石模型的各个要素，从而带动了巴西整车及零部件行业总体本土优势的提升，并在此基础上形成了本土零部件企业对外投资能力。综合前文的分析，我们可以在巴西汽车行业吸引外资对对外投资能力形成的影响机制方面得出以下基本结论：

第一，在产业层面，巴西汽车行业吸引外资对对外投资能力的影响主要体现在外资整车企业通过促进整体产业的发展，进而促进本土零部件企业对外投资能力的形成。整个作用机制是一个动态的、连续的过程。自由化之前，外资的作用主要体现在引入汽车产业、建立零部件体系、促进资本、技术、人才等生产要素的提升，从而使巴西汽车产业有了一定程度的发展。此外，对于本土零部件企业来说，外资整车企业作为优质的客户资源也提升了本土需求条件。在这样的条件下，少数本土零部件企业具备了一定的竞争能力，因此在自由化后竞争的冲击之下初步实现了对外投资。自由化之后，外资整车和零部件企业的进入加剧了本土市场竞争，同时在竞争下进一步促进了产业的发展成熟。随着产业的繁荣，依托于本土优势，少数零部件企业进一步提升自身能力，在金融危机后得以抓住机遇实现了对外投资的进一步拓展。

第二，巴西的经验使我们看到政府在产业发展中的重要作用，特别是对于这种依赖外资的发展模式来说，政府的作用更需要被强调。外资企业在巴西的决策行为是由巴西市场在其全球价值链中的战略地位所决定的，外资企业的自身战略目标往往与政府的期望并不相符。这个时候，政府需要通过政策对外资加以引导使其达到促进产业发展的政策目标，而在引导的过程中政府可以依赖的筹码就是其本土优势。而外资企业会在权衡响应政府号召的成本与利用东道国本土优势的收益的前提下对政府的政策做出回应。因此，这种外资依赖型的产业发展模式及其可能的产业发展状况，实质上是在给定国家本土优势的前提下，外资与东道国政府之间反复博弈的结果。

第三，从巴西汽车产业的发展可以看出，对外投资是本土企业的行为，而汽车行业外资企业的进入对于本土企业产生了明显的挤出效应。在 20 世纪 60 年代，由于国内政治经济的动荡，巴西的本土整车企业全部消亡。而在自由化之后，随着零部件领域竞争的加剧，一批本土零部件企业被外资收购。而这一现象也进一步提示我们，在开放条件下如果没有政府的支持，本土企业将难以立足。

需要强调的是，虽然目前从上述分析中我们已经得知外资的进入提升了巴西汽车产业的本土产业环境，并在此基础上发展出了对外投资，但是这不代表吸引外资必然会导致对外投资的产生。目前巴西汽车行业中有少数本土企业实现了对外投资，对于这些初始实现对外投资的企业来说，其所有权优势的形成确实与本土产业环境密切相关。但是由于目前巴西汽车产业环境中的生产要素条件还存在较大缺陷，主要表现为由于高赋税、基础设施不完善、人力成本偏高等原因导致的生产成本较高，并且由于不论是整车还是零部件企业都是外资主导，因此在巴西的研发活动有限。由于上述原因，使得巴西汽车行业的总体产业环境相比于德国、日本等具有绝对国家竞争优势的国家还有很大差距，因此总体上巴西的汽车行业在产业层面还不具备普遍的竞争优势，表现为出口竞争力较低，对外投资企业也只是个别现象。

4.4 本章小结

本章首先描述了巴西吸引外资和对外投资的开放发展历程，并对巴西吸引外资和对外投资的总体特征、国别分布和行业分布特征进行了统计分析。在此基础上，本章进一步分析了巴西吸引外资和对外投资的匹配性，结果表明从总体上看巴西的 FDI 流入与 FDI 流出之间具有一定的匹配性。在国别分布上，美国、荷兰、西班牙等发达国家既是巴西 FDI 的主要流入国也是巴西对外投资的重要目的国，两者之间具有较强的匹配性。而来自发展中国家的 FDI 相对滞后于巴西对外投资的发展，在国别上匹配性不明显。从行业分布上来看，在部分制造业行业以及服务业，巴西的 FDI 流入与流出之间存在较强的匹配性；而在初级产业中，巴西企业对外投资能力主要源于本土优势，与 FDI 流入没有明显的相关性。

在上述分析的基础上，本章进一步对巴西进行了国家层面的实证分析。实证结果表明，从总体上看巴西的 FDI 流入对 FDI 流出存在正向影响，但显著性不高。加入东道国特征变量的回归结果表明，巴西的市场规模越大，其 FDI 流入对流出的促进作用越弱。此外，巴西的人力资本水平越高，则对 FDI 的吸收能力越强，越有利于将流入 FDI 转化为自身对外投资能力；除了人力资本之外，对外开放政策、基础设施水平、金融市场环境等与经济发达程度相关的因素都可能影响巴西对流入 FDI 的吸收效果，进而影响吸引外资对巴西对外投资的作用。区分 FDI 来源的实证结果表明，来自发达国家的 FDI 流入会对巴西对发达国家的对外投资产生促进作用，而来自发展中国家的 FDI 对巴西的 OFDI 则没有产生促进作用。这主要是由于来自发达国家的所有权优势相对较高的 FDI 能够产生更多的技术溢出效应、带来与发达国家市场相关的信息溢出、更有助于提升巴西本土企业在国际市场中的网络地位，从而显著促进巴西本土企业对外投资能力的提升。此外，区分 FDI 行业来源的初步检验表明，服务业的 FDI 对巴西总体对外投资起到了正向影响。

在行业层面，我们首先选择了巴西汽车产业进行了系统化的案例研究。巴西的汽车产业是"外资依赖性"的发展模式，由于本土整车企业的缺失，在产业发展过程中，仅有少数本土零部件企业实现了对外投资。在行业层面的机制分析中，首先，我们发现，吸引外资对对外投资的作用主要体现在吸引外资通过提升本土产业竞争力进而在此基础上形成本土企业的对外投资能力。具体来看，外资通过直接影响及溢出效应等途径作用于行业钻石模型的各个要素，主要体现在引入汽车产业、建立零部件体系、促进资本、技术、人才等生产要素的提升以及在竞争中进一步促进产业各要素的发展等各个方面，从而在动态的过程中不断带动巴西汽车产业整体本土优势的提升，并在此基础上形成本土零部件企业对外投资能力。其次，在政府作用方面，在巴西这种外资依赖性的发展模式下，政府在整个产业发展过程中均对外资起到了重要的引导作用。最后，对外投资是本土企业的行为，而在巴西的案例中，吸引外资对于本土整车及零部件企业均产生了明显的挤出效应。

第 5 章
追赶型国家案例研究：日本

本章以日本为研究对象，对其动态 IDP 机制进行分析和探索。由于日本在开放过程中限制了外资的进入，而大量采用了非股权的技术引进方式来提升本国企业的能力，因此在本章的研究中，我们进一步将研究范围从吸引外资拓展为加入技术引进这一更为广义的跨国公司活动。与上一章对巴西的研究类似，本章将首先回顾和探讨日本第二次世界大战后吸引外资、技术引进和对外投资的发展历程和特点。然后，对三项活动从发展趋势、对应国家和行业领域三个方面进行匹配性分析。最后，在前述分析的基础上，对日本国家层面的动态 IDP 机制进行实证检验。除国家层面的研究之外，本章还将以日本的半导体行业为案例，利用第三章设定的分析框架对于日本动态 IDP 机制进行深入分析。

5.1　国家层面及行业层面案例选择原因

日本第二次世界大战后经历了由封闭到开放的过程，虽然早期外资进入有限，却主要通过技术引进的方式发展起本国的制造业，并形成了一批具有全球竞争力的企业，带动了对外投资的发展。因此，以日本为研究对象，将有助于探寻更加广泛的跨国公司活动对国内发展过程中本土企业对外投资能力的贡献，从更广阔的视角为动态 IDP 机制的研究提供了范例。而且，日本作为东亚典型的赶超型国家，先后经历了起步、腾飞到追赶的经济发展过程，与中国改革开放以来的发展路径有诸多相似之处，其经验和教训也值得中国借鉴和学习。

本章国家层面的研究将主要通过历史研究、统计分析及实证研究的方式进行。除了国家层面的研究之外，由于跨国公司活动的引入对一国对外投资的影响更直接地体现在行业层面，因此我们将针对不同的目标国选择典型行业进行分析。由于案例研究更适合探讨过程机制（Yin，1994）且行业企业层面的数据不易取得，因此行业层面的研究将利用前文构建的框架以案例研究的方式进行，以更加深入地探究吸引外资对对外投资的作用机制。

在典型行业的选择上，我们选取半导体行业作为日本行业层面案例研究的对象。此外，在韩国的研究部分，也同样会选择该行业作为研究对象。选择半导体行业来探讨日本和韩国的动态 IDP 机制主要基于以下两方面的原因：首先，当今世界的半导体产业已经形成从设计、制造到封装测试的国际化产业链格局，意味着经济发展相对落后的国家能够获得产业转移的机会，并在相应链段上培养出跨国公司。其次，日本和韩国虽然都不是国际半导体产业的原创国，却都通过利用跨国公司活动实现赶超而成为国际半导体产业中举足轻重的制造大国。因此选择该产业能够较好地阐释日本和韩国从利用跨国公司活动到开展对外投资活动的作用机制。

5.2　国家层面分析

5.2.1　吸引外资、技术引进和对外投资的发展历程和特点

第二次世界大战后，日本经济百废待兴，急需海外的资金和技术重振经济。然而，为了保护国内企业，日本在吸引外资方面采取了保守的态度，积极通过技术引进的方式发展本国产业。同时，日本产业的升级发展推动了对外投资的高速增长。从而，形成了日本独特的投资发展路径。

5.2.1.1　吸引外资的发展历程和特点

第二次世界大战后日本吸引外资经历了逐步开放的过程，可划分为从严格限制，到被动开放，再到积极吸引的三个阶段。

（1）第一阶段：严格限制（1946～1963 年）。这一时期，日本对跨国公司的直接投资采取了严格限制的态度。1950 年日本政府颁布了《外资法》，其中明确规定"只准许有利于日本经济自立和健全发展以及可改善国际收支的外国资本进行投资"，并且严格拒绝具有以下四方面问题的外资：第一，对于日本的经济恢复有不良影响；第二，在取得日本的股票、公司债券、各种收益证券或贷款债权的交易中不支付外汇；第三，合同条款不公正或违反日本的法律；第四，缔结或更新合同以及变更合同条款时被认为有欺诈、强制或不正当压制行为。在上述原则的基础上，日本政府在引进外资的过程中还常常附加一些苛刻的条件（卢圣亮，1997）。

于是，仅有极少数跨国公司这一阶段在日本获得了投资准许，其中以美国企业为主。从 1950 年至 1962 年，日本以股权形式引入的外资仅为 3.55 亿美元。

（2）第二阶段：被动开放（1964～1990 年）。1964 年日本加入经济合作与发展组织（OECD），并遵循该组织成员国《关于资本移动自由化协定》开始履行资本自由化的义务。不过，日本政府并没有因此改变对外商直接投资的谨慎态度，为了减少外资对经济的负面影响采取了多重措施。首先，日本政府从 1967～1976 年先后分五次出台自由化方案，采取分阶段、渐进式的开放政策。其次，日本政府从多方面规定了开放部门的选择标准，率先开放了那些有能力同外资抗衡的产业部门。最后，日本政府还加强了对外商投资的严格审批，并在持股比率、董事人数、经营决策机制等方面进行了规定。

这一阶段，日本引进的外资虽然较之前有所增加，但是规模和地位仍然非常有限。20 世纪 80 年代初以前，日本的外资流量一直保持在 3 亿美元以下。虽然 80 年代后半期，吸引外资在个别年份出现了大幅增长，但是常常伴随着后续年份的撤资，导致本阶段的年均外资流量仅有 2.3 亿美元。截至 1990 年，日本吸引外资的存量仅 98.5 亿美元，占世界总额的

0.47%，与其经济体量全然不符，明显落后于美国、英国、法国等发达国家，以及亚洲地区的中国香港、新加坡、中国等通过开放经济寻求发展的后发经济体。

从来源国来看，日本的外资主要来自 OECD 国家。如图 5-1（a）所示，美国是第一大投资国，1984~1990 年的投资额为 61.33 亿美元，占日本当期吸收外资的 46%。此外，荷兰、瑞士、德国等也一直是对日投资的重要国家，所占份额均达到 5% 以上。而且，这些国家对日本的投资基本上都呈增长趋势，例如，美国 1988 年的投资额是 1984 年的 8 倍，而荷兰、瑞士和德国在 1990 年的投资额则分别达到 1984 年的 27 倍、13 倍和 12 倍。

从行业构成来看，制造业是日本这一阶段吸引外资最主要的行业。如图 5-1（b）所示，从 1984~1990 年，日本制造业的外资流入金额为 80.2 亿美元，占比高达 60%。其中，机械行业（包括电子机械、运输机械和一般机械等）又是制造业吸引外资的主要领域，占比为 65%；而化学行业也占到 22%。在非制造业中，外资主要流向批发零售业，占阶段外资流入总额的 17%；另外也有相当的外资流入了服务业、房地产和金融保险行业。

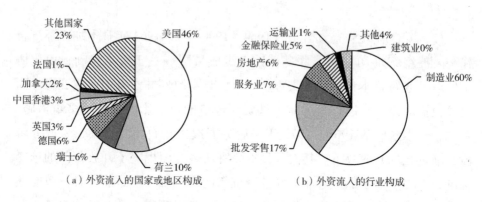

图 5-1　被动开放阶段外资流入的来源国或地区和行业构成

资料来源：日本贸易振兴机构。

（3）第三阶段：积极开放（1991 年至今）。20 世纪 90 年代初，经济泡沫破灭后的严重衰退促使日本政府成立了专门的外资促进机构，通过修改法律和出台优惠措施鼓励跨国公司对日投资。1990 年，日本政府在《日美构造协议》的最终报告书中发表了关于推进国际投资开发政策的声明，开始实施新的对日投资促进方针，主要内容包括：低利融资、债务保证、税收优惠、信息提供等（月关山，1995）。1994 年，日本政府成立了由首相亲自挂帅的"对日投资会议"，专门负责研究扩大外国投资者对日投资的问题。1997 年亚洲金融危机后，日本将《外汇及外国贸易管理法》更名为《外汇及外国贸易法》，大幅简化了外商投资的申报和变更手续。同时，日本政府还放松了对跨国公司并购国内企业的限制，允许那些濒临破产的中小企业把债务分解成股权，由具有专业能力、生产优势和风险资金的外资企业收购。另外，日本还建立了中央和地方统一的引资体制，并在全国设立了五个经济特区，以带动地方经济的发展（刘浩远，2007）。

于是，日本吸引外资的规模在 20 世纪 90 年代明显增长，不过国际地位仍然不高。这一阶段，日本年均吸引外资流量达到 50.34 亿美元，是上一阶段的 22 倍。特别地，亚洲金融危机和全球金融危机爆发后，日本外资流入在 1999 年和 2008 年分别达到峰值 127.41 亿美元和 244.25 亿美元。不过，外资的大幅增长往往是暂时的，多数年份日本的外资金额并未超过 50 亿美元，个别年份还出现了撤资现象。同时，日本吸引外资在国际上的地位仍未见起色。2014 年日本吸引外资的存量金额为 1706 亿美元，在世界、发达国家和亚洲的份额仅分别为 0.85%、1.24% 和 4.61%，不仅继续大幅落后于美国、英国、法国等欧美大型发达国家，还显著低于中国、新加坡、泰国等亚洲的发展中国家或地区。

从吸引外资的来源国来看，这一阶段仍以 OECD 国家为主，同时亚洲新兴经济体的投资也明显增加。如图 5－2（a）所示，美国仍是对日本投资的第一大国，不过在这一阶段的比重已经大幅下降，在 2014 年对日投资存量中的占比为 29%。相比之下，荷兰、法国和英国等欧洲国家对日本投资的增速更加明显，对日投资存量的份额分别达到 13%、12% 和 8%。此外，新加坡、中国台湾、韩国等亚洲新兴经济体受到日本市场的吸引，也开始积极投资进入金融保险、批发零售和服务业等领域。

从行业构成来看，日本这一阶段非制造业的外资流入已明显超过制造业。由于日本政府积极开放了非制造业领域，导致其在本阶段外资总量中的占比超过 70%。如图 5－2（b）所示，金融保险年均吸引外资流量达到 47.3 亿美元，占阶段外资总量的 45%，成为吸引外资第一大行业。同时，

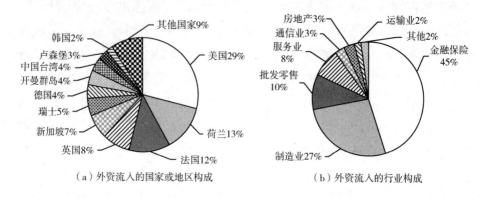

（a）外资流入的国家或地区构成　　　　（b）外资流入的行业构成

图 5－2　积极开放阶段外资流入的国家或地区和行业构成

资料来源：日本贸易振兴机构。

批发零售和服务业也分别吸引了 10% 和 8% 的外资进入。另一方面，制造业仍然占据了阶段外资总量的 27% ，为本阶段吸引外资的第二大行业。其中，电子、汽车和一般机械行业仍占到制造业吸引外资的一半以上；而化学医药和石化行业也分别吸引了制造业 18% 和 9% 的外资进入。

5.2.1.2　技术引进的发展历程和特点

与对吸引外资的谨慎态度不同，日本政府更加积极地采用了技术引进的方式来利用跨国公司的资源并保护国内企业免受竞争冲击。不过，由于第二次世界大战后恢复时期外汇资金的限制，日本的技术引进也经历了由紧到松的三个阶段，即从严格管理，到逐步放宽，再到全面自由化。

（1）第一阶段：严格管理（1946～1963 年）。与吸引外资一样，日本政府在本阶段对技术引进也采取了"原则禁止"的态度。由于战后初期外汇储备紧张，加上国内企业不熟悉技术引进流程，因此日本政府要求所有引进项目都必须申报。外汇审议会对申报项目逐一审查，并按以下标准筛选：第一，有助于改善日本的国际收支；第二，有助于重要产业的发展；第三，有助于公共福利事业的发展（陈少平、陈硕，2002）。虽然对技术引进的审查严格，不过为了促进国内企业的技术发展，日本政府在 1952 年出台了《企业合理化促进法》，对提供技术、进口机械和引进技术的企业给予免税（黄先智，2003）。

这一时期，技术引进项目的数量和金额都不高，但是增长很快。1950年，日本仅从海外引进了 76 件项目，支付金额 9 亿日元，其中一年期以上的项目仅占 35.5%；而在 1960 年，日本引进了 588 个项目，支付金额达到 342 亿美元，其中一年期以上项目的比例达到 55.6%（黎晓晖，2015）。这段时期，技术引进的金额和项目数的年均增长率分别达到 43.9% 和 22.7%。

就引进来源国而言，美国一直雄踞第一位，在该阶段引进技术中的占比超过 60%；其余部分主要来自欧洲的发达国家。

就行业领域而言，这一时期的引进重点在于重化工业。日本政府主要批准了煤炭、电力、化工等基干产业的技术引进，对这一阶段国民经济的恢复起到巨大的促进作用（黄先智，2003）。

（2）第二阶段：逐步放宽（1964～1980 年）。随着国民经济的高速发展，日本技术引进的政策逐步放宽。20 世纪 60 年代初，日本政府对技术引进项目虽然仍采取大藏大臣的审查许可制度，但是只要不严重违背政府的三条审查标准，就基本可以获批。1963 年，政府进一步颁布法令，规定技术引进项目不再局限于几大重点产业，只要不危害国民经济的发展都可以获得批准。1966 年，日本政府放宽了引进项目的审查标准，将部分审查工作委托给日本银行。1968 年，日本政府颁布的《技术导入自由化措施》规定，"推进除了航空、武器、火药、原子能、宇宙开发、电子计算机、石油化学等七大高新领域外的技术引进项目的自由化进程，均委托日本银行进行处理"。1978 年，日本银行审批的范围进一步扩大，并简化了审批手续（陈少平、陈硕，2002）。

于是，日本这一时期技术引进的规模又创新高。1980 年日本从海外引进了 7248 件项目，支付金额 2395 亿美元，分别为 1963 年的 6.4 倍和 4.9 倍。

从技术引进的来源国来看，美国继续雄踞首位，远远超过排名于其后的欧洲国家。如图 5-3（a）所示，从 1973～1980 年，向美国企业支付的技术费用占到本阶段技术引进支出的 64%。其余 30% 以上的部分主要来自欧洲，其中德国、英国、瑞士和法国占有较高份额。

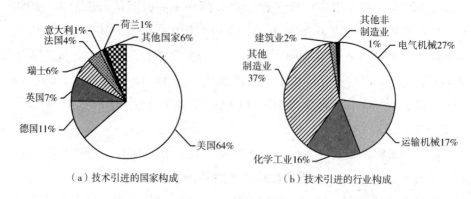

（a）技术引进的国家构成　　　　　　（b）技术引进的行业构成

图 5 - 3　逐步放宽阶段技术引进的来源国和行业构成

资料来源：日本统计局。

从行业构成来看，制造业是这一时期技术引进的绝对重点。从 1971 ~ 1980 年，日本共支付 18558 亿日元用于制造业的技术引进，占同期支出的 97%。如图 5 - 3（b）所示，在制造业内部，电气机械、运输机械和化学工业作为日本经济发展的战略性产业成为技术引进的重点领域，合计占到这一阶段技术引进总额的 60%。

（3）第三阶段：全面自由化（1981 年至今）。20 世纪 80 年代，日本的技术引进步入全面自由化的崭新阶段，技术引进政策由原来的"原则禁止"转变为"原则自由"。1980 年 12 月 1 日，修改后的《外汇法》开始实施，日本政府将技术引进划分为"指定技术"、"需要申报的技术"和不要申报的"其他技术"三类。对于前两类技术合同，日本政府又划分为三种：第一，申报之后不必经审查，申报当天就可签约；第二，申报之后需经审查，但一般在两周内就可签约；第三，对上述第二类中个别政府认为有必要更改合同或中止合同的项目，大藏大臣或有关大臣有权延长审查期限，但通常不得超过 4 个月。上述审批程序的时间相较前两个时期已大为缩短，保证了符合国家发展需要的尖端技术能够准确、及时地引进（黎晓晖，2015）。同时，随着日本企业技术能力的提升，技术互换契约逐渐成为这一时期主要的技术引进合同方式。

在上述政策导向下，日本这一时期技术引进的规模继续稳步增长，从 1981 ~ 2007 年，技术引进的金额从 2596 亿日元增长到 7105 亿日元，年均增长率约 4%。全球金融危机后，技术引进的金额有所下降，2012 年日本共支付 4486 亿日元用于引进海外技术。

在来源国方面，美国和欧洲继续成为日本技术引进的主要来源。如图 5－4（a）所示，日本对美国的技术依存度进一步提升，1981～2012 年共向美国支付技术引进费用 98077 亿日元，占同期支付引进金额的 70%。欧洲在日本支付技术引进费用中的占比也达到 27.8%，其中，德国、英国的比重较上阶段有所下降，而法国和荷兰则有所提升。

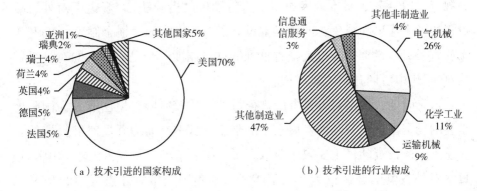

（a）技术引进的国家构成   （b）技术引进的行业构成

图 5－4　全面自由化阶段技术引进的来源国和行业构成

资料来源：日本统计局。

在行业构成方面，仍以制造业为主，非制造业的比重也有所上升。如图 5－4（b）所示，制造业仍然占据了本阶段技术引进 93% 的份额。其中，电气机械、化学工业和运输机械继续保持前三位，但是比重均有所下降，分别为 26%、11% 和 9%；而其他制造业的比重则升至 47%[①]。同时，非制造业的比重在这一时期上升到 7%，主要是信息和通信服务领域引进了大量的技术。

5.2.1.3　对外投资的发展历程和特点

日本于 20 世纪 50 年代开始对外投资，并在国内产业升级和日元升值的推动下不断扩大投资规模，到 80 年代中期已经成为世界第一大对外投

[①]　日本在 2002 年改变了技术引进的行业统计标准，是导致其他制造业比重大幅提升的原因之一。

资国。日本对外投资的历程可以分为萌芽起步、快速发展和调整稳定三个阶段。

（1）第一阶段：萌芽起步（1951～1972 年）。第二次世界大战后初期，由于日本政府严格控制资本外流，并且汇率长期保持在 360 日元兑换 1 美元的固定水平，导致日本对外投资的规模不大。20 世纪 50～60 年代初，日本每年对外投资额都在 1.4 亿美元以内（李国平，2001）。随着 60 年代国内自由化的推进，日本政府也陆续出台了鼓励和放开对外投资的有关规定。1964 年，日本政府颁布了《特别税收措施法》，规定了对外直接投资的税率优惠和减免；同年日本设立了对外投资的亏损金制度；1969 年又放宽了对外投资须经过大藏省批准的许可制度。于是，日本的对外投资从 60 年代中后期开始明显增长。

这一时期，日本对外投资的规模虽然还比较有限，但已成长为国际上重要的投资国。由于经济发展水平的限制，日本有能力开展对外投资的企业还不多，投资动机主要限于获取资源、拓展市场以及降低成本。1972 年日本对外投资的金额仅为 7.2 亿美元，是美国当年对外投资额的 9.3%。不过，由于这一时期国际上有能力开展对外投资的国家并不多，因此 1972 年日本已成为世界第五大对外投资国。

从对外投资的东道国来看，主要包括市场发达型国家、成本低廉型国家以及资源丰富型国家三类。如图 5-5（a）所示，从 1965～1972 年，具有世界最发达市场的美国和英国成为日本的两大投资目的地，两国合计占比高达 42%。其次，亚洲四小龙和东盟四国因为地理邻近且劳动力成本相对低廉，也吸引了大量的日本企业前往投资，二者合计占比 19%①。最后，巴西、沙特阿拉伯、澳大利亚、加拿大等资源型大国也成为日本这一时期的投资对象，占到日本对外投资的 23%。

从行业构成来看，资源性行业和制造业成为这一阶段的投资重点。如图 5-5（b）所示，1972 年日本对外投资的 45% 流向了矿业，说明获取资源是日本该阶段最重要的动机。其次，制造业的投资占比也达到 26%，说

---

① 亚洲四小龙指韩国、中国台湾、中国香港和新加坡，东盟四国指印度尼西亚、泰国、菲律宾和马来西亚。

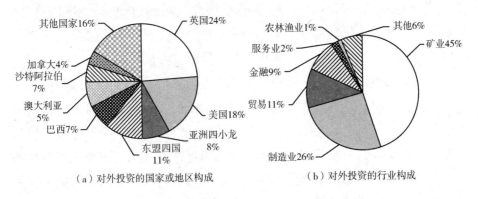

（a）对外投资的国家或地区构成   （b）对外投资的行业构成

图 5 - 5　萌芽阶段对外投资的国家或地区和行业构成

资料来源：日本贸易振兴机构。

明日本已经开始向海外转移制造业以贴近市场或保持成本优势。最后，剩余部分主要投向了第三产业，例如，贸易和金融保险等，主要为扩展海外市场以及为前两类投资提供支持。

（2）第二阶段：快速发展（1973～1990 年）。进入 20 世纪 70 年代，在日元升值、石油危机、国内劳动力成本上升和国际贸易摩擦等多重压力下，日本对外投资的步伐加速提升。1971 年布雷顿森林体系的解体导致日元被迫升值，由此引起的日本产品出口困难促成了日本对外投资的跃升。此后的两次石油危机结束了日本经济近 20 年的高速增长，使其重化工业主导的产业结构的劣势不断显现，促使日本政府扩大了对外投资的贷款额度，并针对资源开发和海外工程的对外投资项目分别设立了准备金制度。此后，国内劳动力成本上升和国际贸易保护主义抬头，促使日本进一步向东南亚地区和美欧市场转移生产。1985 年签署的广场协议致使日元大幅升值，为了利用海外市场实现资产保值，日本企业开始加速对外投资活动。

于是，日本进入对外投资的黄金期，日本企业以市场和效率为动机开展了大规模的对外投资活动。这一阶段的投资主要呈现以下特征：

就规模和地位而言，日本这一时期对外投资迅速发展壮大，曾一度登顶世界最大的对外投资国。从 20 世纪 70 年代到 80 年代前半期，日本的对外投资发展相对平稳，年流量金额不曾超过 50 亿美元。不过，广场协议签署后，日本在 1986 年的投资额迅速达到 144 亿美元，比上年增长了

124%，而且在此之后直到 1990 年的年均增速均超过 50%。到 1990 年，日本对外投资的流量和存量金额已分别超过 500 亿和 2000 亿美元，占世界的份额为 21% 和 9%，成为名副其实的世界第一大投资国。

就东道国而言，美国、欧洲和亚洲周边国家仍是日本对外投资的重点区域。这一时期，日本的投资更加集中于美国，到 1989 年对美国投资的申报金额已达 325.4 亿美元，较 1978 年增长了近 40 倍。特别是广场协议签署后，日元升值促使日本企业在美国的房地产、金融、服务业等领域购买了大量资产以实现保值增值。同时，以英国、荷兰、德国和法国为代表的欧洲国家也继续吸引了大量投资，本阶段约 18% 的投资流向了欧盟十五国。此外，亚洲四小龙和东盟四国仍然是承接日本制造业投资的重要东道国，各自占据了这一时期 7% 的投资份额，如图 5-6 所示。

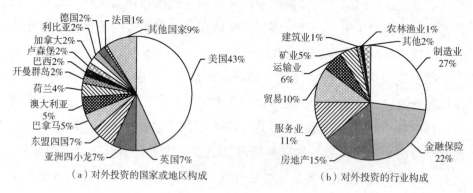

（a）对外投资的国家或地区构成　　（b）对外投资的行业构成

图 5-6　快速发展阶段对外投资的国家或地区和行业构成

资料来源：日本贸易振兴机构。

就行业分布而言，制造业成为第一大投资领域，不过第三产业各细分领域的增速更加突出。如图 5-6（b）所示，这一阶段制造业的对外投资申报额约为 800 亿美元，占比达到 27%，与上一阶段基本持平。在非制造业领域，对金融保险、房地产和服务业的投资迅速提升，申报金额分别达到 648 亿美元、458 亿美元和 345 亿美元，合计占据了本阶段投资总额的 48%。此外，矿业的比重由上一阶段的 45% 下降到 5%，说明资源获取已经不是本阶段的投资重点。

（3）第三阶段：调整稳定（1991 年至今）。20 世纪 90 年代初经济泡沫破灭后，日本进入对外投资的调整阶段。这一时期，日本企业开始调整对外投资战略，致力于整合海外资产以构建全球生产、销售的一体化体系。日元继续升值导致原有的向海外生产基地供应核心零部件的经营方式难以为继，于是日本企业将更多产业链的上游链段向海外转移，进一步加剧了日本制造企业建立全球生产体系的需求。

这一时期，日本对外投资的规模和地位明显下降，直到近年来才有所恢复。从 1991~2005 年，日本的对外投资流量始终保持在 500 亿美元以下，未能超越泡沫经济时的最高水平。全球金融危机以后日本的对外投资不降反升，多数年份都超过了 1000 亿美元，并在 2013 年达到 1357 亿美元的高峰。与此同时，日本作为对外投资国的国际地位也在本阶段持续下降，全球金融危机后才有所恢复。2014 年，日本对外投资流量在世界的份额达到 8.4%，居世界第二位。不过，在亚洲地区日本对外投资的增速却不如中国、亚洲四小龙和东盟各国的表现。

从东道国的构成来看，美国的份额较上一阶段明显下降，而亚洲则明显提升。经济衰退严重影响了日本对美国的投资，1992 年日本对美投资的申报金额仅为 1989 年申报金额的 42.5%。同时，日本明显加大了对亚洲的投资布局。其中，中国成为接收日本投资增幅最大的国家，在日本对外投资存量中的份额已达到 9%；而亚洲四小龙和东盟各国也继续是日本投资的重要接收国或地区，所占份额分别为 9% 和 8%，如图 5-7 所示。此外，日本在荷兰、英国等欧洲国家以及澳大利亚、巴西等具有综合区位优势的大国也继续保持投资增长。

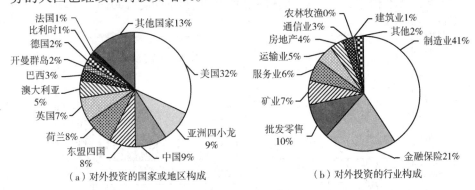

图 5-7　调整稳定阶段对外投资的主要国家或地区和行业构成

资料来源：日本贸易振兴机构。

从行业构成来看，制造业的投资份额明显提升，而第三产业的比重则有所下降。如图5-7（b）所示，日本在泡沫危机后加速向海外转移制造业，导致其在海外投资中的份额跃升至41%。同时，日本在第三产业投资的份额明显下降。虽然金融保险和批发零售业还保持着较高的比重，但是房地产和服务业的占比已大幅下降。此外，矿业的投资份额在这一阶段增至7%，成为对外投资的第四大行业。

5.2.2 吸引外资、技术引进与对外投资的匹配性分析

5.2.2.1 总量匹配性分析

如图5-8所示，日本的对外投资从20世纪60年代以来一直高于吸引外资，未呈现出明显的U型曲线特征。整个期间，日本吸引外资的金额都并不十分显著，净对外投资的变动主要由对外投资驱动。例如，1963年日本的净对外投资流量是3700万美元，到1989年随着对外投资的跃升增至489.7亿美元，2008年则因对外投资的激增而首次突破了1000亿美元。日本对外投资驱动型的IDP主要由三方面原因造成：第一，日本政府对吸引外资采取了限制态度，而国内财阀垄断的市场结构也抑制了外资的进入；第二，日本缺乏自然资源，驱使企业很早就开始通过海外投资获取资源；第三，日本国内良好的人力资本、基础设施以及富有效率的行政体制有助于企业的技术积累，并支持其开展对外投资（Narula，1996）。

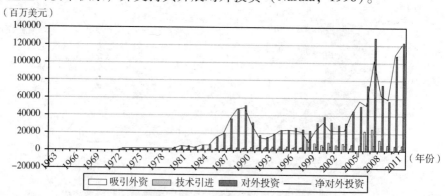

图5-8 日本吸引外资、技术引进和对外投资的流量趋势对比
资料来源：联合国贸发会议组织、日本统计局。

另一方面，技术引进与吸引外资呈现出不同的情形。首先，与吸引外资长期受到抑制不同，技术引进一直是稳步增长的，并且在 1998 年以前的金额一直明显高于吸引外资。由此可见，日本在经济发展过程中更大程度地采用了技术引进的方式来利用跨国公司的资源。其次，比较技术引进与对外投资，技术引进在 20 世纪 70 年代初以前的金额一直是高于对外投资的。也就是说，在日本的经济发展过程中，呈现出先引进技术再对外投资的特征，这在一定程度上与 IDP 理论的思想相契合。

5.2.2.2 国别匹配性分析

根据表 5-1，日本吸引外资、技术引进和对外投资的国家构成还是相当匹配的。首先，美国在这三个方面均排名第一，突显其在日本对外经济中的重要地位。其次，欧洲国家在这三个方面也都占据了相当的份额，不过其在日本引进活动中的地位要明显高于投出活动，三项指标下进入前十的欧洲国家所占份额分别为 45%、25% 和 15%。最后，亚洲国家在三项活动中也都占有一席之地，主要涉及亚洲四小龙、东盟和中国。与欧洲国家相反，它们在日本引进跨国公司活动中的地位明显低于日本对它们的投资，三项指标下进入前十的亚洲国家（地区）所占份额分别为 11.16%、0.45% 和 21.49%。

表 5-1　　日本吸引外资、技术引进和对外投资存量的国家或地区排名　　单位:%

排名	吸引外资		技术引进		对外投资	
	国家	占比	国家	占比	国家	占比
1	美国	28.65	美国	69.80	美国	31.93
2	荷兰	13.08	德国	5.60	中国	8.69
3	法国	11.98	法国	5.24	荷兰	8.00
4	英国	7.70	英国	4.43	英国	6.63
5	新加坡	7.39	瑞士	4.01	澳大利亚	5.21
6	瑞士	4.71	荷兰	3.85	泰国	4.36
7	德国	4.56	瑞典	1.45	新加坡	3.80
8	开曼群岛	4.51	意大利	0.67	韩国	2.68
9	中国台湾	3.77	中国	0.25	巴西	2.56
10	卢森堡	2.69	韩国	0.20	印度尼西亚	1.97

注：吸引外资和对外投资的数据采用 2014 年存量，技术引进的数据采用 1973~2012 年累计值。

资料来源：日本贸易振兴组织、日本统计局。

从图 5 - 9 来看，日本吸引外资和技术引进的国别匹配度较高。美国在吸引外资和技术引进中分别占到 29% 和 70%，明显超越其他国家。另外，荷兰、法国、英国、德国、瑞士等欧洲国家也同时在吸引外资和技术引进中占有可观的份额，例如，法国在两项指标下均排名第三位，份额分别为 12% 和 5%；英国则同时排名第四，份额分别为 8% 和 4%。

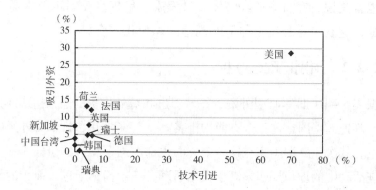

图 5 - 9　日本吸引外资和技术引进的国家或地区对比

资料来源：日本贸易振兴机构、日本统计局。

日本吸引外资和技术引进国别分布的不匹配性主要体现在亚洲国家（地区）。从图 5 - 9 来看，新加坡和中国台湾在日本开展了较多的投资活动，占比分别为 7% 和 4%；但在日本技术引进中的地位并不高。这两个亚洲新兴的工业化经济体在日本大举开放后进入，主要是为把握其中的市场机会。但是，两国企业相对日本企业而言并不具备明显的技术所有权优势，因此难以在日本的技术引进中发挥显著作用。

从图 5 - 10 来看，日本吸引外资和对外投资也存在较高的匹配性。美国继续以 29% 和 32% 的高份额，同时成为两项指标下的第一名。而荷兰、英国、德国等欧洲国家也都在两项活动中具有显著的份额，例如，荷兰在吸引外资和对外投资中的占比分别为 13% 和 8%，分别排名第二、第三位；英国则分别以 8% 和 7% 的比重排名第四位。此外，亚洲的新加坡和中国台湾也同时是日本吸引外资和对外投资中比较活跃的国家（地区）。二者一直与日本保持着紧密的经济联系，日本企业的直接投资在很大程度上支持了它们经济的高速发展及其企业所有权优势的形成，这一联系使其企业在进入日本投资时能够更好地适应日本经济中的隐形制度障碍。

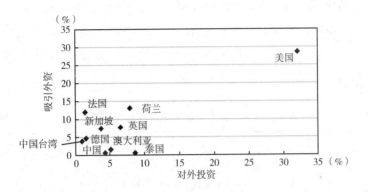

图 5 – 10　日本吸引外资和对外投资的国家或地区对比

资料来源：日本贸易振兴机构、日本统计局。

日本吸引外资和对外投资匹配度不高的国家主要是法国、澳大利亚、中国和泰国。一方面，法国对日本的投资明显高于日本对其的投资。法国为日本第三大外资来源国，在日本吸引外资存量中的占比高达 12%；但在日本对外投资存量中的份额却仅有 1.5%，明显落后于荷兰和英国，主要是因为其在日本对欧洲的投资中并不具有明显的战略地位。另一方面，日本对澳大利亚、中国和泰国的投资则显著超越了这些国家对日本的投资。这三个国家都是具有明显区位优势的大国，除了具有市场优势，还在自然资源、劳动力成本等方面优势突出。不过，受限于这三个国家的科技水平，其企业并不具有显著的技术所有权优势以支持在日本开展投资活动。

5.2.2.3　行业匹配性分析

从表 5 – 2 来看，日本吸引外资、技术引进和对外投资较强的匹配性主要体现在制造业领域。由于日本技术引进支付金额中的 93.7% 都用于制造业技术，因此主要从制造业方面对三者进行比较。日本技术引进的重点行业主要是电气机械、化学、运输设备三大行业，而这三个行业在日本吸引外资和对外投资中也占有举足轻重的地位。在吸引外资中，机械行业和化学行业的比重分别达到 16.5% 和 7.6%，虽然低于二者在技术引进中的份额，但已经是日本吸引外资中的第二和第五大行业。在对外投资中，电气机械、化学行业以及运输机械的投资占比分别为7.7%、6.7%和6.5%，位列第三、第六和第七位。由此说明，这三个领域既是日本积极利用跨国公司资源的领域，也是日本后来形成所有权优势并积极开展对外投资的行业。

表5-2　　　　　　日本吸引外资、技术引进和对外投资的行业排名　　　单位：%

排名	吸引外资		技术引进		对外投资	
	行业	占比	行业	占比	行业	占比
1	金融保险	43.22	电气机械	25.82	金融保险	21.35
2	机械行业	16.46	化学行业	11.61	批发零售	10.00
3	批发零售	10.75	运输设备	10.21	电气机械	7.65
4	服务业	8.04	其他制造业	46.06	服务业	7.02
5	化工行业	7.58	交通、通信和公共事业	2.99	矿业	6.73
6	通信业	2.86	建筑业	0.47	化学行业	6.70
7	房地产	2.70	其他非制造业	2.84	运输机械	6.53
8	运输业	1.71	—	—	房地产	6.24
9	金属	1.19	—	—	运输业	4.86
10	玻璃和陶瓷	0.89	—	—	食品	4.26

注：表中机械行业包括电气机械、运输机械和一般机械。

资料来源：日本贸易振兴组织、日本统计局。

从图5-11来看，日本吸引外资和对外投资的行业具有相当高的匹配性。首先，金融保险业在1997年以后吸引了大量欧美企业前来投资，而2008年以后日本又积极抄底海外金融资产，从而该领域在吸引外资和对外投资中同时排名第一，占比分别达到42%和21%。其次，机械行业则成为制造业中吸引外资和对外投资中最重要的领域，占比分别达到16%和18%。此外，批发零售、服务业、房地产、化学等行业也都吸引了相当份额的外资进入，同时对外投资也非常活跃。

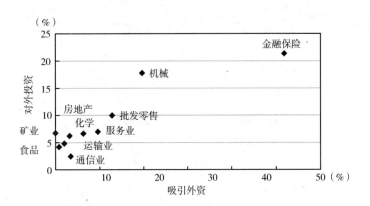

图 5 – 11　日本吸引外资和对外投资的行业对比

资料来源：日本贸易振兴机构、日本统计局。

日本吸引外资和对外投资行业的不匹配性主要体现在矿业和食品行业。这两个行业存在较多的对外投资活动，却基本上没有外资进入。就矿业而言，其在对外投资中的比重高达 6.7％，但在国内却基本不见外资的踪影。这主要是由于日本资源贫乏，本身并不具有矿业领域的区位优势，却需要积极利用海外资源以满足国内需求，因此成为最典型的流入少、流出多的国家。同时，食品行业的对外投资也占到 4.3％，而在吸引外资中仅占 0.7％。这主要是由日本消费者对食品独特和挑剔的口味所致，因此外资食品企业难以进入日本市场，而日本食品却因独特、精致和高质量在国际上得到传播。

5.2.3　国家层面实证检验

对日本国家层面的实证检验将分为三个层次，如图 5 – 12 所示。第一层面将首先对日本吸引外资对对外投资的作用以及关键影响因素进行检验，第二层面检验加入技术引进这一形式的跨国公司活动与日本对外投资的关系，第三层面重点考查日本政府的开放政策在日本 IDP 中是否发挥了显著的影响。

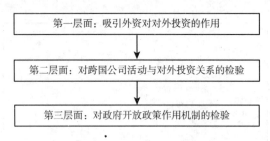

图 5 - 12 日本实证检验的结构设计

5. 2. 3. 1 第一层面：吸引外资对对外投资的作用及关键影响因素

（1）理论假设。

第一，日本吸引外资对对外投资的总体影响。在全球层面的实证研究中，本书已经证实一国的吸引外资对其对外投资会产生积极的作用。以日本为研究对象，检验其吸引外资对对外投资作用的文献目前还比较少见。但是，已有文献从 FDI 溢出效应的角度进行了研究，并且证实外资的进入产生了溢出效应。布兰施泰特（Branstetter，2001）研究了 1985～1989 年化学、机械、电子、交通设备和精密仪器五个制造业行业中 205 家日本上市公司获取知识溢出效应的情况。文章以企业的专利数为被解释变量，作者发现，日本企业能够从美国企业在国内开展的研发活动中获得一定的溢出效应。穆拉卡米（Murakami，2007）采用 1994～1998 年制造业企业层面的数据研究了行业中外资比例和外资劳动生产率对本土企业劳动生产率的增长产生的影响。研究表明，短期内外资企业在行业中份额的提升会对本土企业的市场份额造成冲击，从而降低本土企业劳动生产率的增长速度；然而在长期，外资企业进入带来的技术溢出效应则促使了本土企业劳动生产率的增长，而且外资企业造成的竞争压力促使日本技术能力较高的企业进一步提升了劳动生产率。

由此，基于全球面板检验的结果和日本 FDI 溢出效应的文献，本书提出如下假说：

假说 5. 1：总体上看，日本的吸引外资会对对外投资产生显著的影响。

在全球层面的实证研究中，本书已经证实东道国的人力资本、市场规模以及经济发达程度均会对吸引外资对对外投资的作用机制产生影响。而且，学者们针对日本的研究也指出，日本国内良好的人力资本、基础设施以及富有效率的行政体制有助于企业的技术积累，并支持其开展对外投资（Narula，1996）。在针对日本的检验中，本书仍然沿用在全球层面的上述假设。

假说 5.2：日本吸引外资对对外投资的正向作用会随着日本人力资本、市场规模、经济发达程度的增强而增强。

第二，区分 FDI 来源的作用特点。在前文的分析中主要关注了东道国特点，如东道国对 FDI 的吸收能力、市场规模大小等，对吸引外资对对外投资作用的影响。除了东道国的特点之外，FDI 来源的特点不同也会对吸引外资对对外投资的作用机制产生影响。因此，在本部分对不同来源的 FDI 的作用特点进行分析和检验。

对于日本来说具有两种明显不同类型的 FDI 来源，一种是以美国、英国等 OECD 国家为代表的发达国家，另一种是以中国、印度尼西亚等东南亚国家或地区为主的发展中国家，这两种 FDI 各自具有不同的特点。基于 FDI 溢出效应理论，学者们在实证研究中发现虽然这两种外资均可能产生溢出效应，但是产生溢出效应的程度有所不同。总体来看来自发达国家的外资相对于来自发展中国家外资产生的技术溢出效应更加显著。来自高技术水平的发达国家的外资对低技术水平的发展中东道国企业可能通过示范模仿、竞争和人员流动等途径产生技术溢出，对发达东道国也可能通过竞争效应等途径产生技术溢出。来自发展中国家的外资对发展中东道国可能通过示范模仿、竞争和人员流动等途径产生溢出效应，而由于技术和管理水平的相对弱势，对发达东道国的溢出空间则相对较小。从外，外资还会带来市场营销等方面的信息，产生市场进入型溢出效应，从而促进本土企业国际化的发展（Buckley et al.，2002；Buckley et al.，2007）。而且，结合日本对外投资主要投向发达国家的特点，来自发达国家的 FDI 很可能产生信息方面的溢出，从而有利于提升日本本土企业对市场条件类似的发达国家的投资。

基于上述分析，结合全球面板的检验，本书进一步做出如下假设：

假说 5.3：来自发达国家的 FDI 对日本的总体对外投资存在促进作用；

来自发展中国家的 FDI 对日本的总体对外投资存在促进作用。

假说5.4：来自发达国家的 FDI 和来自发展中国家的 FDI 均会对日本对发展中国家的投资产生促进作用。

假说5.5：来自发达国家的 FDI 会对日本对发达国家的投资产生促进作用；来自发展中国家的 FDI 对日本对发达国家的投资则没有明显的促进作用。

第三，区分来源行业的作用特点。除了 FDI 的国家来源之外，来自不同行业的 FDI 对对外投资的影响也有所不同。从前文的描述中可知，日本吸引外资最多的是金融保险等服务业，其次是制造业，并且日本对外投资的企业主要也是金融保险行业，其次是制造业企业，这两者之间具有很强的匹配性。而且，从日本的服务业发展历程来看，截止到20世纪80年代初，日本的经济还是制造业主导，日本服务业的行业地位相对制造业还有差距，而在90年代，日本通过引进外资和技术、政府促进研发等手段提升了服务业的能力，并使得服务业成为经济的主导产业，并同时成为对外投资的主导产业（王厚双、宋子南，2012）。而且，日本的服务业与制造业的产业间联系也很紧密，例如，20世纪90年代，日本的通信业特别是信息产业发展很快，而信息服务业快速发展又带动了相关的信息设备制造业的发展。这种行业间的联系，也会促进服务业外资进入对制造业的能力提升产生积极的作用，从而促进制造业的对外投资（Fernandes & Paunov，2012）。而除服务业之外，日本的 FDI 主要来自于制造业由于日本自身的制造业企业的能力和技术水平就很好，外资进入对其溢出的空间相对较小，但是有可能通过竞争效应等途径产生技术溢出效应。除此之外，进入日本的外资还有少量的初级产业，其规模很小，参与实体经济很少，对本土企业的影响非常有限。基于上述分析，本书提出如下假说：

假说5.6：来自服务业和制造业的 FDI 会对总体对外投资产生正向影响；来自初级产业的 FDI 对总体对外投资不会产生显著影响。

（2）模型设定及数据描述。

在模型的设定上，本章沿用第三章中全球层面实证检验模型，基础检验模型设定如下：

$$\ln(\mathrm{OFDI}_t) = \beta_0 + \beta_1 \ln(\mathrm{IFDI}_t) + \beta_2 \ln(\mathrm{GNI}_t) + \beta_3 \ln(\mathrm{EX}_t) + \beta_4 \mathrm{ER}_t + \varepsilon_t$$

$$(5.1)$$

其中被解释变量 OFDI, 为日本总体对外投资存量，主要解释变量 IFDI, 为日本总体吸引外资的存量。为了考察假说 5.2 中东道国特征的影响，与第三章的模型类似，在基础模型上加入外资流入 IFDI, 与国家特征变量的交叉项，用于考察人力资本、市场规模以及经济发达程度这三个国家特征可能带来的影响。而在区分 FDI 来源的检验中，则将主要解释变量 IFDI 拆分为来自发达国家的 FDI 和来自发展中国家的 FDI，并根据需要将被解释变量转换为日本对发达国家的投资或日本对发展中国家的投资。在区分 FDI 行业来源的假说 5.6 的检验中，则将主要解释变量拆分为制造业的 FDI 流入和非制造业的 FDI 流入。

在数据的选取上，在基础检验模型和东道国特征影响方面，本书选取日本 1961～2012 年的国家层面时序数据进行检验。与第 3 章中的数据来源相同，总体 IFDI、OFDI、人均出口的数据主要来源于联合国贸易和发展会议（UNCTAD）统计数据库和日本贸易振兴机构，人均 GNI、用高等教育入学率衡量的人力资本指标、衡量市场规模的 GDP 指标均来源于世界银行（World Bank）统计数据库。此外，在区分 FDI 来源的检验中，本书采用来自 OECD 国家的 FDI 流入来表示来自发达国家的 FDI，而采用非 OECD 国家对日本的 FDI 流入表示来自发展中国家的 FDI。其中，与 OECD 国家相关的 IFDI 及 OFDI 数据均来源于 OECD 数据库。在区分 FDI 行业的检验中，来自初级产业、制造业和服务业的 FDI 流入数据也来源于 OECD 数据库的统计。另外，由于上述数据库提供的是以美元现价表示的数据，考虑到美元通胀水平的变化，本书使用了以 2005 年为基期的美元 GDP 平减指数对所用到的价值量指标进行了价格平减。本书的实证检验均采用 STATA 软件版本 13.0 进行回归。表 5 - 3 和表 5 - 4 列出了本章研究的主要变量的数据来源和描述性统计特征。

表 5 - 3 日本 IDP 检验主要的变量数据来源

变量名	变量含义	数据来源
OFDI	对外投资存量	联合国贸发会议组织、OECD 数据库
IFDI	吸引外资存量	联合国贸发会议组织、OECD 数据库
EXPORT	人均出口	联合国贸发会议组织、OECD 数据库

续表

变量名	变量含义	数据来源
GNIpc	人均国民收入	世界银行
EXR	人民币对美元汇率	世界银行
GDP	国内生产总值	世界银行
HC	高等教育入学率	世界银行
IFDI_ED	OECD 国家 FDI 流入	OECD 数据库
IFDI_ING	非 OECD 国家 FDI 流入	OECD 数据库
OFDI_ED	对 OECD 国家投资	OECD 数据库
OFDI_ING	对非 OECD 国家投资	OECD 数据库
IFDI_P	初级产业 FDI 流入	OECD 数据库
IFDI_M	非制造业 FDI 流入	OECD 数据库
IFDI_S	服务业 FDI 流入	OECD 数据库

表 5 – 4 日本 IDP 检验主要变量的统计特征

变量	变量含义	观测数	均值	标准差
OFDI	对外投资（百万美元）	53	464465	212122
IFDI	吸引外资（百万美元）	53	78572	72992
GNI	人均 GNI（美元）	53	35151	9233
EX	人均出口（美元）	53	4283	1218
ER	汇率（人民币对美元）	53	6.103	2.389
GDP	GDP（百万美元）	53	3090000	1330000
HC	高等教育入学率（%）	53	34.4	15.5
IFDI_ED	OECD 国家 FDI 流入（百万美元）	29	64569	48745
IFDI_ING	非 OECD 国家 FDI 流入（百万美元）	29	13569	14504
OFDI_ED	对 OECD 国家投资（百万美元）	29	308524	133373
OFDI_ING	对非 OECD 国家投资（百万美元）	29	152848	86534
IFDI_P	初级产业 FDI 流入（百万美元）	20	126	47
IFDI_M	制造业 FDI 流入（百万美元）	29	38689	21180
IFDI_NM	非制造业 FDI 流入（百万美元）	29	54035	45228

对于非平稳序列而言，在特定时间段中变量的变化在系统中的影响不会逐渐消逝，可能出现虚假回归问题，因此在进行回归分析前，对各变量

时间序列的平稳性进行检验是非常必要的。通过对主要变量 OFDI、IFDI、
GNI、EX 及 ER 的单位根检验得出，这些变量在一阶差分之后均在 10% 的
显著性水平下平稳，即主要变量为一阶单整变量，因此有可能存在协整关
系。进一步的协整分析表明，变量之间存在协整关系，可以对其运用经典
的回归模型。

（3）实证检验结果。

第一，总体基础模型检验。表 5 - 5 中回归 I 的结果显示，日本的总体
FDI 流入对对外投资没有起到显著的影响。然而考虑到 DW 统计量为
0.609，偏离 2 较远，可能存在自相关问题。在出现自相关时，普通最小
二乘估计将失去有效性，通常的 t 检验和 F 检验也不能有效地使用。因此
本书进一步尝试采用可行广义最小二乘法（FGLS）的 Prais-Winsten（PW）
估计法对自相关问题进行处理，如表 5 - 5 中回归 Ⅱ 所示。广义最小二乘
法的结果进一步表明日本的吸引外资对对外投资在整体国家层面上没有起
到显著的作用，本书假说 5.1 并未得到证实。可能的原因是日本在发展过
程中政府对吸引外资的保守态度。日本长期以来 FDI 流入非常有限，却大
量采取了技术引进的方式来推动本土企业的发展并形成所有权优势（Oza-
wa，1996；Dunning & Lundan，1997）。而且，从我们的检验的时间段来看，
20 世纪 80 年代，日本企业的所有权优势已经非常强，外资进入带来的技
术溢出的空间相对已经不大。

表 5 - 5　　　　　　　　日本吸引外资对对外投资的影响回归结果

回归式	回归 I	回归 Ⅱ
估计法	OLS	FGLS
ln（IFDI）	- 0.00546 （- 0.125）	- 0.00939 （- 0.0816）
ln（GNI）	1.494 *** （2.930）	2.353 *** （4.138）
ln（EX）	0.644 *** （2.963）	0.327 （1.386）
ER	- 0.00666 *** （- 7.023）	- 0.00236 ** （- 2.101）

续表

回归式	回归 I	回归 II
常数项	3.519 (0.998)	-1.963 (-0.405)
调整的 R^2	0.991	0.957
D. W. 值	0.609	1.461
样本数	53	53

注：其中 ***、**、* 分别代表在 1%、5%、10% 的显著性水平下显著；括号内为 t 值。

从控制变量的回归结果来看，人均 GNI 无论是在 OLS 估计中还是 FGLS 估计中均显著为正，说明随着日本经济的发展，日本企业的所有权优势得到提升，从而推动对外投资的增长。在控制自相关问题后，人均出口在 FGLS 估计下的系数不显著，说明日本出口与对外投资之间既有可能是替代关系，也有可能是互补关系，整体上表现为没有一致性的显著作用。汇率变量显著说明货币升值也是日本对外投资增长的重要原因，这个结果与 Inaba（1999）等学者研究的观点是一致的。

第二，加入东道国影响因素的结果。与前面第 3 章对全球层面数据的研究类似，在整体国家层面检验外资进入日本对其对外投资是否有显著作用的基础上，我们进一步地考虑通过加入 IFDI 与影响因素的交互项的方法，来研究东道国市场规模、人力资本以及经济发展水平如何影响吸引外资对日本对外投资促进作用大小。考虑到矫正自相关对估计结果造成偏误，我们同样采用了 OLS 和 FGLS 两种方法进行估计。实证结果如表 5-6 所示，假说 5.2 得到部分的证实。

表 5-6　　　日本吸引外资对对外投资的影响（加入东道国影响因素）

回归式 估计法	回归 I FGLS	回归 II FGLS	回归 III FGLS	回归 IV FGLS
ln（IFDI）	-10.78 *** (-3.153)	-0.0779 (-0.669)	5.921 (1.471)	-3.483 (-0.554)
ln（IFDI）*ln（GDP）	0.373 *** (3.168)			0.275 ** (2.127)
ln（IFDI）* HC		0.102 ** (2.173)		0.0848 * (1.723)

续表

回归式	回归 I	回归 II	回归 III	回归 IV
ln（IFDI）* ln（GNI）			- 0. 573 （- 1. 479）	- 0. 435 （- 1. 128）
ln（GNI）	- 6. 679 ** （- 2. 255）	2. 473 *** （4. 472）	15. 10 * （1. 731）	5. 433 （0. 537）
ln（EX）	0. 115 （0. 480）	0. 227 （0. 930）	0. 448 * （1. 799）	0. 161 （0. 625）
ER	- 0. 00202 * （- 1. 881）	- 0. 00230 ** （- 2. 063）	- 0. 00223 ** （- 2. 040）	- 0. 00179 * （- 1. 680）
常数项	93. 21 *** （2. 951）	- 1. 230 （- 0. 258）	- 135. 3 （- 1. 476）	- 31. 92 （- 0. 300）
调整的 R^2	0. 984	0. 982	0. 925	0. 984
D. W. 值	1. 605	1. 326	1. 302	1. 315
样本数	53	53	53	53

注：其中 ***、**、* 分别代表在 1%、5%、10% 的显著性水平下显著；括号内为 t 值。

从 GDP 表示的市场规模因素来看，如回归 I 中所示，与前文全球层面的检验结论类似，日本的 GDP 规模是 IFDI 对 OFDI 作用的重要影响因素。具体来看，随着日本 GDP 规模的增长，日本的 IFDI 对 OFDI 的作用更加显著。其原因在于，在其他因素相同的条件下，一国的市场规模越大，越能够吸引更易产生溢出效应的"市场寻求型 FDI"，并且本国市场有足够的空间使本土企业有机会发展壮大而不是被外资"挤出"。

从人力资本因素来看，我们使用了文献中常用的高等教育入学率作为人力资本的度量指标。矫正自相关的影响后，回归 II 的结果显示，人力资本是流入 IFDI 对 OFDI 作用的重要影响因素。具体来看，随着日本人力资本的不断积累，日本的 IFDI 对 OFDI 的作用更加显著。这是因为高水平的人力资本更容易把外商直接投资所外溢的技术转化为自身的技术，从而促进其海外市场的拓展。

从经济发展水平的因素来看，回归 III 的结果显示，流入 FDI 与人均 GNI 的交叉项不显著。本书认为这主要是因为经济发展水平对对外投资的影响主要是通过直接途径产生，表现为回归 III 中人均 GNI 本身的系数显著为正，而且高达 15.1。同时，考虑到该交叉项与人均 GNI 变量之间具有较强的共线性，从而表现为人均 GNI 没有通过间接影响 IFDI 进而对 OFDI 产生显著影响。

最后，回归Ⅳ显示，当同时考虑市场规模、人力资本和经济发展水平三种影响因素，在矫正自相关的影响后，上述实证结论是稳健的。即在样本期内，日本的市场规模和人力资本显著地促进了日本吸引外资对其对外投资的作用，而经济发展水平的增长并未表现出显著的促进作用。

第三，区分 FDI 来源的回归结果。由于来自发达国家的 FDI 和来自发展日本家的 FDI 具有不同的特点，为了检验这两类 FDI 来源对日本对外投资的不同影响，这里将基础模型中的总体 IFDI 拆分为来自 OECD 国家的 IFDI 和来自非 OECD 国家的 IFDI 两个变量。由于数据所限，这一部分的回归年限从 1985 年至 2013 年共 29 年。

表 5 - 7 中回归Ⅱ的结果显示，在矫正了自相关的影响后，变量 IFDI_ED 显著为正，而 IFDI_ING 则不显著，从而说明主要是来自发达国家的 IFDI 对日本对外投资产生了积极的促进作用，假说 5.3 得到部分证实。一方面，这是因为流入日本的 FDI 中，来自于发展中国家的量本身就非常少。从前面的表 5.4 中，我们可以看到，来自发达国家的 IFDI 平均是发展中国家 IFDI 的 5 倍。另一方面，从流入日本的外资对对外投资的作用机制来看，来自于发展中国家的外资的技术水平一般相对较低，其对日本国内企业产生技术溢出的空间也较小，因此通过技术溢出提升其能力并促进其对外投资的可能性也较小。

表 5 - 7　区分发达国家和发展中国家 IFDI 对日本总体对外投资的影响

回归式	回归 I	回归Ⅱ
估计法	OLS	FGLS
ln（IFDI_ED）	0.0727 (0.457)	0.417 ** (2.235)
ln（IFDI_ING）	0.345 * (1.958)	− 0.0861 （− 0.539）
ln（GNI）	0.831 ** (2.193)	0.582 (1.411)
ln（EX）	0.00873 (0.0138)	0.213 (0.511)

续表

回归式	回归 I	回归 II
ER	−0.000169 (−0.0563)	−0.000512 (−0.204)
常数项	0.631 (0.108)	0.500 (0.0942)
调整的 R^2	0.911	0.945
D. W. 值	1.736	1.966
样本数	29	29

注：其中 ***、**、* 分别代表在1%、5%、10%的显著性水平下显著；括号内为 t 值。

下面进一步将被解释变量替换为日本对发达国家的 OFDI 和日本对发展中国家的 OFDI。在表5-8 的回归 I 和回归 II 中，以日本对发展中国家的对外投资作为被解释变量。结果表明，在矫正自相关的影响后，无论是来自发达国家还是发展中国家的 IFDI 均未对日本对发展中国家的 OFDI 产生显著的影响，假说5.4 未得到证实。一方面，这与日本对发展中国家投资的动机有关。日本对发展中国家主要是能力利用型投资，比如利用东道国的自然资源、廉价的劳动力成本，所以通过吸引外资促进其能力，进而提升其对发展中国家投资的作用机制没有被证实。另一方面，这也与日本企业本身的能力有关。由于这一阶段日本企业已经具有较强的能力和技术水平，因此其他国家的投资中获得技术溢出的空间较小。

表 5-8　　　　发达国家和发展中国家 IFDI 对日本对外投资的影响

回归式	回归 I	回归 II	回归 III	回归 IV
被解释变量	ln（OFDI_ING）	ln（OFDI_ING）	ln（OFDI_ED）	ln（OFDI_ED）
估计法	OLS	FGLS	OLS	FGLS
ln（IFDI_ED）	−0.433 * (−2.024)	0.0922 (0.481)	0.344 ** (2.320)	0.294 ** (2.538)
ln（IFDI_ING）	0.762 *** (3.213)	0.142 (0.868)	0.130 (0.789)	0.207 (1.428)
ln（GNI）	0.708 (1.389)	0.504 (1.192)	1.132 *** (3.204)	1.135 *** (3.658)
ln（EX）	−0.101 (−0.118)	0.163 (0.392)	0.0869 (0.147)	0.160 (0.289)

续表

回归式	回归 I	回归 II	回归 III	回归 IV
ER	0.000409 (0.101)	0.000519 (0.205)	0.000528 (0.189)	0.00135 (0.538)
常数项	3.712 (0.473)	2.118 (0.389)	-4.905 (-0.902)	-6.086 (-1.267)
调整的 R^2	0.859	0.905	0.933	0.988
D. W. 值	1.176	1.629	2.224	2.007
样本数	29	29	29	29

注：其中 ***、**、* 分别代表在 1%、5%、10% 的显著性水平下显著；括号内为 t 值。

在回归 III 和回归 IV 中，显示了以日本对发达国家的 OFDI 为被解释变量的回归结果。从中可以看出只有来自发达国家的 IFDI 产生了显著的影响，假说 5.5 得到证实。这说明吸引发达国家相对高端的 FDI 将更有利于日本对发达国家的投资。一方面，这是因为日本的 OFDI 中，投向发展中国家的量相对较少。从前文的表 5-4 中可以看到，投向发达国家的 OFDI 平均是投向发展中国家 IFDI 的 2 倍。日本的吸引外资和对外投资主要表现在与发达国家之间的相互投资。另一方面，从流入日本的外资对对外投资的作用机制的角度，来自于发展中国家的外资的技术水平一般相对较低，其对日本国内企业产生技术溢出的空间也较小，因此，通过技术溢出提升其能力并促进其对外投资的可能性也较小。而且，从产业内贸易和日本的开放历程来看，日本产业本身在 20 世纪 80 年代已经具备了较强的竞争力，而来自发达国家的外资带来了更多的信息和竞争，使得日本也需要进入这些外资的母国市场，从而保持企业的竞争力。以汽车产业为例，美国汽车企业进入日本后，给丰田等日本企业带来竞争压力以及美国产品特点的信息，进一步促使了日本在汽车产业对美国展开对外投资。

第四，区分来源行业的回归结果。为了检验区分 FDI 来源行业的影响，我们将基础模型中的 IFDI 拆分为来自初级产业的 IFDI、来自制造业的 IFDI 和来自非制造业的 IFDI。这三大产业 FDI 流入的数据均来自 OECD，从 1985~2013 年，共计 29 年。其中，对于制造业和服务业在个别年份的缺失，我们使用了前一年的存量数据加上当年的流量数据进行估计；对于第一产业数据的部分缺失，我们采用总 FDI 流入减去制造业和服务业的 FDI 流入进行估计。估计模型和方法同前文一致，检验结果如表 5 - 9 所示。

表 5 - 9　　　　　区分行业来源的 FDI 对日本总体对外投资的影响

回归式	回归 I	回归 II
估计法	OLS	FGLS（PW 估计法）
ln（IFDI_P）	0.113 (1.154)	0.0361 (0.690)
ln（IFDI_M）	0.259 (0.587)	−0.0835 (−0.268)
ln（IFDI_S）	0.235 (0.932)	0.356* (2.037)
ln（GNI）	0.858*** (3.284)	0.740** (2.933)
ln（EX）	−0.920 (−1.502)	−0.217 (−1.549)
ER	−0.00132 (−0.849)	−0.000428 (−0.387)
常数项	6.417 (1.437)	4.270** (2.283)
调整的 R^2	0.889	0.994
D. W. 值	0.634	0.995
样本数	20	20

注：其中 *** 、 ** 、* 分别代表在 1%、5%、10% 的显著性水平下显著；括号内为 t 值。

从表 5 - 9 的回归结果可以看到，初级产业和制造业的 FDI 流入对日本对外投资的作用是不显著的；而在矫正自相关的影响后，服务业 FDI 流入对日本的对外投资的影响是显著为正，假说 5.6 得到部分证实。一方面，这是因为日本的 OFDI 中，相对于服务业，其他产业尤其是初级产业吸引外资的数量十分少。从前面的表 5 - 4 中可以看到，服务业 IFDI 平均是初级产业 IFDI 的 428 倍。另一方面，从吸引外资对对外投资的机制来看，在 20 世纪 80 年代初，日本的制造业在世界已经处于领先的地位，但是日本的服务业仍有很大提升的空间，进入日本服务业的 FDI 不仅可以在服务业内产生技术溢出，而且可以通过行业间联系来促进制造业的能力提升，从而促进日本整体的对外投资。

5.2.3.2 第二层面：广义跨国公司活动对对外投资的影响

（1）理论假设。由于日本政府对吸引外资的保守态度，日本长期以来 FDI 流入非常有限，却大量采取了技术引进的方式来推动本土企业的发展并形成所有权优势（Ozawa，1996；Dunning & Lundan，1997）。Ozawa（2001b）以"雁行"理论为基础详细论述了日本由技术引进到对外投资的发展过程。他提出日本的产业升级经历了如下路径：首先，通过技术引进获取发展所需的先进技术；其次，在本国将这些技术进行商业化的开发；然后，将产品出口到海外占领海外市场；最后，当一项产品进入成熟阶段，在本土生产已经不具成本优势时，日本企业就会将该产品转移到海外生产以降低成本，并继而在国内开发更为先进的产品。简而言之，日本产业的发展路径可以归纳为：技术引进—国内生产—出口—海外投资，可见在雁行模式下日本企业海外投资能力的根本来源就是技术引进。基于上述分析，我们提出以下假说：

假说 5.7：技术引进对日本的对外投资产生了显著的促进作用。

（2）模型设定及数据描述。本部分采用式（5.2）来对跨国公司活动对日本对外投资的作用进行检验。其中，OFDI、IFDI 和 TIM 分别表示人均对外投资存量、人均吸引外资存量和人均技术引进存量。

$$\ln FDI_t = \beta_0 + \beta_1 \ln FDI_{t-1} + \beta_2 \ln TIM_{t-1}$$
$$+ \sum \gamma \cdot Control_t + \varepsilon_t \qquad (5.2)$$

此外，式（5.2）中还包含三个控制变量：人均国民收入水平（lnG-NIpc）、研发投入（lnRD）和汇率（lnEXR）。首先，IDP 理论指出一国的对外投资随经济发展提升，因此选择反映经济发展水平的 GNI_{pc} 作为控制变量。其次，国内的技术研发也有助于提升本土企业的所有权优势并促使其开展对外投资（Tolentino，2008；Stoian，2013），因此反映国内研发水平的 RD 也作为控制变量引入方程。最后，本币的升值使海外资产相对贬值，也常常是促使本土企业对外投资的重要原因（杨恺钧、胡树丽，

2013)，因此也将反映汇率的变量 EXR 加入方程。

考虑到吸引外资、技术引进和国内研发投入都需要一定的时间才能发挥作用，因此对 lnIFDI、lnTIM 和 lnRD 采取了滞后 1 期的变量。

下面以日本 1961～2012 年的国家层面时序数据进行检验。所有的数据均以美元为单位，并以 2005 年美国 GDP 的平减指数进行处理。第二层面实证检验的主要变量说明、描述性统计和平稳性检验如表 5 – 10、表 5 – 11 和表 5 – 12 所示。

表 5 – 10　　　　　　　　　　日本 IDP 第二层面变量说明

变量名	变量含义	数据来源
OFDI	人均对外投资存量	联合国贸发会议组织、日本贸易振兴机构
IFDI	人均吸引外资存量	联合国贸发会议组织、日本贸易振兴机构
TIM	人均技术引进存量	日本统计局
GNIpc	人均国民收入	世界银行
RD	研发投入占 GDP 的比重	世界银行、日本统计局
EXR	人民币对美元汇率	世界银行

表 5 – 11　　　　　　　　日本 IDP 第二层面检验主要变量的统计特征

变量名	观测值	最小值	最大值	平均值	标准差
lnOFDI	53	1.918	8.888	6.374	1.960
lnIFDI	53	1.288	7.362	4.737	1.602
lnTIM	53	2.113	7.238	5.771	1.252
lnGNIpc	53	8.947	10.556	10.066	0.461
lnRD	53	0.014	0.038	0.026	0.007
lnEXR	53	4.392	5.889	5.190	0.513

表 5 – 12　　　　　　　　日本 IDP 第二层面变量的单位根检验

变量	检验形式（c, t, p）	ADF 统计量	5% 临界值	是否平稳
lnOFDI	(c, t, 1)	-1.569	-3.499	不平稳
lnIFDI	(c, t, 2)	-2.546	-3.500	不平稳
lnTIM	(c, t, 2)	-2.746	-3.500	不平稳
lnGNIpc	(c, t, 0)	-2.275	-3.498	不平稳
lnRD	(c, t, 1)	-0.754	-3.499	不平稳

变量	检验形式（c，t，p）	ADF 统计量	5%临界值	是否平稳
lnEXR	（c，t，1）	−2.934	−3.499	不平稳
D（lnOFDI）	（c，t，1）	−3.935 **	−3.500	平稳
D（lnIFDI）	（c，t，1）	−6.483 ***	−3.500	平稳
D（lnTIM）	（c，t，1）	−4.086 ***	−3.500	平稳
D（lnGNIpc）	（c，t，1）	−4.938 ***	−3.500	平稳
D（lnRD）	（c，t，1）	−5.245 ***	−3.500	平稳
D（lnEXR）	（c，t，1）	−5.202 ***	−3.500	平稳

注：c，t，p 分别代表 ADF 检验方程中包含的常数项、时间趋势和滞后期，最优滞后阶数由 AIC 准则确定，D 表示变量经过一阶差分处理，**、*** 分别表示5%、1%的显著性水平。

（3）实证检验结果。表 5 – 13 显示了对式（5.2）的检验结果。根据表 5 – 12，主要变量均为 I（1）过程，而且 Johansen 检验显示存在协整关系，故可采用回归分析的方法揭示变量之间的长期均衡关系。为了避免时间序列的自相关问题，此处采取 FGLS 方法进行检验。

表 5 – 13　　　对跨国公司活动与日本对外投资关系的检验结果（FGLS 估计）

回归式	（1）	（2）	（3）	（4）
lnIFDI	0.095 (1.108)		−0.043 （−0.518）	
lnTIM		0.543 *** (3.906)	0.563 *** (3.649)	
lnMNC				0.408 *** (3.360)
lnGNIpc	2.714 *** (8.644)	1.335 *** (2.882)	1.347 *** (2.844)	1.805 *** (4.461)
lnRD	48.469 ** (2.484)	49.127 *** (3.129)	52.346 *** (3.011)	42.139 ** (2.465)
lnEXR	−0.386 ** （−2.206）	−0.488 *** （−3.223）	−0.534 *** （−3.315）	−0.398 ** （−2.565）
常数项	−20.594 *** （−6.415）	−8.824 ** （−2.077）	−8.704 * （−1.991）	−13.220 *** （−3.528）
调整的 R^2	0.882	0.899	0.923	0.871
F 统计量	95.93	114.80	123.92	87.07
样本数	52	52	52	52

注：其中 ***、**、* 分别代表在1%、5%、10%的显著性水平下显著；括号内为 t 值。

根据表 5 – 13 的结果，假设 5.7 均得到证实。从第（1）列来看，当仅考察吸引外资的作用时，lnIFDI 参数估计量的 t 值仅为 1.108，未达到显著性要求，验证了吸引外资并未对日本的对外投资产生显著作用。从第（2）列来看，单独考虑技术引进的作用时，其系数在 1% 的水平下显著，印证了技术引进对日本的对外投资起到重要的促进作用。在第（3）列中，lnIFDI 和 lnTIM 被同时代入方程，仍然是 lnIFDI 不显著而 lnTIM 在 1% 的水平下显著，与单独考虑两个解释变量时的结果相一致。第（4）列显示了综合考虑两种跨国公司活动的检验结果，由于日本对跨国公司活动的利用以技术引进为主，因此 lnMNC 也在 1% 的水平下显著。

从控制变量的结果来看，回归系数全部显著且符号符合预期。lnGDP-pc 和 lnRD 的系数显著为正，说明随日本经济的发展和国内研发投入的增加，日本企业的所有权优势得到提升，从而推动对外投资的增长。lnEXR 为负显著则说明货币升值也是日本对外投资增长的重要原因，与 Inaba（1999）等研究的观点一致。

5.2.3.3 第三层面：政府开放政策的作用机制

（1）理论假设。自 20 世纪 90 年代初，日本政府为缓解国内经济颓势扩大了开放力度，在一定程度上有助于国内企业拓展对外投资活动。泡沫危机后，日本政府通过各种开放措施加强了与世界各国的经济合作与联系。例如，"日本贸易振兴机构"（JETRO）在这一时期成为独立法人，其宗旨从单纯振兴日本贸易转变为推进对外贸易和投资交流、维护和发展与各国间良好经贸关系、推动经济合作。JETRO 的重要职责之一就是支持中小企业"走出去"，包括：提供信息、挖掘潜力项目、举办洽谈会、协助签订合同等。而且，日本从 20 世纪 90 年代中期开始进一步放松了对对外投资的管制，金融机构在对外直接投资时提交一份申请授权书即可，只对皮革、捕鱼、珍品文化等少数领域的对外投资有一定限制，其他产业基本已无限制（夏立宏，2010）。鉴于日本政府在 20 世纪 90 年代开放过程中对对外投资环境的改善，故提出如下假设：

假设 5.8：开放程度的提高有助于提升促进日本的对外投资活动。

同时，日本政府也积极加大了对外资的吸引力度。在 1990 年发布的

《日美构造协议》中，日本政府提出了包括低利融资、税收优惠、信息提供等一系列促进对日投资的措施（月关山，1995）。1997 年亚洲金融危机后，日本又大幅简化了 FDI 的申报和变更手续，并放松了对跨国公司并购国内企业的限制。于是，跨国公司开始在日本经济中发挥更加广泛的作用，并通过竞争和示范效应等途径促进日本企业所有权优势的提升。小泽辉智（Ozawa，2001a）指出亚洲金融危机后，跨国公司的投资进入使日本企业获得了获取先进的管理经验和商业重组的专业知识，成为日本重建商业环境和变革市场制度的推动者。霍尔韦格（Holweg，2008）以法国雷诺对日产的收购为案例，说明了政府开放政策下跨国公司的并购活动促进了日本企业的运营效率并与其国际生产体系存在协同效应，从而能够带动日本企业对外投资的增长。综上所述，可以认为开放程度的提升有助于推动跨国公司对本土企业所有权优势的促进作用，故提出以下假设：

假设 5.9：开放程度的提高有助于提升吸引外资和技术引进对日本对外投资的促进作用。

（2）模型设定及数据描述。在式（5.2）的基础上引入反映政府开放政策的变量（OPEN），便得到模型 5-3：

$$\ln OFDI_t = \beta_0 + \beta_1 \ln IFDI_{t-1} + \beta_2 \ln IFDI_{t-1} * \ln OPEN + \beta_3 \ln TIM_{t-1}$$
$$+ \beta_4 \ln TIM_{t-1} * \ln OPEN + \beta_5 \ln OPEN + \sum \gamma \cdot Control_t + \varepsilon_t$$

$$(5.3)$$

对于 OPEN 的设定，此处采用了时间虚拟变量。泡沫危机后，日本政府对吸引外资的态度发生了彻底的转变，不仅扩大了开放领域，还专门出台了鼓励外资进入的政策。因此，OPEN 在 1991 年以前取值为 0，1991 年（含）以后取值为 1。

（3）实证检验结果。表 5-14 显示了对日本政府在泡沫危机后扩大开放作用的检验结果。为了避免自相关导致的参数估计量非有效等问题，此处仍采用 FGLS 估计方法进行检验。

表 5 – 14　　　　　对日本政府开放政策的检验结果（FGLS 估计）

回归式	（1）	（2）	（3）	（4）
ln（IFDI）	0.202 (1.428)		− 0.103 （− 0.649）	
ln（IFDI）* OPEN	− 0.177 （− 1.158）		0.143 (0.669)	
ln（TIM）		0.534 *** (3.726)	0.588 *** (3.392)	
ln（TIM）* OPEN		− 0.286 （− 1.090）	− 0.523 （− 1.109）	
ln（MNC）				0.471 *** (3.406)
ln（MNC）* OPEN				− 0.326 * （− 1.724）
OPEN	0.780 (1.040)	1.782 (1.072)	2.582 (1.104)	2.084 * (1.682)
ln（GNIpc）	2.452 *** (5.673)	1.275 ** (2.542)	1.311 ** (2.463)	1.505 *** (3.050)
ln（RD）	56.894 ** (2.672)	60.824 *** (3.042)	63.320 *** (3.095)	59.772 *** (2.905)
ln（EXR）	− 0.462 ** （− 2.529）	− 0.578 *** （− 3.541）	− 0.633 *** （− 3.652）	− 0.540 *** （− 3.215）
常数项	− 18.125 *** （− 4.437）	− 7.926 * （− 1.729）	− 7.935 （− 1.629）	− 10.161 ** （− 2.260）
调整的 R^2	0.926	0.944	0.958	0.940
F 统计量	106.69	145.57	145.14	134.09
样本数	52	52	52	52

注：其中 ***、**、* 分别代表在1%、5%、10%的显著性水平下显著；括号内为 t 值。

首先，此次扩大开放并未显著促进日本的对外投资活动，假设 5.8 并未得到充分证实。OPEN 作为解释变量的回归系数均为正值，不过在多数情况下显著性不高。该结果表明，虽然日本政府在这一时期扩大开放的过程中，致力于推动国内企业进入海外开展业务活动并放松了对本土企业对外投资管制；但是日本的对外开放自 20 世纪 80 年代以来就已经基本上形成了高度的自由化环境，企业也已经具备了充分的对外投资能力，因此政府这一时期所能起到的作用实际上非常有限。

其次，此次扩大开放也未对跨国公司活动对日本对外投资的作用产生显著影响，从而假设 5.9 也未得到证实。从表 5 - 14 来看，lnIFDI 与 OPEN 和 lnTIM 与 OPEN 的交乘项的回归系数均不显著。我们认为，这主要是由于 IDP 的惯性所致（Narula，2010；2012）。这一时期，日本已经进入 IDP 的第四阶段（Narula，1996），由于前期的发展路径具有惯性，因此政府的开放政策很难发挥持续有效的作用。从图 5 - 8 可以看到，虽然政府的开放政策实施后促使日本在泡沫危机和亚洲金融危机后的吸引外资出现大幅增长，但是很快又跌回原来的水平，难以保持稳定的发展态势。而且，这一时期的外资大量进入了日本企业竞争力较弱的非制造业领域，例如，金融保险、批发零售和服务业等。这些产业长期处于日本政府的保护伞下，国内企业尚未具备充分的能力以应对跨国公司在短期内的大量进入（Ozawa，2001b）。因此，总体来看这一时期的开放政策并未产生显著的影响。

5.3 典型行业案例分析：半导体行业

5.3.1 日本半导体产业的发展历程

根据日本半导体产业的能力演变，其发展历程可大体划分为三个阶段：1950～1970 年的产业起步阶段，1971～1990 年的能力赶超阶段，以及 1991 年的产业衰退阶段。

20 世纪 50 年代初日本将晶体管技术引入国内，进入半导体产业的起步阶段。1950 年 3 月，日本通产省电气试验所的所长驹形作次赴美参观时，从西部电气（WE）公司将接触型晶体管及整流器带回国内，次年 10 月便开发出日本第一颗国产的晶体管。1952 年，日立、东芝和索尼分别从美国的 RCA 公司和西部电气引进了这一技术，并进行商业化的开发。从 1955 年起，索尼推出一系列便携式的晶体管收音机产品，迅速风靡欧美市场；此后，东芝和夏普等其他日本企业也相继进入该领域。到 1959 年，日本已经成为世界上最大的晶体管生产国，如表 5 - 15 所示。20 世纪 60 年代，日本企业又从美国引进了集成电路技术。通过将这一技术运用于桌面计算器等商业化产品，日本带动了集成电路产业的规模化发展，成为世界数一数二的集成电路制造大国。

表 5 – 15　　　　1957 ~ 1964 年日本和美国晶体管的生产量　　　单位：百万个

国家	1957 年	1958 年	1959 年	1960 年	1961 年	1962 年	1963 年	1964 年
日本	5.7	26.7	86.5	139.8	180.1	231.7	267.5	415.9
美国	27.8	46.1	83.5	131.8	193.0	258.2	302.9	398.0

资料来源：布劳恩和麦克唐纳（Braun & Macdonald，1978）。

20 世纪 70 年代初，日本政府启动了官产合作的 LSI 开发项目，由此将日本半导体产业带入赶超阶段。1971 年，通产省和日本电子工业协会联合十家国内主要的半导体厂商形成了一个 LSI 卡特尔，旨在建立 LSI 基本结构和组合的标准化，以确定制造流程并开发测试设备，主要面向 DRAM 产品。到 70 年代中期，日本已经在 LSI 领域具备了显著的竞争力，主导了除部分先进 IC 器件以外的全部本土市场。1976 年，通产省、NTT 和国内五家主要的半导体企业又形成了 VLSI 技术联盟，以摆脱对美国高端芯片的依赖。该项目最终取得了超过 1000 项专利，发表了约 460 篇技术论文，推动日本在 DRAM 领域达到世界领先水平。到了 80 年代，日本集成电路出口比率已经显著高于进口比率，日本也超越美国成为世界第一大半导体制造国如表 5 – 16 所示。

表 5 – 16　　　　1973 ~ 1984 年日本集成电路的进出口比率　　　单位:%

进出口比率	1973 年	1976 年	1979 年	1980 年	1981 年	1982 年	1983 年	1984 年
出口比率	2.3	11.5	28.3	32.2	29.0	34.1	37.2	39.3
进口比率	26.0	27.1	25.8	22.0	18.4	18.8	17.6	15.7

注：出口比率 = 出口金额/生产额 × 100%；进口比率 = 进口金额/（生产额 – 出口金额 + 进口金额）× 100%。

资料来源：日本电子工业年鉴。

随着 20 世纪 80 年代末美国对日本采取贸易制裁，加上自身发展战略的失误，日本的半导体产业步入衰退阶段。1985 年，美国半导体产业联盟（SIA）对日本提起诉讼，以低价倾销、妨害国家安全等理由，要求对日本的半导体产品予以制裁。1986 年 7 月"日美半导体协议"达成，要求日本必须向海外半导体厂商开放国内市场，使外国半导体产品份额达到 20% 以上。同时，美国政府还向日本芯片产品征收反倾销税（Kim，1997）。另一方面，虽然国际半导体产业已经向"设计＋代工"的模式发展，日本企业却仍然坚持垂直一体化的经营策略，从而限制了其与国际发展趋势的融合。于是，日本的半导体产业从 90 年代末开始重组，例如，1999 年三菱电机、日立和 NEC 的 DRAM 业务合并组建了尔必达（ELPIDA）公司，2003 年日立和三菱电机的其他半导体业务又整合成立了瑞萨电子（RENE-SAS）。不过，一系列整合活动并没有挽救日本的半导体产业，随着 2013 年镁光科技收购尔必达公司，日本的内存芯片产业全军覆没。

5.3.2 日本半导体产业引入跨国公司活动和对外投资的发展特点

5.3.2.1 日本半导体行业引入跨国公司活动的特点

日本对跨国公司活动的利用是根据其产业发展需要而演变的，因此呈现出与产业发展相对应的阶段性特征。日本在产业起步和赶超阶段主要通过技术引进的方式利用了跨国公司的资源；不过随着产业走向衰落，日本政府开始积极扩大开放、吸引外资。

（1）产业起步阶段引入跨国公司活动的特点。这一阶段，技术引进成为日本半导体产业利用跨国公司资源的主要途径。为了实现"日本经济的自立和健全发展"，日本政府严格限制外资流入，却批准了一些重要半导体技术的引入。

日本半导体产业这一时期的技术引进主要呈现规模小、前沿化以及来自美国的特点。首先，技术引进的规模和数量都不大。如表 5 - 17 所示，本阶段半导体技术的引进屈指可数，很多企业都引进了相同的技术。其次，日本企业在前沿的半导体技术出现不久便迅速引进。从表 5 - 17 可见，索尼、日立、三菱等企业在晶体管和集成电路技术出现不久后就采取了引进策略，从而能够紧随产业先行国的步伐。最后，这一时期引进的技术主要来自美国。美国作为半导体技术的原创国，已经形成了西部电气、德州仪器、仙童等一批半导体领域的先行企业。从上述企业直接引进最先进的半导体技术，使得日本半导体产业的起点已经高于许多后发国家。

表 5 - 17　　　　　　产业起步阶段日本主要技术引进案例

年份	日本企业	跨国公司	技术授权内容
1952	索尼	西部电气	晶体管专利技术
1954	日立、东芝、NEC	西部电气	晶体管专利技术
1958	NEC	RCA、通用电气	晶体管生产技术
20 世纪60 年代初	三菱电机	西屋	IC 专利技术
20 世纪60 年代初	日立、东芝	RCA	IC 专利技术
1963	NEC、三菱、京都电气等	仙童	IC 生产的平面技术
1968	索尼、NEC、日立、东芝等	德州仪器	IC 专利技术

资料来源：肥塚浩（1992）。

这一时期，也有少数跨国公司通过直接投资的方式进入日本半导体产业，基本都被要求以合资方式并进行技术输出。例如，德州仪器在 20 世纪 60 年代曾试图以独资方式进入日本，但是日本政府却迟迟不予批准。直到若干年后，德州仪器才在日本政府的压力下与索尼组建了合资企业，并将集成电路的制造技术许可给 NEC、日立、三菱、东芝和索尼使用。

（2）能力赶超阶段引入跨国公司活动的特点。这一阶段，日本对技术引进和外资进入的管制都更为宽松，于是两类跨国公司都出现了明显的增长。

技术引进在本阶段仍然对日本半导体产业的发展起着重要作用，主要呈现出规模扩大、参与企业更多、互补技术为主和来源国更加多样等特点。第一，技术引进的规模和数量明显增长。20 世纪 70 ~ 80 年代，日本企业在半导体领域开展的技术引进与合作更加频繁，所涉及的引进项目达到数百项，其中的典型项目如表 5 - 18 所示。第二，更多企业参与到半导体技术的引进与合作当中。除了表 5 - 17 中提到的在上一时期技术引进过程中表现活跃的老牌电子企业，三洋电机、万事工业、先锋、胜利等新兴企业也加入到引进半导体技术的行列。第三，随着日本企业已经在内存芯片领域到达世界领先水平，其与跨国公司开展了越来越多的互惠合作。如表 5 – 18 所示，日本企业与跨国公司在微处理器、专用芯片等领域展开了技术合作，并在此过程中引入了其所欠缺的专利技术。第四，除了从美国企业引进技术，在非内存芯片领域有所长的欧洲企业也成为日本企业这一时期技术合作的对象。

表 5 – 18　　　　　　能力赶超阶段日本半导体企业典型技术合作案例

年份	日本企业	合作企业	技术合作内容
1983	日立	摩托罗拉（美）	技术互换：日立提供记忆芯片的制造技术，摩托罗拉提供 MPU 技术
1985	东芝	西门子（德）	共同开发 Standard Cell 技术
1986	东芝	西门子（德）、GE（美）	共同开发 Standard Cell 技术
1987	冲电气	Silicon Systems（美）	共同开发 CMOS 调制解调芯片
1987	冲电气	Catalyst（美）	共同开发 CMOS EEPROM
1987	东芝	摩托罗拉（美）	技术互换：东芝向摩托罗拉转移记忆芯片技术（DRAM 等），摩托罗拉向东芝转移处理器芯片技术（MPU 等）
1988	松下	Intel（美）	共同开发 0.5 微米工艺所需的光刻技术
1988	日立	VLSI 科技（美）	共同开发 Standard Cell 技术
1988	东芝	意法半导体（意、法）、LSI Logic（美）	共同开发 CMOS Logic 和 Gate array 技术
1988	三洋电机	VLSI 科技（美）、ATMEL（美）	共同开发 32 bit 的 RISC 处理器、256K 的 EEPROM
1989	日立	德州仪器（美）	共同开发 16M 的 DRAM
1989	三洋电机	Mosaid（加）	共同开发 4M 的 DRAM

资料来源：榎本里司（1991）。

　　另一方面，跨国公司也开始更多以直接投资的方式进入日本，而且不再受到合资限制。继德州仪器在日本开展 64K RAMs 的生产之后，IBM 也在日本建立了 RAMs 的生产线，摩托罗拉和英特尔也分别于 20 世纪 80 年代提出在日本生产 64K DRAMs 和 MPU 芯片。此外，仙童、国家半导体和英特尔等公司还在日本投资了研发中心。由于日本政府对投资管制的放松，上述跨国公司主要采用独资方式开展经营活动。例如，之前以合资方式进入的德州仪器，就是在这一时期转为独资企业。

（3）产业衰退阶段引入跨国公司活动的特点。这一阶段，迫于美国的压力和自身产业发展的需要，日本政府进一步扩大开放。于是，跨国公司开始大量投资进入，而日本企业也继续积极与跨国公司开展技术合作以弥补自身在非内存芯片领域的欠缺。

跨国公司在本阶段的投资大幅增长，所涉及的投资来源国和投资方式都更加多样化。从投资规模来看，日本电子产业在2005～2013年吸收外资8624亿日元，其中相当部分发生在半导体行业，例如，镁光科技对尔必达公司的收购就耗资2000亿日元。从投资来源国或地区来看，不仅欧美的半导体厂商纷纷进入日本市场，一些新兴国家的跨国公司也纷纷投资进入。例如，韩国的三星电子于1992年在日本设立了研发机构，2004年又与东芝公司合资建立了东芝三星存储技术公司；而台积电、联电等中国台湾企业也已在日本设立了销售支持和研发机构。从投资方式来看，越来越多的跨国公司开始采用并购方式进行投资。除了前面提到的镁光科技对尔必达的收购，其他典型案例还包括：美国 Avnet 公司在2012年对日本 Internix 公司的收购，应用材料（Applied Materials）公司于2013年对东京电子的收购等。

与此同时，日本企业也更加积极地在非内存芯片领域开展国际技术合作，并以此为契机引进更多的先进技术。一方面，日本企业加强了与跨国公司在非内存领域的技术合作。如表 5 - 19 所示，典型项目包括：东芝与摩托罗拉共同开展高清用半导体的研发，三菱电机与 AT&T 的合作开发无线通信芯片，以及索尼和德州仪器对 CPU 技术的共享等。另一方面，日本企业也积极与新兴国家的先进制造业者合作研发先进的制程技术。例如，三星电子和台积电就加入了由东芝等日本企业组建的 EUVL 基板开发中心（EIDEC），致力于深紫外线微影制造技术的共同研发。

表 5 - 19　　　　20 世纪 90 年代初日本半导体企业典型技术合作案例

年份	日本企业	合作企业	技术合作内容
1990	NEC	AT&T（美）	技术互换：NEC 将门列阵技术转移给 AT&T，AT&T 将 Standard Cell 技术转移给 NEC

续表

年份	日本企业	合作企业	技术合作内容
1990	东芝	摩托罗拉（美）	高清用半导体的共同研发
1991	NEC	AT&T（美）	0.35 微米 MOS 工艺技术的合作开发
1991	日立	德州仪器（美）	64M DRAM 的共同开发
1991	富士通、索尼、日立	德州仪器（美）	高清 MUSE 解码器用于 LSI 的共同开发
1991	三菱电机	AT&T（美）	无线通信 IC 的共同研发
1991	三洋	LSI Logic（美）	高清 MUSE 解码器用于 LSI 的共同开发
1992	NEC	AT&T（美）	高速 SRAM 制品 0.5 微米工艺的共同开发
1992	东芝	IBM（美）	闪存固态硬盘的共同研发
1992	东芝	IBM（美）、西门子（德）	256M 的 DRAM 技术研发
1992	东芝	IDT（美）	RISC 芯片的共同研发
1992	东芝	国家半导体（美）	CMOS 标准逻辑芯片新品的共同研发共同开发 NOR 闪存技术并共享技术
1992	富士通	AMD（美）	闪存芯片的共同开发和制造
1992	夏普	Intel（美）	在闪存领域展开合作：夏普从 Intel 引进 8M 和 16M 的闪存技术，并为 Intel 提供制造；双方共同开发 16M 以上闪存的 0.5 微米超细加工技术
1993	NEC	AT&T（美）	0.25 微米制造工艺（下一代工艺）的共同开发
1993	NEC	国家半导体（美）	互联网 LAN 用控制器的共同开发和制造
1993	东芝	摩托罗拉（美）、国家半导体（美）	下一代 CMOS 标准逻辑 IC 的共同研发
1993	日立	德州仪器（美）	256M DRAM 的共同开发
1993	三菱电机	意法半导体（意、法）	16M 闪存芯片的共同开发，0.5 微米 CMOS 工艺的共享
1993	三洋	意法半导体（意、法）	MPEG 标准芯片组的共同研发
1994	NEC	三星电子（韩）	256M DRAM 的技术信息共享
1994	东芝	IBM（美）、西门子（德）	64M DRAM 的第二代元件研发
1994	索尼	德州仪器（美）	CPU 技术的共享和合作开发

资料来源：安田信之助（1995）。

5.3.2.2　日本半导体产业对外投资的阶段性特点

经过产业起步阶段的能力积累，日本半导体产业在赶超阶段开始对外投资，并先后经历了萌芽期、成长期和成熟期三个阶段。

（1）萌芽期对外投资的特点（19 世纪 70 年代）。20 世纪 70 年代，随着国内工资水平的上升，日本半导体企业开始进入韩国、新加坡、马来西亚等地投资建立组装工程以降低成本，如表 5－20 所示。这一时期，有能力开展对外投资活动的日本企业还很有限，只有 NEC、东芝、日立等综合实力较强的企业开始了海外投资的尝试。因此，本阶段对外投资的总体规模也不大，特别是组装工厂的投资一般不超过 100 万美元。

表 5－20　　　　　　日本半导体跨国公司在初生期的典型对外投资

年份	日本企业	东道国	投资项目
1972	日立	马来西亚	组装工厂
1972	罗姆	韩国	组装工厂
1974	NEC	马来西亚	组装工厂
1975	东芝	马来西亚	组装工厂
1976	NEC	新加坡	组装工厂
1976	富士通	新加坡	组装工厂

资料来源：朱大永和朴涏秀（1995）。

（2）成长期对外投资的特点（19 世纪 80 年代）。20 世纪 80 年代，随着国际贸易摩擦压力的增大，日本半导体企业开始进入美国和欧洲投建生产工厂。与上一阶段相比，更多企业开始进入海外投资、投资规模不断扩大、海外并购也开始出现。首先，日本开展对外投资活动的企业明显增加。如表 5－21 所示，三菱电机、松下、夏普等企业都在这一时期加入了对外投资的行列。其次，日本企业这一阶段对外投资的规模明显扩大。半导体生产设施的投资规模庞大，例如，NEC 于 80 年代初在美国投资的工厂就耗资了 1 亿美元。最后，借助欧美半导体企业衰退之机，日本企业开始通过收购方式实现对发达国家的生产型投资。NEC 在美国的生产型投资就是通过收购加州的 Electronic Arrays 公司展开的，而东芝也在 1980 年通过收购美国企业的股票投资进入美国（朱大永和朴涏秀，1995）。

表 5 – 21　　　　　　　　　　日本半导体企业在美国的主要投资

日本企业	工厂所在地	主要产品	事业内容
NEC	加利福尼亚州	DRAM、ASIC	4M DRAM：200 万个/月 16M DRAM 准备生产 1.5K 门级 ASIC 的生产
东芝	加利福尼亚州	记忆芯片、ASIC	DRAM、ASIC 等组合生产
	俄勒冈州	半导体	1991 年买入 31 万平方米土地，准备建设工厂
日立	德克萨斯州	DRAM、SRAM、ASIC	4M DRAM：100 万个/月 以及 ASIC 等产品的组合生产
富士通	北加利福尼亚州	DRAM、ASIC	1M 和 4M 的 DRAM：200 万个/月
三菱电机	北加利福尼亚州	DRAM	1M 和 4M 的 DRAM：100 万个/月
	宾夕法尼亚州	分立器件	电力用半导体的生产
松下	华盛顿	DRAM、ASIC	月产 1 万枚（6 英寸换算）
索尼	德克萨斯州	SRAM、逻辑 IC	1991 年开始生产 1M 的 SRAM 逻辑 IC 的制造
罗姆	加利福尼亚州	ASIC、分立器件	ASIC、ASSP、分立器件的生产
	加利福尼亚州（圣何塞）	线性 IC、EEPROM、记忆芯片	线性 IC 组装 EEPROM 和记忆芯片的生产
冲电气	俄勒冈州	DRAM、MCU	1M、4M DRAM 和 8bit MCU 的组合生产

资料来源：朱大永和朴涏秀（1995）。

（3）成熟期对外投资的特点（20 世纪 90 年代至今）。进入 20 世纪 90 年代，日本企业在美国和韩国企业的双重竞争压力下，开始全面整合海外投资，以提升全球生产效率、整合国际研发资源和探寻新的市场机会。为了提升效率，日本企业开始将一些附加值较高的中间品转移到东南亚等地生产以贴近其下游产品生产线，并将国内和发达国家的生产设施进行集中以更贴近主要市场，例如，NEC 在 2006 年就决定将其在日本 Sagamihara 的 8 英寸晶圆厂的产能转移到美国 Roseville 的工厂。同时，日本企业也开始更加积极地整合全球的研发资源。2006 年，NEC 宣布将加强其在美国达拉斯的设计中心和位于德国的欧洲技术中心的研发力量，以增强汽车 MCU 业务。此外，日本厂商还积极寻求新兴市场机会。特别是以中国和东盟为代表的亚洲市场，已经成长为国际半导体市场的重要新兴力量，其份额如今已超过 50%；于是吸引了众多日本厂商前来投资，如表 5 - 22 所示。

表 5 - 22   日本半导体企业 20 世纪 90 年代在中国和泰国的主要投资

日本企业	工厂所在地	事业内容
NEC	中国	与中国政府合作开设合资工厂，生产线性 IC、DRAM
东芝	泰国	分立器件、线性 IC 等产品的组装
三洋电器	中国	分立器件的组装
	泰国	双极型集成电路的组装
冲电气	泰国	DRAM、MCU 的组装
索尼	泰国	SRAM、MCU 等产品的组装
罗姆	泰国	分立器件的组装

资料来源：朱大永和朴涏秀（1995）。

5.3.3   日本半导体引入跨国公司活动对对外投资能力形成的机制分析

在国际产业际遇下，日本通过引入跨国公司活动实现了国内产业能力的提升。下面，将重点探讨跨国公司活动对国内产业条件的促进机制，以及日本政府在其中的作用。

5.3.3.1   初始条件与开放特征

第二次世界大战后的日本满目疮痍，但是之前的明治维新和两次世界大战仍为其留下了良好的工业基础。这些有利的初始条件，使日本能够凭借技术引进的开放方式，实现本国半导体产业的起步。

依据 Porter 的钻石模型，日本有利的初始条件主要体现在要素和相关产业两个方面。首先，日本具有良好的人才和技术要素。这主要是因为日本素有重视教育和培养工程技术人员的传统，并且在战争期间积累了大量的电子通信技术。其次，日本在前期的工业化进程中，已经积累了良好的基础设施，并在电子、通信等领域已经搭建起相关的产业体系。早在 20 世纪 40 年代，日本就已经具有了年产 80 万台电子管收音机的能力，其普及率在国内超过 50%。另外，在企业竞争方面日本也具有较好的潜在条件，因为战前日本国内就已经出现了一批电子和通信企业，如东芝、NEC、日立等企业在战前就具有电子管的生产能力，它们在战后都开始寻求新的发展机会。至于需求条件，作为战败国的日本已无军事需求可言，同时由于 50 年代较低的国民收入导致民用需求也难成规模。

在图 5 - 13 所示的初始条件下，日本主要通过技术引进的方式利用了跨国公司的资源。由于在各个维度都已经具备了良好的条件，引入国内所欠缺的技术要素无疑是日本利用跨国公司活动发展国内产业最有效的方式。而且，美国当时对日本的扶持态度也为其引进先进的技术创造了条件。于是，日本政府出台了一些政策规定，来鼓励国内企业引进技术。例如，1957 年出台的《电子工业振兴临时措施法》就规定了电子信息产业技术引进的优惠政策，并且鼓励国内的企业和科研机构加强与国际科技组织在材料研究、零件制造方面的合作。凭借美国的支持和国内的初始条件，日本通过技术引进的方式将国际产业资源引入国内，开启了国内半导体产业的发展。

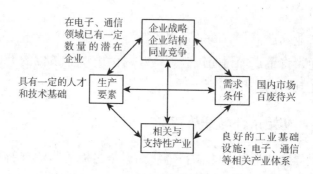

图 5 - 13　日本半导体产业的初始条件

5.3.3.2　能力起步阶段的产业环境

在上述开放特征下，日本企业通过从跨国公司引进半导体技术，弥补了国内产业要素条件的缺失。20 世纪 50 年代，日本老牌的电子、通信企业，例如，索尼、日立、东芝、NEC 等，先后从西部电气、仙童和通用电气等美国的跨国公司引进了半导体技术，并基于这些技术建立起自身的半导体制造业务。在向日本企业输出技术的过程中，美国企业还提供了技术观摩、人员培训等方面的机会，帮助日本企业更加有效地吸收技术。例如，Sony 公司在与西部电气签署技术许可协议后，就派遣技术人员前往后者的工厂进行了为期三个月的学习。

在利用跨国公司活动提升国内产业要素水平的过程中，日本政府也发挥了重要的作用。通过支持技术引进和干预跨国公司的直接投资，政府促使本土企业能够最大限度地利用海外的技术资源。首先，日本政府对半导体技术的引进采取了支持的态度。1952 年，索尼从西部电气引进晶体管技术需要动用 2.5 万美元的外汇，正是在日本通产省的支持下才得以顺利引进。其次，对于希望直接投资进入日本的跨国公司，日本政府则提出与本地企业合资并将技术授权给多家本地企业的要求。20 世纪 60 年代初，掌握关键集成电路技术的德州仪器欲通过独资方式进入日本，导致日本企业迟迟难以实现集成电路的量产。于是，日本政府对德州仪器的投资申请采取了搁置态度，直到 1968 年德州仪器同意与索尼设立合资企业，并将专利授权给 NEC、日立、三菱、东芝和索尼等日本公司使用后才予以批准。

与此同时，日本国内下游产业的发展则为半导体产业创造了有利的需求条件，而美国市场对日本的开放在其中起到了重要的作用。从 1953 ~ 1964 年，日本的制造业产值从 6 万亿日元增长到 27 亿日元，其中通信设备、消费电子产业都出现了成倍的增长，带动了对半导体产品的需求。而美国市场的开放成为拉动下游产业发展的重要原因，许多商业化产品的大规模成功都得益于在美国市场的实践。例如，正是美国青少年对便携式晶体管收音机的大量购买才促使日本在这一产业领域的高速发展，截至 1959 年日本厂商在美国市场上晶体管收音机的销量已经累计达到 600 万台，实现销售收入 6200 万美元。

值得一提的是，国内需求不仅在规模上发挥作用，其需求特点也是推动日本半导体产业规模化发展的重要因素。由于日本人口密集、居住空间狭小，日本消费者对袖珍、便携式产品有着特殊的偏好（Porter，1990）。这一需求特点造成日本企业对于能够实现产品小型化要求的技术有着敏感的嗅觉，并且特别擅长将市场上已有的产品进行精细化改良。因此，当接触到体积明显小于电子管的晶体管技术以及能够使多个晶体管体积进一步缩小的集成电路技术时，日本电子企业迅速察觉到这些技术与其产品策略的契合，于是积极开发出便携式晶体管收音机、桌面计算器和电子表等商业化产品，并带动了半导体制造业的规模化发展。

在要素和需求条件都已经具备的情况下，日本国内的竞争条件也在国内产业发展过程中起到锦上添花的作用。如前所述，日本在第二次世界大战前就已经在电子、通信领域形成了一定数量的本土企业。这些企业充满不甘人后的竞争精神，当一家企业在半导体领域取得成功后，其他企业便会毫不犹豫地跟进。例如，当索尼在晶体管收音机市场上大获成功后，东芝和日立也立刻从美国引进了晶体管技术并进行商业化推广；此后三菱、日立、东芝、NEC 又争先恐后地从美国的西屋、RCA 和仙童等公司引进集成电路技术，积极推动商业化产品的开发。在竞争压力下，日本企业不遗余力地更新技术和产品，促进了产业整体实力的提升。

在相关和支持性产业，日本也在跨国公司的支持下取得了明显的进展。20 世纪 50 年代后期，半导体逐渐从手工生产转向设备制造，于是日本开始大量从美国进口半导体设备。除了丸红、日商岩井、兼松、住友商事等综合商社从美国引进设备并供应给国内厂商，半导体制造企业也纷纷直接从海外采购设备。例如，兼松在 1965 年成为 GCA 公司设备的总代理商，此后又取得珀金埃尔默和应用材料公司设备的总代理权；日立则从其合作伙伴 RCA 公司直接引进了最新的生产设备。与此同时，日本半导体企业也开始尝试半导体设备的国产化，并与跨国公司建立了合资企业。例如，NEC 与美国的瓦里安公司于 1967 年设立了合资企业，进行镀膜设备和喷镀设备的开发和生产。在跨国公司的支持下，日本到 20 世纪 60 年代末已经形成了东京精密、东京电子、新川等一批半导体设备企业。

在图 5-14 所示国内产业条件的作用下，日本基本上完成了半导体产业起步能力的搭建。经过这一阶段的发展，日本半导体产业的规模得到明显提升，先后成为世界晶体管和集成电路的最大生产国。而且，日本半导体产业的技术能力紧随美国，在 MOS IC 制造工艺和发光半导体等技术领域仅比美国落后 1~2 年。从而，为下一阶段的能力赶超打下了坚实的基础。

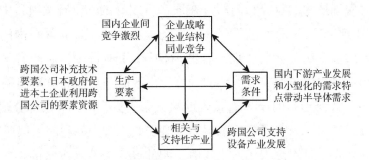

图 5 – 14　日本半导体产业起步阶段的能力形成机制

5.3.3.3　能力赶超阶段的产业环境

进入 20 世纪 70 年代，日本继续利用跨国公司活动补充国内产业在要素和需求方面的条件，而日本政府这一时期通过组建大型官产合作项目在要素、需求和相关产业方面给予的支持则为产业能力的赶超起到了决定性作用。

DRAM 芯片在美国出现后，日本企业便迅速引入了该技术以补充国内的技术要素。继 IBM 公司于 1966 年开发出第一个 DRAM 产品之后，英特尔、Mostek 等美国企业也相继进入这一领域，引领了该领域技术的发展。同时，日本企业也在该领域积极展开研发[①]，但是技术始终落后于美国。于是，日本企业继续通过技术引进的方式以缩短对先进技术的追赶进程，例如，夏普在 1969 年研制出的第一台采用 LSI 芯片的桌面计算器就采用了 Rockwell 公司的半导体技术。随着美国企业越来越不情愿将技术输出到日本，日本政府逐渐扩大了开放以缓解美国的抵触情绪，包括：允许跨国公司以独资的方式投资进入日本，以及逐渐取消了对外国芯片的进口限制等。从而，日本在 20 世纪 70 年代得以继续从美国引入先进技术，支持国内的技术赶超活动。

与此同时，日本政府通过官产合作项目对国内产业的要素条件给予了全面的支持。20 世纪 70 年代，日本政府先后开展了 LSI 和 VLSI 两个大型官产合作计划。在此过程中，政府投入了大量的研发资金，显著促进了国

---

① 东芝在 1966 年开发的电子计算器 BC – 1411 就采用了分立器件组成的 DRAM。

内企业对先进技术的吸收和创新。在通产省主导的 LSI 研发项目中，政府在 1972 年到 1976 年间为包括 NEC、东芝、富士通、日立等在内的六家重点企业提供了 2 亿美元的资助。在此后的 VLSI 项目中，通产省又为计算机领域的项目提供了约 2 亿美元的预算，由政府和产业界分别出资 41.6% 和 58.4%。政府出资的 60% 直接资助给五家成员公司，其余部分则以无息贷款的方式提供，未来以项目取得的专利费收入和产品利润来偿还。

在项目中，日本政府还通过政府采购的方式为新兴技术的推广提供必要的需求条件。日本的政府采购主要是通过政府部门本身以及国有的日本电报电话公司（NTT）和日本电子计算机有限公司（JECC）来进行的。NTT 在日本电子通信产品市场上具有垄断优势，其采购规模相当可观，在政策上优先使用国内产品且支付高价。20 世纪 70 年代初，NTT 对 16K RAM 芯片的大量采购就成为推动当时半导体产业发展的主要力量。此后，NTT 又在通信领域的 VLSI 项目中承担了政府采购的职能，以对三家成员企业自行筹措的研发资金进行补偿。JECC 是日本政府联合国内七家大型计算机厂商设立的计算机租赁公司，则是日本当时计算机市场上的最大用户。JECC 同样采用了优先购买国产机的政策，到 1981 年已累计采购价值 72.5 亿美元的国产计算机，从而也间接带动了计算机用内存芯片的需求。

当然，日本电子产业迅速发展以及海外跨国公司所创造的巨大需求也成为日本芯片产业不断扩张的重要条件。20 世纪 80 年代初，日本的人均 GNI 已经几乎与美国持平，收入的增长带动了国内对消费电子和计算机产品的需求，如表 5 - 23 所示，并进而对半导体芯片产生了大量需求。1981 年，日本电子产业消耗了产值 $22 亿的半导体产品，占日本当年半导体行业总产值的 50%。同时，海外跨国公司的需求也进一步扩展了日本国内的需求条件。这一阶段，美国的微机产业保持了两位数的增长，IBM、摩托罗拉和康柏等美国 PC 公司在业务扩展的过程中对内存芯片产生了巨大的需求，并将大量订单交由能够提供良好质量和服务的日本企业。在上述需求条件的带动下，日本在 20 世纪 80 年代的芯片产能逐渐超过美国。

表 5 – 23   20 世纪 80 年代上半期日本消费电子和
                           工业电子设备的产值   单位：百万日元

产品	1980 年	1981 年	1982 年	1983 年	1984 年
消费电子产品	5283672	5917486	5880605	6300892	6906351
家用电器	1467012	1368774	1531460	607004	1350785
磁带录像机	571920	1096861	1381097	1831408	2297715
音频光盘	1460490	1632809	1317199	1405093	1472797
工业电子产品	3990439	4457006	4993046	5745668	7547536
计算机	1153227	1302897	1459294	1654721	2593446
通信设备	937580	1087032	1187739	1363909	1520591
办公机械	492427	589013	572855	617869	811472

资料来源：日本电子工业协会，井上纯一（1988）。

　　随着越来越多的日本企业加入半导体行业，国内的竞争也日趋激烈，而日本的财阀体系则进一步起到推波助澜的作用。到 20 世纪 80 年代，日本已有超过 30 家本土半导体厂商，导致行业内呈现高度同质化的惨烈竞争。这点从日本技术引进的高度集中化可见一斑：1972 年日本电子产业平均每一种技术约有 11 家企业引进。巨大的竞争压力驱使日本厂商不断致力于先进产品的开发和国际市场的拓展。同时，国内的领先厂商还面临着国际市场上跨国企业的竞争。80 年代初。以 NEC 为代表的日本企业和以 Mostek 为代表的美国企业在 64K 和 256K 的 DRAM 领域展开殊死较量，最终日本企业率先推出受到市场认可的产品而将美国企业挤出。

　　值得一提的是，日本的财阀体系还进一步对国内的竞争条件推波助澜。在缺乏资本市场的环境下，财阀体系内特殊的"银行—产业综合体"（banking-industrial complex）为半导体企业不断上涨的投资需求提供了有力的支持。实际上，日本多数半导体企业都有强大的财阀背景，例如，NEC 为住友财阀旗下企业，日立是富士财团下属的重要企业，富士通则隶属于第一劝银财团。这些财阀不仅从事实业，还囊括了日本主要的金融机构，几大财阀下属的十三家城市银行和寿险公司是日本当时金融体系的核心。这些金融机构为财阀内的半导体企业提供了大量的贷款支持，这些资金呈现半内部化（quasi internal）的性质：可以大量长期续借，每年只用偿还利息，类似于优先股（Okimoto et al.，1984）。财阀体系的支持推动半导体企业不遗余力地投入资金开展研发和扩大产能，进一步强化了彼此之间的竞争。

在相关与支持性产业，日本政府通过官产合作计划，在吸收美国技术的基础上也取得了重要突破，使日本成为半导体设备和材料最领先的制造国之一。在 20 世纪 70 年代后期开展的 VLSI 项目中，日本政府专门启动了"DRAM 制法革新"的子项目，支持项目参与企业从美国引进当时最先进的芯片制造设备，并以逆向工程等方式对关键技术进行吸收（邹蓉，2008）。到了 80 年代，日本已经在半导体设备和材料领域取得了许多重要的技术突破，形成了一批国际领先企业，例如，设备行业的东京电子、尼康、佳能等，以及材料领域的信越化学、SUMCO、东京应化等。经过努力，日本半导体设备产业逐渐超过美国。如表 5 - 24 所示，1989 年日本半导体设备企业的国际排名已经明显领先于美国企业。由此，相关产业的突破性发展也为日本半导体产业的赶超提供了有力的保障。

表 5 - 24　　　　　　　　　国际半导体设备厂商排名　　　　　　　　单位：百万美元

排名	1979 年		1989 年	
	企业	销售额	企业	销售额
1	仙童半导体（美）	111	东京电子（日）	634
2	珀金·埃尔默（美）	101	尼康（日）	587
3	应用材料（美）	54	应用材料（美）	523
4	GCA（美）	54	爱德万（日）	399
5	泰瑞达（美）	53	佳能（日）	384
6	瓦里安联合（美）	51	Genesis Microchip（美）	354
7	泰克（美）	39	瓦里安（美）	335
8	伊顿（美）	38	日立（日）	210
9	K&S（美）	37	泰瑞达（美）	200
10	巴尔查斯（美）	34	ASM 国际（美）	187

资料来源：肥塚浩（1992）。

通过跨国公司的补充和政府的支持，日本这一时期的半导体产业条件都已经达到了世界领先的水平，如图 5 - 15 所示，从而能够形成超越美国的产业能力。20 世纪 80 年代中期，日本已经当之无愧地成为内存芯片领域的技术领跑者和世界半导体第一大制造国。遗憾的是，上述优势未能长久地保持下去，而是在不久之后即进入了产业衰退阶段。

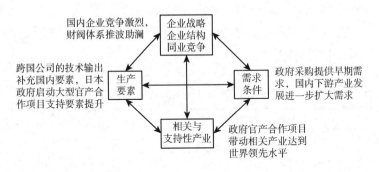

图 5 – 15　日本半导体产业赶超阶段的能力形成机制

5.3.3.4　能力衰退阶段的产业环境

20 世纪 90 年代的衰退促使日本政府扩大了开放，虽然仍在积极利用跨国公司活动弥补国内的要素，政府也继续提供着必要的产业支持，但是在新的国际产业格局下却未能挽救日本半导体产业的颓势。

为了发展非内存芯片技术，日本仍然试图通过利用跨国公司的资源来弥补国内的要素条件。但是在美日竞争关系下，日本已经难以从美国直接引进先进技术，因此日本政府开始积极吸引跨国公司投资进入。这一时期，英特尔、意法半导体和恩智浦等国际主要的半导体厂商都在日本开展了投资活动，不过这些企业在进入后都对自身的核心技术严加保密，因而并未产生明显的技术溢出效应。随着日本半导体产业的衰退，一些国内企业相继被跨国公司收购。2012 年，日本最后一家内存芯片厂商尔必达公司被镁光科技收购。同时，日本企业也继续与欧美的跨国公司积极开展技术合作，并在微控制器、高附加值光子器件等细分领域取得了一定的成绩，但是逻辑芯片市场仍然被美国企业牢牢把持。

在从外部难以获得有效支持的情况下，日本政府也继续支持国内半导体产业的技术研发和人才培养。为了推动国内的半导体设计和前沿制造能力，日本政府主导了一系列官产学合作项目，例如，纳米半导体技术就成为日本政府积极部署的重点领域之一，在 2000 年以后开展了一系列中、长期的专项计划并给予资金支持，见表 5 - 25 所示。同时，为了弥补国内设计人才要素的不足，日本政府自 1995 年以来也开始实行系统芯片设计人才的培养计划。不过，在国内产业整体衰退的态势下，日本政府未能再开展如上一阶段的大型项目对产业给予全面支持，而上述措施对产业发展所起的作用也非常有限。

表 5 - 25　　　　　　日本开展的四项纳米半导体技术中长期开发计划

计划名称	计划时间	资金投入（亿日元）	主要技术指标
Asuka 飞鸟	2001 ~ 2005 年	840	100 - 70nm Soc 技术
MIRAI（未来）	2001 ~ 2007 年	250	70 ~ 50nm 设备相关技术、高 K 栅绝缘膜技术高效率、新一代半导体生产系统技术，建立 Soc 必备的节能、高效、迷你型生产线技术建立迷你型工厂，以超短出货时间生产数码家电用 Soc
HALCA（遥）	2001 ~ 2003 年	80	
D II N	2001 ~ 2007 年	125	

资料来源：羽集（2003）。

另一方面，日本的需求条件也在此期间不断恶化。20 世纪 80 年代与欧美国家的贸易摩擦使日本的电子产业遭受全面冲击，而 90 年代以来国内消费的萎缩进一步使日本电子产业雪上加霜。如表 5 - 26 所示，日本电气机械产业的产值自 1991 年开始就持续下降；90 年代中期虽有小幅回升，但很快又在亚洲金融危机的刺激下一蹶不振。国内下游产业的衰退，导致对半导体芯片的需求大幅下降。在国际需求方面，随着 1986 年"美日半导体协定"的签署，以及美国对日本半导体产品公平市场价值（Fair market value）的约束，日本制造的芯片在国际市场上逐渐失去价格优势。在国内外需求条件均恶化的情况下，日本芯片的产量已经先后被韩国和中国台湾超过，目前在全球的份额不足 20%。

表 5 - 26　　　　　　1991 ~ 1998 年日本电气机械行业生产总值　　　　　单位：10 亿日元

	1991 年	1992 年	1993 年	1994 年	1995 年	1996 年	1997 年	1998 年
产值	20739	19225	17981	18064	18979	20038	20492	19025

资料来源：日本统计局。

与此同时，日本国内的竞争环境也因跨国公司的进入而危机重重。由于"美日半导体协定"要求日本半导体市场上海外品牌的份额必须达到

20% 以上，迫使日本企业不得不在本土上市上面临越来越强烈的来自跨国
公司的竞争。到 1996 年上半年，日本半导体市场上外国厂商的份额已经
上升到 30% 以上，其中 2/3 是由美国企业占据的。势头强劲的跨国公司对
日本半导体厂商产生了明显的挤出效应，迫使后者开始在 20 世纪 90 年代
末走向合作和重组，例如，三菱电机、日立和 NEC 的内存芯片业务合资成
立了尔必达公司，而非内存芯片业务则合并组建了瑞萨电子。遗憾的是，
上述重组活动并未能缓解日本企业在竞争中的劣势，尔必达在 2012 年被
镁光科技收购，而瑞萨电子在 2014 年也仅排名世界第 11 位。

最后，日本的相关产业虽然仍处在世界前列，却已不能为国内半导体
厂商所独享。由于日本主要的半导体厂商都自 20 世纪 90 年代初开始大幅
缩减设备投资，如表 5-27 所示，导致日本半导体设备的国际市场占有率
在 1992 年已下降到 38%，被美国超过（翁寿松，1993）。为了生存，日本
的设备厂商开始积极向韩国和中国台湾等地出口设备。由于 DRAM 的制程
技术很大程度上是嵌入制造设备的，因此随着日本半导体设备的出口，其
关键的制程技术也就传播到了海外，从而为前述地区半导体制造业的崛起
创造了机会。

表 5-27　　　　　20 世纪 90 年代初日本 11 大半导体厂商的设备投资额　　单位：亿日元

日本厂商	1991 年	1992 年
NEC	1000	700
东芝	1000	800
日立	800	600
富士通	1601	690
三菱电机	900	500
松下电子	580	410
三洋电机	400	350
夏普	300	300
索尼	700	400
冲电气	431	201
罗姆	171	140
合计	7863	5641

资料来源：翁寿松（1993）。

在如图 5 - 16 所示的产业条件下，日本半导体产业自 20 世纪 90 年代以后一蹶不振。2013 年，日本半导体产业的产值仅为 442.7 亿美元，被韩国以 500.67 亿美元超越。除了在少数细分领域保持领先，日本企业在主流的逻辑芯片和内存芯片领域几乎均已无优势可言。2014 年，全球 10 大半导体厂商中仅有东芝一家入榜，位列第 7。

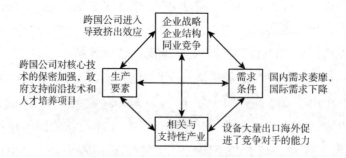

图 5 - 16　日本半导体产业衰退阶段的能力形成机制

5.3.3.5　对于日本半导体产业发展中政府作用的分析

在产业发展过程中，日本政府也通过多方面的政策措施推动着国内产业能力的演变。具体而言，政府对产业能力的影响机制可以归纳为三个方面：在不同阶段采取有针对性的开放策略、增进跨国公司与本土产业的互动关系、直接提升国内的各方面产业条件，其具体机制总结如表 5 - 28 所示。

表 5 - 28　　　　　日本政府对半导体产业发展作用机制的总结

阶段	主要领域	主要政策
产业起步阶段	开放策略	鼓励技术引进，限制外商直接投资
	内外资联系	要求跨国公司投资进入需与本土企业合资并授权技术
	产业条件	鼓励国内企业开展技术开发活动、培养电子领域专业人才
能力赶超阶段	开放策略	扩大开放以换取跨国公司继续输出先进技术
	产业条件	1971 年主导 LSI 官产合作项目；1975 年主导 VLSI 官产合作项目；通过 NTT 和 JECC 进行采购等
产业衰退阶段	开放策略	积极吸引外资，鼓励国际技术合作
	产业条件	在新兴技术领域开展官产合作的开发项目；1995 年以来实施系统芯片设计人才培养计划等

5.3.3.6 日本半导体行业引入跨国公司活动对对外投资能力的作用机制总结

跨国公司促进日本半导体产业能力形成的机制，主要体现在通过技术输出的方式直接弥补了国内要素条件的不足。此外，在产业的起步和追赶阶段，跨国公司也通过拉动需求、促进竞争和支持相关产业，带动了日本半导体产业条件的提升。然而在产业衰退阶段，跨国公司在需求和竞争方面对日本企业的遏制成为日本半导体产业逐渐走向衰落的重要原因。具体作用机制如表5－29所示。

表 5－29　　　　跨国公司对日本半导体产业发展作用机制的总结

阶段	产业条件	MNE 活动	作用机制	方式
产业 起步 阶段	生产要素	技术输出	向日本企业提供早期的半导体技术	非股权
		合资	与日本企业合资建立工厂并提供技术许可	股权
	相关产业	出口贸易	为本土半导体产业供应关键的设备	非股权
		合资	与日本企业合资进行设备的开发和生产	股权
能力 赶超 阶段	生产要素	技术输出	向日本企业提供大规模集成电路技术	非股权
	需求条件	进口贸易	美国计算机厂商的对日本半导体芯片的采购	非股权
	竞争关系	国际竞争	美日企业的激烈竞争促使日本企业改进技术、提升产品质量和服务	其他
	相关产业	技术输出	向日本输出先进设备，由此日本发展出自主的先进设备产业	非股权
产业 衰退 阶段	生产要素	直接投资	国际半导体厂商增加对日本的投资和收购	股权
		技术联盟	与日本企业展开技术合作并提供技术许可	非股权
	需求条件	进口贸易	美国计算机厂商对日本芯片的采购大幅下降	非股权
	竞争关系	国内竞争	跨国公司在日本市场份额增加，挤出国内企业	其他
		国际竞争	美国企业引领非内存市场增长，韩国企业大量挤占内存芯片市场份额	其他

5.4　本章小结

　　本章首先回顾了日本吸引外资、技术引进和对外投资的发展历程和特点，并从发展趋势、国家分布和行业构成三个方面进行了匹配性分析。从趋势特点来看，日本一直以技术引进为主利用跨国公司活动，吸引外资长期受到限制，而对外投资则随经济发展迅速展开，因此呈现出对外投资推动型的 IDP 特点。从国家分布来看，美国和以荷兰、英国、法国为代表的欧洲国家在日本引进跨国公司活动和对外投资活动中均占有重要的地位，显示出较高的匹配性；而不匹配性则体现在日本引入的跨国公司活动主要来自发达国家，而对外投资有相当一部分投向了中国、泰国和印度尼西亚等发展中国家或地区。日本引入跨国公司活动和对外投资活动的行业匹配性也比较高，制造业中的电气机械、运输设备和化学行业，以及非制造业中的批发零售、金融保险和服务业都占有可观的份额；不匹配性主要体现在其对矿业开展了大量投资，但是这一领域却很少引入跨国公司活动。因此，日本主要在吸引外资方面呈现出与传统 IDP 不同的特征，同时引入跨国公司活动和对外投资活动在国别分布和行业构成方面具有较高的匹配性。

　　在上述统计分析的基础上，本章采用日本自 20 世纪 60 年代以来的时间序列数据对其 IDP 机制进行了三个层面的实证检验。第一层面的检验结果表明，日本的整体层面的对外投资对其对外投资没有显著的作用。这主要是因为日本的外资流入长期受到限制，而对外投资却随着经济发展而积极展开。在国家影响因素方面，我们发现，人力资本是影响日本吸引外资对其对外投资的作用的重要影响因素。在区分 IFDI 国家来源方面，来自于发达国家的 IFDI 对日本对发达国家的对外投资有显著的作用，因为来自于发达国家的 IFDI 不仅具有更好的技术水平，也能够产生更高的市场信息溢出。在区分 FDI 行业来源方面，服务业的 FDI 对日本的整体对外投资产生了显著的影响，我们认为一方面这是因为日本吸引外资的重点在服务业，而且日本的服务业 90 年代的能力水平相对较低，具有更多的技术溢出空间。美国等服务业外资进入后通过行业内溢出促进服务业本身的能力以及通过行业间溢出效应提升制造业的能力，进而促进了日本的对外投资。第二层面检验了吸引外资和技术引进对日本对外投资的作用。结果表明，技术引进产生了非常显著的促进作用，而长期受到抑制的吸引外资并未产生明显作用。第三层面专门检验了日本政府开放政策对其 IDP 的影响。结果表明，日本政府在泡沫危机后的开放政策既未能直接促进日本的对外投资，也未能影响跨国公司活动对日本对外投资的作用。这主要是因为 IDP 具有惯性，日本政府在第四阶段的政策转变难以产生持久的影响；而且跨国公司在短期内大量涌入了日本企业竞争力较弱的金融保险、批发零售和服务业领域，不可避免地对本土企业造成了冲击。

接下来，本章以日本的半导体行业为案例，探讨了跨国公司促进本土产业发展和企业对外投资能力的作用机制。日本通过引入跨国公司活动实现了国内半导体产业的起步和赶超。跨国公司主要通过技术输出的方式直接弥补了国内要素条件的欠缺；而少数也通过直接投资的方式在国内产生了示范和竞争效应，并带动了相关产业的发展；此外，海外跨国公司的进口扩充了日本的需求条件，海外跨国公司的竞争则扩展了日本的竞争条件。在利用跨国公司活动发展本土半导体产业的过程中，日本政府也通过在不同阶段采取有针对性的开放策略、增进跨国公司与本土企业的互动关系以及直接提升国内的产业条件等政策手段促进着跨国公司进入的效果和国内产业的能力。研究结果表明，跨国公司活动确实促进了日本半导体产业能力的提升。日本政府早期的引技、引资政策对其对外投资产生了显著的影响，但是衰退阶段的扩大开放已经难以发挥有效作用。

第6章
追赶型国家案例研究：韩国

本章以韩国为研究对象，探讨其国家层面动态 IDP 的路径特点，并对机制进行实证检验。与巴西和日本的研究类似，本章将首先，回顾韩国吸引外资、技术引进和对外投资的发展历程和特点。然后，对前述三项活动从发展趋势、国家分布和行业构成三个方面进行匹配性分析。最后，在前述分析的基础上，对韩国国家层面的动态 IDP 机制进行三个层面的实证检验。在行业层面的研究中，本章以韩国的半导体行业为案例，利用前文设定的分析框架细致探讨跨国公司对本土企业对外投资能力的作用机制。

6.1　国家层面及行业层面案例选择原因

韩国的开放历程始于 20 世纪 60 年代初，受出口导向战略驱动在加工制造行业吸引外资进入。然而，70 年代为了发展本国重、化工业，韩国限制了外资的进入而积极采用技术引进的方式支持产业发展，并逐渐形成一批大型企业集团，成为后来开展对外投资的主力。因此，以韩国为研究对象，探寻其发展过程中本土企业对外投资能力的来源及其与跨国公司活动之间的关系，将为动态 IDP 机制的研究提供很好的范例。与日本类似，韩国也是东亚典型的赶超型国家，其经济发展过程与中国改革开放以来的发展路径也有许多相似之处，便于与中国进行比较研究。

本章国家层面的研究将主要通过历史研究、统计分析及实证研究的方式进行。除了国家层面的研究之外，由于跨国公司活动的引入对一国对外投资的影响更直接地体现在行业层面，因此我们也将对韩国的典型行业进行分析。与日本行业层面的研究类似，我们在韩国也将选择半导体行业展开研究。基于半导体产业链的国际化格局以及韩国利用国际产业转移的机遇成功实现赶超的经历，选择该产业对于探讨跨国公司活动对对外投资的作用机制，将具有典型的代表性。

6.2   国家层面分析

6.2.1   吸引外资、技术引进和对外投资的发展历程和特点

韩国在第二次世界大战后首先采取了进口替代的发展策略，直到 20 世纪 60 年代初才开始转向出口导向战略并积极吸引外资的进入。早期的外资流入大多以出口导向为主，而本土产业在发展过程中主要依靠技术引进。伴随着国内产业能力的积累，韩国的对外投资活动也逐渐展开。从而，形成了具有韩国特色的投资发展路径。

6.2.1.1   吸引外资的发展历程和特点

从 20 世纪 60 年代初开始，韩国的外资流入先后经历了从小规模开放，到初步自由化，至最终完全自由化的三个发展阶段。

（1）第一阶段：小规模开放（1960～1982 年）。虽然在出口导向政策下韩国自 20 世纪 60 年代开始吸引外资，不过进入 70 年代外资政策又陷入调整。为了满足国内发展对资金和技术的需要并赚取外汇，韩国政府于 1960 年公布了《外资导入促进法》，1961 年又批准了《外资导入基本方针》，由此建立起引进外资的制度基础。起初，外资流入主要限定在第一、第三产业；制造业则以培养国内企业为主。不过 60 年代中后期，为了发展本国的出口加工业，政府放松了对制造业外资流入的限制，并以税收减免和利润汇回等政策吸引外资。然而，1973 年韩国政府发布《重工业振兴

计划》，重点扶持钢铁、化学、机械、电子等产业的本土企业，于是外资政策由松转紧。此后，政府对《外资导入法》进行了修订，对外商投资的范围、规模、比率等做出了明确的规定，并将鼓励投资的产业限定在：暂时在资本、技术等方面急需的金属机械、装备以及电子产业；短时期内难以具有国际竞争力的事业；贡献于国内资源开发的一系列事业。直到 20 世纪 70 年代后期，随着国内企业能力的成长，韩国对外资的限制才有所放缓。

从规模和地位来看，韩国这一阶段的外资流入非常有限。1982 年，韩国吸引外资的流量和存量金额仅为 1.2 亿美元和 13.6 亿美元，占世界的份额仅分别为 0.21% 和 0.17%，实在无足轻重。在发展中国家和亚洲地区，整个阶段韩国外资流入总量的占比也仅为 1.21% 和 2.67%，并非这两个范围内重要的引资国。

就来源国而言，韩国这一阶段的外资主要来自日本、美国以及欧洲国家。如图 6-1（a）所示，日本成为韩国最大的投资国，占比高达 52%。同时，美国也对韩国的经济发展起到重要的扶持作用，在韩国吸引外资中的占比约为 29%。此外，欧洲国家的比重也达到 10% 左右，其中以德国、荷兰、瑞士、英国等为主。

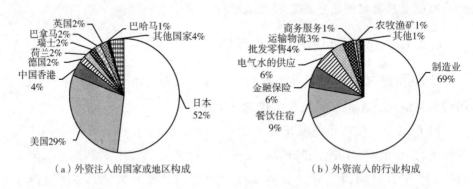

（a）外资注入的国家或地区构成　　　　（b）外资流入的行业构成

图 6-1　小规模开放阶段外资流入的来源国或地区和行业构成

资料来源：韩国知识经济部。

就行业构成而言，制造业是这一阶段韩国吸引外资最多的行业。如图 6-1（b）所示，从 1962~1982 年，韩国吸引外资的 69% 流向制造业。其中，化工、电子和纺织成为三个最主要的领域，在制造业中的占比分别达到 34.2%、22.7% 和 13.6%，与韩国当时利用外资发展出口导向型工业和重化工业的方向相一致。在非制造业，外资较多地投向了餐饮住宿、金融保险以及电、煤气、水利等公共设施领域。

（2）第二阶段：初步自由化（1983～1997 年）。20 世纪 80 年代初，韩国政府开始推动外资的自由化进程。随着国内企业竞争力的提升，政府开始促进贸易和国际投资的自由化，并致力于在国内营造健康、自由的竞争环境。1983 年，韩国政府简化了外资管理程序，将《外资导入法》《外国换管理法》和《公共借款的导入以及管理法》合并为《外资导入法》；将投资准入从之前的正面清单改为负面清单，并取消了对外资持股比例的限制。1990 年，韩国进而废止了外资企业的出口义务等与国内企业不一致的规定。1993 年《外国人投资开放五年计划》发布，促使外商直接投资的自由化率进一步提升。随着 1995 年 GATT 被 WTO 所取代，政府在简化外商直接投资程序以及扩大准入产业范围的同时，还开始构建投资综合服务体系。

上述政策实施后，韩国外资流入的规模明显增长，不过在国际范围来看仍不显著。这一阶段，韩国吸引外资的年均流量达到 12.7 亿美元，是上一阶段的 11.6 倍，年均增长率高达 17.8%。同时，韩国作为引资国在国际的份额虽然有所上升，但是进步并不明显。1997 年，韩国吸引外资的流量和存量金额分别为 33 亿美元和 141.7 亿美元，占世界的份额仅为 0.68% 和 0.31%。在发展中国家和亚洲范围内，韩国 1997 年的外资流量也仅占 1.7% 和 2.9%，不仅显著低于同属亚洲四小龙的中国香港、新加坡和中国台湾，甚至还不及马来西亚、印度尼西亚等经济明显落后的东盟国家或地区。

在来源国方面，日本在这一阶段的份额明显下降，而美国和欧洲则显著提升。这一时期，美国在韩国的累积投资额超过 70 亿美元，占阶段吸引外资总额的 1/3，超过日本成为对韩第一大投资国。日本由于与韩国的经济互补关系逐渐转为竞争关系，因此投资的增长有所放缓，比重下降到 21%。同时，欧洲企业在韩国的投资大幅上升，荷兰、德国、爱尔兰、法国和英国均跻身前十大投资国的行列，这五国在本阶段韩国吸引外资中的占比高达 27%。此外，亚洲周边的马来西亚、中国香港等地的企业也开始投资进入韩国，占比分别为 7% 和 3% 。

在行业构成方面，制造业仍然是吸引外资的第一大行业，而非制造业的份额也大幅提升。如图 6-2（b）所示，制造业继续吸引了本阶段近半数外资的进入，但是份额较前一阶段有所下降。其中，化工、电子、食品和运输设备是主要领域，在制造业中的比重分别达到 25% 、20 % 、16% 和 13% 。同时，非制造业这一时期吸引外资的金额则超过了制造业，特别是外资大量进入批发零售业成为导致制造业份额下降的主要原因。同时，餐饮住宿和金融保险业也吸引了可观的外资。

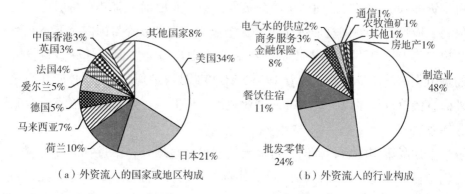

（a）外资流入的国家或地区构成　　　（b）外资流入的行业构成

图 6-2　初步自由化阶段外资流入的来源国或地区和行业构成

资料来源：韩国知识经济部。

（3）第三阶段：完全自由化（1998 年至今）。20 世纪 90 年代后期，韩国进入对外开放的全面自由化阶段，特别是在亚洲金融危机后出台了一系列积极的引资政策。1996 年，韩国加入 OECD 之后开始加速自由化进程，包括允许外商在韩国从事并购活动等。亚洲金融危机期间，流动性不足导致韩国企业纷纷倒闭，于是政府迅速扩大了吸引外资的力度。1998 年 11 月，《外国人投资促进法》颁布，使开放行业的比率达到 98% 。同时，外资的审批程序明显简化，之前的"政府事先审批制"和"外资到位报告"制度被废除，外商只需履行"营业活动承认"和"外国人投资登记"手续。此外，一系列外资税收优惠也进一步扩大，例如，将享受优惠税率的行业扩展到部分第三产业领域，并将高科技产业的范围扩大了一倍。而且，韩国政府还相继扩大了债券、股票、短期资金市场的开放程度，鼓励跨国公司兼并韩国企业，还废除了对跨国公司购买韩国土地的限制。此后，韩国的开放进程继续加速，目前已与 52 个国家签订了自由贸易协定，是唯一与欧盟、美国和中国三大经济体签署自由贸易协定的亚洲国家，成为韩国吸引外资的重要优势。从 2003 年开始，韩国政府还通过减免税费、提供金融支持、放松监管和一站式服务等激励政策大力建设经济自由区，为外国企业提供良好的投资平台，目前已建成 8 个经济自由区（李莎，2015）。

于是，韩国外资流入的规模迅速增长，作为引资国的国际地位也明显提升。这一阶段，韩国年均吸引外资流量达到 96.35 亿美元，为上一阶段的 7.6 倍。2014 年，韩国的外资存量已达 1820 亿美元，占世界的份额为 0.74%，较上一阶段增长了 1 倍多。同时，韩国的外资存量在发展中国家和亚洲地区的比重也提至 2.2% 和 3.1%，排名分别从 1997 年的第 21 名和第 10 名上升到 2014 年的第 14 名和第 9 名。

同时，这一阶段的外资来源国更趋多元化，美国和日本的地位有所下降，欧美和亚洲国家（地区）的比重则明显上升。如图 6-3（a）所示，虽然美国和日本对韩投资金额均比上一阶段增长了 4 倍以上，但是所占份额却分别下降了 11% 和 6%。然而，来自欧洲的投资却较上一阶段增长了 4%，德国、英国、荷兰和法国仍然是其中的主要投资国。另外，来自亚洲周边国家（地区）的投资也保持增长，其中新加坡、马来西亚和中国香港的合计占比已经达到 11%。其他国家所占比重也从上一阶段的 8% 增至 25%，加拿大、中国和比利时等都占有可观的份额。

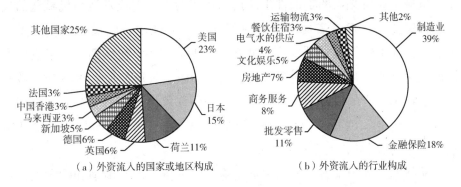

（a）外资流入的国家或地区构成　　　（b）外资流入的行业构成

图 6-3　完全自由化阶段外资流入的来源国或地区和行业构成

资料来源：韩国知识经济部。

从行业分布来看，制造业的比重进一步下降，而金融保险成为增幅最大的行业。制造业虽然仍为外资流入第一大行业，且金额较上一阶段增加了 5.4 倍，不过其比重却下降到 39%。其中，电子、化工和运输设备仍是主要领域，在制造业吸引外资中的比重分别为 34%、17% 和 15%。同时，非制造业的份额进一步提升。由于韩国在亚洲金融危机后加速了对金融保险业的开放，致使该产业跃升为非制造业中外资流入最多的领域，在本阶段外资流量中的比重上升至 18%。此外，批发零售、商务服务和房地产也吸引了可观的外资，占比分别达到 11%、8% 和 7%。

6.2.1.2 技术引进的发展历程和特点

自 20 世纪 60 年代初，韩国开始有计划地从海外引进先进的设备和技术。与吸引外资类似，根据政府的管制程度、重点领域的变化以及国内企业在引进活动中的地位，韩国的技术引进可分为从严格管制，到自由化发展，再到互利合作的三个阶段。

（1）第一阶段：严格管制（1962～1981 年）。1962 年，韩国开始实施第一个五年计划，技术引进活动也开始按部就班地展开。由于 20 世纪 60 年代韩国的国际收支存在严重的赤字，而且国内企业尚缺乏国际合作的经验和能力，因此政府对从外国引进技术实行了严格的审批制度。在经济计划委员会 1968 年颁布的"技术引进合同的授权原则"中，只有以下四种一般技术可允许引进：能拓展韩国产品与劳务的海外市场和增加出口的技术，机械工业所必需的零部件生产技术及有助于重工业发展与机械化的技术，韩国如自己发展需耗费大量时间与金钱的技术，以及有助于产量增加、降低成本的技术（潘龙飞和黄健，1996）。70 年代后期，为了发展本国的重化工业，韩国政府对海外技术进口的限制有所放松。1978 年，政府取消了技术引进的许可制度，放宽了对外国许可证使用费和合同有效期的限制；1979 年又将技术合作费放宽到纯销售额的 10%，合同有效期放宽到 10 年（张国平和王寿春，1993）。

从技术来源国来看，日本占据了绝对的份额，同时美国和欧洲的比重逐渐增加。在头三个五年计划（1962～1976 年）期间，韩国技术引进项目的 65.7% 来自日本。为了摆脱对日本的过度依赖，韩国在第四个五年计划

（1977～1981 年）中，开始将技术引进的重心转向美国和欧洲（邱陵和郑芳，1992）。1981 年美国已经成为韩国第一大技术来源国，占韩国支付技术引进金额的比重上升至 45%；而从日本的比重则下降到 33%，其余部分主要来自欧洲国家。

从行业构成来看，这一时期韩国技术引进的重点在于重化工业领域，与《重工业振兴计划》的发展方向高度一致。其中，石油化工行业从金额来看是最大的领域，占比高达 37%；其次是非电气机械，占比为 21%；而电气机械和基础金属的比例也都在 10% 以上。此外，合成纤维、纺织服装等轻工业也占据了一定的比例（Amsden，1989）。

（2）第二阶段：自由化发展（1982～1997 年）。进入 20 世纪 80 年代，随着企业技术能力和涉外能力的提高以及外汇的相对宽松，韩国政府取消了对技术引进的限制。为了适应产业升级对技术需求的扩大，政府在 80 年代初确立了"技术立国"的发展战略，并从 1983 年开始实行技术引进的自由化：将事先批准制改为申报制，同时完全取消了对外国许可证使用费和合同有效期的限制，均由当事者双方协商确定（张国平和王寿春，1993）。1986 年 7 月，韩国再次修改《外国资本引进法》，允许商标的单独转让；而在此之前，只有当专利或专有技术被同时转让时，商标才可能被允许转让。

这一时期技术引进的规模高涨，并且软件技术逐渐占据主要份额。从 1982～1986 年，韩国引进的技术许可超过 2000 件。到 1987 年，韩国技术引进的金额已经突破了 5 亿美元。在巩固已有重化工业的基础上，引进重点向技术密集和高附加值工业转移，包括：工业电器、半导体、汽车等领域（康荣平，1993）。

在来源国方面，美国和欧洲的比重继续上升，日本则有所下降。如图 6-4（a）所示，美国、日本和欧洲国家仍是韩国本阶段技术引进的主要来源国。其中，美国的重要性进一步上升，在引进金额中的份额已经超过一半；而日本则进一步下降至 31%。此外，德国、法国、英国等欧洲国家的比重也都有所上升。

在行业构成方面，制造业仍占绝对份额，其中电子电器、机械装备和化学工业是三大主要领域。如图 6-4（b）所示，电子电器已经成为韩国技术引进中最重要的行业，在支付金额中的比重增至47%。其次是机械装备业，所占份额为23%，与上一阶段相差不大。此后是化工行业，比例明显下降，由上一阶段的37%降至13%。另外，部分非制造业领域也开始占据一定份额，包括：建设行业占比为7%，信息技术占比为1%等。

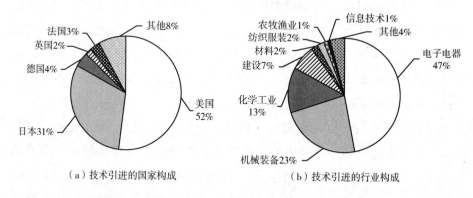

（a）技术引进的国家构成　　　　　（b）技术引进的行业构成

图 6-4　自由化发展阶段技术引进的来源国和行业构成

资料来源：国家科技委员会。

　　（3）第三阶段：互利合作（1998 年至今）。亚洲金融危机后，韩国政府也扩大了对技术引进的支持，而韩国企业也开始利用已经形成的技术优势积极地交换海外的技术许可。为了支持国内尖端技术的发展，韩国政府在积极吸引外资的同时，也陆续出台政策促进先进技术的引入，例如，在《税收特例限制法》中规定，韩国国民或法人自外国进口能够提升本国产业竞争力的重要高新技术时，技术提供者所接受的技术转移费从当年合同规定的费用支付日起 5 年间免缴法人税和所得税。而且，随着韩国企业在汽车、电子等产业领域技术实力的提升，它们开始更加积极地与跨国公司展开合作，以获取自身薄弱环节的技术，例如，蔚山太平洋化工与陶氏化学建立了联盟关系，现代汽车与戴姆勒克莱斯勒达成了联盟合作，LG 公司与飞利浦就平板显示器业务建立了合作关系等。

　　这一阶段，韩国技术引进的规模明显提升。特别是 2008 年以后，韩国企业更加积极地购买海外技术的资产并引入国内，导致技术引进的金额上升到新的高度。2013 年，韩国技术引进的金额已经突破 120 亿美元，达到 1997 年的 5 倍。

就技术来源国而言，美国和欧洲在韩国支付技术引进金额中的比例进一步上升，而日本的比重大幅下降。如图 6－5（a）所示，韩国在本阶段向美国支付了技术引进金额的 59%；向欧洲国家支付了近 20%，包括：德国、英国、法国等传统的技术来源国，以及荷兰、丹麦和爱尔兰等新兴的来源国；而日本的比重则进一步降至 12%。另外，一些亚洲的新兴国家也开始占有一席之地，例如，新加坡、印度和中国在技术引进金额中的占比均超过了 1%。

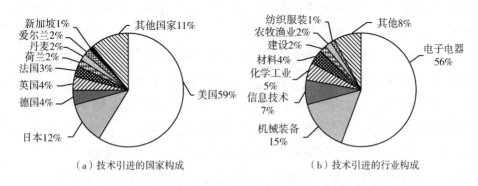

（a）技术引进的国家构成   （b）技术引进的行业构成

图 6－5　互利合作阶段技术引进的来源国和行业构成

资料来源：国家科技委员会。

就技术引进的行业构成而言，电子电器和机械装备继续排名前两位，而信息技术取代化学工业排名第三。如图 6－5（b）所示，电子电器在技术引进金额中所占比重进一步上升到 56%，主要是由于韩国电子企业在产品制造过程中向美国支付了高额的许可费。其次，机械装备的引进金额也较上一阶段增长了近 3 倍，不过比重却降至 15%。此外，信息技术成为增长最快的行业，本阶段的引进金额约为上一阶段的 30 倍，占比跃升至的 7%。

6.2.1.3　对外投资的发展历程和特点

韩国从 1968 年开始向海外开展直接投资活动，根据投资政策、投资规模、投资区域和领域的变化，可以划分为初步成长、自由化发展与转型支持三个阶段。

（1）第一阶段：初步成长（1968～1985 年）。1968 年，南方开发有限公司对马来西亚的林业投资，拉开了韩国企业对外投资的序幕。当年 12 月，韩国政府出台的《外汇管理规定》里新设了对外投资条款，成为韩国企业早期开展对外投资活动的主要依据。为避免国内资本和技术的外流，韩国早期对外投资规定的限制性较强，投资主要局限在林业开发、渔业投资以及在中东地区开展建设项目。直到 1973 年，才逐渐出现了制造业部门的对外投资。在 1980 年第二次石油的冲击下，韩国政府开始加强对外投资的制度建设，并放松了对外投资审批和资本借入的限制，鼓励资源寻求型的对外投资。总体而言，韩国的对外投资此时尚处于起步阶段，投资的动机主要是资源开发、推动出口等。

这一阶段，韩国对外投资的规模和国际地位都显得微不足道。从 20 世纪 60 年代末到 80 年代初，韩国对外投资的流量金额一直低于 1 亿美元，阶段对外投资总额仅占世界的 0.22%。从存量来看，韩国到 1985 年的对外投资存量为 4.61 亿美元，也仅占全球份额的 0.05%。在发展中国家和亚洲范围内，韩国对外投资所占比重也长期低于 1%，直到 1985 年的投资骤增后比例才跃升至 16.3% 和 6.4%。不过从存量来看，韩国仍显著落后于同为"亚洲四小龙"的中国台湾、中国香港和新加坡，以及巴西、阿根廷、墨西哥等开展对外投资活动较早的拉美国家。

从东道国来看，韩国这一阶段相当部分的投资都流入了发达国家。如图 6-6（a）所示，北美成为韩国企业最青睐的地区，美国和加拿大的比例分别为 24% 和 12%，这里不仅是韩国重要的海外市场，也是其获取先进技术的重要场所。澳大利亚、印度尼西亚、沙特阿拉伯和巴林则因为丰富的自然资源，吸引了韩国企业 27% 的投资，而中东地区同时也是韩国建筑企业开展海外工程承包的重要市场。此外，亚洲的中国香港、新加坡等地也吸收了一定份额的韩国投资。

从行业分布来看，金融保险和基础资源是这一时期对外投资的重点领域。为了支持海外市场拓展，韩国的金融保险机构成为对外投资的先行者，份额达到 34%，如图 6-6 所示。同时，由于国内资源贫瘠，韩国早期的对外投资大量致力于获取资源，农牧渔矿业的比例也达到 33%。此外，制造业也占到 14% 的份额，主要投向了非金属加工、化工和冶金等资源相关领域，与韩国这一时期重点发展重化工业的方向一致；批发零售业的份额也达到 10%，为韩国拓展海外市场提供了有力的支持。

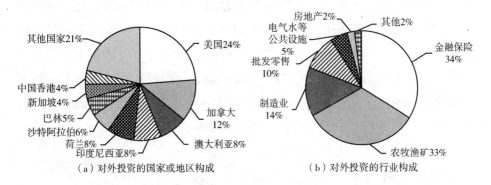

（a）对外投资的国家或地区构成　　　　（b）对外投资的行业构成

图 6-6　初步成长阶段对外投资的国家或地区和行业构成

资料来源：韩国进口银行。

（2）第二阶段：自由化发展（1986～1997 年）。从 20 世纪 80 年代中期开始，韩国政府的对外投资政策进一步放开。由于国际经济环境的变化，推动韩国在本阶段贸易顺差持续增加，形成了较大的开放压力。同时，国内资产价格的上升以及劳动力成本的上涨也引发向海外转移生产的需要。于是，韩国政府在 80 年代后期开始简化程序、放宽条件以促进对外投资，例如，将对外投资的审批制度改为申报制度，允许个人投资并取消对投资者资本金规模的限制，以及为中小企业提供对外投资的贷款等。进入 90 年代，韩国对外投资的自由化进程继续加速。1992 年，韩国政府对《海外直接投资制度》进行了全面的修改。1994 年，韩国将对外投资的行业目录由正面清单的模式转变为负面清单，并于次年进一步放松了限制投资的行业和国家范围。

这一阶段，韩国对外投资的规模增长提速，国际地位也明显提升。从 1986～1997 年，韩国对外投资的流量金额从 12.69 亿美元增至 44.11 亿美元，年均增长率达到 12%。截至 1997 年，韩国对外投资的存量金额已达 195.5 亿美元，占世界总量的份额为 0.37%，排名从上一阶段的 36 位升至 22 位。在发展中国家和亚洲范围内，其投资存量所占份额也由不足 1% 分别上升到 3.7% 和 2.9%，排名均已提升至第 6 位，但是仍然落后于中国香港、中国台湾和新加坡。

　　从东道国来看，美国仍占据重要地位，同时发展中国家的份额大幅提升。如图 6-7（a）所示，美国仍然是韩国企业最看重的投资地，在本阶段对外投资总额中的比重进一步升至 26%，新增投资中相当一部分是为应对贸易壁垒而开展的制造活动。同时，中国、印度尼西亚和越南等地成为接收韩国企业向海外转移产能的重要目的地，分别吸收了这一阶段韩国对外投资的 18%、7% 和 3%。此外，韩国企业也没有忽视欧洲和亚洲市场，在英国、德国和日本的投资份额分别达到 4%、3% 和 2%。

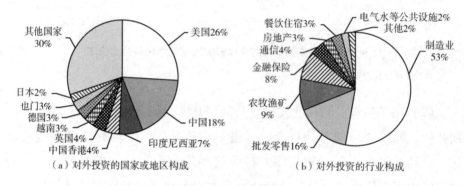

图 6-7　自由化发展阶段对外投资的国家或地区和行业构成

资料来源：韩国进出口银行。

　　从行业构成来看，制造业已经成为韩国开展对外投资的重要领域。由于国内成本上升、国际贸易顺差压力增大等原因，韩国企业加速了制造业的海外投资，使其在本阶段对外投资中的比重高达 53%，如图 6-7 所示。其中，电子、金属、纺织服装和运输设备为四大主要领域，在制造业对外投资中的占比分别为 26%、19%、15% 和 12%，表明韩国企业在这些领域已经积累起一定的所有权优势。在非制造业，批发零售、农牧渔矿和金融保险业仍是三大重点领域，份额分别达到 16%、9% 和 8%。

　　（3）第三阶段：转型支持（1998 年至今）。20 世纪 90 年代末，在亚洲金融危机的冲击下，韩国政府放松了对经济的直接干预，进一步扩大了对外投资的自由化程度，更是于近年加大了对外投资的支持力度。1998 年 9 月，韩国政府制定《外汇交易法》取代了原有的《外汇管理法》，将外汇交易的事前管理方式转为事后报告以及健全性监督为主的事后管理方式。此后，政府又在 1999 年和 2000 年先后开展了两轮外汇自由化方案。

与此同时，控制投资风险和加强监管的管理政策也陆续出台，以规范企业的海外投资行为。虽然在危机的影响下，韩国的大企业致力于结构调整而减少了对外投资活动，但是中小企业的海外投资却迅速增长，在 1999 年增幅达到 56.75%（许峰，2005）。近年来，为了解决流动性过剩、缓解贸易顺差以及确保稀缺资源的取得，韩国政府开始积极鼓励企业开展对外投资活动。特别全球金融危机后，政府更是出台了一系列旨在强化对外投资的支援措施，包括在 2008 年取消了大型集团在海外融资的限制。

于是，韩国的对外投资进入新一轮高速增长期，作为投资国的国际地位进一步提升。从 1998～2014 年，对外投资的金额从 42.2 亿美元跃升到 305.6 亿美元，年均增长率高达 13.2%；阶段年均对外投资流量达到 152.5 亿美元，为上一阶段的 7.4 倍。2014 年，韩国对外投资存量达到 2586 亿美元，占世界的份额已超过 1%，在发展中国家和亚洲地区的比重也超过 4%，国际排名较上一阶段略有提升。

从东道国构成来看，韩国这一阶段在发达国家和发展中国家的投资平分秋色，而且所涉及的东道国日趋多元化。如图 6-8（a）所示，美国仍是韩国企业海外投资的主要目的国，不过比重已下降到 19%。同时，中国继续吸引了大量的韩国投资，所占比重进一步升至 19%；而越南和印度尼西亚也因成本优势继续吸引了可观的韩国投资。英国和荷兰成为韩国企业在欧洲市场布局的关键，各自吸引了这一时期韩国 4% 的对外投资。此外，澳大利亚和加拿大等自然资源丰富、投资环境良好的发达国家，也各自吸引了 3% 的投资。最后，其他国家所占份额升至 34%，主要包括新加坡、巴西、日本、马来西亚和德国等，体现出韩国对外投资的日趋多元化。

从行业构成来看，制造业和矿业是韩国对外投资的两大重点领域。如图 6-8（b）所示，制造业仍然是韩国企业这一时期开展对外投资活动的重点领域，占比为 36%。其中，投资主要集中在韩国已明显具有技术优势的电子、运输设备、金属和化工行业，在制造业对外投资中的份额分别达到 28%、20%、13% 和 12%。同时，在韩国政府的支持下，矿业自全球金融危机后在对外投资活动中的地位明显提升，份额已达到 19%。此外，批发零售、金融保险、商务服务和房地产等领域的投资也在危机后明显增长，在本阶段对外投资中占据了可观的份额。

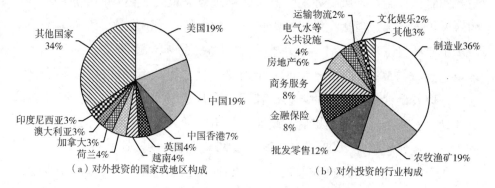

图 6 - 8　转型支持阶段对外投资的国家或地区和行业构成

资料来源：韩国进出口银行。

6.2.2　吸引外资、技术引进和对外投资的匹配性分析

6.2.2.1　总量匹配性分析

如图 6 - 9 所示，韩国虽然在一定程度上体现出 IDP 理论的变化趋势，但是并未呈现明显的 "U" 型曲线特征。在 1990 年以前的多数年份里，净对外投资为负值，但是由于吸引外资的金额一直不高，因此净对外投资的绝对值变化很小，未呈现出 IDP 第一、第二阶段应有的净对外投资负值不断扩大的情况。从 20 世纪 90 年代开始，对外投资的明显增长使净对外投资开始转负为正；然而，亚洲金融危机后外资流入的成倍增长和对外投资的短时下降，导致净对外投资出现短暂的巨额负值。直到 2006 年以后，对外投资才再次超过吸引外资，使净对外投资重新回归正值，并且在 2008 年全球金融危机爆发后增长迅猛。总体而言，韩国在经济发展过程中也呈现出先吸引外资再对外投资的过程，但是吸引外资的规模相对有限。

与此同时，技术引进也发挥了重要的作用。一方面，韩国的技术引进一直以来与吸引外资的金额相差无几。除了在 1998～2008 年外资流入明显地高于技术引进，在多数年份中二者的金额相近，而且技术引进比吸引外资呈现出更加平稳的趋势。另一方面，技术引进在 20 世纪 80 年代之前的金额也是高于对外投资的。这就是说，在韩国的经济发展过程中，也呈现出先引进技术再对外投资的特征，在一定程度上与 IDP 理论的思想相契合。可见，韩国的技术引进在经济发展中也发挥了重要的作用，对日后对外投资的增长具有潜在的促进作用。

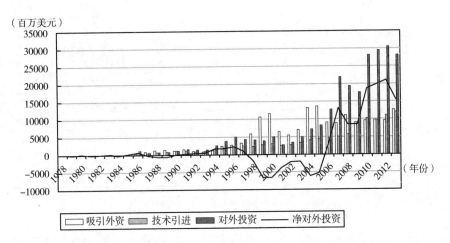

图 6-9　韩国吸引外资、技术引进和对外投资的流量趋势对比

资料来源：联合国贸发会议组织、国家科学技术委员会。

6.2.2.2　国别匹配性分析

从表 6-1 来看，韩国吸引外资、技术引进和对外投资的国家构成存在一定的匹配性。美国、英国、荷兰和新加坡在三项指标下均位列前十名。其中，美国均排名第一位，韩国发展过程中一半以上的技术和近 1/4 的外资来源于美国，同时约 1/5 的对外投资流向美国。上述匹配性在一定程度上说明，这些国家的企业通过直接投资和技术引进帮助韩国企业提升国际化能力并进入这些国家开展投资活动。不过，韩国引入跨国公司活动与其对外投资活动也呈现国别差异性，主要体现为引入活动集中于发达国家，而对外投资则以发展中国家为主。例如，日本、德国和法国均在引入活动中占有重要地位，但是在对外投资活动中却难见身影；而在对外投资中占比很高的中国、中国香港、越南、印度尼西亚等亚洲的发展中国家（地区）却难以在韩国吸引外资和技术引进的过程中发挥显著作用。

表 6 – 1　　　　　　　　韩国吸引外资、技术引进和对外投资存量的国家排名　　　　　　　单位:%

排名	吸引外资		技术引进		对外投资	
	国家	占比	国家	占比	国家	占比
1	美国	24.52	美国	57.58	美国	19.72
2	日本	16.14	日本	15.06	中国	18.57
3	荷兰	10.67	德国	4.28	中国香港	6.55
4	英国	5.90	英国	3.48	英国	4.26
5	德国	5.46	法国	3.34	越南	3.90
6	新加坡	4.28	荷兰	1.66	荷兰	3.44
7	马来西亚	3.65	丹麦	1.65	加拿大	3.28
8	法国	3.16	爱尔兰	1.44	印度尼西亚	3.09
9	中国香港	3.13	新加坡	1.02	澳大利亚	2.82
10	加拿大	2.73	印度	0.96	新加坡	2.21

资料来源：韩国知识经济部、国家科学技术委员会、韩国进出口银行。

　　如图 6 – 10 所示，韩国吸引外资和技术引进的匹配性很高。美国和日本同时是吸引外资和技术引进的前两大国家，而欧洲的荷兰、英国、法国、德国也同样在两项引入活动中占据了可观的份额。相对而言，吸引外资和技术引进的不匹配性主要体现在发展中国家（地区），例如，中国和其香港地区，二者虽然在吸引外资中分别占据了 2.2% 和 3.1% 的份额，但是在技术引进中的比重却仅为 0.87% 和 0.31%，说明这些国家（地区）的企业虽然近年来对韩国的投资增长迅速，但是其相比韩国企业并未具备明显的技术所有权优势。

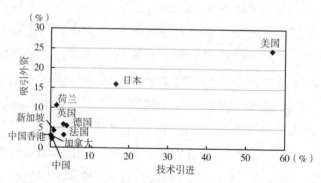

图 6 – 10　韩国吸引外资和技术引进的国家或地区对比

资料来源：韩国知识经济部、国家科学技术委员会。

从图 6-11 来看，韩国吸引外资和对外投资的国别也存在较高的匹配性。除了美国在两项指标下都占据着最高份额，荷兰、英国、德国、加拿大、新加坡、马来西亚和中国香港也都在吸引外资和对外投资中同时占有相当的比重。这在一定程度上说明，这些国家通过向韩国投资所建立的经济联系，也帮助韩国企业进入这些国家开展了对外投资活动。图中最特殊的是中国，其在对外投资中的地位仅次于美国，但在吸引外资中却不起眼，表明具有丰富区位优势的中国是韩国企业投资的重点，然而中国企业的所有权优势却还不足以支持在韩国开展大量的投资活动。

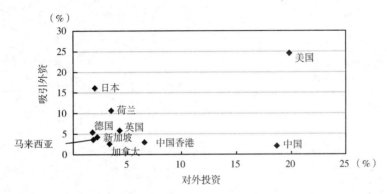

图 6-11　韩国吸引外资和对外投资的国家或地区对比

资料来源：韩国知识经济部、韩国进出口银行。

6.2.2.3　行业匹配性分析

韩国引进跨国公司活动和对外投资活动的行业匹配性也很强。如表 6-2 所示，在制造业方面，电子电器、机械装备（含运输设备）和化学工业在三项指标下都是重要的行业领域；三者占吸引外资的 26.2%，技术引进的 78% 以及对外投资的 21.8%。在非制造业方面，虽然其并不是技术引进的重点，但是金融保险、批发零售、商务服务、房地产和电、煤气、水利等公共设施行业在吸引外资和对外投资中均占有可观的份额，总体来看分别达到 47.2% 和 37.8%。

表 6 - 2　　　　　韩国吸引外资、技术引进和对外投资的行业排名　　　　单位:%

排名	吸引外资		技术引进		对外投资	
	行业	占比	行业	占比	行业	占比
1	金融保险	17.02	电子电器	54.56	农牧渔矿	18.34
2	电子电器	12.95	机械装备	16.05	批发零售	12.14
3	批发零售	12.51	化学工业	7.39	电子电器	10.35
4	化学工业	7.47	信息技术	6.54	金融保险	8.44
5	商务服务	7.15	材料	6.33	商务服务	7.53
6	房地产	6.61	建设	3.58	运输设备	7.13
7	运输设备	5.78	农牧渔业	2.70	房地产	6.13
8	餐饮住宿	4.19	纺织服装	1.39	冶金	5.26
9	文化娱乐	3.99	其他行业	1.47	化学工业	4.30
10	电、煤气、水利等公共设施	3.91	—	—	电、煤气、水利等公共设施	3.55

资料来源:韩国知识经济部、国家科学技术委员会、韩国进出口银行。

　　从图 6 - 12 可以更加直观地看出,韩国吸引外资和对外投资具有高度的匹配性。其中,金融保险、电子电器和批发零售是三个最为主要的行业;此外,商务服务、化学工业、房地产、运输设备、冶金以及电、煤气、水利等公共设施行业既吸引了显著的外资流入,也开展了显著的对外投资。唯一显示出明显不匹配性的行业是农牧渔矿业,几乎没有外资进入,

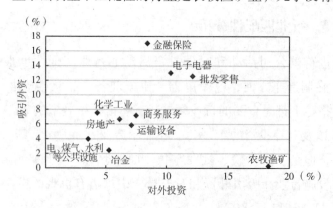

图 6 - 12　韩国吸引外资和对外投资的行业对比
资料来源:韩国知识经济部、韩国进出口银行。

却开展了大量的对外投资。这主要是因为韩国是资源匮乏的国家，不具备吸引跨国公司进入该领域投资的区位优势；同时为了支持国内的发展，韩国企业又需要开展充分的投资活动以获取这些资源。由此可知，外资流入并非这一行业对外投资的驱动因素。

6.2.3　国家层面实证检验

与日本部分的研究类似，对韩国 IDP 的实证检验也将分为三个层面。第一层面将首先对韩国吸引外资对对外投资的作用以及关键影响因素进行检验，第二层面检验加入技术引进这一形式的跨国公司活动与韩国对外投资的关系，第三层面重点考察韩国政府的开放政策在韩国 IDP 中是否发挥了显著的影响。

6.2.3.1　第一层面：吸引外资对对外投资的作用及关键影响因素

（1）理论假设。

第一，韩国吸引外资对对外投资的总体影响。通过前文的匹配性分析可知韩国的吸引外资与对外投资在总体层面、国别层面以及行业层面均具有较强的匹配性，这使得我们首先在直观上有理由认为韩国的吸引外资对对外投资产生了促进作用。

在前文的分析中已经提到，吸引外资对对外投资的一个重要的作用渠道是吸引外资产生溢出效应，从而促进本土企业对外投资能力的提升。Lee（2004）采用 1995 年企业层面的数据，以企业的专利和专利引用率为对象，探讨了韩国企业通过吸引外资和对外投资从美国企业获取知识溢出的情况，结果显示韩国企业通过双向 FDI 从美国企业获得了显著的知识溢出效应。由此可见，来自美国等发达国家的外资的确为韩国带来了溢出效应，因此我们有理由相信在韩国市场上吸引外资对对外投资能够产生积极的促进作用。于是，我们提出以下假说：

假说 6.1：总体上看，韩国的吸引外资会对对外投资产生正向影响。

在本书第 3 章关于全球层面的实证研究中，我们已经证实东道国的人力资本、市场规模以及经济发达程度均会对吸引外资对对外投资的作用机制产生影响。在针对韩国的检验中，我们仍然沿用在全球层面的上述假设：

假说 6.2：韩国吸引外资对对外投资的正向作用会随着韩国人力资本、市场规模、经济发达程度的增强而增强。

第二，区分 FDI 来源的作用特点。除了东道国的特点之外，FDI 来源国的特点不同也会对吸引外资对对外投资的作用机制产生影响。因此，与前面章节的研究相对应，在这里我们同样对韩国不同来源的 FDI 的特点进行分析和检验。

从前文韩国吸引外资的国别来源来看，韩国的 FDI 可明显区分为两种不同的类型，一种是以日本、美国、荷兰等为代表的发达国家，另一种是以马来西亚、中国香港为主的发展中国家，二者各自具有不同的特点。从所有权优势来看，来自发达国家的外资通常具有先进的技术，其劳动生产率高于发展中国家的企业。基于 FDI 溢出效应理论，学者们在实证研究中发现虽然这两种外资均可能产生溢出效应，但是程度有所不同。总体来看，来自发达国家的外资相对于来自发展中国家外资产生的技术溢出效应更加显著。来自高技术水平的发达国家的外资对低技术水平的发展中东道国企业可能通过示范模仿、竞争和人员流动等途径产生技术溢出，对发达东道国也可能通过竞争效应等途径产生技术溢出。来自发展中国家的外资对发展中东道国可能通过示范模仿、竞争和人员流动等途径产生溢出效应；而由于技术和管理水平的相对弱势，对发达东道国的溢出空间则较小。另外，外资还会带来市场营销等方面的信息，产生市场进入型溢出效应，从而促进本土企业国际化的发展（Buckley et al.，2002；Buckley et al.，2007）。而且，结合韩国的对外投资来看，其主要是投向发达国家，因此来自发达国家的 FDI 更易于产生信息溢出，从而有利于提升韩国本土企业对市场条件类似的发达国家的投资。

基于上述分析，结合日本等国家的实证检验，我们进一步做出以下假设：

假说 6.3：来自发达国家的 FDI 对韩国的总体对外投资存在促进作用；来自发展中国家的 FDI 对韩国存在显著的影响。

假说 6.4：来自发达国家的 FDI 和来自发展中国家的 FDI 均会对韩国

对发展中国家的投资产生促进作用。

假说 6.5：来自发达国家的 FDI 会对韩国对发达国家的投资产生促进作用；来自发展中国家的 FDI 对韩国对发达国家的投资则没有明显的促进作用。

第三，区分来源行业的作用特点。除了 FDI 的国家来源之外，来自不同行业的 FDI 对对外投资的影响也有所不同。从前文的描述中可知，韩国吸引外资最多的是服务业，其次是制造业，并且韩国对外投资的企业主要也集中在金融保险行业，其次是制造业，这两者之间具有很强的匹配性。而且，从韩国制造业和服务业的发展历程来看，来自美国和日本等产业更先进国家的外资可以通过示范和模仿、竞争、人员流动等途径对韩国本土企业产生技术溢出效应，提升韩国企业的能力，并促进其对外投资。另外，考虑到行业间的技术溢出效应，流入服务业的外资也可能对制造业的能力提升产生积极作用，从而促进制造业的对外投资（Fernandes and Paunov，2012）。除此之外，还有少量的外资进入韩国的初级产业，其规模很小，参与实体经济很少，对本土企业的影响非常有限，因此难以对本土企业对外投资能力产生影响。基于上述分析，结合日本等国家的实证检验，我们做出以下假说：

假说 6.6：来自服务业和制造业的 FDI 会对韩国总体对外投资产生正向影响；来自初级产业的 FDI 对韩国总体对外投资不会产生显著影响。

（2）模型设定及数据描述。在模型的设定上，本章沿用第 3 章中全球层面实证检验模型，基础检验模型设定如下：

$$\ln(\mathrm{OFDI}_t) = \beta_0 + \beta_1 \ln(\mathrm{IFDI}_t) + \beta_2 \ln(\mathrm{GNI}_t) + \beta_3 \ln(\mathrm{EX}_t)$$
$$+ \beta_4 \mathrm{ER}_t + \varepsilon_t \tag{6.1}$$

其中，被解释变量 OFDI_t 为韩国总体对外投资存量，主要解释变量 IFDI_t 为韩国总体吸引外资的存量。为了考察假说 6.2 中东道国特征的影响，与第三章的模型类似，在基础模型上加入外资流入 IFDI_t 与国家特征变量的交叉项，用于考察人力资本、市场规模以及经济发达程度这三个国家特征可能带来的影响。而在区分 FDI 来源的检验中，则将主要解释变量 IFDI 拆分为来自发达国家的 FDI 和来自发展韩国家的 FDI，并根据需要将被解释变量转换为韩国对发达国家的投资或韩国对发展中国家的投资。在区分 FDI 行业来源的检验中，则将主要解释变量拆分为制造业的 FDI 流入和非制造业的 FDI 流入。除了 FDI 的国家来源之外，来自不同行业的 FDI 对对外投资的影响也将不同。我们进一步将主要解释变量拆分为初级产业、制造业及服务业的 FDI 流入，来分别检验来自不同行业外资进入对韩国对外投资的影响。

在数据的选取上，在基础检验模型和东道国特征影响方面，本书选取韩国 1971～2012 年的国家层面时序数据进行检验。与第 3 章中的数据来源相同，总体 IFDI、OFDI、人均出口的数据主要来源于联合国贸易和发展会议（UNCTAD）统计数据库和 OECD 数据库，人均 GNI、用高等教育入学率衡量的人力资本指标、衡量市场规模的 GDP 指标均来源于世界银行（World Bank）统计数据库。此外，在区分 FDI 来源的检验中，本书采用来自 OECD 国家的 FDI 流入来表示来自发达国家的 FDI，而采用非 OECD 国家对韩国的 FDI 流入表示来自发展中国家的 FDI。其中，与 OECD 国家相关的 IFDI 及 OFDI 数据均来源于 OECD 数据库。在区分 FDI 行业的检验中，来自初级产业、制造业和服务业的 FDI 流入数据也来源于 OECD 数据库以及韩国知识经济部的统计数据。另外，由于上述数据库提供的是以美元现价表示的数据，考虑到美元通胀水平的变化，本书使用了以 2005 年为基期的美元 GDP 平减指数对所用到的价值量指标进行了价格平减。文中的实证检验均采用 STATA 软件版本 13.0 进行回归。表 6-3 和表 6-4 列出了本章研究的主要变量的数据来源和描述性统计特征。

表 6-3 　　　　　　　　　　　　韩国 IDP 检验主要的变量数据来源

变量名	变量含义	数据来源
OFDI	对外投资存量	联合国贸发会议组织、OECD 数据库
IFDI	吸引外资存量	联合国贸发会议组织、OECD 数据库
EXPORT	人均出口	联合国贸发会议组织、OECD 数据库
GNIpc	人均国民收入	世界银行
EXR	人民币对美元汇率	世界银行
GDP	国内生产总值	世界银行
HC	高等教育入学率	世界银行

续表

变量名	变量含义	数据来源
IFDI_ED	OECD 国家 FDI 流入	OECD 数据库
IFDI_ING	非 OECD 国家 FDI 流入	OECD 数据库
OFDI_ED	对 OECD 国家投资	OECD 数据库
OFDI_ING	对非 OECD 国家投资	OECD 数据库
IFDI_P	初级产业 FDI 流入	OECD 数据库、韩国知识经济部
IFDI_M	非制造业 FDI 流入	OECD 数据库、韩国知识经济部
IFDI_S	服务业 FDI 流入	OECD 数据库、韩国知识经济部

表 6 - 4   韩国 IDP 检验主要变量的统计特征

变量	变量含义	观测数	均值	标准差
OFDI	对外投资（百万美元）	43	40658	50651
IFDI	吸引外资（百万美元）	43	50538	46203
GNI	人均 GNI（美元）	43	10826	7112
EX	人均出口（美元）	43	5381	3278
ER	汇率（人民币对美元）	43	831.4	292.4
GDP	GDP（百万美元）	43	500914	364624
HC	高等教育入学率（%）	43	49.6	35.0
IFDI_ED	OECD 国家 FDI 流入（百万美元）	23	41404	34680
IFDI_ING	非 OECD 国家 FDI 流入（百万美元）	23	8020	6484
OFDI_ED	对 OECD 国家投资（百万美元）	23	16473	19296
OFDI_ING	对非 OECD 国家投资（百万美元）	23	24185	31486
IFDI_P	初级产业 FDI 流入（百万美元）	23	285.5	189.1
IFDI_M	制造业 FDI 流入（百万美元）	23	18155	14928
IFDI_S	服务业 FDI 流入（百万美元）	23	23380	20677

对于非平稳序列而言，在特定时间段中变量的变化在系统中的影响不会逐渐消逝，可能出现虚假回归问题，因此在进行回归分析前，对各变量时间序列的平稳性进行检验是非常必要的。通过对主要变量 OFDI、IFDI、GNI、EX 及 ER 的单位根检验得出，这些变量在一阶差分之后均在 10% 的显著性水平下平稳，即主要变量为一阶单整变量，因此有可能存在协整关系。进一步的协整分析表明，变量之间存在协整关系，可以对其运用经典的回归模型。

（3）实证检验结果。

第一，总体基础模型检验。表 6 – 5 中回归 I 的结果显示，韩国的总体 FDI 流入对对外投资起到负向的影响作用。然而考虑到 DW 统计量为 0.955，偏离 2 较远，可能存在自相关问题。在出现自相关时，普通最小二乘估计将失去有效性，通常的 t 检验和 F 检验也不能有效地使用。因此本书进一步尝试采用可行广义最小二乘法（FGLS）的 Prais-Winsten（PW）估计法对自相关问题进行处理，如表 6 – 5 中回归 II 所示。广义最小二乘法的结果进一步表明韩国的吸引外资对对外投资在整体国家层面上没有起到显著的作用，假说 6.1 未得到证实。这主要是因为，韩国的经济发展在很大程度上效仿了日本的做法，将 FDI 流入限定在较低水平，却比较积极地引进国外的技术来实现本土企业的发展。一方面，韩国政府对 FDI 进入采取了谨慎态度；另一方面，韩国企业早期能力的形成很大程度上源于技术引进等非股权方式。特别是在承接跨国公司外包业务的过程中，韩国企业获得了大量的技术许可，并依此培养起自身的能力基础（van Hoesel，1999）。

表 6 – 5　　　　　　　　　韩国吸引外资对对外投资的影响回归结果

回归式	回归 I	回归 II
估计法	OLS	FGLS
ln（IFDI）	− 0.461 *** （− 3.622）	0.0953 （0.805）
ln（GNI）	3.131 *** （6.975）	3.611 *** （4.812）
ln（EX）	0.825 *** （2.914）	− 0.0587 （− 0.147）
ER	0.000100 （0.264）	0.000655 * （1.812）
常数项	− 5.004 ** （− 2.360）	− 12.97 *** （− 3.926）
调整的 R^2	0.988	0.936
D. W. 值	0.955	1.925
样本数	43	43

注：其中 ***、**、* 分别代表在 1%、5%、10% 的显著性水平下显著；括号内为稳健标准误下 t 值。

　　从控制变量的回归结果来看，人均 GNI 这个变量无论是在 OLS 估计中还是 FGLS 估计中均显著为正，说明随韩国经济的发展，韩国企业的所有权优势得到提升，从而推动对外投资的增长，这与经典的 IDP 模型的检验结果也是一致的。在控制自相关问题后，人均出口在 FGLS 估计下的系数不显著，说明韩国出口与对外投资之间既有可能是替代关系，也有可能是互补关系，整体上表现为没有一致性的显著作用。在控制自相关的问题后，汇率变量的系数显著为正，但是系数在 0 附近，这说明韩国货币贬值也是韩国对外投资增长的原因之一，但是，对韩国对外投资的影响并不是特别大。

　　第二，加入东道国影响因素的结果。与前面第三章对全球层面数据的研究类似，在整体国家层面检验外资进入韩国对其对外投资是否有显著作用的基础上，我们进一步考虑通过加入 IFDI 与影响因素的交互项的方法，来研究东道国市场规模、人力资本以及经济发展水平如何影响吸引外资对韩国对外投资促进作用的大小。考虑到矫正自相关对估计结果造成偏误，我们同样采用了 OLS 和 FGLS 两种方法进行估计。假说 6.2 得到部分的证实，具体实证结果如表 6 – 6 所示。

表 6 – 6　　　　韩国吸引外资对对外投资的影响（加入东道国影响因素）

回归式	回归 I	回归 II	回归 III	回归 IV
估计法	FGLS	FGLS	FGLS	FGLS
$\ln$（IFDI）	-0.159 （-0.171）	0.0199 （0.173）	0.698 （1.000）	-0.939 （-0.991）
$\ln$（IFDI）$\times \ln$（GDP）	0.0211 （0.279）			0.400 （1.408）
$\ln$（IFDI）$\times$ HC		0.150^{**} （2.530）		0.0468 （0.459）
$\ln$（IFDI）$\times \ln$（GNI）			-0.0714 （-0.890）	-0.454 （-1.319）
$\ln$（GNI）	3.080 （1.463）	3.004^{***} （4.096）	5.253^{**} （2.570）	3.959 （1.624）
$\ln$（EX）	-0.0821 （-0.201）	-0.127 （-0.340）	-0.0195 （-0.0491）	-0.374 （-0.918）

续表

回归式	回归 I	回归 II	回归 III	回归 IV
ER	0.000639 * (1.712)	0.000392 (1.107)	0.000612 (1.673)	3.26e - 05 (0.0743)
常数项	- 8.288 (- 0.474)	- 7.706 ** (- 2.108)	- 27.09 (- 1.636)	- 12.56 (- 0.651)
调整的 R^2	0.933	0.946	0.940	0.943
D.W. 值	1.934	1.998	1.921	2.003
样本数	43	43	43	43

注：其中 *** 、 ** 、 * 分别代表在 1%、5%、10% 的显著性水平下显著；括号内为稳健标准误下 t 值。

从 GDP 表示的市场规模因素来看，如回归 II 中所示，与第 3 章全球层面的检验结论类似，韩国的 GDP 规模对流入 IFDI 对 OFDI 作用的影响不显著。可能的原因在于，一方面，韩国限制了外资的进入，进入韩国的外资，特别是市场导向的外资本身比较少；另一方面，韩国作为一个外向型国家，海外市场在企业发展中起到非常重要的作用，而其国内的市场规模并不是很大，并没有对吸引外资对对外投资的作用起到显著的影响。

从人力资本因素来看，我们使用了文献中常用的高等教育入学率作为人力资本的度量指标。矫正自相关的影响后，回归 IV 的结果显示，人力资本是 IFDI 对 OFDI 作用的重要影响因素。具体来看，随着韩国人力资本的不断积累，韩国的 IFDI 对 OFDI 的作用更加显著。这是因为高水平的人力资本更容易把外商直接投资所外溢的技术转化为自身的技术，从而促进其海外市场的拓展。

从经济发展水平的因素来看，回归 V 和回归 VI 的结果显示，流入 FDI 与人均 GNI 的交叉项不显著。我们认为这主要是因为经济发展水平对对外投资的影响主要是通过直接途径产生，表现为回归 VI 中人均 GNI 本身的系数显著为正，而且高达 5.253。同时，该交叉项与人均 GNI 变量之间具有较强的共线性，也可能表现为人均 GNI 没有通过间接影响 IFDI 进而对 OFDI 产生显著影响。

第三，区分 FDI 来源的回归结果。由于来自发达国家的 FDI 和来自发展中国家的 FDI 具有不同的特点，为了检验这两类 FDI 来源对韩国对外投资的不同影响，这里将基础模型中的总体 IFDI 拆分为来自 OECD 国家的 IFDI 和来自非 OECD 国家的 IFDI 两个变量。

表6-7 的回归 II 的结果显示，在矫正了自相关的影响后，变量 IFDI_ ED 显著为正，而 IFDI_ING 则不显著，说明主要是来自发达国家的 IFDI 对 韩国对外投资产生了积极的促进作用，假说6.3 得到部分证实。一方面，这是因为流入韩国的 IFDI 中，来自发展中国家的量本身就非常少。从前文 的表6-2 中可以看到，来自发达国家的 IFDI 平均是发展中国家 IFDI 的 5 倍。另一方面，从流入韩国的外资对对外投资的作用机制来看，来自发展 中国家的外资的技术水平一般相对较低，其对韩国国内企业产生技术溢出 的空间也较小，因此通过技术溢出提升其能力并促进其对外投资的可能性 也较小。

表6-7　区分发达国家和发展中国家 IFDI 对韩国总体对外投资的影响

回归式	回归 I	回归 II
估计法	OLS	FGLS
ln（IFDI_ED）	0. 375 *** (3. 491)	0. 445 *** (6. 022)
ln（IFDI_ING）	− 0. 0841 (− 1. 606)	− 0. 00743 (− 0. 104)
ln（GNI）	1. 085 ** (2. 775)	1. 083 *** (4. 215)
ln（EX）	0. 899 *** (3. 227)	0. 722 *** (4. 056)
ER	0. 00128 *** (5. 404)	0. 000825 *** (4. 432)
常数项	− 15. 76 *** (− 9. 168)	− 14. 47 *** (− 5. 969)
调整的 R^2	0. 991	0. 996
D. W. 值	1. 060	1. 641
样本数	21	21

注：其中 ***、**、*分别代表在 1%、5%、10% 的显著性水平下显著；括号内为稳健标准误 下 t 值。

下面我们进一步将被解释变量替换为韩国对发达国家的 OFDI 和韩国

对发展中国家的 OFDI。在表 6 - 8 的回归 I 和回归 II 中，以韩国对发展中国家的对外投资作为被解释变量，结果表明，在矫正自相关的影响后，只有来自发达国家的投资对韩国对发展中国家的投资起到积极的促进作用，而来自发展中国家的 IFDI 均未对韩国对发展中国家的 OFDI 产生显著的影响，假说 6.4 得到部分证实。这主要是因为韩国企业在样本期间已经具有较强的能力和技术水平，很难从其他发展中国家的投资中获得技术溢出。然而，其技术和管理能力与美国、日本等企业相比还存在一定的差距，因此可以从美国等发达国家的企业投资中获得显著的技术溢出，进而推动其对外投资。例如，Lee（2004）采用 1995 年企业层面的数据，发现韩国企业通过双向 FDI 从美国企业获得了显著的知识溢出效应。

表 6 - 8　　　　　发达国家和发展韩国家 IFDI 对韩国对外投资的影响

回归式	回归 I	回归 II	回归 III	回归 IV
被解释变量	$\ln(OFDI\_ING)$	$\ln(OFDI\_ING)$	$\ln(OFDI\_ED)$	$\ln(OFDI\_ED)$
估计法	OLS	FGLS	OLS	FGLS
$\ln(IFDI\_ED)$	0.230 ** (2.463)	0.382 *** (5.251)	0.552 *** (3.111)	0.577 *** (5.970)
$\ln(IFDI\_ING)$	-0.0836 (-1.464)	-0.00220 (-0.0255)	-0.0814 (-1.342)	-0.0148 (-0.214)
$\ln(GNI)$	1.255 *** (2.971)	1.127 *** (3.886)	0.955 * (1.951)	1.023 *** (3.911)
$\ln(EX)$	1.199 *** (4.844)	0.973 *** (4.928)	0.484 (1.149)	0.374 (1.654)
ER	0.00157 *** (6.244)	0.000950 *** (4.377)	0.000983 *** (4.123)	0.000623 *** (4.333)
常数项	-20.54 *** (-9.848)	-18.19 *** (-5.529)	-11.69 *** (-6.607)	-11.44 *** (-6.425)
调整的 R^2	0.990	0.992	0.987	0.995
D. W. 值	1.060	1.537	0.872	1.505
样本数	21	21	21	21

注：其中 ***、**、* 分别代表在 1%、5%、10% 的显著性水平下显著；括号内为稳健标准误下 t 值。

在回归 III 和回归 IV 中，显示了以韩国对发达国家的 OFDI 为被解释变量的回归结果，从中可以看出只有来自发达国家的 IFDI 产生了显著的影响，假说 6.5 得到证实。这说明来自发达国家的相对高端的 FDI 更有利于韩国对发达国家的对外投资。这是因为，对发达国家的投资往往需要更高的企业能力，而来自发达国家的外资对韩国的本土企业具有更高的技术溢出，从而能够提升其技术能力，进而显著地促进其对发达国家的投资。另外，考虑到市场的相似性，来自发达国家的外资相对来自发展中国家的外资在市场信息方面也能够对韩国对发达国家的外资产生更多的溢出。

第四，区分来源行业的回归结果。为了检验区分 FDI 来源行业的影响，我们将基础模型中的 IFDI 拆分为来自初级产业的 IFDI、来自制造业的 IFDI 和来自非制造业的 IFDI。三大产业 FDI 流入的数据均来自 OECD 的统计。其中，针对制造业和服务业个别年份的缺失，我们使用了前一年的存量数据加上当年的流量数据进行估计；针对第一产业数据的部分缺失，我们采用总 FDI 流入减去制造业和服务业的流入进行估计。估计模型和方法同前文一致，检验结果如表 6-9 所示。

表6-9　　　区分行业来源的 FDI 对韩国总体对外投资的影响

回归式	回归 I	回归 II
估计法	OLS	FGLS
ln（IFDI_P）	-0.00959 (-0.342)	0.0339 (1.213)
ln（IFDI_M）	0.347 ** (2.262)	0.236 * (1.887)
ln（IFDI_S）	0.0509 (0.277)	0.216 * (1.821)
ln（GNI）	1.393 *** (5.421)	1.280 *** (5.179)
ln（EX）	1.052 *** (4.889)	0.876 *** (5.544)
ER	0.00107 *** (5.561)	0.000886 *** (4.276)
常数项	-16.67 *** (-8.796)	-14.70 *** (-8.020)

回归式	回归 I	回归 II
调整的 R^2	0.995	0.997
D. W. 值	1.461	1.654
样本数	21	21

注: 其中 ***、**、* 分别代表在 1%、5%、10% 的显著性水平下显著; 括号内为稳健标准误下 t 值。

从表 6 - 9 的回归结果可以看到, 初级产业的 FDI 流入对韩国对外投资的作用是不显著的, 而制造业和服务业对韩国整体对外投资有显著为正的促进作用, 假说 6.6 得到证实。从初级产业的角度, 其对韩国整体对外投资的作用不显著, 是因为韩国的 OFDI 中初级产业的吸引外资十分少。从前文的表 6 - 2 中可以看到, 制造业 IFDI 平均是初级产业的 63 倍, 而服务业 IFDI 平均是初级产业 IFDI 的 82 倍。从制造业的角度, 无论是 OLS 回归, 还是矫正自相关的 FGLS 回归的结果, 韩国吸引外资均对其对外投资有显著为正的作用。这是因为, 与日本不同, 韩国本身在 20 世纪 80 年代尽管也具有相当的工业化水平; 但是在技术角度, 其企业的能力相对美国和日本企业尚有一定的差距。而且, 从政策来看, 当时韩国也大力吸引了一些高技术的制造业, 通过引进外资促进其技术溢出, 进而推动国内企业的对外投资。最后, 从服务业的角度来看, 在矫正自相关的影响后, 服务业 FDI 流入对韩国对外投资的影响显著为正。其原因与日本类似, 在 20世纪 80 年代初, 韩国的服务业发展水平相对美国、欧洲、日本都有一定的差距。一个证据是 1997 年的亚洲金融危机后, 韩国还主动增大了吸引服务业外资的力度, 希望引入更高技术和能力的服务业企业。进入韩国的服务业不仅可以给韩国服务业本身带来技术溢出, 而且可以通过行业间联系来促进韩国制造业的能力提升, 从而促进韩国整体的对外投资。

6.2.3.2 第二层面: 广义跨国公司活动对对外投资的影响

(1) 理论假设。韩国的经济发展在很大程度上效仿了日本的做法, 将 FDI 流入限定在较低水平, 却比较积极地引进国外的技术来实现本土企业的发展。一方面, 韩国政府为了避免外资企业在国内产业中占据主导地位，对 FDI 进入采取了谨慎态度（Sakong，1993），并主要将其限制在电子、纺织服装等出口导向型的产业中（Dunning，van Hoesel & Narula，1996）。因此，不能认为来自发达国家跨国公司的投资对韩国的经济发展起到明显的促进作用（Das，1992）。另一方面，韩国企业早期能力的形成很大程度上源于技术引进等非股权方式。特别是在承接跨国公司外包业务的过程中，韩国企业获得了大量的技术许可，并依此培养起自身的能力基础（van Hoesel，1999）。鉴于韩国的上述发展特点，本部分提出以下假设：

假设 6.7：技术引进对韩国的对外投资产生了显著的促进作用。

（2）模型设定及数据描述。本部分采用式（6.2）来对跨国公司活动对韩国对外投资的作用进行检验。其中，OFDI、IFDI 和 TIM 分别表示人均对外投资存量、人均吸引外资存量和人均技术引进存量。

$$\ln OFDI_t = \beta_0 + \beta_1 \ln IFDI_{t-1} + \beta_2 \ln TIM_{t-1} + \sum \gamma \times Control_t + \varepsilon_t$$

$$(6.2)$$

参考 IDP 理论和对韩国对外投资的前期研究，此处仍然选择人均国民总收入（lnGNIpc）、研发支出（lnRD）和汇率（lnEXR）作为控制变量。考虑到吸引外资、技术引进和国内研发投入都需要一定的时间才能发挥作用，因此对 lnIFDI、lnTIM 和 lnRD 采取了滞后 1 期的变量。

下面采用韩国 1970 ~ 2013 年国家层面的时间序列数据进行检验（技术引进的数据从 1978 ~ 2013 年）。所有的数据均以美元为单位，并以 2005 年美国 GDP 的平减指数进行处理。第二层面实证检验的主要变量说明、描述性统计和平稳性检验如表 6 - 10、表 6 - 11 和表 6 - 12 所示。

表 6 - 10 韩国 IDP 第二层面变量说明

变量名	变量含义	数据来源
OFDI	人均对外投资存量	联合国贸发会议组织、韩国知识经济部
IFDI	人均吸引外资存量	联合国贸发会议组织、韩国进出口银行
TIM	人均技术引进存量	韩国国家科学技术委员会
GNIpc	人均国民收入	世界银行
RD	研发投入占 GDP 的比重	世界银行
EXR	人民币对美元汇率	世界银行

表 6 – 11　　　　　　　　　韩国 IDP 第二层面检验主要变量的统计特征

变量名	观测值	最小值	最大值	平均值	标准差
lnOFDI	43	0.210	8.320	4.491	2.512
lnIFDI	44	2.192	8.042	5.604	1.639
lnTIM	36	2.141	7.534	5.565	1.397
lnGNIpc	44	7.598	10.090	9.026	0.784
lnRD	44	0.004	0.044	0.019	0.011
lnEXR	44	5.742	7.246	6.655	0.394

表 6 – 12　　　　　　　　　韩国 IDP 第二层面变量的单位根检验

变量	检验形式（c, t, p）	ADF 统计量	5% 临界值	是否平稳
lnOFDI	(c, t, 1)	− 1.580	− 3.536	不平稳
lnIFDI	(c, t, 1)	− 3.282	− 3.532	不平稳
lnTIM	(c, t, 1)	− 1.364	− 3.564	不平稳
lnGNIpc	(c, t, 1)	− 0.474	− 3.532	不平稳
lnRD	(c, t, 1)	− 1.345	− 3.532	不平稳
lnEXR	(c, 0, 0)	− 2.345	− 2.950	不平稳
D (lnOFDI)	(c, t, 1)	− 4.336 ***	− 3.540	平稳
D (lnIFDI)	(c, t, 1)	− 8.104 ***	− 3.536	平稳
D (lnTIM)	(c, t, 1)	− 13.592 ***	− 3.568	平稳
D (lnGNIpc)	(c, t, 1)	− 4.835 ***	− 3.536	平稳
D (lnRD)	(c, t, 0)	− 3.534 **	− 3.532	平稳
D (lnEXR)	(c, 0, 1)	− 5.194 ***	− 2.955	平稳

注：c, t, p 分别代表 ADF 检验方程中包含的常数项、时间趋势和滞后期，最优滞后阶数由 AIC 准则确定，D 表示变量经过一阶差分处理，** 、*** 分别表示 5%、1% 的显著性水平。

（3）检验结果。表 6 – 8 显示了对式（6.2）的检验结果。根据表 6 – 12 的单位根检验，主要变量均为 I（1）过程，而且 Johansen 检验显示存在协整关系，故可采用回归分析的方法揭示变量之间的长期均衡关系。为了避免时间序列的自相关问题，此处采取 FGLS 方法进行估计。

从表 6 – 13 的结果来看，假设 6.7 得到证实。根据第（1）列的结果，当仅考查吸引外资的作用时，lnIFDI 参数估计量很小，t 值仅为 0.037，未达到显著性要求，表明吸引外资并未对韩国的对外投资产生显著作用。从

第（2）列的结果来看，单独考虑技术引进的作用时，lnTIM 的系数在 5%
的水平下显著，证明技术引进对韩国的对外投资确实起到重要的促进作
用。在第（3）列中，lnIFDI 和 lnTIM 被同时放入方程，仍然是 lnIFDI 不
显著而 lnTIM 在 10% 的水平下显著，与单独考虑两个解释变量时的结果相
一致，再次表明韩国主要是依托技术引进的方式提升国内企业所有权优势
的。第（4）列显示了综合考虑两种跨国公司活动的检验结果，lnMNC 在
10% 的水平下显著，与技术引进的结果类似。

表 6 - 13　对跨国公司活动与韩国对外投资关系的检验结果（FGLS 检验）

回归式	（1）	（2）	（3）	（4）
lnIFDI	0.003 (0.037)		0.077 (0.568)	
lnTIM		0.300 ** (2.390)	0.272 * (1.995)	
lnMNC				0.343 * (1.955)
lnGNIpc	2.469 *** (7.809)	1.580 *** (3.924)	1.428 *** (2.914)	1.332 ** (2.508)
lnRD	56.760 *** (3.632)	65.451 *** (3.568)	66.426 *** (3.574)	69.972 *** (3.752)
lnEXR	-0.123 (-0.548)	-0.314 (-1.367)	-0.207 (-0.696)	0.065 (0.277)
常数项	-17.962 *** (-8.964)	-10.229 *** (-2.953)	-9.876 *** (-2.774)	-11.196 *** (-3.193)
调整的 R^2	0.961	0.899	0.900	0.895
F 统计量	261.62	76.60	61.98	73.65
样本数	43	35	35	35

注：其中 *** 、** 、* 分别代表在 1% 、5% 、10% 的显著性水平下显著。

从控制变量的结果来看，lnGDPpc 和 lnRD 的系数均显著为正，说明
韩国经济发展水平和国内研发投入的增长都对本土企业的所有权优势和对
外投资活动起到促进作用。不过，lnEXR 并不显著，说明汇率并非推动韩

国对外投资的重要因素。因为伴随着韩国的经济发展，其并没有出现像日本一样明显的货币升值现象。

6.2.3.3 第三层面：政府开放政策的作用机制

（1）理论假设。亚洲金融危机后，韩国政府扩大了开放力度，并出台了有利于促进对外投资的政策。1998 年韩国政府制定《外汇交易法》，将外汇交易的事前管理转变为事后管理方式；此后又先后开展了两轮外汇自由化方案，并大幅简化了海外投资的申报程序（van Hoesel，1999）。而且，韩国政府还专门针对中小企业的对外投资设定了鼓励政策和服务机构，使中小企业有机会了解到更多的海外市场信息，成为这一时期对外投资的重要新增力量（许峰，2005）。于是，提出以下假设：

假设 6.8：开放程度的提高有助于提升促进韩国的对外投资活动。

与此同时，韩国政府也扩大了吸引外资的力度。1996 年韩国加入 OECD 后，就开始推行资本流动的自由化，并逐渐开放了金融服务、通信等战略性行业。亚洲金融危机后，韩国政府在国际货币基金组织（IMF）的要求下开始自由化改革，包括经济自由化以及货币流通的公开透明化（van Hoesel，1999）。上述措施改善了韩国的开放环境，于是 FDI 流入明显增加并且在韩国经济中发挥了越来越广泛的作用。因此，提出以下假设：

假设 6.9：开放程度的提高有助于提升吸引外资和技术引进对韩国对外投资的促进作用。

（2）模型设定及数据描述。沿用第 3 章和第 4 章的做法，在式（6.3）的基础上引入反映政府开放政策的变量（OPEN），即得到式（6.3）来对前述关于开放政策的假设进行检验。

$$
\begin{aligned}
\ln OFDI_t = {} & \beta_0 + \beta_1 \ln IFDI_{t-1} + \beta_2 \ln IFDI_{t-1} \times \ln OPEN + \beta_3 \ln TIM_{t-1} \\
& + \beta_4 \ln TIM_{t-1} \times \ln OPEN + \beta_3 \ln OPEN \\
& + \sum \gamma \times Control_t + \varepsilon_t \qquad (6.3)
\end{aligned}
$$

对于 OPEN 的设定，此处采用了时间虚拟变量。亚洲金融危机后，韩国政府明显扩大了开放力度，提升了 FDI 流入和流出的自由化程度。因此，OPEN 在 1997 年（含）以前取值为 0，1997 年以后取值为 1。

（3）检验结果。表 6 - 14 显示了对韩国政府在亚洲金融危机后扩大开放作用的检验结果。为了避免自相关导致的参数估计量非有效等问题，此处仍采用 FGLS 估计方法进行检验。

表 6 - 14　　　　　　对韩国政府开放政策的检验结果（FGLS 检验）

回归式	（1）	（2）	（3）	（4）
ln（IFDI）	0.024 （0.287）		0.319* （1.803）	
ln（IFDI）× OPEN	-0.072 （-0.469）		-0.285 （-0.917）	
ln（TIM）		0.306** （2.301）	0.260* （1.826）	
ln（TIM）× OPEN		-0.266 （-0.850）	-0.169 （-0.331）	
ln（MNC）				0.663*** （3.114）
ln（MNC）× OPEN				-0.520** （-2.493）
OPEN	0.309 （0.299）	1.608 （0.818）	2.838 （1.405）	3.539** （2.336）
ln（GNIpc）	2.437*** （7.957）	1.566*** （3.660）	1.010* （1.867）	0.799 （1.468）
ln（RD）	61.648*** （3.910）	76.945*** （3.294）	83.950*** （3.058）	88.340*** （5.252）
ln（EXR）	-0.031 （-0.113）	-0.369 （-1.157）	-0.243 （-0.696）	-0.075 （-0.269）
常数项	-18.407*** （-8.821）	-9.902** （-2.336）	-7.316 （-1.607）	-7.507* （-1.811）
调整的 R^2	0.973	0.918	0.968	0.975
F 统计量	255.29	64.76	128.52	219.69
样本数	43	35	35	35

注：其中 ***、**、* 分别代表在 1%、5%、10% 的显著性水平下显著。

首先，此次扩大开放并未显著促进韩国的对外投资活动，假设 6.8 并未得到充分证实。OPEN 作为解释变量的回归系数虽然为正值，但是多在数情况下并不显著。由此表明，韩国政府于 20 世纪 90 年代末所开展的一系列资本自由化政策以及对中小企业对外投资的支持，并没有产生十分显著的效果。究其原因，大型财阀一直是韩国对外投资的主力，其在 90 年代末已经形成了显著的所有权优势支持对外投资活动的开展，因此韩国政府能够起到的作用非常有限。

其次，此次扩大开放也未对跨国公司活动对韩国对外投资的作用产生显著影响，从而假设 6.9 也未得到证实。从表 6 – 14 的结果来看，lnIFDI 与 OPEN 和 lnTIM 与 OPEN 的交乘项的回归系数均不显著。通过分析可以看到，韩国这一时期吸引的外资主要流向了金融保险、批发零售、商务服务和房地产等原先保护性较强的行业领域。这些领域的企业尚未形成如韩国制造业企业一样强劲的国际竞争力，因此跨国公司在短期内的大量涌入虽然能够产生一定的溢出效应，但是也不可避免地对国内企业造成了冲击。例如，在批发零售行业开放后，日本综合商社凭借自身强大的资金能力以及信息和销售渠道，在韩国抢夺了大量的中小企业客户（van Hoesel，1999）。于是，总体来看这一时期的开放政策并未产生显著的影响。

6.3　典型行业案例分析：半导体行业

6.3.1　韩国半导体产业的发展历程

根据韩国半导体产业的能力演变，其发展历程大体可划分为三个阶段：1965～1981 年的产业起步阶段，1982～1996 年的能力赶超阶段，以及 1997 年以来的综合发展阶段。

韩国的半导体产业起源于 1965 年跨国公司的投资进入，到 20 世纪 70 年代末基本上搭建起国内的产业基础。20 世纪 60 年代初，韩国开始实行出口导向战略并积极吸引外资。于是，美国 Kommy 半导体公司在 1965 年率先进入韩国投资了集成电路的封装测试工厂，此后美国半导体领先者仙童、摩托罗和 IBM 等纷纷进入韩国。1969 年，韩国政府颁布了《电子工业振兴法》及《电子工业振兴 8 年计划》，为扩大电子产品的生产提供了强有力的政府支援。于是，两家本土企业——亚南电子（Anam）和金星电子（Goldstar，即后来的 LG 电子），相继设立半导体业务，并从 1970 年开始承包跨国公司的封装业务。1973 年石油危机后，外资开始纷纷撤离韩国。1974 年，三星电子收购了韩国最早开展 LSI 设计和制造的外资公司，由此获得了集成电路的制造能力。1979 年，金星电子通过收购外资的 Daehan 半导体公司也获得了这一能力。

20 世纪 80 年代，韩国政府开始大举发展半导体产业，并于 90 年代在内存芯片领域赶超了日本。1982 年，韩国商工部发布了"半导体工业扶持计划"，以实现完整的国内自给自足的半导体产业发展目标。于是，三星电子在 1982～1983 年初率先开展技术和市场调研，制订了 VLSI 的开发战略。1983 年，韩国政府正式对外发布"进军 VLSI 领域（DRAM）"的计划后，现代电子和金星电子也加入进来。计划公布两年后，韩国就建成了 64K DRAM 的生产工厂，与日、美两大半导体先进国的技术差距缩小到四年。此后，韩国政府和三大企业又陆续开展了 256K 至 256M 的 DRAM 研发计划。从 16M DRAM 开始，韩国就具备了世界第一的内存生产能力，到 1992 年末韩国企业的技术水平已与日、美企业不相上下，如表 6 – 15 所示。1994 年，三星电子、金星电子和现代电子的 DRAM 销售额分列世界第一位、第七位和第十位，国际市场占有率分别达到 14.9%、6.0% 和 5.8%。

表 6 – 15　　　　　　　　　韩国半导体产业 DRAM 产品的研发

DRAM	64K	256K	1M	4M	16M	64M	256M	1G	4G
日美企业	1979 年	1982 年	1985 年	1987 年末	1990 年初	1992 年末	1995 年中	—	—
韩国企业	1983 年	1984 年	1986 年	1988 年初	1990 年中	1992 年末	1995 年初	1996 年末	2001 年初
差距	4 年	2 年	1 年	6 个月	3 个月	相同	领先	领先	领先

资料来源：赵和李（Cho & Lee, 2003）。

20 世纪 90 年代末，韩国进入产业重组和综合发展阶段。1997 年爆发的亚洲金融危机，使韩国大型财阀间恶性竞争所导致的重复投资和产能过剩等问题集中暴露出来。于是，韩国政府在 1999 年发起了一项被称为"Big-Deal"的重组计划，对现代电子和 LG 电子的半导体业务进行了合并，组建了韩国第二大半导体制造商海力士（Hynix）。为了改变过度依赖于内存芯片的产业结构，韩国政府和企业都开始致力于非内存芯片的发展。这一时期，韩国政府支持开展了一系列系统芯片基础技术的开发项目，国内大型企业也积极与跨国公司展开技术合作以获取关键的非内存技术，例如，三星电子就与美国康柏公司开展了 Alpha CPU 的联合开发。同时，三星电子、海力士、东部电子和亚南电子等企业也相继进入代工领域或转型为代工厂商。近年来，韩国不仅在内存芯片领域保持领先优势，而且在非内存芯片市场的份额不断提升。2013 年韩国半导体产业的生产额达到 515.16 亿美元，占全球市场份额的 16.2%，取代日本成为全球第二大半导体生产国。

6.3.2 韩国半导体产业引入跨国公司活动和对外投资的发展特点

6.3.2.1 韩国半导体产业引入跨国公司活动的阶段性特点

韩国半导体产业的起步不同于日本，是通过跨国公司的直接投资而引入的。不过在产业赶超阶段，韩国也通过更有利于保护本土企业的技术引进方式来利用了跨国公司的资源。此后，韩国的全面自由化使外商直接投资和国际技术合作都大幅增加，适应了国内半导体产业综合发展的需要。

（1）产业起步阶段引入跨国公司活动的特点。20 世纪 60 年代初，韩国开始采取出口导向策略并积极吸引外资。1966 年，韩国政府出台了"外资导入法"，希望通过吸引外资引入发达国家的先进技术。在此背景下，美国和日本的半导体企业纷纷向韩国投资转移劳动密集型的业务。不过，由于 1973 年的石油危机和韩国外资政策的转变，导致跨国公司的直接投资减少、技术转移增加。

这一时期，直接投资成为跨国公司进入韩国的主要方式，投资主要呈现来源集中、劳动密集、单笔投资规模较小、独资项目约占一半的特点。首先，美国和日本是主要的投资来源国。如表 6 - 16 所示，继美国企业大量在韩国开展投资活动以后，日本企业也纷纷进入。其次，跨国公司主要开展了劳动密集型的生产活动。跨国公司的投资多集中于芯片的简单封装和晶体管的制造等技术含量较低、劳动力密集的业务，直到 20 世纪 70 年代才有少数跨国公司在韩国开展前端制造环节。再次，跨国公司的单笔投资规模都不大。由于上述投资涉及的生产设施比较简单，多数项目的投资规模一般仅介于几十万至几百万美元。最后，大约有一半项目采取了独资的方式。虽然韩国政府对合资具有明显的偏好，不过为了引进发达国家的先进技术还是在部分项目上做出了妥协，例如，韩国政府在 1966 年为了吸引仙童公司的投资，就批准了其独资建立晶体管的制造及装配厂的要求，由此激发了美国半导体企业的相继进入。

表 6 - 16　　　　　　　产业起步阶段的主要外资半导体项目

投资年份	公司名称	投资方公司以及股份结构	主营业务	投资国	投资规模（千美元）
1965	Kommy 半导体	美国 Kommy（25%）	简单封装	美国	76
1966	Fairchild Semikor	美国 Facirchild（100%）	二极管、晶体管封装	美国	2145
	Signetics Korea	美国 Signetics（100%）	简单封装	美国	1679
1967	Motorola Korea	中国香港 Motorola Asia Ltd.（100%）	简单封装	美国	7544
	IBM Korea	美国 IBM	简单封装	美国	—
1968	Imac	Komy Cer Co.（100%）	—	美国	432
1969	韩国东芝	东芝（70%）	晶体管封装	日本	1400
	三星三洋	三洋和住友（50%）	—	日本	1500
	金星电子	National Semiconductor	晶体管制造	美国	
1970	DaeHan Micro	AMI（100%）	芯片制造和封装	美国	2264
	韩国 IC	Tesco（50%）	—	美国	700
	韩国东光	东光（100%）	—	日本	390
1971	KTK	东光	—	日本	—

续表

投资年份	公司名称	投资方公司以及股份结构	主营业务	投资国	投资规模（千美元）
1972	韩国东京 Silicon	三洋电器（100%）	混合集成电路制造	日本	1624
	韩国罗姆	罗姆公司（86%）	半导体芯片制造	日本	14509
	东洋电球	日本东洋电球（95%）+ 韩国 Arom（5%）	分立器件制造	日本	570
	韩国太阳邮电	日本 Japan Taiyo Yuden Co., Ltd（100%）	HIC 及周边分立器件制造	日本	11723
1973	韩国三肯	三肯（100%）	—	日本	700
1974	韩国半导体	美国 IC II	芯片制造和封装	美国	—

资料来源：杨和帕克（Young & Park, 1995）、赵和李（2003）。

与此同时，跨国公司也开始向韩国输出半导体技术。不过，这一时期的技术引进的数量还很少，引进主体多为韩设立的外资企业，而且主要是一些层次较低的简单技术。据现有资料可追溯的最早一笔技术引进发生在 1969 年，是由合资企业 MinSung 公司从美国母公司 Hahn－American 引进的混合集成电路技术。整个阶段，韩国半导体产业仅发生了 12 笔技术引进交易，并且多数发生在 20 世纪 70 年代后半期吸引外资大幅下降以后，如表 6－17 所示。这些引进项目大多为在韩设立的外资企业所为，其中一半以上是合资企业开展的。技术引进的内容全部为简单的半导体元器件，仅有少数交易涉及集成电路产品。

表 6－17　　　　　　　　韩国半导体产业引入阶段的主要技术引进

年份	引进公司	技术提供方	技术引进内容
1969	Minsung 电子	美国 HANN AMERICA	Hybrid IC
1970	韩国东芝	日本东芝	Silicon TR
1975	韩国东芝	日本东芝	IC
1976	韩国东芝	日本东芝	LED LEM
1976	Wonjin 电子	日本 KDK Electronics	半导体分立器件
1977	DaeHan 半导体	日本富士通	TR，IC
1978	韩国 Silicon	日本 东芝 Silicon	Silicon 产品

续表

年份	引进公司	技术提供方	技术引进内容
1978	韩国东芝	日本东芝	Si – TR 用 Die
1978	Solec Korea	美国 Solec Int1	Silicon Solar Cell
1979	三星半导体	美国 GE	蒸馏分立器件，电力控制分立器件
1979	三星半导体	西德 ITT	交换机用半导体
1980	三星半导体	Japan Semiconductor Engineering Consulting	TR，Diode，IC

资料来源：朱大永和朴涏秀（1995）。

（2）能力赶超阶段引入跨国公司活动的特点。在能力赶超阶段，韩国政府为了发展国内半导体制造业，支持本土企业大量从海外引进半导体技术。与此同时，对跨国半导体制造企业的投资进入则态度谨慎，导致这一时期半导体行业的整体外资流入虽然大幅增长，却多发生在设备和材料等相关领域。

这一时期，韩国对半导体技术的引进大幅增长，呈现以三大本土企业为引进主体、以内存芯片技术为引进内容、以美国为引进来源的主要特点。从1982~1993年，韩国经历了半导体技术引进的高峰期，引进项目超过230笔，表6-18列举了其中的典型项目。首先，三星电子、现代电子和金星电子成为这一时期技术引进的主体。三星电子约占引进项目总数的40%，现代电子和金星电子则各占16%和15%（朱大永和朴涏秀，1995）。其次，这些企业主要引进了内存芯片的制造技术。其中，多数为先进的DRAM技术，其他还包括少量MCU和逻辑IC产品。最后，这些技术的成功引进主要得益于美国的支持。从美国企业引进的技术约占到本阶段技术引进的60%，且以制造技术为主；而来自日本的技术仅占到30%，主要是其设备或材料厂商投资进入韩国后在相关领域引进的技术（朱大永和朴涏秀，1995）。

同时，随着韩国开放程度的提高，跨国公司在韩国的投资也开始增加。这一时期的投资主要呈现以相关产业投资为主、主要来自美国和日本以及较多以合资方式进入的特点。首先，韩国政府这一时期主要采取吸引外资的方式来发展相关产业领域。从1982~1992年，跨国公司在半导体行

表 6 – 18　　　　韩国半导体产业赶超阶段引进的主要半导体制造技术

年份	引进企业	技术提供方	引进技术	技术来源国
1983	三星半导体	Micron Technology	64K/25K DRAM	美国
1984	金星半导体	AMD	64K DRAM	美国
1984	现代电子	Inmos Co.	256K DRAM	美国
1984	三星半导体	Tristar Semiconductor	256K DRAM 等	美国
1985	现代电子	Vitelic Corp.	1M DRAM 等	美国
1986	现代电子	MOS Electronics Co.	64K SRAM	美国
1986	金星半导体	United Microtek Inc	1M DRAM、256K SRAM	美国
1986	三星半导体	Intel Corp.	1M EPROM	美国
1987	现代电子	MOS Electronics Co.	256K 和 1M SRAM	美国
1987	三星半导体	Intel Corp.	DRAM、SRAM 特许	美国
1988	金星电子	AT&T	256K DRAM	美国
1988	现代电子	Vitelic Corp.	高速 256K DRAM 等	美国
1988	三星电子	日立	64/256K DRAM 特许	日本
1989	三星电子	NCR	64/128/256/512K ROM	美国
1989	金星电子	日立	CMOS 1M DRAM	日本
1989	三星电子	IBM Corp	DRAM 特许	美国
1989	金星电子	Vitelic	1M DRAM、256K VRAM	日本
1990	三星电子	NEC Corp.	DRAM 产品	日本
1991	三星电子	三菱电器	DRAM 特许	日本
1992	金星电子	Intel Corp.	DRAM/SRAM 特许	美国
1993	三星电子	Thin Electornics	4M Cached DRAM 等	日本
1993	现代电子	T. R. W. Inc.	16M 半导体制造特许	美国
1993	金星 Electron	NEC Corp.	DRAM 产品制造特许	日本

资料来源：朱大永和朴涏秀（1995）。

业的投资多达 36 笔，其中 80% 投向了设备和材料领域。其次，美国和日本企业仍是这一时期的主要投资国。两国在设备和材料领域形成了一批具有所有权优势的跨国公司，看重韩国半导体产业高速发展所带来的巨大商机纷纷投资进入。美国和日本企业在投资项目中的占比分别达到 42% 和 50%，在投资金额中的占比则达到 73% 和 22%。最后，这些企业在投资时主要采取了合资的方式，而且美国企业的股权比例要普遍高于日本企业。

不过，美国企业在技术输出方面也比日本企业更为积极，从而对韩国半导体相关产业的发展做出了更大的贡献（Young & Park，1995；Cho & Lee，2003）。

（3）综合发展阶段引入跨国公司活动的特点。1997 年亚洲金融危机后，韩国的吸引外资和技术引进都更上一层楼。随着韩国政府加强了对外资企业的优惠力度，并且开放了资本市场和跨国收购，促使半导体行业的外资流入大幅增加。与此同时，韩国企业利用其领先的内存技术能力与跨国半导体巨头展开广泛合作，获取了更加丰富的半导体技术。

在韩国政府的鼓励下，跨国公司开始踊跃地在韩国相对薄弱的领域开展投资活动，包括一系列对本土企业的收购，投资规模较之前明显提升。得益于政府大力发展本土相对薄弱的芯片设计业和半导体设备、材料等相关产业的政策，这些领域的跨国公司开始大量投资进入韩国以把握市场机会和优惠政策。在设备领域，世界知名的半导体设备厂商 AMAT 和 ASML 都在这一时期投资进入韩国；在设计领域，美国的铁电半导体设计企业 Ramtron 公司也在 2010 年投资进入韩国。同时，一些跨国公司开始利用亚洲金融危机的机会对韩国的半导体资产进行了收购。1998 年 12 月，美国仙童公司就收购了三星电子旗下一家制造特殊芯片的半导体厂。收购项目的增多使得跨国公司的投资规模较之前大幅增长，仅前述仙童公司的收购就耗资 4.55 亿美元，而美国 FCI 公司 2007 年的收购也耗资 8800 万美元。

凭借自身在内存芯片的强大势力，韩国企业开始更加广泛地开展国际技术合作，导致技术引进的规模也较之前大幅上升。从特点来看，大型本土企业仍是这一时期开展技术合作的主体，而合作领域已经逐渐延伸至非内存芯片的制造、设计以及材料和设备等相关技术的研发。一方面，以三星电子、海力士为代表的本土领军企业，开始凭借自身的技术积累更加积极地获取前瞻性的新兴技术，特别是系统芯片的设计和制造技术。例如，三星电子在 2012 年就获得 ARM 公司的 64 位 Cortex – A57 和 Cortex – A53 处理器的设计许可，为自主开发 64 位低能耗的服务器芯片打下基础。另一方面，韩国政府对半导体设计、材料和设备等领域的大力发展，也促使这些领域的本土企业积极展开国际合作、引进海外技术。例如，韩国领先的半导体设备厂商 Eugene Tech 公司，就通过参与 SEMATECH 的 ISMI 450 ran1 生产线的设备研发、标准制定的联盟，就获得了相应的技术许可。

6.3.2.2 韩国半导体产业对外投资的阶段性特点

经过产业起步阶段的能力搭建，韩国半导体企业开始在赶超阶段进入海外投资，以获取其所急需的技术资源。此后，随着产业能力的积累和国际环境的变化，韩国企业于 20 世纪 90 年代开始向海外转移生产。进入综合发展阶段以后，韩国企业又大规模地在海外开展战略资产收购活动以更加广泛地利用国际技术资源。由此，韩国的对外投资历程可以划分为萌芽期、成长期和成熟期三个阶段。

（1）萌芽期对外投资的特点。20 世纪 80 年代，韩国半导体企业开始尝试对外投资，主要在技术先进国建立研发前哨，因此投资规模普遍很小。80 年代初，伴随着"进军 VLSI 领域"计划的公布，韩国主要的半导体企业就开始在海外投资研发机构以获取先进技术。1983 年 7 月，三星电子率先在美国建立了研发前哨以吸收 64K 和 256K DRAM 的技术。紧接着，现代电子和金星电子也先后于 1983 年和 1984 年在美国建立了研发前哨。此后，为了把握国际市场，更好地服务于海外客户，韩国半导体企业也开始尝试建立销售服务机构。例如，三星电子分别于 1987 年和 1990 年在德国和新加坡设立了销售法人，现代电子也于 1988 年在德国建立了销售机构（朱大永和朴涏秀，1995）。由于尚属对外投资的萌芽阶段，韩国企业的实力普遍较弱，因此上述投资的规模普遍很小，例如，三星电子在美国的研发前哨的投资额仅为 600 万美元。

（2）成长期对外投资的特点。进入 20 世纪 90 年代，韩国半导体产业的对外投资明显增长，特别是开始投资建设一些大型的生产设施，包括在发达国家和发展中国家。随着韩国半导体企业开始称雄国际半导体市场，其所有权优势在这一阶段得到明显提升。同时，国内生产成本的上升和国际贸易摩擦的压力，也促使韩国企业开始向海外转移生产活动。一方面，韩国企业开始向发展中国家转移劳动密集型的制造环节，例如，封装测试。1994 年，三星电子和现代电子就分别在中国投资了封装工厂。另一方面，发达国家巨大的市场需求和潜在的贸易壁垒，也驱使韩国企业进入投资开展生产活动。例如，三星电子于 1996 年在美国投建了生产工厂；现代电子则分别于 1995 年和 1996 年在美国俄勒冈州和英国邓弗姆林建立了半导体生产线。随着海外生产活动的展开，韩国半导体产业对外投资的规模明显上升。仅三星电子 1996 年在美国投资的生产设施就耗资 13 亿美元。

（3）成熟期对外投资的特点。亚洲金融危机后，韩国企业开始更加积极地整合国际资源，一方面大量开展战略资产收购活动，另一方面加速向海外转移生产设施，因此投资规模进一步扩大。这一时期，韩国对外投资最显著的特点就是战略资产收购型投资的大量增加。仅三星电子一家企业就先后在美国、英国和瑞典等地收购了十几家中小型的半导体创新企业，从而获得了移动芯片、Wi-Fi 芯片等领域的新兴技术。同时，韩国大型的半导体厂商也继续扩展海外的制造业务以实现效率和市场的双赢。三星这一时期连续三次对美国奥斯汀的工厂进行了升级扩建，并且在中国西安投资了先进芯片的制造工厂；海力士也于 2005 年在中国投建了生产线。更多收购和生产型对外投资活动的展开使这一时期的投资规模明显上升，多数投资的金额达到千万甚至过亿美元。例如，三星电子 2012 年对英国公司移动芯片部门的收购金额就高达 3.1 亿美元，而同年在中国西安投资的芯片制造厂的合同金额更高达 70 亿美元。

6.3.3 韩国半导体产业能力形成的内部条件与机制

在上述国际产业环境下，韩国通过引入跨国公司活动实现了国内产业能力的持续提升。下面，将重点探讨跨国公司活动对国内产业条件的促进机制，以及韩国政府在其中的作用。

6.3.3.1 初始条件与开放特征

20 世纪 60 年代，韩国的工业基础还十分薄弱。在日本长期的殖民统治下，韩国在战后几乎没有独立的工业。直到 50 年代推行了一段时间的进口替代战略，才使韩国在轻工产业和基础设施领域有所积累。在这种条件下，唯有吸引跨国公司投资进入才能带来更多资源以帮助韩国搭建起半导体产业的基础。

依托钻石模型，韩国在这一时期值得一提的初始条件只有初级的生产要素和有限的相关产业。20 世纪 60 年代，韩国有超过 1000 万的劳动人口，他们不仅薪资低廉，而且勤奋好学，具有不错的生产效率（Porter，1990）。当然，韩国当时土地、能源等生产要素的价格也十分低廉。另外，经过进口替代时期，韩国在相关领域也打下了有限的基础。例如，金星电子于 1959 年就开始从事真空管收音机的组装业务，从而开启了韩国电子产业的序幕。至于国内需求和竞争方面，韩国在当时尚未具备条件，如图 6 - 13 所示。

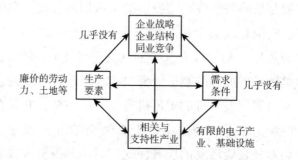

图 6 - 13　韩国半导体产业的初始条件

于是，韩国自 20 世纪 60 年代初开始实行出口导向的开放战略并积极吸引外资。1962 年，韩国政府开始实行国民经济的五年计划，并在"一五"计划中提出"利用外资发展进口替代工业"的策略。1966 年，韩国政府出台了《外资引入法》，旨在克服韩国缺少本土技术资源的问题，希望通过吸引外资从发达国家引入技术。与此同时，韩国政府也开始实施所谓的"非均衡发展战略"，提出了出口第一的口号，建立以低工资为基础的出口加工区，集中人力、物力、财力等国内要素，大力发展劳动密集型的出口工业。

6.3.3.2　产业引入阶段的产业环境

在上述开放特征下，国际半导体企业开始投资进入韩国，提升了国内产业的要素条件。跨国公司通过直接投资，帮助韩国建立起半导体的组装和生产设施，将相关技术引入韩国，并通过本地劳动力雇佣培养起大批的技术工人（Byun & Ahn，1989）。跨国公司进入后产生的示范效应，促使亚南电子和金星电子等本土企业相继进入半导体行业，开始承包跨国公司的封装业务。在此过程中，这些企业得到了跨国公司在技术和人员方面的必要支持，部分员工还被派往美国或日本的客户处学习（Kim，1997）。此后，利用 1973 年石油危机后跨国公司从韩国撤资的机会，三星电子、金星电子等本土企业纷纷通过收购国内的外资资产获得了跨国公司留下的技术、人才、设备等资源，从而具备了基础的芯片制造能力。

在上述过程中，韩国政府采取鼓励政策进一步促进了本土企业对跨国公司要素的利用。为了鼓励出口导向型产业的发展，韩国政府先后建立起马山、里里等四个出口加工区。政府协助加工区内的本土企业获得跨国公司的分包合同，并对取得分包业务的本土企业给予补贴，从而促使更多本土企业在承担跨国公司外包业务的过程中获得了技术、标准、培训等方面的支持。在上述政策推动下，韩国出口加工区出口产品的当地化率从 1971 年的 3.3% 迅速上升至 1975 年的 24.4%（王建和陈宁宁，2007）。

与此同时，跨国公司也通过业务外包和带动国内下游产业发展，为韩国半导体产业的起步创造了必要的需求条件。20 世纪 60 年代，在国内半导体需求缺失的条件下，跨国公司通过业务外包成为韩国半导体企业的主要客户。进入 70 年代，韩国电子产业在跨国公司的带动下已经取得了显著的发展，从而推动了对上游半导体产品的需求。例如，日本的 NEC、索尼等跨国企业通过直接投资的溢出效应或生产外包等途径，促使韩国消费电子产品的生产规模不断扩大，由此导致对半导体芯片的需求增长。70 年代以来拓展半导体业务的韩国企业，基本都是为了满足自有电子产品的芯片需求而进入该领域的（Kim，1997）。

另外，韩国这一时期还未形成明显的竞争条件，在相关产业领域则主要依托了跨国公司的支持。由于国内企业半导体业务的规模都还很小，所以尚未体现出竞争冲突，相对缓和的竞争条件也为国内企业搭建半导体产业能力创造了比较宽松的氛围。而国内的相关产业也未发展起来，主要的设备和材料都需要从海外的跨国公司进口。

于是，在前述跨国公司的作用下，韩国形成了如图 6-14 所示的国内产业条件。到 20 世纪 70 年代末，韩国已经具备了晶体管的制造能力、集成电路的封装测试能力，以及部分简单集成电路的设计和制造能力。由此，韩国初步搭建起半导体产业的能力基础，为下一阶段的能力赶超做好了准备。

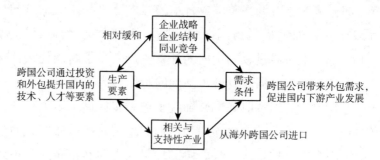

图 6－14　韩国半导体产业起步阶段的能力形成机制

6.3.3.3　能力赶超阶段的产业环境

1982 年，韩国政府提出"半导体工业扶持计划"后，国内企业开始积极从海外引进内存芯片的制造技术。同时，政府也通过组织大型的官产合作项目在要素、相关产业等方面给予支持，促成了产业能力的赶超。

由于韩国企业已经具备了半导体业务的基础能力，因此主要通过从跨国公司引进技术弥补国内产业要素条件的缺失。如前所述，韩国内存芯片的核心技术几乎全部来自于跨国公司。例如，三星电子 64K 的 DRAM 设计技术和生产工艺就是从美国的镁光科技和日本的夏普公司引进的；现代电子则基于从德州仪器引进的技术实现了 64K DRAM 芯片的开发能力（陈德智和陈香堂，2006）。此后，在开展自主研发的过程中，韩国企业又持续从 Vitelic、United Microtek、MOS Electronics 等跨国企业引进了 1M、4M 乃至 16M 等集成度更高的 DRAM 技术。在对上述引进技术消化吸收的基础上，韩国企业逐渐形成了内存芯片的自主研发能力。

在对海外技术引进和吸收的过程中，韩国政府通过国家支持计划提供了全方位的要素支持。首先，政府提供了大规模的资金支持。在 1982 年开始的"半导体工业扶持计划"中，政府给予了 700 亿韩元的资助，三星电子、金星电子等重点企业均被纳入其中。此后，韩国政府又在 1983 年至 1987 年的半导体工业振兴计划中累计投入 3.46 亿美元的贷款，激发了 20 亿美元的私人投资。其次，政府也致力于为产业发展提供必要的技术资源。在项目开展过程中，韩国政府通过高级科学技术研究院和电子技术研究所计划与协调半导体研发、吸收和传播国外技术，并为国内企业提供技术支持。再次，政府也在人才方面给予了支持。不仅在产业研发项目中汇集了国内大学、企业中的技术精英，还积极引进具有国外留学或工作经验的博士作为项目骨干。

同时，国内电子产业的发展也为半导体产业创造了有利的需求条件。这一时期，韩国电子产业的规模迅速扩大，结构也明显提升，而跨国公司继续在其中起到重要作用。1988 年，韩国电子产业的产值已达 230 亿美元，成为世界第六大电子产品制造国。而且，其电子产业已不再局限于传统的家电领域，随着 IBM、惠普等跨国公司的投资进入或将业务外包给三星电子等本土企业，韩国在计算机、通信设备制造产业也迅速成长，在 1988 年的产值达到 46 亿美元。电子产业的发展带动了以半导体为核心的电子零部件产业的壮大，1988 年这类产业的产值达到 97 亿美元（Savada & Shaw，1990），并在 20 世纪 90 年代初保持着约 17% 的年均增长率。同时，国际需求也为韩国半导体产业的发展创造了机会。随着 80 年代美日贸易摩擦愈演愈烈，韩国的半导体产品得以大量被美国的计算机企业所采购。1994 年，三星电子、金星电子和现代电子 DRAM 产品的国际市场占有率分别达到 14.9%、6.0% 和 5.8%，由此获得的巨额利润为当时的国家研发项目提供了有力的支持。

随着韩国半导体企业实力的增强，其在国内市场上开始展开激烈的竞争，而财阀体系则进一步加剧了竞争程度。与日本企业类似，韩国企业也有着强烈的竞争意识（Porter，1990）。特别是几大财阀长期以来为了争夺政府资源，不约而同地形成了相似的业务布局，导致它们在多个业务领域展开竞争。同时，财阀由于具有综合的资源优势，也有能力展开持续的竞争。在资金方面，财阀能够通过抽走集团中现金牛部门的盈利来满足半导体业务的庞大投入（Kim，1997），因此对于大规模的设备投资总是决策果断，这点从表 6-19 可见一斑。一方面，财阀还汇集了丰富的专业人才，并且能够在不同部门间进行人员调配，以满足半导体部门的人才需要（Kim，1997）。另一方面，韩国企业也在国际市场上与日本企业展开了激烈的交锋，成为推动其最终形成国际领先技术能力的重要因素。

表 6 - 19　　　　1983～1991 年韩国主要半导体厂商对设备和研发的投资　单位：百万美元

企业	1983 年	1984 年	1985 年	1986 年	1987 年	1988 年	1989 年	1990 年	1991 年
三星	44	176	220	150	130	410	600	480	530
设备	39	160	180	120	120	300	480	430	435
研发	5	16	40	30	10	110	120	50	95
现代	35	138	141	43	71	75	400	150	200
设备	30	131	129	37	35	62	340	105	150
研发	5	7	12	6	36	13	60	45	50
LG	43	112	107	90	125	245	450	350	330
设备	40	96	100	80	89	200	400	320	300
研发	3	16	7	10	36	45	50	30	30

资料来源：Bae（1997）。

在相关与支持性产业，跨国公司继续起到重要的支持作用，而韩国政府也开始采取措施鼓励设备和材料产业的发展。如表 6 - 20 所示，韩国这一时期在半导体相关产业领域还很薄弱，主要设备和材料都需要从日本和美国进口。同时，这两国相关产业的跨国公司也纷纷投资进入韩国，在为本土半导体制造企业提供服务的过程中产生了前向溢出效应。例如，美国的 MCT International、Sym-Tek Systems、Swieco、Lam Reserarch 等设备企业都在韩国设立了分支机构，而日本的新光电子和上尾市电子工业公司等则在韩国开展了半导体引线框的制造业务。为了发展本土的半导体相关产业，韩国政府也加大了政策力度。在 1990 年开始的"半导体设备国产化的五年计划"中，韩国政府根据开发难度制定了三种不同的设备发展战略。其中，对先进国家正在开发的下一代设备，利用国内专家在政府资助的实验室中进行研究并鼓励企业加盟，政府投入 474 亿韩元。

表 6 - 20　　　　韩国半导体制造设备的供给路径　　　单位：百万美元

年度		1988 年	1989 年	1990 年	1991 年	1992 年	1993 年	构成比（平均）（%）
进口	美国	126	304	150	281	260	460	30.9
	日本	256	632	330	392	425	635	56.0
	其他	10	86	70	23	25	60	5.9
	小计	392	1022	550	696	710	1155	92.8

续表

年度	1988 年	1989 年	1990 年	1991 年	1992 年	1993 年	构成比（平均）（%）
国内生产	18	38	41	74	90	145	7.2
合计	410	1060	591	770	800	1300	100

资料来源：邹蓉（2008）、徐正解（1995）。

综上所述，在跨国公司的作用和政府的支持下，韩国半导体产业形成了如图6-15所示的发展条件，从而推动其在内存芯片领域实现赶超。到本阶段末，韩国半导体产业的规模已经达到世界第三，并且引领着全球内存芯片技术的发展，率先将 DRAM 产品代入 1G 时代。在内存芯片领域登上世界巅峰，为韩国在下一阶段的综合化发展打下了坚实的基础。

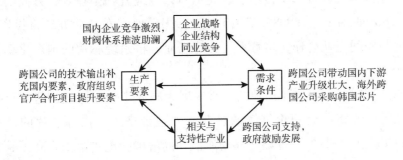

图 6-15　韩国半导体产业赶超阶段的能力形成机制

6.3.3.4　综合发展阶段的产业环境

亚洲金融危机后，韩国政府扩大了开放力度，积极鼓励非内存芯片和相关产业领域的外商投资及国际合作，以实现产业综合实力的提升。

凭借自身所掌握的尖端内存芯片技术，韩国企业开始广泛地与跨国公司结成技术联盟以获取国内所欠缺的非内存领域的要素条件。20 世纪90年代后期，海力士加入了国际半导体制造技术（International SEMATE-CH①）组织，与英特尔、AMD、英飞凌、台积电等国际厂商共同开发逻辑

---

① 该组织成立于 1987 年，最初为美国政府联合国内 14 家半导体厂商组建的技术联盟，以应对日本的竞争。1996 年发展为国际组织，吸纳了全球半导体市场份额一半的厂商加入，致力于发展先进的半导体制造技术。

芯片的生产工艺。与此同时，三星电子也与 IBM、格罗方德（Global-Foundries）等跨国公司组建了名为"通用平台"（Common Platform）的研发联盟，致力于前沿半导体制程的研发。2005 年，三星电子进入逻辑芯片的代工业务，通过与苹果、高通等跨国公司的合作获得了其所欠缺的手机处理器芯片的设计技术。

为了提升非内存领域的要素条件，韩国政府也继续采取了扶持政策，主要措施包括：为企业技术开发提供资金支持、培养系统芯片的设计人才等。1998 年，韩国开始实施"系统集成半导体基础技术开发项目"，旨在提升韩国在系统芯片（SoC）方面的技术能力。2001～2005 年，韩国又实行了"半导体设计人才培育项目"，在汉城大学、全北大学、庆北大学建设了半导体工程教育和支援中心设立项目，以提升韩国在 SoC 方面的人才储备（Rasiah et al.，2008）。2010 年，韩国政府宣布往后五年将投资 1.7 兆韩元与民间企业合作，培育系统芯片产业，将系统芯片的国产化率提升至 50%。

与此同时，韩国电子产业的升级发展为国内半导体产业创造了重要的需求条件，而跨国公司也继续通过业务外包带来了非内存芯片的外部需求。21 世纪以来，韩国逐渐在移动通信和高端消费电子市场确立了领导地位。2013 年，韩国电子产业的产值达到 1112 亿美元，成为全球第四大电子产品制造商。为了保持在终端产品市场的领先优势，韩国电子企业需要不断提升内存芯片和处理器芯片的性能。同时，韩国政府还积极鼓励 4G 手机、3D TV 和电气车等新兴下游产业的发展，促使本土企业加强在无线传输芯片、影像处理芯片、车辆通信芯片等领域的开发能力。另外，跨国公司为韩国企业带来了非内存芯片的外部需求。例如，东部电子能够顺利转型为代工厂商，主要就得益于日本东芝公司的需求；而三星电子代工业务的高速成长也归功于苹果和高通的需求。

这一时期，韩国大型半导体企业继续展开激烈竞争，并与跨国公司在国际舞台一较高下，从而驱使国内半导体产业的产能和技术进一步提升。三星电子和海力士作为国内两大半导体巨头，继续在投资规模和先进制程方面展开角逐。继 2009 年三星电子进行了 11 兆韩元的大规模投资后，海力士也在 2010 年初将年度计划投资金额上调 32.6%，增至 3.05 兆韩元。

2013 年，海力士借助苹果与三星电子进行专利缠讼的机会，率先研发出符合苹果 iPhone 5S 供应 LPDDR3 要求的封包技术，取代三星电子成为苹果的供应商。同时，作为国际半导体产业的领先业者，韩国企业也不可避免地与跨国公司在国际市场上一较高下。例如，在 2014 年苹果将 A8 处理器的代工订单全部转给台积电之后，三星电子为了夺回客户便积极致力于更先进制程的研发，并率先开发出了可实现量产的 14/16nm FinFET 工艺。于是，三星电子在 2015 年战胜台积电，获得了苹果 A9 处理器一半以上的代工订单。

在相关产业方面，跨国公司继续提供支持，而韩国政府也积极加强部署，促使国内半导体相关产业的能力明显提升。一方面，跨国公司继续增加在设备、材料领域的投资和出口。韩国半导体制造所需的核心设备和材料仍然主要来自跨国公司的出口，而且到目前为止世界主要的半导体设备厂商都已经投资进入韩国，为本土半导体制造商提供设备维护、人员培训和技术支持。另一方面，韩国政府也更加重视国内半导体相关产业的发展。韩国半导体设备和材料的对外依存度很高，2003 年的国产化率仅分别为 15% 和 50%。为了缓解相关产业能力薄弱所造成的 "瓶颈"，韩国政府制定了一系列支持政策，例如，2009 年年底，韩国知识经济部宣布联合三星电子、海力士等制造企业注资 584 亿韩元，以发展本土设备产业；2013 年韩国产业部制定《半导体产业再飞跃战略》，将未来的政策重点放在对高附加值的核心装备和材料的国产化。于是，韩国在半导体设备和材料领域的专利申请取得了重要进展，特别是半导体材料的专利申请量在 2014 年已经超过了日本。

于是，这一阶段国内产业条件在跨国公司和韩国政府的作用下继续提升，如图 6 - 16 所示。2013 年，韩国半导体产业的产值已达到 500.67 亿美元，超过日本成为世界第二大半导体制造国。韩国企业不仅占据了内存芯片技术的高地，还在逻辑芯片领域形成了先进的自主研发和制造能力。由此，韩国已经成为仅次于美国的国际半导体综合大国。

6.3.3.5　对于韩国半导体产业发展中政府作用的分析

在韩国半导体产业的发展过程中，政府通过系列的政策措施对国内产业条件的提升起到持续性作用。具体而言，政府促进产业能力形成的机制可以归纳为三个方面：在不同阶段采取有针对性的开放策略、增进跨国公司与本土产业的互动关系、直接提升国内的各方面产业条件，其具体机制总结如表6-21所示。

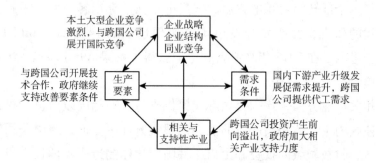

图 6-16　韩国半导体产业综合发展阶段的能力形成机制

表 6-21　　　　　韩国政府对韩国半导体产业发展作用机制的总结

阶段	主要领域	主要政策
产业引入阶段	开放策略	实施出口导向战略，吸引外资发展劳动密集型的加工工业
	内外资联系	鼓励本土企业承接跨国公司的分包业务，并给予补贴
能力赶超阶段	开放策略	在重点发展的半导体制造业限制外商直接投资、鼓励技术引进，而在自身薄弱的相关产业允许外商直接投资
	产业条件	1982 年"半导体工业扶持计划"；1983~1987 年"半导体工业振兴计划"；1986~1993 年"VLSI 电路技术共同开发计划"；1990~1995 年"半导体设备国产化的五年计划"等
综合发展阶段	开放策略	完全自由化，鼓励外商直接投资和国际技术合作
	产业条件	1998~2011 年"系统芯片开发项目"；2001~2005 年"芯片创新合作项目"；2001~2005 年"半导体设计人才培育项目"；2013 年"半导体产业再飞跃战略"等

6.3.3.6　韩国半导体行业引入跨国公司活动对对外投资能力的作用机制总结

跨国公司对韩国半导体产业能力形成的作用，主要体现在通过直接投资及其溢出效应，以及技术输出等非股权方式弥补和提升了国内在要素、需求、竞争和相关产业等方面的条件，从而帮助韩国实现从本土产业能力搭建、赶超到综合化发展的过程，具体机制总结如表6–22所示。

表 6–22　　　　跨国公司对韩国半导体产业发展作用机制的总结

阶段	产业条件	MNE 活动	作用机制	方式
产业起步阶段	生产要素	直接投资	引入集成电路组装技术、培养人才 通过示范效应带动本土企业的出现 本土企业通过收购获得跨国公司的全部要素	股权
		业务外包	在韩国企业承担外包业务的过程中输出技术、培训人员	非股权
	需求条件	进入下游产业	以投资或外包方式带动下游电子产业的发展，因此促进半导体的国内需求	股权、非股权
		业务外包	将业务外包给韩国企业，为其提供了早期需求	非股权
能力赶超阶段	生产要素	技术输出	将先进的内存芯片技术输出给韩国企业	非股权
	需求条件	进入下游产业	以投资或外包方式带动下游电子产业的升级发展，从而提升半导体的国内需求条件	股权、非股权
		进口贸易	美国计算机厂商的采购带来大量国际需求	非股权
	企业竞争	国际竞争	与日本企业的激烈竞争促使韩国企业扩大产能、升级技术	其他
	相关产业	直接投资	为本土半导体产业提供服务和支持，并产生前向溢出效应	股权
		出口贸易	为本土半导体产业供应关键的设备和材料	非股权
综合发展阶段	生产要素	战略联盟	在联盟合作过程中向韩国企业输出先进的非内存芯片技术	非股权
	需求条件	业务外包	为韩国企业创造逻辑芯片的代工需求	非股权
	企业竞争	国际竞争	国际代工厂商的竞争压力驱使韩国企业加速产能和技术的提升	其他
	相关产业	直接投资	为本土半导体产业提供服务和支持，并产生前向溢出效应	股权
		出口贸易	为本土半导体产业供应关键的设备和材料	非股权

6.4 本章小结

本章首先回顾了韩国吸引外资、技术引进和对外投资的发展历程和特点，并从发展趋势、国家分布和行业领域三个方面进行了匹配性分析。从趋势特点来看，韩国吸引外资的金额一直是比较低的，而技术引进则呈现稳定的增长趋势，同时对外投资随经济发展缓慢增长，因此韩国主要在吸引外资方面呈现出与传统 IDP 理论不同的特点。韩国引入跨国公司活动和对外投资活动的国别匹配性较高，美国、日本以及荷兰、英国等欧洲国家均在其中占有重要的地位；不匹配性体现在韩国主要吸收了发达国家的外资，而对外投资却部分流向发展中国家和资源型国家。从行业分布来看，制造业中的电子电器、运输设备和化学工业，以及非制造业中的批发零售、金融保险和商务服务等行业在引进跨国公司活动和对外投资活动中均占有可观的份额；而不匹配性主要体现在韩国在资源型行业开展了大量对外投资，却基本没有吸引跨国公司投资的进入。因此，韩国吸引外资、技术引进和对外投资随经济发展的趋势较传统 IDP 理论相对平缓，引入活动和投出活动在国别分布和行业构成方面具有较高的匹配性。

在上述统计分析的基础上，本章采用韩国自 20 世纪 70 年代以来的时间序列数据对其动态 IDP 机制进行了三个层面的实证检验。第一层面的检验结果表明，韩国整体的吸引外资对其对外投资没有显著的作用。这主要是因为韩国的外资流入长期受到限制，而替代性地采用技术引进等非股权的方式来发展企业的能力。在国家影响因素方面，人力资本是影响韩国吸引外资对其对外投资作用的重要因素。这是因为人力资本是反映 FDI 溢出效应吸收能力的重要因素，随着人力资本的提升，吸引外资对本国企业能够产生更高的技术溢出效应。在区分 IFDI 国家来源方面，我们发现来自发达国家的 IFDI 对韩国对发展中国家和发达国家的对外投资均有显著的作用。这主要是因为来自发达国家的 IFDI 具有更好的技术水平，从而有着更大的技术溢出空间，同时也有着更高的市场信息溢出。在区分行业来源方面，来自制造业和服务业的外资对韩国整体对外投资均有显著正的促进作用，而来自初级产业的外资的作用不显著。第二层面检验了吸引外资和技术引进对韩国对外投资的作用。结果表明，技术引进产生了显著的促进作用，而进入有限且以出口导向为主的跨国公司投资则未能产生明显作用。第三层面专门检验了韩国政府开放政策对其 IDP 的影响。结果表明，韩国政府在亚洲金融危机后的扩大开放政策既未能直接促进韩国的对外投资，也未能影响跨国公司活动对韩国对外投资的作用。这一方面是由于 IDP 具有惯性，韩国大型企业在这一时期已经形成对外投资能力，吸引外资又很大程度上受到前期制度环境的影响；另一方面也是因为跨国公司在短期大量涌入韩国企业竞争力较弱的金融保险、批发零售和服务业领域，不可避免地对本土企业造成了冲击。

之后，本章以韩国的半导体行业为案例，对跨国公司促进本土产业发展的作用机制展开了系统研究。在起步阶段，跨国公司主要通过直接投资的方式带来了基础技术、培养了人才，并通过示范效应和后向溢出效应带动了本土产业的起步。在赶超阶段，跨国公司的技术输出有效弥补了国内要素条件的欠缺，同时跨国公司还通过直接投资和外包方式带动了下游产业的发展并提升了国内的需求条件，以及通过直接投资进入相关产业并产生前向溢出效应对本土产业提供了支持。此外，跨国公司也通过创造进口需求、促进国际竞争等途径进一步扩展了国内的产业条件。在综合发展阶段，韩国企业通过与跨国公司组建战略联盟并引进技术弥补国内要素条件的不足，还通过承接跨国公司的代工业务实现了代工产业的起步。同时，跨国公司继续支持着韩国的相关产业并产生前向溢出效应，也继续通过创造进口需求、促进国际竞争等途径扩展着国内的产业条件。在此过程中，韩国政府通过选择性的开放战略、促进本土企业融入跨国公司的生产体系以及直接创造和提升国内在要素和相关产业领域的条件，进一步强化了跨国公司活动在国内的作用效果并推动本土产业能力的成长。研究结果表明，跨国公司活动确实促进了韩国半导体产业的能力提升；韩国政府早期的各种政策措施产生了显著的影响，但是近期引资政策的效果并不明显。

第三部分

动态 IDP 理论的机制研究
——中国及与多个发展中国家的比较

第 7 章
发展中国家案例研究：中国[*]

在前面的章节中我们已经分别对巴西、日本和韩国这几个典型国家进行了研究和分析。与其他国家相连接，本章我们将采用与其他国家类似的研究思路和方法将研究的重点聚焦于中国。

7.1 国家层面分析

在此前对日本和韩国的分析中我们已经关注到除吸引外资（IFDI）之外，以技术引进为代表的其他跨国公司活动也将对一国的 IDP 路径产生不可忽视的影响，因此在本章对中国的研究中，我们也将进一步拓展研究范围，加入技术引进这一跨国公司活动。下面将分别就中国的吸引外资、技术引进及对外投资的发展历程进行简要的描述。

7.1.1 吸引外资、技术引进和对外投资的发展历程和特点

改革开放以来，我国的吸引外资、技术引进和对外投资都取得了迅速

---

* 本书在对外商直接投资（IFDI）和对外直接投资（OFDI）的统计和分析中，主要的数据来源是联合国贸易和发展会议（UNCTAD）和经济与发展合作组织（IECD）等国际机构的统计数据库。在这些国际机构对 IFDI 和 OFD 的统计中，由于历史原因，来自和流向中国香港、中国澳门和中国台湾地区的资本往往被统计入外资当中，本书的数据和解释均遵循此国际统计规则，所列外资包含来自和流向中国香港、中国澳门和中国台湾地区的资本。

的发展，推动了我国工业技术水平和对外投资能力的提升。伴随着我国经济的发展和政府干预程度的降低，吸引外资、技术引进和对外投资的发展历程均呈现出明显的阶段性特点。

7.1.1.1 吸引外资的发展历程和特点

我国吸引外资的历程自改革开放以来，以 1992 年邓小平南方谈话和 2001 年加入世贸为重要节点，可以分为试点起步期、快速增长期和转型升级期三个阶段（吴彦艳等，2008；巫云仙，2009；等等）。

（1）第一阶段：试点起步（1979～1991 年）。自 1978 年党的十一届三中全会确立了改革开放的发展战略，我国政府便开始致力于建立外资制度和设定开放领域。1979 年，我国颁布了首部针对外国投资者的《中华人民共和国中外合资经营企业法》，正式确立了合资企业在中国经济建设中的法律地位。同年，国务院批准广东、福建在对外经济活动中实行"特殊政策、灵活措施"，并决定在深圳、珠海、厦门、汕头试办经济特区。此后，《中华人民共和国外资企业法》和《中华人民共和国中外合作经营企业法》又被相继颁布。同时，对外开放区域也进一步扩大到大连、秦皇岛、天津等 14 个沿海港口城市，以及长江三角洲、珠江三角洲、闽东南地区、环渤海地区、海南岛和上海浦东等区域。在完善国内立法、扩大开放区域的同时，我国也开始按照国际惯例保障外国投资者的合法利益。到 1991 年，我国已经与 28 个国家签订了双边投资保护协定，与 29 个国家签署了避免双重征税和偷漏税的协定（吴兵，1992）。

在政府的上述努力下，跨国公司开始投资进入中国。不过，我国当时落后的区位优势和与西方国家的制度差异，导致跨国公司对于投资进入中国持谨慎态度。具体而言，这一阶段的外资流入主要呈现以下三方面特征：

从吸引外资的国际地位来看，虽然我国外资流入占世界的份额还很小，但是已经成为发展中国家和亚洲重要的引资国。1991 年，我国吸引外资的流量金额仅为 43.66 亿美元，存量金额为 250.57 亿美元，分别仅占世界份额的 2.8% 和 1%。不过，我国在 1991 年的外资流量已达到发展中国家的 11% 和亚洲地区的 17%，成为该两个范围内吸引外资的重要新兴力

量。本阶段末，仅有巴西、墨西哥、新加坡等少数发展中国家吸引外资的
流量能够超过中国。

从外资来源国（地区）来看，约七成投资来自港澳台地区，其余部分
主要来自日本、美国和欧洲。如图 7 - 1（a）所示，中国香港由于与中国
内地文化、地理临近且制度灵活，不仅中国香港企业开始积极投资内地，
一些跨国公司也以中国香港为跳板进行投资，导致中国香港在我国这一时
期吸引外资中的份额达到 57% 的。同时，与大陆同源同祖的我国台湾企业
也把握了改革开放的机会，贡献了这一阶段吸引外资的 8%。此外，日本
由于与我国临近且区位优势互补，其投资金额也占到 12%；而美国和欧洲
的比例分别达到 10% 和 5%。

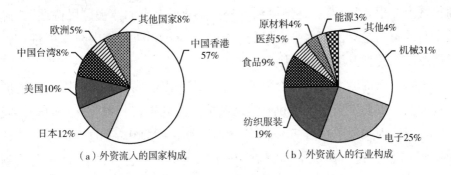

（a）外资流入的国家构成　　　　　　（b）外资流入的行业构成

图 7 - 1　试点起步阶段外资流入的国家和行业构成

资料来源：商务部外资统计，徐康宁（1992）。

从外资的行业结构来看，这一时期跨国公司在我国工业领域的投资呈
现"轻加工型"特征。如图 7 - 1（b）所示，机械行业是这一时期吸引外
资最多的领域，占比高达 31%，主要是一些小型低值的机械产品制造（徐
康宁，1992）。同时，外资在电器电子和纺织服装行业的投资也比较集中，
多投向一些附加值不高的领域。1990 年，前述三个行业外资设立的企业达
到 9020 家，占外资工业企业总数的 67%；投资金额达到 110. 83 亿美元，
占外资工业投资总额的 75%。此外，跨国公司还较多地投向了食品、医
药、原材料和能源等行业。

（2）第二阶段：快速增长（1992～2001 年）。1992 年邓小平南方谈话
后，我国政府出台了多项措施扩大开放并规范引资政策，推动吸引外资进

入快速增长的轨道。一方面，我国对外开放的行业和区域都进一步扩大。外资被允许试点进入商业、金融、保险、航空、律师和会计等原先保护性较强的领域，土地开发、房地产、宾馆和信息咨询等原先限制外资进入的行业也被逐步放开（桑百川，2008）。同时，开放区域也从沿海地区扩大到芜湖、九江等五个沿江城市，合肥、南昌、长沙、成都等 11 个内陆省会城市，以及黑河、绥芬河、珲春、满洲里等 13 个沿边城市。另一方面，政府对待外资逐步从鼓励和优惠政策向互利共赢的开放战略转变：一是继续积极有效地利用外资，着力提高利用外资的质量，加强对外商投资产业和区域的引导；二是对外资实行国民待遇，规范税制、公平税负、引入竞争机制，为中外企业创造平等的竞争条件。我国从 1995 年开始发布《外商投资产业指导目录》，逐渐取消了外资企业所享有的"超国民待遇"，降低了对外资的绝对优惠水平，将利用外资从单纯引进资金向技术引进和促进产业结构转型升级的方向倾斜。

于是，外资流入在这一阶段迅速增长，我国已成为世界范围内重要的引资大国，以及发展中国家和亚洲地区最大的外资接收国。这一时期，我国的外资流入实现了超过 20% 的年均增长率，到 2001 年的流量金额已达到 468.78 亿美元，存量金额突破 2000 亿美元，占世界的份额分别达到 5.6% 和 2.9%。我国吸引外资的阶段年均流量达到 370 亿美元，在发展中国家和亚洲的占比分别达到 23% 和 37%，已当之无愧地成为这两个范围内吸引外资的领军大国。

在外资来源方面，港澳台地区仍然占据着主要份额，但是美国、日本、欧洲和其他亚洲新兴国家的投资增长则更为迅速。如图 7-2（a）所示，虽然中国香港和中国台湾在本阶段外资流入中的占比仍达到 47% 和 7%，但较上一阶段已明显下降。同时，美国、日本和欧洲的投资则增长迅速，虽然比重也略有下降，但是降幅明显低于中国香港。此外，新加坡和韩国在 20 世纪 90 年代初与中国建交后便迅速开展了大量投资，在本阶段外资流入中的份额已分别占到 6% 和 4%。另一个在本阶段开展了显著投资的地区是维尔京群岛，占比达到 5%；其中相当部分属于返程投资（round-trip investment），即中国企业在维尔京群岛设立特殊目的实体（SPE）后，再以外资的身份投资进入中国。

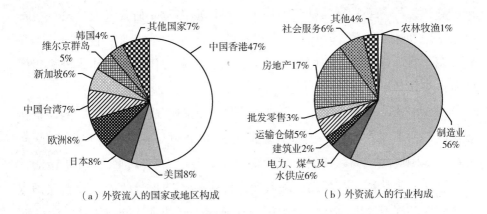

（a）外资流入的国家或地区构成　　　　　　（b）外资流入的行业构成

图 7 - 2　快速增长阶段外资流入的国家或地区和行业构成

资料来源：商务部外资统计，国家统计局。

在行业领域方面，制造业仍是我国吸引外资最大的领域，而非制造业领域也逐渐开放。截至 2001 年，外资制造业企业在我国的投资金额已达到 4913 亿美元，占全部外资企业投资额的 56%。在制造业内部，跨国公司开始更多地投向资本和技术密集型行业，1998 年外资企业在电子通信设备制造、仪器仪表和办公设备制造业增加值中的比重分别达到 58.6% 和 49.4%（冯飞，2008）。此外，随着非制造业领域的初步放开，房地产、社会服务业和批发零售业等也都吸引了可观的外资进入，如图 7 - 2（b）所示。

（3）第三阶段：转型升级（2002 年至今）。2001 年我国加入世界贸易组织（WTO）后，政府开始进一步规范外资政策并推动吸引外资的转型升级。这一时期，我国继续放宽了外资在商业、外贸、运输、医疗、教育、金融、保险、电信及各类中介机构等服务领域的准入。2004 年，商务部颁布了《外商投资商业领域管理办法》，使中国服务行业的对外开放不再受任何政策限制。2013 年，新一届政府提出外资的准入政策要与国际接轨，并先后在上海、广东、天津和福建设立的自贸区内采用"负面清单"的模式。与此同时，我国对外资"超国民待遇"的政策也明显调整。2007 年通过的《企业所得税法》，对内、外资企业均采取了 25% 的所得税税率，标志着外资企业在华享受 20 多年的超国民待遇走向终结。另外，政府也开始更大力度地优化外商投资结构。在 2002 年制定的《指导外商投资方向规定》中划出了重点的引资领域，包括：现代农业、高新技术产业、基础设施建设等，并特别鼓励跨国公司在我国境内建立研究开发中心、生产制造基地和地区总部。2011 年，《外商投资产业指导目录》再次修订，特别强调了将高端制造业、国际战略性新兴产业和现代服务业作为外商投资的重点领域。

这一阶段，吸引外资步入稳定发展期，我国已成为世界最大的外资接收国之一，不过在发展中国家和亚洲地区的份额却有所下降。从 2009 年开始，我国已经成为以流量金额计算的世界第二大引资国，以存量金额计算也已跃居至第四位。然而，随着我国外资流入增长的放缓以及新兴国家开放环境的提升，我国在发展中国家和亚洲地区的占比有所下降，2013 年我国吸引外资的流量金额在该两个范围内仅占 16% 和 28%。同时，俄罗斯、巴西以及亚洲的印度、印度尼西亚和越南等国却在同期出现了外资流入的明显增长，体现出我国的一些传统区位优势正在被这些后发国家所取代。

在外资来源方面，传统的主要来源国（地区）的份额均呈现下降，而维尔京群岛和其他国家的份额则明显上升。如图 7-3（a）所示，中国香港仍为我国外资的主要来源地，不过份额已经从上一阶段的 47% 进一步下降到 44%。同时，日本、欧洲和美国的份额也都明显下降；而新加坡和韩国的投资金额虽然增长，但是份额也都仅为 4% 左右。这一阶段最明显的增长来自维尔京群岛，表明越来越多的中国企业开始通过海外避税天堂的返程投资以避税并享受外资待遇。此外，其他国家的占比也从上一阶段的 7% 上升到 17%，说明我国的外资来源更趋多元化。

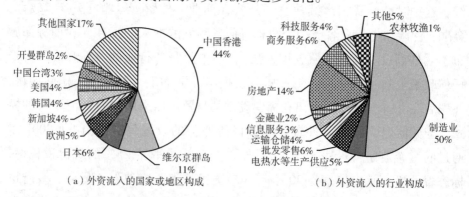

（a）外资流入的国家或地区构成　　（b）外资流入的行业构成

图 7-3　转型升级阶段外资流入的国家或地区和行业构成

资料来源：国家统计局。

在行业构成方面，这一时期中国外商直接投资的行业分布仍呈现出
"一业独大"的特点，主要集中于工业部门，制造业占据着绝对领先的位
置。截至 2013 年，五成的外商直接投资流入了制造业，其次是房地产业，
占比 14%；紧随其后的是租赁和商务服务业、批发零售业、金融业、交通
运输及仓储邮政业，都占到 4% 以上的比例。同时，这一阶段跨国公司对
非制造业的投资明显增加，特别是投向了技术密集型的领域。如图 7 - 3
(b) 所示，截至 2013 年制造业外资企业的存量份额已经从 56% 下降到
50%，而第三产业的占比则从 34% 上升到 42%。其中，增长最明显的行业
包括：批发零售业和金融业的比重分别上升到 6% 和 2%，这类投资主要
服务于中国市场；租赁和商务服务业上升到 6%，主要是一些跨国公司在
中国设立控股公司或区域总部；科学研究和技术服务业以及信息传输、软
件和信息技术服务业分别上升到 4% 和 3%，这类投资则需要利用中国的
人才资源。

7.1.1.2 技术引进的发展历程和特点

我国的技术引进实际上从新中国成立初期就开始了，不过到改革开放
后才逐渐成为一种常态。从 1979 年至今，我国技术引进的历程可以划分
为政府主导、外资带动和自主创新三个阶段。

(1) 第一阶段：政府主导 (1979 ~ 1991 年)。党的十一届三中全会
后，国家在积极吸引外资的同时，也陆续出台了一系列鼓励引进技术的政
策，包括向省市下放技术引进的审批权、增设对外经济技术贸易的窗口
等。这一阶段的技术引进完全由政府主导，以对传统企业的技术改造为
主。从 1981 到 1987 年，在"调整、整顿、改革、提高"方针的指导下，
我国进入技术引进的黄金时期，先后开展了技术引进的"3000 项计划"
和"12 条龙计划"。1987 年全国又提出 150 条国家重点支持的消化吸收和
国产化项目，带动了我国经济的起飞和技术的发展。总体而言，这一时期
的技术引进还相对初步，但是有效结合了国家重点建设项目的需要，提高
了机械工业制造的技术水平，实现了传统企业的技术改造，并在一定程度
上填补了我国在机械科技前沿领域中的某些缺项。

从规模和方式来看，这一阶段我国引进技术的数量有限，并且以硬件

设备为主。从 1979~1991 年，我国累计引进海外技术不足 5000 项，年均引进技术项目约 364 个，支付合同金额 26 亿美元左右。这一时期的技术引进以硬件设备为主，约占技术引进合同的 51.7% 和支付金额的 84.5%；而技术许可、顾问咨询等软件引进的比重仍然很低。

从来源国看，我国的技术引进比较分散，日本、德国、美国和苏联是这一时期的技术主要来源国。如图 7-4（a）所示，日本是这一时期最大的技术输出国，我国向其支付了本阶段引进金额的 25%；其次是德国和美国，占比分别为 15% 和 14%。值得一提的是，我国从苏联引进的技术也占到同期技术引进总额的 11%，主要是苏联解体当年发生的几笔重大项目。总体来看，我国技术引进的来源国比较分散，这很大程度是由于巴黎统筹委员会（简称"巴统"）等组织的阻挠致使我国常常需要采取分散引进的策略。

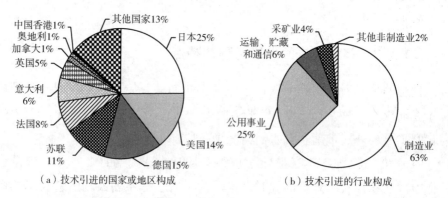

（a）技术引进的国家或地区构成　　　　　（b）技术引进的行业构成

图 7-4　政府主导期技术引进的国家或地区和行业构成

资料来源：中国科技统计年鉴。

从行业构成来看，制造业的重、化工领域是我国这一时期技术引进的重点。如图 7-4（b）所示，本阶段 63% 的技术引进资金用于支付制造业的技术合同。其中，能源化工和机械设备是重中之重，在引进金额中的比重分别占到 24% 和 13%。此外，服务于工业和社会发展的公用事业以及运输、贮藏和通信业的引进金额也占到 25% 和 6%。总体而言，上述行业结构与我国"六五""七五"期间基本建设的重点相一致。

（2）第二阶段：外资带动（1992~2004 年）。1992 年以后，国家将更大的精力放在吸引外资上，并将吸收外资与技术引进有机结合，从而外资企业逐渐超过国有企业成为这一时期技术引进的主体。2002 年我国技术引进合同为 6072 项，合同金额达到 173.89 亿美元，其中外资企业的占比分别为 57.2% 和 77.6%。可见，外资企业已成为我国引进先进技术的主力军，同时也说明大部分先进技术还是掌握在外国公司手中（李海静，2008）。与上一阶段相比，本阶段技术引进的数量和质量均取得了明显的进步。

从规模和方式来看，我国技术引进项目大幅增长，而且对软性技术的引进明显增加。这一时期，我国年均引进技术项目 4647 个，年均支付金额 123.6 亿美元，分别为上一阶段的 12.8 倍和 4.7 倍。虽然 1992 年至 2000 年技术引进仍以设备为主，但是加入 WTO 后我国引进软件技术的比例迅速增加：2001～2004 年，技术引进合同中的技术费从 43.9 亿美元增加到 96.3 亿美元，年均增长率近 30%，所占比重也从 48.3% 提升到 69.5%。在软性技术的引进中，专有技术的许可或转让、技术咨询与技术服务以及专利技术的许可或转让为三种主要方式。

从技术来源国来看，美国、日本和德国仍然雄踞前三位，同时来自亚洲新兴国家（地区）的比重也明显提升。如图 7-5（a）所示，美国超过日本成为第一大技术来源国，在支付费用中的占比达到 20%；而日本的比重则下降到 18%；德国仍保持在 15% 左右。虽然美国、日本和欧洲仍然是我国主要的技术来源国（地区），但是亚洲的中国香港、韩国等新兴经济体也逐渐占据越来越重要的地位。另外，这一时期我国技术引进的来源国更趋分散，到 2004 年已经超过 60 个国家（地区）。

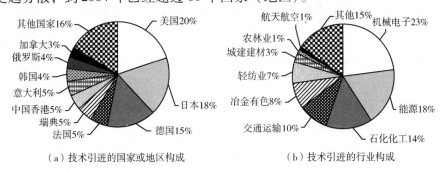

（a）技术引进的国家或地区构成　　　　（b）技术引进的行业构成

图 7-5　外资主导期技术引进的来源国或地区和行业构成

资料来源：中国科技统计年鉴。

从行业分布来看，制造业仍是主要领域并呈现明显的升级趋势。2004年我国共引进技术 8605 项，支付合同金额 138.56 亿美元，其中制造业项目分别占 59% 和 63%。如图 7-5（b）所示，1992~1999 年机械电子和交通运输已经成为我国制造业技术引进的重点领域，这与外商投资的方向是高度一致的。另外，政府所重视的能源、石化化工和冶金有色等领域也继续成为技术引进的重点方向。

（3）第三阶段：自主创新（2005 年至今）。2005 年，我国做出"加快建设国家创新体系""建设创新型国家"的重大战略抉择，支持企业成为技术引进活动的主体，并且加强了对引进技术的吸收利用。该年，我国制定了《国家中长期科学和技术发展规划纲要（2006~2020 年)》（以下简称《纲要》），提出"加强对引进技术的消化、吸收和再创新"，着力突破重大关键、共性技术，支撑经济社会的持续协调发展。为了创造良好的自主创新环境，切实贯彻《纲要》对实施创新政策的要求，国务院和有关部委又相继出台了一系列政策规定，鼓励企业开展技术引进和创新活动，包括提供资金、税收等方面的支持。于是，我国企业开始积极、自发地开展技术引进活动，促使技术引进的规模和质量都上升到新的高度。

我国技术引进的规模进一步扩大，而且软性技术已占到绝对份额。2005 年至今，我国年均技术引进项目超过 1 万项，年均签署合同金额近300 亿美元，分别为上一阶段的 2.4 倍和 2.3 倍。其中，软性技术所占份额进一步提升，2013 年我国支付引进技术金额的 95% 属于技术费。软性技术引进的方式仍以专有技术的许可或转让、技术咨询与技术服务、专利技术的许可或转让三种为主，在 2013 年技术费中的比重分别占到 37.7%、29.7% 和 15.4%，与上一阶段基本持平。

在来源国方面，美国、日本和德国继续保持前三位，而亚洲新兴经济体的比例则进一步提升。从图 7-6（a）可见，美国作为我国第一大技术来源国，在引进金额的比重进一步提升至 23%；日本也较上一阶段轻微提升至 19%；而德国则下降至 13%。一方面，其他欧洲国家的地位也有所下降，例如，法国和意大利已降至 4% 和 3%。另一方面，亚洲新兴经济体的重要性明显提升，特别是韩国、中国香港和中国台湾在引进金额中的占比分别达到 10%、4% 和 3%，均跻身前十大技术来源国（地区）。这一时

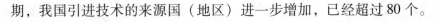

期，我国引进技术的来源国（地区）进一步增加，已经超过 80 个。

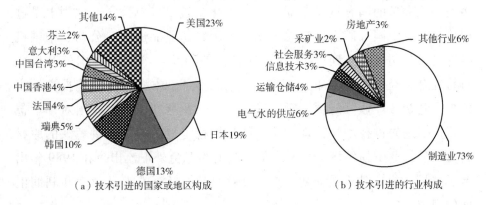

（a）技术引进的国家或地区构成　　　　（b）技术引进的行业构成

图 7 – 6　2013 年技术引进的来源国或地区和行业构成

资料来源：中国科技统计年鉴。

在行业构成方面，制造业仍然占据着绝对份额，而服务业的引进也增长迅速。如图 7 – 6（b）所示，制造业技术的引进金额在本阶段的比重进一步提升至 73%，其中，通信设备、计算机及其他电子设备制造业、交通运输设备制造业是重点领域，与我国这一阶段迅速发展的优势产业相一致。同时，信息传输和软件服务业、房地产业等服务性行业的技术引进金额也明显增长，与我国在本阶段加速发展服务业的趋势相吻合。

7.1.1.3　对外投资的发展历程和特点

改革开放以后，我国的对外投资开始起步，近十年来更是取得了飞速的发展。我国对外直接投资很大程度上受到国内经济发展水平及相关政策的影响，根据这些因素的变化可以分为初始萌芽期、起步发展期和快速增长期。

（1）第一阶段：初始萌芽（1979～1991 年）。1979 年 8 月，国务院提出"允许出国办企业"的经济改革措施，首次把对外直接投资作为一项政策确定下来。同年 11 月，北京友谊商业服务公司在东京合资开办"京和股份有限公司"，拉开了我国企业对外投资的序幕。由于外汇资源紧缺，政府在这一阶段对对外投资总体上持限制态度。一方面，对外投资主要限定在有利于赚取和积累外汇资金的领域。20 世纪 80 年代初期，政府主要允许有利于促进出口、赚取外汇的贸易型对外投资，因此投资主体多是一些大型的国有贸易企业，如中国化工进出口总公司、中国电子进出口公司、中国五矿进出口总公司、中国轻工业品进出口公司、中国机械进出口公司等。直到 1985 年，外经贸部颁发了《关于在国外开设非贸易性合资经营企业的审批程序和管理办法》，才将我国对外投资的主体扩大到初级产业、能源、轻工等行业，以及有利于扩大我国对外承包工程、引进先进技术和管理方法、能长期稳定地为国内提供短缺的原材料或产品等非贸易领域。另一方面，政府为避免外汇流出，在 1989 年出台了《境外投资外汇管理办法》，加强了对外投资的审批管理和利润汇回的规定。

由于所有权有势的欠缺和政府的管制，我国这一时期对外投资的十分有限，所涉及的地区和行业领域也存在较大的局限性。具体特点可归纳为以下几方面：

从规模和地位来看，我国对外投资的金额虽然在世界所占份额微乎其微，但是已经成为发展中国家和亚洲地区对外投资的重要力量。1991 年，我国对外投资的流量金额仅为 9.13 亿美元，存量金额也只有 53.68 亿美元，在世界的份额分别仅占 0.46% 和 0.21%。然而，我国已经成为发展中国家和亚洲地区重要的资本输出国。1991 年，我国对外投资的流量在发展中国家和亚洲地区分别占到 8.2% 和 2.3%，只有巴西、阿根廷、新西兰，以及亚洲的中国台湾、中国香港和新加坡等少数经济发展较早的经济体排在我国之前。

从投资流向来看，这一阶段的对外投资主要投向发展中国家（地区）。中国香港、中国澳门、东南亚、中东、非洲等地成为我国对外投资的重点，直到 20 世纪 80 年代后半期才涉及少数发达国家。

从行业结构来看，早期主要以贸易、餐饮等服务性行业为主，直到 20 世纪 80 年代中期以后才逐渐扩展到涉及资源开发、机械制造加工、交通运输等 20 多个行业（钞鹏，2014）。

（2）第二阶段：初步发展（1992~2004 年）。1992 年党中央确立了建立社会主义市场经济体制的目标，为了更好地利用国内国外两个市场、两种资源，国家更加鼓励能够发挥比较优势的对外投资，大力支持有竞争力的企业跨国经营，到境外开发资源或开展加工贸易。1993 年，中石油首先在加拿大获得了北瑞宁油田的参股权，成为中国石油工业"走出去"的第一步。此后，以五矿、宝钢、首钢、中石油、中海油等为代表的大中型国有企业迅速发展壮大，成为我国对外投资的主要力量。1999 年国务院发布了《关于鼓励企业开展境外带料加工装配业务意见的通知》，鼓励国内在设备、技术上具有优势的轻工、纺织、家用电器等机械电子以及服装加工等行业的企业到非洲、中亚、南美等地投资开展带料加工装配业务。为了支持中小企业开拓国际市场，财政部和外经贸部于 2000 年制定了《中小企业国际市场开拓资金管理（试行）办法》。由此，推动了格力、康佳、TCL、华为等一批民营企业的海外投资。

这一阶段，我国对外投资的规模虽较上一阶段有所提升，但是国际上的地位并未发生明显变化。虽然 1992 年我国对外投资的金额从上一年的 9 亿美元跃升至 44 亿美元，不过从整个阶段来看并未体现出明显的增长趋势，年均流量水平仅为 30.89 亿美元。2004 年，我国对外投资的流量和存量金额在世界的比重仅分别为 0.62% 和 0.42%，流量金额在发展中国家和亚洲地区的占比也仅分别为 4.89% 和 4.35%，较上一阶段均未发生根本改变。

从投资目的地来看，中国的香港和免税岛占据了主要的份额。虽然到 2004 年，我国的对外投资已经分布于 149 个国家（地区），但是存量金额的 85% 和流量金额的 78% 都集中在中国香港、开曼群岛和英属维尔京群岛。与吸引外资的来源国构成对比可知，这些投资中的相当部分属于返程投资。除了上述三个地区，我国的对外投资主要流向欧美国家和亚洲周边国家（地区），不过所占份额都很小。由此可见，我国的对外投资在地域上仍然具有很强的局限性。

从行业构成来看，我国本阶段末对外投资的行业存量仍然以服务性行业和资源性行业为主。如图 7-7（b）所示，商务服务业、批发零售业和采矿业是我国这一时期对外投资的主要行业，在 2004 年年底对外投资存量中的占比分别达到 37%、18% 和 13%。而制造业的海外投资仍然相对有限，占比仅为 10%，并且主要集中在规模较小、技术水平不高的领域。

（3）第三阶段：快速增长（2005 年至今）。进入 21 世纪以后，我国将对外投资上升到战略层面，特别是自 2004 年以后出台了一系列鼓励政策强化"走出去"战略。2004 年 7 月通过的《国务院关于投资体制改革的决定》，确立了对境外投资管理由审批制向核准制的转变，并明确规定发改委负责境外投资项目的核准，商务部负责对境外开办企业的核准。2004 年 10 月，国家发改委、中国进出口银行等部门颁布了《关于对国家鼓励的境外投资重点项目给予信贷支持的通知》，每年安排"境外投资专项贷款"，享受出口信贷优惠利率。2005 年 8 月，为推动非公有制企业"走出去"开拓国际市场，商务部和中国出口信用保险公司又做出了《关于实行出口信用保险专项优惠措施支持个体私营等非公有制企业开拓国际市场的通知》。2006 年，国务院发布了《关于鼓励和规范我国企业对外投资合作的意见》，成为中央自提出"走出去"战略以来第一个全面规范和鼓励对外投资的纲领性文件。2008 年 8 月，我国通过了《中华人民共和国外汇管理条例》，将外汇管理由强制结售汇向自愿结售汇转变。同时，政府还致力于对境外投资的协调和指导，例如，商务部陆续发布的《对外投资国别产业导向目录》和《中国对外投资促进国别/地区系列报告》等。

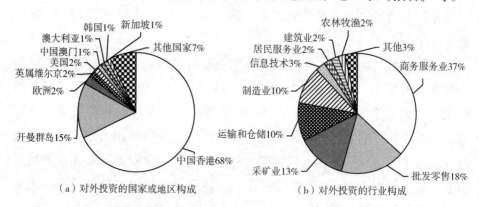

（a）对外投资的国家或地区构成   （b）对外投资的行业构成

图 7-7   2004 年年底我国对外投资存量的国家或地区和行业构成

资料来源：对外直接投资公报。

在上述政策的推动下，我国对外投资自 2005 年以来陡增，国际地位明显提升。2005 年我国对外投资较上一年跳升了一倍，此后便一直保持着年均 30% 以上的高速增长。到 2013 年，我国的对外投资流量已经突破 1000 亿美元，成为世界三大对外投资国之一；存量金额也达到 6135.85 亿美元，在世界的份额占到2.5%。在发展中国家和亚洲范围内，中国2013年对外投资流量的占比也达到26.5%和21.2%，已经成为该两个范围内数一数二大对外投资国。

在投资目的地方面，中国香港和免税岛的比重有所下降，而欧洲、美国和其他发达国家（地区）的比重有所上升。截至2013年，我国已经投资进入180多个国家（地区）。如图7-8（a）所示，中国香港、开曼群岛和英属维尔京群岛仍是我国对外投资的主要目的地，共占到存量金额的68%，不过较上一阶段已明显下降。同时，我国在欧洲、美国、澳大利亚和新加坡等发达国家（地区）的投资均明显增长，在一定程度上说明我国企业的对外投资能力有所增强。

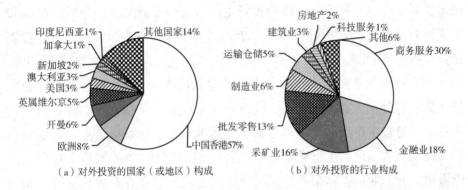

（a）对外投资的国家（或地区）构成　　　　（b）对外投资的行业构成

图7-8　2013年底我国对外投资存量的国家或地区和行业构成

资料来源：对外直接投资公报。

在行业内构成方面，我国这一阶段在非制造业开展的对外投资活动进一步增加，而制造业的份额则相应下降。如图7-8所示（b），租赁和商务服务业仍然是对外投资的第一大行业，占2013年投资存量的30%；金融业的增幅最大，已跃居对外投资第二大行业，占比为18%；采矿业仍然稳居第三位，且比重进一步提升至16%，表明资源获取仍是我国开展对外投资的主题之一。与此同时，制造业的投资金额虽然也明显增长，但是份额却进一步下降到6%。其中，汽车制造、电子通信设备、化学制品、专用设备以及纺织服装是投资较多的领域。

由于对外投资的行业分布统计的是投资流向哪个行业，而不是投资主体所从事的行业，因此虽然我国大量对外投资流向了租赁和商务服务业但是并不能反映我国对外投资企业所处行业的真实情况。对于我国流向商务服务业的对外投资来说，很大比例是通过在中国香港等地建立控股公司，再通过这些控股公司投向其他地区和其他行业。例如，2011 年中国中化集团收购挪威国家石油公司巴西佩格里诺油田 40% 股权，中国石油化工集团收购加拿大日光能源公司 100% 股权；中国蓝星（集团）公司收购挪威艾肯公司 100% 股权；2012 年中国石油化工集团收购葡萄牙高浦能源公司持有的高浦巴西和荷兰公司的 30% 股权；大连万达集团收购美国 AMC 娱乐控股公司 100% 股权等主要境外收购项目均是通过中国香港子公司再投资完成。

　　因此，为了更加真实地剖析我国对外投资的行业分布特点，这里我们进一步对于中国对外投资的境内投资主体行业构成情况进行分析。在 2012 年我国对外投资企业所属行业中，制造业企业共有 6042 家，占对外投资企业总数的 37.8%；批发和零售业企业 5241 家，占企业总数的 32.8%；租赁和商务服务业企业 870 家，占企业总数的 5.4%；其余行业按企业数量从高到低分别为农林牧渔业、建筑业、采矿业、住宿和餐饮业、科研技术业、信息技术服务业、交通运输业、房地产业、居民服务业、能源行业和文体娱行业，但以上行业数量所占比例均未超过 7%。通过上述数据可以看出，制造业以及从事对外贸易为主的批发零售业在对外投资主体构成中占据绝对的优势地位，这两类行业对外投资企业的数目占 2012 年我国对外投资总体对外投资企业数目的 70.55%。

　　进一步观察按海外总资产排名的 2012 年我国前 100 大非金融类跨国企业如表 7-1 所示，我们可以发现以下特点：第一，在这 100 大跨国公司中，制造业企业共有 38 家，在数量上远超过其他行业，这进一步证实了制造业企业是我国海外投资的主体。第二，除制造业之外，在我国前 100 大跨国公司中，从事采矿业相关行业的企业有 15 家，且排名均比较靠前。这说明虽然总体上采矿业对外投资企业占总体对外投资企业数目只有 3% 左右，但是这些企业大多为规模较大的国企，且单笔对外投资金额较高。第三，虽然租赁与商务服务业是我国对外投资最多的行业，然而如果观察对外投资企业的行业分布，我们可以看出实际从事租赁与商务服务业的企业并不多，在我国前 100 大跨国公司中仅有 9 家。进一步观察这 9 家企业可以发现，其中上海吉利兆圆投资有限公司虽然属于租赁与商务服务业，但实际上是从事汽车制造业的吉利集团下属负责对外投资的子公司。

表 7-1　　　2012 年中国前 100 大非金融类跨国公司的行业分布特点

主要业务所属行业	数目	企业名称
采矿业	15	中国石油化工集团公司；中国石油天然气集团公司；中国海洋石油总公司；中国中化集团公司；中国铝业公司；中国五矿集团公司；兖州煤业股份有限公司；中国冶金科工集团有限公司；中国有色矿业集团有限公司；中国黄金集团公司；吉林吉恩镍业股份有限公司；大冶有色金属公司；内蒙古伊泰集团有限公司；神华集团有限责任公司；金堆城钼业集团有限公司
制造业	38	
纺织业	1	中国中纺集团公司
农副食品加工	4	中粮集团有限公司；三河汇福粮油集团有限公司；光明食品（集团）有限公司；上海市糖业烟酒集团有限公司
计算机、通信和其他电子设备	8	联想控股有限公司；华为技术有限公司；中兴通讯股份有限公司；美的集团股份有限公司；海尔集团电器产品有限公司；海信集团有限公司；四川长虹电器股份有限公司；TCL 集团股份有限公司
电气机械和器材	1	新疆金风科技股份有限公司
汽车制造业	3	上海汽车集团股份有限公司；潍柴动力股份有限公司；万向集团公司
铁路、船舶、航空航天和其他运输设备	4	中国航空工业集团公司；中国船舶重工集团公司；中国航天科技集团公司；中国船舶工业集团公司
化学原料和化学制品	1	中国化工集团公司
黑色金属冶炼和压延加工业	9	宝钢集团有限公司；中国中钢集团公司；首钢总公司；武汉钢铁集团公司；湖南华菱钢铁集团有限责任公司；江苏沙钢集团有限公司；山东钢铁集团有限公司；河北钢铁集团公司；鞍钢集团公司
有色金属冶炼和压延加工业	1	金川集团股份有限公司
通用设备制造业	3	长沙中联重工科技发展股份有限公司；三一重工股份有限公司；中国机械工业集团有限公司
金属制品业	2	中集集团有限公司；中国兵器工业集团公司
医药制药业	1	上海市医药集团股份有限公司

主要业务所属行业	数目	企业名称
电力、燃气及水的生产和供应业	9	中国电力投资集团公司；中国华能集团公司；国家电网公司；中国广核集团有限公司；中国水利水电建设集团公司；山东能源集团有限公司；中国国电集团公司；中国华电集团公司；中国大唐集团公司
建筑业	8	中国建筑工程总公司；中国交通建设集团公司；中国长江三峡集团公司；中国葛洲坝集团公司；中国铁道建筑总公司；安徽省外经建设（集团）有限公司；中国铁路工程总公司；广东省交通集团有限公司
交通运输、仓储和邮政业	9	招商局集团有限公司；中国远洋运输集团总公司；中国海运集团总公司；中国港中旅集团公司；海航集团有限公司；中国外运长航集团有限公司；中国航空集团公司；中国航空油料集团公司；中国东方航空集团公司
信息传输、计算机服务和软件业	5	中国联通集团有限公司；中国移动通信集团公司；中国电子信息产业集团有限公司；同方股份有限公司；中国电信集团公司
批发和零售业	2	南光（集团）有限公司；西安迈科金属国际集团有限公司
房地产业	3	广州越秀集团有限公司；中国保利集团公司；金地集团股份有限公司
租赁和商务服务业	9	北京控股集团有限公司；上海吉利兆圆国际投资有限公司；广东粤海控股有限公司；重庆重钢矿产开发投资有限公司；北京对外经贸控股有限责任公司；烟台新益投资有限公司；中国城通控股集团有限公司；中新苏州工业园区创业投资有限公司；广东省广新控股集团有限公司
多样化	2	华润（集团）有限公司；中国中信集团有限公司

资料来源：本书作者根据 2012 年《中国对外直接投资统计公报》整理而得。

7.1.2 吸引外资、技术引进和对外投资的匹配性分析

前文中分别从吸引外资、技术引进和对外投资的角度对我国的开放发展历程以及 FDI 分布特点进行了分析。下面将在前文基础上将中国的吸引外资、技术引进与对外投资相结合进行分析，分别从总量、国别分布以及行业分布三个层面进行匹配性分析，以期对于中国吸引外资对对外投资的相关关系有更加清晰的认识。

7.1.2.1　总量匹配性分析

如图 7-9 所示，中国吸引外资和对外投资的发展历程确实呈现出 IDP 理论所描述的 "U" 型曲线特征。在 1991 年以前，我国吸引外资和对外投资的规模都不大，不过吸引外资还是先于对外投资启动，并且一直明显地高于对外投资的金额，因此净对外投资呈现小规模的负值，与 IDP 理论第一阶段的特征一致。1992 年以后，邓小平南方谈话促使我国的外资流入开始迅速增加，不过对外投资的增长却落后于吸引外资，于是净对外投资继续为负，且绝对值不断扩大，符合 IDP 理论所描述的第二阶段特征。2005 年以后，政府对对外投资管制的放松促使对外投资的增长速度超越吸引外资，于是净对外投资虽然仍为负值，绝对值却不断缩小，与 IDP 理论第三阶段的特征相吻合。

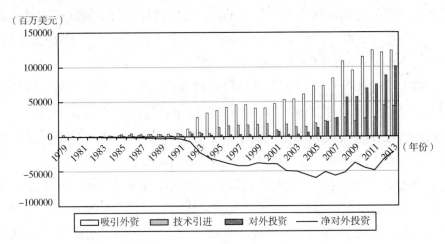

图 7-9　中国吸引外资、技术引进和对外投资的流量趋势对比

资料来源：联合国贸发会议组织、中国科技统计年鉴。

从吸引外资和技术引进的发展趋势来看，二者比较一致。1991 年以前，吸引外资和技术引进的金额均很小且不相上下。从 1992 年开始，吸引外资的金额明显超过技术引进，而二者的波动趋势基本吻合。从而体现出我国的吸引外资和技术引进在很大程度上呈现伴随关系，并且以吸引外资为主、技术引进为辅的特点。而且，与吸引外资类似，技术引进也是先于我国对外投资的发展而开展的，此后对外投资才呈现出追赶之势，与

IDP 理论描述的特征异曲同工。

7.1.2.2 国别匹配性分析

由于外资的进入将带来与母国市场相关的信息，使得中国企业在本土市场上就能够获取 FDI 来源国市场特征、产品结构、消费者偏好、法规政策等相关信息，并且在与外资接触的过程中，本土企业还能够增强与该来源国企业进行商务往来的能力（Blomström & Kokko，1998；Rademaker & Martin，2012）。上述原因将有利于中国企业对 FDI 的母国或类似国家的对外投资。此外，来自特定国家的外资还将在与中国本土企业上下游联系、合资或合作过程中建立起彼此之间的网络关系，从而对中国企业对该国的投资产生更加直接的影响（Johanson & Vahlne，2009）。例如，万向等本土零部件企业在作为外资供应商的过程中与外资建立联系，从而有动力投资到外资所在的母国市场。上海电气在本土发展过程中与美国高斯有过合资经历，因此当 2009 年高斯陷入财务危机时由于彼此之间的联系和了解，使得上海电气能够最终实现对高斯的收购。

基于上述理由，我们认为来自特定国家的 IFDI 将对于中国对该国的 OFDI 产生影响，因此如果中国的吸引外资和对外投资在国别分布上具有较强的匹配性，则说明中国的吸引外资对对外投资可能产生了更多的影响。下面我们将从 IFDI 和 OFDI 的国别分布的角度进行匹配性分析。

首先我们分别来看中国与发达国家和发展中国家之间的双向 FDI 匹配情况。由于数据的可得性，在这里我们采用 OECD 国家的数据来表示发达国家经济体，用非 OECD 国家代表发展中国家经济体。从图 7-10 和图 7-11 可以看出，虽然目前中国对发达国家的投资还相对较少，然而随着发达国家 IFDI 的大量流入，近些年来中国流向发达经济体的 OFDI 也在快速增长，两者之间具有一定的匹配性。相对来讲，来自发展中国家的 IFDI 一直在中国吸引外资中占据主要地位，而由于中国相对于发展中国家来说投资能力更强，因此目前中国流向发展中国家的 OFDI 在总量上和增速上都超过对发达国家的投资。从图形上看，中国与发展中国家之间的双向 FDI 也具有较强的匹配性。

其次我们再来看中国与单个国家或地区之间 FDI 流入、技术引进和

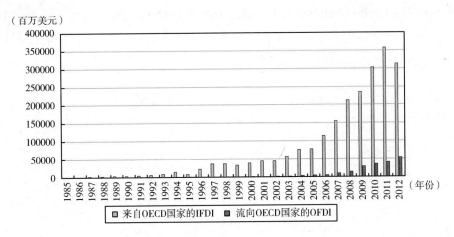

图 7-10　中国与 OECD 国家之间的 FDI 流入和 FDI 流出的流量匹配

资料来源：OECD 数据库。

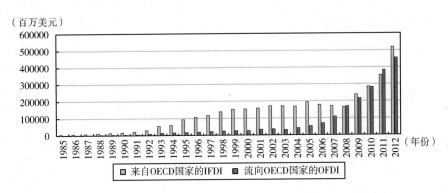

图 7-11　中国与非 OECD 国家之间的 FDI 流入和 FDI 流出的流量匹配

资料来源：OECD 数据库。

FDI 流出的匹配性。从表 7-2 来看，中国吸引外资、技术引进和对外投资的国家构成存在一定的匹配性。无论是吸引外资和技术引进，还是吸引外资和对外投资，排名前 10 的国家中各有 6 个国家是相同的。具体而言，首先中国香港、美国和英国在三项指标下均跻身前十名，说明这三个国家（地区）在我国引进跨国公司活动和对外投资活动中均具有重要的地位。其次，国际免税岛也在我国"引进来"和"走出去"的对外经济活动同时发挥了重要的作用，英属维尔京群岛和开曼群岛在我国吸引外资和对外投资的存量份额中均占到 11% 左右。此外，在我国引进跨国公司和对外投资所涉及的主要国家中均可以见到亚洲新兴国家的身影，例如，新加坡在吸引外资和对外投资存量中的比重分别达到 4.5% 和 2.2%，说明我国与周边国家的经济联系已经越来越紧密。

表 7 – 2   我国吸引外资、技术引进和对外投资存量的国家排名   单位:%

排名	吸引外资		技术引进[a]		对外投资	
	国家	占比	国家	占比	国家	占比
1	中国香港	65.6	美国	21.91	中国香港	57.09
2	维尔京群岛	9.18	日本	18.89	开曼群岛	6.41
3	日本	6.39	德国	13.84	维尔京群岛	5.13
4	美国	4.94	韩国	7.36	美国	3.32
5	新加坡	4.50	法国	4.90	澳大利亚	2.64
6	中国台湾	4.00	瑞典	4.78	新加坡	2.23
7	韩国	3.79	中国香港	4.30	英国	1.79
8	开曼群岛	1.86	意大利	3.30	俄罗斯	1.15
9	德国	1.48	俄罗斯	2.35	加拿大	0.94
10	英国	1.25	英国	2.11	印度尼西亚	0.71

注：a 技术引进的占比根据 1992～2013 年流量累计计算。

资料来源：中国统计年鉴、中国科技统计年鉴。

从图 7 – 12 可以看到，我国吸引外资和技术引进的来源国或地区具有一定的匹配性。我国对两种跨国公司活动的引进来源国主要可以分为三类：

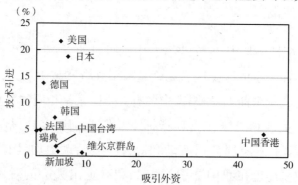

图 7 – 12   中国吸引外资和技术引进的国家或地区对比

资料来源：中国统计年鉴、中国科技统计年鉴。

第一，在对外投资和技术创新方面都具有强悍实力的美国和日本，如果排除中国香港和维尔京群岛，这两个国家在我国吸引外资和技术引进中均排名前两位。

第二，对外投资和技术创新能力稍逊一筹，但仍相对我国具有明显优势的欧洲国家。由于在地理、文化、制度等方面与中国的巨大差异，这些国家的跨国公司更多地通过技术输出的方式与中国企业展开合作，例如，德国和法国在我国技术引进中的份额达到14%和5%，但在吸引外资中的份额却仅为1.5%和0.9%。

第三，东亚新兴经济体，即中国香港、韩国、新加坡和中国台湾。其中，中国香港作为我国的行政特区，向来是跨国公司投资进入我国的重要窗口，因此中国香港在吸引外资中的份额高达65.6%；不过限于中国香港企业的技术实力，其在技术引进中的比重仅为4.3%。韩国与我国的经济发展存在梯度，又是亚洲新兴工业国家中创新能力最强的，因此在向海外转移产能的过程中对我国开展了大量的投资，也同时成为我国技术引进的重要来源国。新加坡和中国台湾则更大程度地利用我国综合的区位优势开展投资活动；而在技术引进活动中的地位不高。

图7-13展示了我国吸引外资和对外投资的主要国家，由于中国香港在这两项活动中均具有超常的份额，因此在图中将其去掉以清晰展示其他国家（地区）的情况。可以看到，我国吸引外资和对外投资的国家构成匹配性较强。首先，维尔京群岛和开曼群岛在两项投资活动中均具有很高的份额，其中相当部分属于返程投资：这两个地区具有吸引力的税收政策使大量国内企业前往注册，由此既能享受当地的税收优惠，又能在回国投资时享受外资待遇。其次，美国、新加坡、英国和德国既对中国进行了较多的投资，也吸收了相当部分的中国投资。这些国家的跨国公司主要在我国开展了降低成本和获取市场型的投资；而我国企业进入这些国家投资，则是看中了当地在市场和战略资产等方面的区位优势。这些国家的跨国公司在我国开展业务活动时，将本国的市场特点、消费者喜好、设计理念和销售渠道等信息传递给我国企业，从而有助于我国企业到这些国家开展投资活动。

此外，吸引外资和对外投资所涉及的国家也存在一些不匹配的情况。

一方面，我国在日本、韩国和中国台湾地区的投资明显低于这三地在我国的投资。这些地区是我国重要的投资来源，其投资为我国纺织、电子、汽车等制造业的发展做出了重要的贡献。我国企业虽然在此过程中积累了一定的能力，但仍不足以支持进入这些国家与实力更强的当地企业开展竞争。而且，中国台湾地区对于大陆的资本流入还有严格的限制，进一步抑制了我国企业进入投资。另一方面，我国在澳大利亚、俄罗斯、加拿大和印度尼西亚等地都有比较可观的投资，主要是因为这些国家在矿产资源的区位优势。但是，这些国家的企业在我国的投资却很有限。

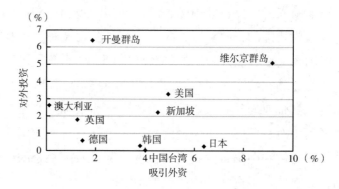

图 7 - 13　中国吸引外资和对外投资的国别或地区对比

资料来源：中国统计年鉴。

7.1.2.3　行业匹配性分析

前文的分析中已经提到，吸引外资对对外投资能力影响的一个主要渠道是吸引外资通过产生溢出效应，从而促进本土企业能力的提升。根据 FDI 溢出效应的相关理论，溢出效应主要产生于行业层面，因此如果中国的吸引外资与对外投资的行业之间具有较强的匹配性，则能够在一定程度上说明中国的吸引外资对对外投资能力形成产生了更多的影响。下面将从中国 IFDI、技术引进和 OFDI 的行业匹配性的角度进行分析。

从表 7 - 3 来看，我国吸引外资、技术引进和对外投资的行业也具有较强的匹配性。在这三个方面排名前十的行业中有六个行业是重合的，它们分别是：制造业，批发零售业，交通运输、仓储和邮政业，电力、煤气及水的生产和供应业，信息传输、软件和信息技术服务业，以及建筑业。

这六个行业占据了吸引外资存量的 69%，技术引进存量的 88%，以及对外投资存量的 32%。由此可见，我国在两项引进活动中的行业匹配性，要强于二者与对外投资活动的匹配性。这主要是因为对外投资的三大行业，即租赁和商务服务业、金融业和采矿业，在引进活动中的份额较低。

表 7-3　　　　　　　　　　我国吸引外资、技术引进和对外投资的行业排名　　　　　　　单位:%

排名	吸引外资		技术引进		对外投资	
	行业	占比	行业	占比	行业	占比
1	制造业	56.33	制造业	73.21	租赁和商务服务业	29.64
2	房地产业	15.75	电、气、水的生产供应	6.62	金融业	17.73
3	租赁和商务服务业	5.94	交通运输、仓储和邮政业	3.99	采矿业	16.07
4	批发零售业	5.00	房地产业	2.93	批发零售业	13.27
5	交通运输、仓储和邮政业	2.84	社会服务业	2.83	制造业	6.36
6	农林牧渔业	2.32	信息技术服务业	2.47	交通运输、仓储和邮政业	4.88
7	科学研究和技术服务业	2.14	采矿业	2.14	建筑业	2.94
8	建筑业	1.76	批发零售和餐饮业	1.27	信息技术服务业	2.79
9	信息技术服务业	1.70	科学研究和技术服务业	0.91	房地产业	2.33
10	电、气、水的生产供应	1.43	建筑业	0.45	电、气、水的生产供应	1.70

资料来源：中国统计年鉴、中国科技统计年鉴。

　　从图 7-14 可以看到，我国吸引外资和技术引进在行业结构上具有较高的一致性。由于制造业在两项活动中的占比分别高达 56.33% 和 73.21%，显著地超越其他行业，为了能够更加清晰地显示其他行业的分布情况，我们在图中去掉了制造业。可以看到，吸引外资和技术引进在多数行业都同时具有相当的份额，例如，房地产业，电力、煤气及水的生产和供应业，交通运输、仓储和邮政业，批发零售业，信息传输、软件和信息技术服务业，以及科学研究和技术服务业等。

　　吸引外资和技术引进不太匹配的行业，主要体现在以下两方面。一是租赁和商务服务业以及农林牧渔业，在我国吸引外资中分别达到 5.9% 和 2.3% 的份额，但在技术引进中所占比重均不超过 1%，主要是因为这两个领域的技术密集程度不高。二是社会服务业和采矿业在技术引进中的份额分别为 2.8% 和 2.1%，但在吸引外资中的比重却低于 1%，主要是因为我国对这两个行业的开放程度较低，致使跨国公司很少能够以直接投资的方式进入。

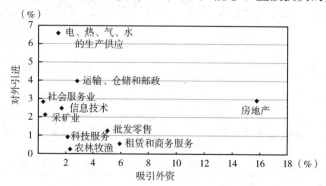

图 7 – 14　中国吸引外资和技术引进的行业对比

资料来源：中国统计年鉴、中国科技统计年鉴。

比较吸引外资和对外投资的行业结构，二者也具有较高的匹配性。如图7 – 15 所示，租赁和商务服务业、批发零售业属于在两项指标下均具有显著份额的行业；另外，交通运输、仓储和邮政业，信息传输、软件和信息技术服务业，科学研究和技术服务业，建筑业以及农林牧渔业，也属于在两方面均占有一定份额的行业。

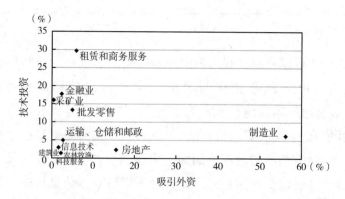

图 7 – 15　中国吸引外资和对外投资的行业对比

资料来源：中国统计年鉴。

不过，吸引外资和对外投资也存在行业差异性。从吸引外资大于对外投资的角度来看，差异最明显的当属制造业。制造业是吸引外资金额最大的行业，截至 2013 年年底制造业外资企业的投资总额达到 17342 亿美元，占比高达 49.3%。然而，我国在制造业领域开展的对外投资活动的存量金额却仅为 420 亿美元，占比仅有 6.36%。由此可见，虽然我国制造业对外投资逐年快速增长，但是相比制造业长期大量的外商直接投资流入，我国制造业的对外投资还有较大的差距。

但是，进一步考察制造业流入、流出的项目数和细分行业，仍可发现二者具有一定的匹配性。截至 2013 年，跨国公司已在我国设立了 501219家制造业企业，在外资企业总数中占 63.75%，位居第一；同时，我国企业在境外设立了 5630 家制造业企业，在全部境外企业中占比为 22.1%，位居第二。可见，制造业吸引外资和对外投资的项目数都处于领先地位。另外，我国对外投资所涉及的制造业细分领域也大多为吸引外资前期带动发展的领域。根据商务部的统计，2013 年我国制造业外资主要流入了电子设备制造业、交通运输设备制造业、化学原料及制品制造业、通用设备制造业、专用设备制造业等行业；而对外投资则主要发生在汽车、电子设备、专用设备、纺织、化学原料及制品制造业等行业。因此，制造业投资流入和流出的细分行业具有相当高的匹配性。

从对外投资大于吸引外资的角度，采矿业和金融业则是典型行业。由于我国对采矿业和金融业的开放一直比较慎重，所以截至 2013 年外商在这两个行业中的外商投资仅为 158 亿美元和 301 亿美元，所占份额为0.52% 和 0.98%。而这两个行业是我国对外投资的重点领域，受到国家的战略支持，截至 2013 年的对外投资金额已经达到 1171 亿美元和 1062 亿美元，占比分别为 17.7% 和 16.1%。由于这两个行业外资流入与流出的匹配度不高，因此吸引外资难以对对外投资产生影响。

7.1.3　国家层面实证检验

本部分将分为四个层次来对中国 IDP 进行实证检验。第一层面检验吸引外资与我国对外投资的关系，对于吸引外资是否促进了对外投资的形成、东道国特征变量的影响、区分 FDI 来源的影响等方面进行实证检验。第二层面将研究范围拓展为加入技术引进，检验这种更为广义的跨国公司活动与我国对外投资的关系。第三层面重点考查政府作用，检验政府的开放政策在我国 IDP 中是否发挥了显著的影响。第四层面基于 FDI 溢出效应理论，检验跨国公司活动对我国对外投资的间接作用机制。中国实证实验的结构设计，如图 7 - 16 所示。

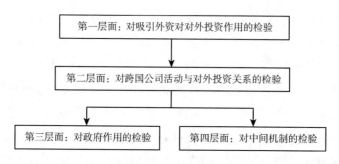

图 7 - 16　中国实证检验的结构设计

7.1.3.1　第一层面：吸引外资对对外投资的作用及关键影响因素

参照第 3 章的模型设定，这里将首先对中国吸引外资对对外投资影响的存在性以及作用特点进行检验。

（1）理论假设。

第一，中国吸引外资对对外投资的总体影响。从本书第 2 章的文献综述部分可知，关于中国 IDP 相关的实证研究均一致认为中国符合 IDP 理论描述的投资发展路径，即中国的确正在经历从大量吸引外资到对外投资能力不断增强的过程。而通过前文的匹配性分析可知中国的吸引外资与对外投资在总体层面、国别层面以及行业层面均具有较强的匹配性，这使得我们首先在直观认识上有理由认为中国的吸引外资确实对对外投资产生了促进作用。

在前文的分析中已经提到，吸引外资对对外投资的一个重要的作用渠道是吸引外资产生溢出效应，从而促进本土企业对外投资能力的提升。而在对中国外资溢出效应的研究方面，大部分学者的研究认为 FDI 通过示范效应、积极的竞争效应、人员流动效应及前后向关联效应对中国的本土企业产生了显著的正向溢出效应。例如，秦晓钟和胡志宝（1998）利用1995年全国第三次工业普查数据对采掘业、制造业、电力煤气等39个行业的截面数据进行实证检验，发现了FDI对内资企业产生了积极的溢出效应。何洁和许罗丹（1999）通过中国工业部门1985~1996年的时间序列数据；陈涛涛等（2003）利用中国制造业84个四位码行业的数据均发现了行业内溢出效应是显著存在的。潘文卿（2003）采用1995~2000年工业行业的省市面板数据，喻世友等（2005）采用1999~2002年行业层面面板数据的研究也分别得出了FDI在中国内资企业产生了正向溢出效应。此外，王耀中和刘舜佳（2005）利用中国2000~2004年22个二位码行业的面板数据进行实证检验，发现FDI不仅产生了水平溢出效应，前向和后向的垂直溢出效应也是存在的。基于上述研究，本书认为总体来看中国的FDI流入产生了积极的溢出效应，从而促进了本土企业对外投资能力的提升。

此外，在第3章全球层面的实证检验中已经证实，总体来看一国的吸引外资对对外投资存在普遍的正向作用，并且一国的市场规模越大，这种正向作用则越大。由于中国是全球市场规模最大的国家之一，因此我们有理由相信在中国市场上吸引外资对对外投资能够产生积极的促进作用。由此，我们提出以下假说：

假说7.1：总体上看，中国的吸引外资会对对外投资产生正向影响。

在第3章针对全球层面的实证研究中，我们已经证实东道国的人力资本、市场规模以及经济发达程度均会对吸引外资对对外投资的作用机制产生影响。在针对中国的检验中，我们仍然沿用在全球层面的上述假设：

假说7.2：中国吸引外资对对外投资的正向作用会随着中国人力资本、市场规模、经济发达程度的增强而增强。

第二，区分FDI来源的作用特点。除了东道国特点之外，FDI来源国的特点不同也会对吸引外资对对外投资的作用机制产生影响。因此，与前面章节的研究相对应，在这里我们仍将对中国不同来源的FDI的作用特点进行分析和检验。

对于中国来说具有两种明显不同类型的FDI来源，一种是以美国、欧盟、日本为代表的发达国家，另一种是以港澳台地区为主的发展中国家（地区），这两种FDI各自具有不同的特点。从所有权优势来看，来自发达国家的外资通常具有先进技术，在劳动生产率上高于港澳台资企业。而港澳台资企业则更多的是利用成熟技术进行劳动密集型生产并出口。从投资进入动机来看，相对来讲发达国家的外资更多的是看重中国大市场的优势，以满足本土需求为目的；而港澳台资企业则具有更强的出口导向（Zhang，2000）。基于这两种 FDI 的上述特点，学者们在实证研究中发现虽然这两种外资均产生了显著的溢出效应，但是产生溢出效应的种类及行业有所不同。总体来看，来自发达国家的外资相对于港澳台地区的外资产生的技术溢出效应更加显著。相对于港澳台资企业，来自发达国家的外资在技术密集型行业产生的技术溢出效应更多；而港澳台资企业在劳动力密集型行业中产生的技术溢出效应更多。两种类型的外资均会带来市场营销等方面的信息，产生市场进入型溢出效应，从而促进本土企业国际化的发展（周燕，齐中英，2005；Buckley et al.，2002；Buckley et al.，2007）。

基于上述分析，我们认为，来自发达国家的 FDI 和来自发展中国家的 FDI 均会通过产生技术溢出效应促进本土企业技术能力的提升，同时通过信息溢出及网络效应增进本土企业对国外市场的了解，从而提升本土企业对外投资能力，促进中国总体对外投资的发展。进一步考虑中国对外投资的目的地，由于对发达国家的投资需要更强的技术、管理、市场等方面的所有权优势，而来自港澳台等发展中地区的 FDI 技术溢出效应较弱，并且在市场信息方面的溢出也更多集中在母国或类似的发展中国家市场，因此我们认为来自发展中国家的 FDI 对中国投资发达国家的促进作用较弱。根据上述分析，我们进一步做出以下假设：

假说7.3：来自发达国家的 FDI 和来自发展中国家的 FDI 均会对中国的对外投资产生促进作用。

假说7.4：来自发达国家的 FDI 和来自发展中国家的 FDI 均会对中国对发展中国家的投资产生促进作用。

假说7.5：来自发达国家的 FDI 会对中国对发达国家的投资产生促进作用；来自发展中国家的 FDI 对中国对发达国家的投资则没有明显的促进作用。

第三，区分来源行业的作用特点。除了 FDI 的国家来源之外，来自不同行业的 FDI 对对外投资的影响也将不同。从前文的描述中可知，制造业在中国吸引外资中占据绝对主导地位，并且中国对外投资的企业中来自制造业企业的数目也远远超过其他行业，这两者之间具有很强的匹配性。在针对中国制造业溢出效应的研究中，大多数学者通过实证检验及案例分析的方式均证实了中国制造业中溢出效应的普遍存在（陈涛涛等，2003；周燕，齐中英，2005；蒋殿春，张宇，2006；陈涛涛，白晓晴，2004）。因此，我们认为在我国制造业的行业中，外资的进入对本土优秀企业产生了明显的溢出效应，对我国企业对外投资能力的积累起到了促进作用。而除制造业之外，中国的 FDI 主要来自房地产和商务服务业，这两类行业的 FDI 参与实体经济很少，对本土企业的影响有限，因此难以对本土企业对外投资能力产生影响。基于上述分析，我们做出以下假说：

假说 7.6：来自制造业的 FDI 会对总体对外投资产生正向影响；来自非制造业的 FDI 对总体对外投资不会产生显著影响。

（2）模型设定及数据描述。在模型的设定上，本章沿用第 3 章中全球层面实证检验模型，基础检验模型设定如下：

$$\ln(\text{OFDI}_t) = \beta_0 + \beta_1 \ln(\text{IFDI}_t) + \beta_2 \ln(\text{GNI}_t) + \beta_3 \ln(\text{EX}_t) + \beta_4 \text{ER}_t + \varepsilon_t$$

$$(7.1)$$

其中，被解释变量 OFDI_t 为中国总体对外投资存量，主要解释变量 IFDI_t 为中国总体吸引外资的存量。为了考察假说 7.3 中东道国特征的影响，与第 3 章的模型类似，在基础模型上加入外资流入 IFDI_t 与国家特征变量的交叉项，用于考察人力资本、市场规模以及经济发达程度这三个国家特征可能带来的影响。而在区分 FDI 来源的检验中，则将主要解释变量 IFDI 拆分为来自发达国家的 FDI 和来自发展中国家的 FDI，并根据需要将被解释变量转换为中国对发达国家的投资或中国对发展中国家的投资。在区分 FDI 行业来源的假说 7.6 的检验中，则将主要解释变量拆分为制造业的 FDI 流入和非制造业的 FDI 流入。

在数据的选取上，我们选取 1981～2015 年 35 年的时间序列数据进行分析。与第 3 章中的数据来源相同，总体 IFDI、OFDI、人均出口以及汇率的数据均来源于联合国贸易和发展会议（UNCTAD）统计数据库，人均 GNI、用高等教育入学率衡量的人力资本指标、衡量市场规模的 GDP 指标均来源于世界银行（World Bank）统计数据库。此外，在区分 FDI 来源的检验中，我们采用来自 OECD 国家的 FDI 流入来表示来自发达国家的 FDI，而采用非 OECD 国家对中国的 FDI 流入表示来自发展中国家的 FDI。其中，与 OECD 国家相关的 IFDI 及 OFDI 数据均来源于 OECD 数据库。在区分 FDI 行业的检验中，来自制造业和非制造业的 FDI 流入数据来源于中国商务部的统计。另外，由于上述数据库提供的是以美元现价表示的数据，考虑到美元通胀水平的变化，我们使用了以 2010 年为基期的美元 GDP 平减指数对所用到的价值量指标进行了价格平减。文中的实证检验均采用 STATA 软件版本 13.0 进行回归。表 7-4 列出了本章研究的被解释变量与主要解释变量及控制变量的描述性统计特征。

表 7-4　　　　　　　　　　描述性统计

变量	变量含义	观测数	均值	标准差
OFDI	对外投资（百万美元）	35	138762.2	257394.9
IFDI	吸引外资（百万美元）	35	264433.4	329082.4
GNI	人均 GNI（美元）	35	1819	2227
EX	人均出口（美元）	35	460.9	569.6
ER	汇率（人民币对美元）	35	6.116	2.244
GDP	GDP（百万美元）	35	2505366	3204486
HC	高等教育入学率（%）	35	12.36	0.1173
IFDI_ED	OECD 国家 FDI 流入（百万美元）	27	67962	86937
IFDI_ING	非 OECD 国家 FDI 流入（百万美元）	27	125509	83862
OFDI_ED	对 OECD 国家投资（百万美元）	27	5129	10006
OFDI_ING	对非 OECD 国家投资（百万美元）	27	57783	83637
IFDI_M	制造业 FDI 流入（百万美元）	18	39217.9	9238.17
IFDI_NM	非制造业 FDI 流入（百万美元）	18	35041.1	22497.47

由于对于非平稳序列而言，在特定时间段中变量的变化在系统中的影响不会逐渐消逝，可能出现虚假回归问题，因此在进行回归分析前，对各变量时间序列的平稳性进行检验是非常必要的。通过对主要变量 OFDI、IFDI、GNI、EX 及 ER 的单位根检验得出，这些变量在一阶差分之后均在10% 的显著性水平下平稳，即主要变量为一阶单整变量，因此有可能存在协整关系。进一步的协整分析表明，变量之间存在协整关系，可以对其运

用经典的回归模型。

（3）实证检验结果。

第一，总体基础模型检验。表 7 - 5 中回归I的结果显示，中国的总体 FDI 流入对对外投资起到了显著的正向影响，且该变量在 1% 的显著性水平下显著。然而自相关的 DW 统计量为 1.173，偏离 2 较远，可能存在自相关问题。观察回归结果的残差与残差滞后项的散点图，发现结果可能存在正向一阶自相关。在出现自相关时，普通最小二乘估计将失去有效性，通常的 t 检验和 F 检验也不能有效地使用。因此本书进一步尝试采用可行广义最小二乘法（FGLS）的 Prais-Winsten（PW）估计法对自相关问题进行处理，如表 7 - 5 中回归II所示。广义最小二乘法的结果进一步表明中国的吸引外资对对外投资在国家层面上是有显著促进作用的，符合本书假说 7.2。

从控制变量的回归结果来看，人均 GNI 与人均出口这两个变量无论是在 OLS 估计中还是 FGLS 估计中均不显著，表明这两个因素没有对中国的总体对外投资产生关键性的影响。汇率变量 OLS 估计中显著为负，表明人民币升值是促进我国对外投资的一个重要因素。

表 7 - 5 中国吸引外资对对外投资的影响回归结果

回归式	回归 I	回归 II
估计法	OLS	FGLS
ln（IFDI）	2.283 *** (9.160)	1.450 *** (5.843)
ln（GNI）,	- 1.164 * (- 1.765)	0.437 (0.879)
ln（EX）	0.279 (0.723)	- 0.228 (- 0.589)
ER	- 0.509 *** (- 3.773)	- 0.0155 (- 0.310)
常数项	- 6.581 *** (- 4.807)	- 8.621 *** (- 6.110)
调整的 R^2	0.981	0.404
D. W. 值	1.173	1.719
样本数	35	35

注：其中 ***、**、* 分别代表在 1%、5%、10% 的显著性水平下显著。

第二，加入东道国影响因素的结果。在第 3 章对全球层面数据的研究中，我们通过加入 IFDI 与影响因素的交互项，证明了东道国市场规模、人力资本以及经济发展水平均是影响吸引外资对东道国对外投资促进作用大小的关键因素。其中，一国的市场规模越大，越能够吸引溢出效应更多的"市场寻求型 FDI"，并且本国市场有足够的发展空间使本土企业有机会发展壮大而不是被外资"挤出"市场。此外，吸引外资对东道国对外投资促进作用的大小还与东道国对 FDI 的吸收能力密切相关。人力资本是影响对 FDI 吸收能力大小的直接因素，高水平的人力资本更容易把外商直接投资所外溢的技术转化为自身的技术，从而促进其海外市场的拓展。除了人力资本之外，东道国的对外开放政策、基础设施水平、金融市场环境等都可能影响其对流入 FDI 的吸收效果，而这些因素都与东道国的经济发达程度密切相关，因此代表经济发达程度的人均 GNI 也将显著影响吸引外资对东道国对外投资的作用。

为了检验上述变量是否是影响中国吸引外资对对外投资作用机制的重要因素，在这里，我们仍然通过加入交互项的方式依次检验市场规模、人力资本以及经济发达程度这三个变量在中国国家层面的作用。表 7 - 6 中的回归结果表明，用高等教育入学率表示的人力资本变量在 10% 的显著性水平下显著为正，说明人力资本确实影响着中国对流入 FDI 的吸收能力进而影响着中国的对外投资水平，部分证实了假说 7.2。回归 IV 的结果显示，在 IFDI 的样本均值处，高等教育的入学率每提高 10 个百分点，中国对外投资将增加 $0.169 \times 12.49 \times 10\% = 21.1\%$。

表 7 - 6 中国吸引外资对对外投资的影响（加入东道国影响因素）

回归式	回归 I	回归 II	回归 III	回归 IV
估计法	FGLS	FGLS	FGLS	FGLS
ln (IFDI)	0.846 (1.101)	1.451 *** (5.838)	2.279 * (1.757)	2.531 ** (2.074)
ln (GNI)	-0.119 (-0.132)	0.319 (0.534)	2.350 (0.720)	4.285 (1.167)
ln (EX)	-0.0121 (-0.242)	-0.222 (-0.557)	-0.270 (-0.659)	-0.429 (-0.851)

续表

回归式	回归 Ⅰ	回归 Ⅱ	回归 Ⅲ	回归 Ⅳ
ln（IFDI）× ln（GDP）	0.0439 (0.755)			0.0894 (0.955)
ln（IFDI）×HC		0.0575 (0.622)		0.169* (2.041)
ln（IFDI）× ln（GNI）			−0.135 (−0.644)	−0.375 (−1.221)
ER	−0.0121 (−0.242)	−0.0150 (−0.295)	−0.0281 (−0.672)	−0.0440 (−0.920)
常数项	−4.739 (−0.894)	−7.934*** (−3.566)	−20.23 (−1.068)	−31.01 (−1.476)
调整的 R^2	0.377	0.397	0.355	0.330
D. W. 值	1.579	1.707	1.821	1.728
样本数	35	35	35	35

注：其中 *** 、 ** 、 * 分别代表在 1%、5%、10% 的显著性水平下显著。

用 GDP 表示的市场规模因素，虽然在全球层面的检验中表现出能够与流入 FDI 产生交互作用从而促进对外投资的增长，然而在中国国家层面的检验中却不显著。这说明从单个国家来看，当市场规模已经足够大时，这一因素将不再是影响吸引外资能否促进对外投资的关键因素。此外，从回归 Ⅲ 和回归 Ⅳ 的结果来看，流入 FDI 与人均 GNI 的交叉项也不显著。我们认为这一方面是由于该交叉项与 IFDI 及 IFDI 与人力资本的交叉项之间具有较强的共线性，另一个可能的原因是目前中国人均收入水平较低，其经济发达程度没有达到一个特定的门槛，因此无法有效吸收流入 FDI 带来的溢出效应（何洁，2000；潘文卿，2003），从而表现为人均 GNI 没有通过直接影响 IFDI 进而对 OFDI 产生显著影响。

第三，区分 FDI 来源的回归结果。由于来自发达国家的 FDI 和来自发展中国家的 FDI 具有不同的特点，为了检验这两类 FDI 来源对中国对外投资的不同影响，这里将基础模型中的总体 IFDI 拆分为来自 OECD 国家的 IFDI 和来自非 OECD 国家的 IFDI 两个变量。由于数据所限，这一部分的回归年限从 1985~2011 年共 27 年。

表 7-7 的回归 Ⅰ 的结果显示，变量 IFDI_ED 以及 IFDI_ING 均显著为

正，说明无论是来自发达国家还是发展中国家的 IFDI 均对我国对外投资产生了积极的促进作用。由于 OLS 的回归结果 DW 统计量偏离 2 较远，可能存在自相关问题，因此在回归Ⅱ中本书采用 FGLS 估计对该问题进行处理。FGLS 的估计结果进一步表明发达国家和发展中国家的 FDI 流入均显著为正，证实了我们的假说 7.3。

表 7-7　区分发达国家和发展中国家 IFDI 对中国总体对外投资的影响

回归式	回归 I	回归 Ⅱ
估计法	OLS	FGLS
ln（IFDI_ED）	0. 448 ** (2. 412)	0. 213 ** (2. 232)
ln（IFDI_ING）	0. 765 *** (2. 844)	0. 658 *** (4. 677)
ln（GNI）	-0. 120 (-0. 245)	0. 674 (1. 650)
ln（EX）	0. 245 (0. 675)	0. 0344 (0. 129)
ER	-0. 224 ** (-2. 253)	-0. 0338 (-0. 655)
常数项	-2. 074 (-1. 148)	-4. 141 ** (-2. 479)
调整的 R^2	0. 969	0. 894
D. W. 值	0. 650	1. 299
样本数	27	27

注：其中 ***、**、* 分别代表在 1%、5%、10% 的显著性水平下显著。

下面本书进一步将被解释变量替换为中国对发达国家的 OFDI 和中国对发展中国家的 OFDI，以检验假说 7.4 和假说 7.5。在表 7-8 的回归I和回归Ⅱ中，以中国对发展中国家的投资作为被解释变量，结果表明无论是来自发达国家还是发展中国家的 IFDI 均对中国对发展中国家的 OFDI 产生了显著的正向影响，证实了假说 7.5。并且相对来看，来自发展中国家的 IFDI 系数的大小及显著性均高于来自发达国家的 IFDI。这说明在对发展中国家对外投资的促进作用上，同样来自发展中国家的 FDI 起到了更加显著的影响。

在表 7-8 的回归Ⅲ和回归Ⅳ中，显示了以中国对发达国家的 OFDI 为被解释变量的回归结果，从中可以看出只有来自发达国家的 IFDI 产生了显著的影响，支持了假说 7.6。这说明吸引来自发达国家的相对高端的 FDI 将更有利于中国对发达国家的对外投资。

表7-8　　　　　发达国家和发展中国家 IFDI 对中国对外投资的影响

回归式	回归Ⅰ	回归Ⅱ	回归Ⅲ	回归Ⅳ
被解释变量	ln（OFDI_ING）	ln（OFDI_ING）	ln（OFDI_ED）	ln（OFDI_ED）
估计法	OLS	FGLS	OLS	FGLS
ln（IFDI_ED）	0.459 ** （2.385）	0.198 * （1.913）	1.055 ** （2.281）	1.009 ** （2.283）
ln（IFDI_ING）	0.711 ** （2.552）	0.609 *** （4.035）	0.696 （1.039）	0.517 （0.882）
ln（GNI）	-0.111 （-0.218）	0.534 （1.219）	-2.486 * （-2.035）	-1.721 （-1.248）
ln（EX）	0.275 （0.732）	0.234 （0.808）	1.829 * （2.024）	1.414 （1.405）
ER	-0.216 ** （-2.102）	-0.0511 （-0.912）	-0.576 ** （-2.332）	-0.420 * （-1.784）
常数项	-1.876	-3.424 *	-0.379	-2.035
	（-1.002）	（-1.934）	（-0.0842）	（-0.394）
调整的 R^2	0.967	0.886	0.910	0.819
D.W. 值	0.635	1.388	1.470	1.933
样本数	27	27	27	27

注：其中 ***、**、* 分别代表在 1%、5%、10% 的显著性水平下显著。

　　第四，区分来源行业的回归结果。为了检验区分 FDI 来源行业的影响，在这里需要将基础模型中的 IFDI 拆分为来自制造业的 IFDI 和来自非制造业的 IFDI。其中制造业和非制造业的 FDI 数据均来自中国商务部的统计，从 1997~2014 年共 18 年。由于本土企业消化和吸收 FDI 的溢出需要一定的时间，而中国行业层面的 IFDI 数据只有流量数据，无法像存量数据一样衡量这种累积的吸引外资的影响。为了克服这一数据上的缺陷，在这里我们尝试选取 IFDI 的不同期的滞后项来反应 IFDI 对 OFDI 的累积的滞后的影响。由此，这一部分的回归模型在式（7.2）的基础上设置如下：

$$\ln(\text{OFDI}_t) = \beta_0 + \beta_1 \ln(\text{IFDI\_M}_t)(-n) + \beta_2 \ln(\text{IFDI\_NM}_t)(-n)$$
$$+ \beta_3 \ln(\text{GNI}_t) + \beta_4 \ln(\text{EX}_t) + \beta_5 \text{ER}_t + \varepsilon_t \qquad (7.2)$$

其中，IFDI_M 表示制造业 FDI 流入，IFDI_NM 代表非制造业 FDI 流入，n 表示滞后期数。

从表 7 - 9 的回归结果可以看到，制造业的 FDI 流入在滞后 4 期时显著为正，而非制造业的 FDI 流入在 0 - 5 期滞后期内一直不显著，这一结果在一定程度上支持了假说 7.6，说明制造业的 FDI 对总体 OFDI 有正向影响，并且这一作用具有滞后性。但是由于中国行业层面 FDI 流入数据样本时间段较短，并且只有流量数据，因此这一部分回归还只是初步的尝试，有待于在数据支持的情况下进行进一步的研究。

表 7 - 9　　　来自制造业和非制造业 FDI 对中国总体对外投资的影响

n	0	1	2	3	4	5
ln（IFDI_M）	− 0.136 （− 0.737）	− 0.400 ** （− 2.323）	− 0.352 （− 1.284）	0.0897 （0.265）	0.588 ** （2.454）	0.394 （1.343）
ln（IFDI_NM）	0.193 （0.924）	− 0.0689 （− 0.250）	− 0.171 （− 0.607）	0.177 （0.833）	0.117 （0.912）	0.00446 （0.0285）
ln（GNI）	1.327 *** （4.496）	1.567 *** （5.421）	1.884 *** （3.662）	1.299 ** （2.358）	1.510 *** （3.932）	1.721 *** （3.682）
ln（EX）	− 0.109 （− 0.763）	− 0.168 （− 1.009）	− 0.317 （− 1.051）	− 0.107 （− 0.340）	− 0.274 （− 1.468）	− 0.203 （− 0.905）
ER	− 0.324 （− 1.655）	− 0.391 ** （− 2.278）	− 0.342 ** （− 2.664）	− 0.376 ** （− 2.484）	− 0.294 * （− 2.102）	− 0.190 （− 1.023）
常数项	3.896 （0.723）	8.433 * （1.951）	7.085 * （2.169）	2.305 （0.500）	− 3.542 （− 0.919）	− 3.254 （− 0.659）
调整的 R^2	0.996	0.996	0.995	0.994	0.995	0.994
D. W. 值	2.089	2.083	1.679	1.447	2.108	2.253
样本数	18	18	17	16	15	14

注：其中 ***、**、* 分别代表在 1%、5%、10% 的显著性水平下显著。

上述行业层面的回归被解释变量采用的是中国的总体对外投资。由于 FDI 的溢出效应主要产生于行业层面，因此本书认为制造业的 FDI 流入对于制造业的 FDI 流出将存在更加直接的影响。但是由于目前公开资料可获得的行业层面 OFDI 的数据只有 2003 ~ 2015 年这 13 年，尚不足以将制造业 OFDI 数据作为被解释变量进行实证分析。在后文中还将通过行业层面的案例分析对实证研究进行补充。

7.1.3.2 第二层面：广义跨国公司活动对对外投资的影响

通过前文对于日本和韩国的分析我们已经得知，在两国的开放发展历程中，技术引进这一跨国公司活动形式均起到了重要的作用。由此，在对于日韩两国的研究中我们已经将 IDP 模型中的 FDI 流入拓展为加入技术引进这一形式的广义跨国公司活动。为了与日韩两国进行对比，在对中国的实证研究中我们也将沿用前文的模型，对于中国技术引进对对外投资的作用进行检验。

（1）理论假设。根据前文的分析我们已经得知，技术引进作为与吸引外资平行的一种利用跨国公司活动的方式，也能够促进对外投资的发展。发展中国家对国外技术的引进与模仿可以节约技术进步成本，并通过技术引进及其所造成的外溢效应在短时间内缩小与发达国家的技术差距，实现经济追赶和企业技术水平提升的效果（Teece，1977；Mansfiled et al.，1981；林毅夫和张鹏飞，2005 等）。在近期针对技术引进作用的实证研究中，Hu 等（2005）、朱平芳和李磊（2006）、吴延兵（2008）、刘小鲁（2011）等都发现，技术引进与吸引外资类似，对于国内经济和企业劳动生产率的增长具有正向的促进作用。因此，可以提出以下假设：

假设 7.7：技术引进对我国的对外投资产生了促进作用。

（2）模型设定。沿用第 5 章和第 6 章针对日本和韩国的检验，我们采取式（7.3）来检验吸引外资和技术引进对我国对外投资的作用。其中，OFDI 表示人均对外投资存量，IFDI 表示人均吸引外资存量，TIM 表示人均技术引进存量。

$$\ln \text{OFDI}_t = \beta_0 + \beta_1 \ln \text{IFDI}_{t-1} + \beta_2 \ln \text{TIM}_{t-1} +$$
$$\sum \gamma \times \text{Control} + \varepsilon_t \qquad (7.3)$$

根据第 5 章和第 6 章的模型设置，式（7.3）中还包含三个控制变量：人均国民收入水平（lnGNIpc）、研发投入（lnRD）和汇率（lnEXR）。考虑到吸引外资、技术引进和国内研发投入都需要一定的时间才能发挥作用，因此对 lnIFDI、lnTIM 和 lnRD 采取了滞后 1 期的变量。

（3）样本与变量定义。这一部分将分别采用国家层面的时序数据和省市面板数据进行检验。国家层面的样本数据从 1980～2013 年。省市面板数据涵盖了我国 31 个省市，时间跨度从 2003～2013 年。所有的数据均以美元为单位，并以 2005 年美国 GDP 的平减指数进行处理。这一层次实证检验的主要变量说明、描述性统计和平稳性检验如表 7－10、表 7－11 和表 7－12 所示。

表 7－10　　　　　　　　　　　　　主要变量说明

变量名	变量含义	数据来源
OFDI	人均对外投资存量	联合国贸发会议组织（国家层面） 对外直接投资统计公报（省市层面）
IFDI	人均吸引外资存量	联合国贸发会议组织（国家层面） 中国国家统计局（省市层面）
TIM	人均技术引进存量	中国科技统计年鉴（国家层面） 中国科技统计年鉴（省市层面）
GNIpc	人均国民收入	世界银行（国家层面） 中国国家统计局（省市层面）
RD	研发投入占 GDP 的比重	中国国家统计局（国家层面） 中国科技统计年鉴（省市层面）
EXR	人民币对美元汇率	世界银行

表 7－11　　　　　　　　　　　　　描述性统计

	变量名	观测值	最小值	最大值	平均值	标准差
国家时序数据	lnOFDI	34	0	5.968	2.851	1.739
	lnIFDI	34	1.184	6.411	4.224	1.577
	lnTIM	34	2.128	5.715	4.169	1.163
	lnGNIpc	32	5.506	8.180	6.836	0.810
	lnRD	34	0.006	0.020	0.011	0.004
	lnEXR	34	0.916	2.264	1.840	0.448
省市面板数据[a]	lnOFDI	310	0.050	6.458	2.596	1.540
	lnIFDI	341	4.070	9.702	6.626	1.274
	lnTIM	341	0	8.204	4.400	1.646
	lnGNIpc	341	4.169	10.786	7.955	1.220
	lnRD	341	0	0.095	0.014	0.015
	lnEXR	341	1.973	2.228	2.107	0.095

　　附注：a 省市面板数据下，IFDI 采用分地区外商投资企业年底投资总额除以地区人口，RD 采用各地区研究与开发机构 R&D 经费内部支出占 GDP 的比重。

表7-12   **单位根检验**

变量	检验形式（c, t, p）	ADF统计量	5%临界值	是否平稳
lnOFDI	(c, t, 1)	−2.022	−3.572	不平稳
lnIFDI	(c, t, 1)	−2.038	−3.572	不平稳
lnTIM	(c, t, 1)	−2.225	−3.572	不平稳
lnGNIpc	(c, t, 1)	−3.407	−3.580	不平稳
lnRD	(c, t, 0)	−1.922	−3.592	不平稳
lnEXR	(c, 0, 0)	−2.631	−2.975	不平稳
D（lnOFDI）	(c, t, 0)	−3.659**	−3.572	平稳
D（lnIFDI）	(c, t, 0)	−3.589**	−3.572	平稳
D（lnTIM）	(c, t, 0)	−3.613**	−3.572	平稳
D（lnGNIpc）	(c, t, 1)	−4.312***	−3.584	平稳
D（lnRD）	(c, t, 0)	−4.026***	−3.568	平稳
D（lnEXR）	(c, 0, 0)	−4.327***	−2.978	平稳

注：c，t，p分别代表ADF检验方程中包含的常数项、时间趋势和滞后期，最优滞后阶数由AIC准则确定，D表示变量经过一阶差分处理，**、***分别表示5%、1%的显著性水平。

（4）检验结果。

第一，国家时序数据的检验。表7-13显示了对式（7.3）的检验结果。由于主要变量均为1阶单整过程，如表7-14所示，且经过Johansen检验显示存在协整关系，故可以排除存在伪回归的可能，认为这些变量之间具有长期均衡关系，可以采用回归分析的方法。为了避免自相关导致的参数估计量非有效等问题，这部分采取了可行广义最小二乘法（FGLS）的Prais-Winsten（PW）估计方法进行检验。

表7-13   **对跨国公司活动与我国对外投资关系的检验结果（FGLS估计）**

回归式	(1)	(2)	(3)	(4)
lnIFDI	0.662* (2.002)		0.725* (2.007)	
lnTIM		−0.059 (−0.181)	−0.363 (−1.043)	
lnMNC[a]				0.270 (0.734)

续表

回归式	（1）	（2）	（3）	（4）
lnGNIpc	0.770 (1.456)	2.030 *** (4.432)	1.226 ** (2.058)	1.563 ** (2.765)
lnRD	73.336 ** (2.243)	16.687 (0.536)	39.965 (1.234)	26.680 (0.839)
lnEXR	− 0.315 (− 0.742)	0.194 (0.611)	− 0.360 (− 0.803)	− 0.018 (− 0.045)
常数项	− 5.200 * (− 1.978)	− 11.157 *** (− 6.142)	− 6.655 ** (− 2.347)	− 9.231 *** (− 3.946)
调整的 R^2	0.927	0.888	0.926	0.893
F 统计量	99.27	62.64	78.70	65.42
样本数	32	32	32	32

附注：a 参考巴克利和卡森（1976）和邓宁（1979）等文献，将吸引外资和技术引进合在一起设定反映跨国公司活动的变量 lnMNC。

注：表中 *** 、 ** 、 * 分别代表在 1%、5%、10% 的显著性水平下显著。

从表 7 – 13 的结果来看，第（1）列的回归结果显示，lnIFDI 的系数在 10% 的显著性水平下显著，与前文结果一致，说明吸引外资对我国的对外投资产生了促进作用。而第（2）列的结果却显示，lnTIM 的系数不显著，由此说明技术引进并不是推动我国对外投资的重要因素。在第（3）列中，lnIFDI 和 lnTIM 被同时放入方程，仍然是 lnIFDI 显著而 lnTIM 不显著，与单独考虑两个解释变量时的结果相一致。由于跨国公司活动包括股权和非股权活动（Buckley & Casson，1976；Dunning，1979），因此在第（4）列中将吸引外资和技术引进合在一起作为一个总体变量——跨国公司活动（lnMNC）引入方程，同时这样做也有利于避免 lnIFDI 和 lnTIM 同时放入方程可能引发的多重共线性问题。从结果来看，该变量并不显著。

以上结果进一步说明，跨国公司仅通过直接投资的方式促进了我国的对外投资。从前文已知，我国改革开放以来在吸引外资方面取得了巨大的成就，这些外资进入后带动了我国的经济发展和产业升级，并在此过程中通过示范、竞争以及上下游关联活动促进了我国本土企业的能力提升，从而带动了我国对外投资的发展。相比之下，我国的技术引进金额却显得微不足道，而且长期以来我国企业对引进技术的吸收利用程度也不高，从而导致技术引进未能发挥显著作用（陈颖，2012）。

此外，控制变量的结果也基本上与前期研究文献相一致。lnGNIpc 在 5% 的水平上正显著，说明我国的对外投资确实是伴随着经济的发展而提升的，与 IDP 理论的阐述以及我们前文的检验相符。同时，lnRD 虽然为正却并不显著，说明国内的研发投入尚未对我国的对外投资产生显著的促进作用。

第二，省市面板数据的检验。表 7－14 显示了采用省市面板数据对假设 7.7 进行检验的结果。考虑到不同省市的异质性特征，可能存在不可观测的因素对 lnOFDI 产生影响，因此采用固定效应（FE）来进行估计。而且，如表 7－14 所示，Hausman 检验的结果强烈拒绝原假设"固定效应与随机效应（RE）无差异"，也说明应选择 FE 模型。

表 7－14　　　　对跨国公司活动与我国省市对外投资关系的检验结果（FE 模型）

回归式	（1）	（2）	（3）	（4）
lnIFDI	1.659 *** (7.540)		1.082 *** (2.948)	
lnTIM		3.137 *** (3.473)	2.142 ** (2.237)	
lnMNC				1.885 *** (6.912)
lnGNIpc	0.371 *** (3.327)	0.253 (1.135)	0.194 (1.253)	0.352 *** (3.360)
lnRD	10.285 (0.662)	8.694 (0.637)	4.969 (0.406)	8.813 (0.575)
lnEXR	0.268 * (1.837)	− 0.010 (− 0.111)	0.141 (1.411)	0.259 * (1.807)
常数项	− 11.414 *** (− 6.664)	− 13.579 *** (− 5.264)	− 15.733 *** (− 10.486)	− 13.006 *** (− 6.466)
Hausman 检验	$\chi^2 = 73.00$ $Pr > \chi^2 = 0.000$	$\chi^2 = 158.49$ $Pr > \chi^2 = 0.000$	$\chi^2 = 76.16$ $Pr > \chi^2 = 0.000$	$\chi^2 = 97.49$ $Pr > \chi^2 = 0.000$
组内 R^2	0.586	0.598	0.684	0.599
样本数	310	310	310	310
省市数	31	31	31	31

注：其中 ***、**、* 分别代表在 1%、5%、10% 的显著性水平下显著。

根据表 7 - 14 的结果，各省市的吸引外资和技术引进都对其对外投资产生了显著的促进作用，从而假设 7.7 得到证实。第（1）列显示了仅考查吸引外资作用的结果，lnIFDI 的回归系数为正且在 1% 的水平下显著，表明跨国公司投资进入各省市后通过集聚效应、竞争效应和关联效应等途径带动了省内本土企业提升能力并将之运用到对外投资活动中。第（2）列显示了仅考查技术引进作用的结果，lnTIM 的回归系数为正并且也通过了 1% 显著性水平的检验，说明技术引进也有助于促进省市的对外投资。这一结果与前面采用国家时序数据的结果有所不同，主要是因为省市面板数据的样本期间是从 2003～2013 年，我国已经进入"自主创新"阶段，对技术引进的重视程度不断提升。特别是在技术基础良好的沿海省份，加大了技术引进的规模和吸收力度，成为这一时期技术引进的主力军，显著带动了本土企业能力的提升。第（3）列同时考查了吸引外资和技术引进的作用，可以看到 lnIFDI 与 lnTIM 的系数仍为正值且分别在 1% 和 5% 的水平下显著，进一步表明跨国公司通过直接投资和技术输出活动都在省市层面促进了本土企业的能力提升和对外投资。第（4）列显示了将两种跨国公司活动总体考虑的结果，同样得到了正显著的结果，再次印证了跨国公司活动对对外投资的促进作用。

从控制变量的结果来看，回归系数的符号基本符合预期，但是显著性不高。lnGDPpc 和 lnRD 的系数为正，但是多数情况下并不显著，表明省市的经济发展程度和研发水平有助于推动地区内企业的对外投资但是作用并不显著。不过，lnEXR 的结果并不稳定，说明汇率并不是对外投资的重要影响因素，与前面国家时序数据的结果一致。

7.1.3.3　第三层面：政府开放政策的作用机制

通过前文的实证研究我们初步判定跨国公司活动确实促进了我国的对外投资。与前文中对日本和韩国的研究相对应，下面我们重点来考查政府在其中的作用机制，专门针对政府的开放政策展开研究。

（1）理论假设。政府的开放政策能够对一国的 IDP 产生影响。

第一，开放程度的提升能够直接促进对外投资活动。不少学者都指出随着国家经济开放程度的提高，政府对资本管制的程度通常有所降低，从而有利于国内企业开展对外投资活动（Scaperlanda & Balough，1983；Kyrkilis & Pantelidis，2003）。一些研究则认为一国开放程度的提高将使国内企业更大程度地暴露于国际市场，从而能够了解更多的国际市场信息和规则，有利于在开展对外投资的过程中克服语言、文化、法律等方面的差异（Goh，2011）。由此，我们提出以下假设：

假设 7.8：开放程度的提高有助于提升促进我国的对外投资活动。

第二，开放政策直接影响着一国 FDI 流入和作用的效果。过去半个多世纪以来，发展中国家的经验表明采取积极的开放政策融入全球经济，要比自给自足的发展方式更为有效。开放竞争的经济环境能够促使更多外资进入，从而推动国内经济的发展（La Porta et al.，1997；Kowalewskia & Radło，2014）。不仅有助于提升外资流入的数量，开放环境的提升还能够促进外资对国内经济的作用效果，例如，良好的开放环境更有利于外资企业与本土企业之间的竞争，从而推动本土企业所有权优势的提升（Narula，1996）。

更进一步，不少研究都指出东道国的开放程度会对 FDI 溢出效应产生影响。芬德利（Findlay，1978）认为随着外资进入比重的增大，当地企业与其接触的机会就越多，从而示范和模仿效应就越容易发生。巴瓦蒂（Bhawatti，1973）考察了贸易开放程度对 FDI 溢出效应的影响，并发现出口导向政策下的 FDI 溢出效应要大于进口替代政策下的溢出效应。邹志新和赵奇伟（2008）进一步提出了开放程度影响 FDI 溢出效应的两条机制。第一，东道国开放程度的提高有利于当地企业从全球范围内获得人才和技术资源，提高吸收能力并缩小与外资企业的差距，以更大程度地获取溢出效应。第二，对外开放程度的提高使得当地企业面临更为广阔的全球市场，从而当地企业在不断扩大生产的过程中能够获取规模经济，降低生产成本，在激烈的市场竞争中占据更为有利的位置。综上所述，我们提出以下假设：

假设 7.9：开放程度的提高有助于提升吸引外资和技术引进对我国对外投资的促进作用。

（2）模型设定。在模型 7 - 3 的基础上，此处引入反映开放政策的变量（OPEN）。正如假设 7.8 和假设 7.9 所提出的，政府对 IDP 的影响不仅体现为直接推动对外投资活动，还能够提升跨国公司活动对对外投资的促进作用。因此，政府变量在本部分将同时以解释变量和调节变量的方式引入方程，如式（7.4）所示：

$$\ln OFDI_t = \beta_0 + \beta_1 \ln IFDI_{t-1} + \beta_2 \ln IFDI_{t-1} \times \ln OPEN + \beta_3 \ln TIM_{t-1}$$
$$+ \beta_4 \ln TIM_{t-1} \times \ln OPEN + \beta_5 \ln OPEN$$
$$+ \sum \gamma \times Control_t + \varepsilon_t \qquad (7.4)$$

（3）样本与变量定义。这一部分仍分别采用国家层面的时序数据和省市面板数据进行检验。除了新增变量 OPEN，主要解释变量和控制变量的定义和数据来源均与第二层面相同。

在国家时序样本下，OPEN 采用两个时间虚拟变量来表示。如前所述，我国在改革开放的过程中经历了两次显著的扩大开放，第一次以邓小平的南方讲话为标志，第二次则以加入 WTO 为标志。根据这一开放背景，此处分别设置了两个虚拟变量：OPEN1 反映 1992 年开放政策的变化，在 1992 年以前取 0，1992 年（含）以后取 1；OPEN2 反映加入 WTO 年前后开放政策的变化，在 2002 年以前取 0，2002 年（含）以后取 1。

在省市面板样本下，OPEN 采用一个区域虚拟变量来表示。由于我国在实施改革开放的过程中率先开放了东部沿海地区，导致长期以来东部沿海省市的开放程度明显高于中西部地区。因此，此处设定虚拟变量 OPEN，当该省市位于东部沿海地区时取值为 1，否则取值为 0。

（4）检验结果。

第一，国家时序数据的检验结果。表 7-15 显示了对我国两次扩大开放作用的检验结果。为了避免自相关导致的参数估计量非有效等问题，此处仍采用 FGLS 估计方法进行检验。与表 7-13 相比，表 7-15 中结果的拟合优度和 F 统计量都明显提升，说明政府的这两次扩大开放确实对我国的 IDP 产生了显著的影响。

表 7-15　　　　　　对开放政策的检验结果（FGLS 估计）

回归式	(1)	(2)	(3)	(4)
lnIFDI	−0.051 (−0.190)		0.289 (0.433)	

续表

回归式	(1)	(2)	(3)	(4)
lnIFDI × OPEN1	−0.665 *** (−6.137)		−0.081 (−0.201)	
lnIFDI × OPEN2	1.494 *** (4.795)		0.425 (0.447)	
lnTIM		0.233 (0.973)	−0.078 (−0.205)	
lnTIM × OPEN1		−0.948 *** (−5.491)	−0.956 (−1.636)	
lnTIM × OPEN2		1.354 (1.570)	−0.099 (−0.064)	
lnMNC				0.132 (0.705)
lnMNC × OPEN1				−0.789 *** (−7.038)
lnMNC × OPEN2				1.534 *** (5.246)
OPEN1	2.688 *** (6.499)	3.762 *** (5.866)	4.044 *** (4.604)	3.717 *** (7.262)
OPEN2	−8.051 *** (−5.138)	−7.054 (−1.689)	−2.014 (−0.358)	−9.164 *** (−5.708)
lnGNIpc	2.424 *** (6.240)	2.313 *** (3.883)	2.586 ** (2.769)	2.268 *** (7.214)
lnRD	−45.598 (−1.412)	−0.796 (−0.029)	11.240 (0.242)	−28.512 (−1.105)
lnEXR	0.431 (1.038)	−0.089 (−0.288)	−0.477 (−0.665)	0.121 (0.422)
常数项	−13.294 *** (−6.902)	−13.064 *** (−4.651)	−14.028 *** (−2.890)	−12.631 *** (−9.133)
调整的 R^2	0.994	0.994	0.995	0.996
F 统计量	674.91	630.44	553.31	767.27
样本数	32	32	32	32

注：其中 ***、**、* 分别代表在 1%、5%、10% 的显著性水平下显著。

首先，来看 1992 年扩大开放的影响。根据表 7 − 15 的结果，OPEN1 的回归系数为正且均达到 1% 的显著性水平，证实了此次扩大开放确实有助于直接促进我国的对外投资活动。同时，作为调节变量，OPEN1 所涉及的交乘项均为负值且显著性水平达到 1%，由此说明此次扩大开放不仅没有提升跨国公司活动对我国对外投资的作用，反而还产生了一定的负面影响。上述结果表明，假设 7.8 得到证实，而假设 7.9 未得到证实。

一方面，1992 年的扩大开放增强了国内企业对国际市场的了解，同时在一定程度上放松了对国内企业对外投资的管制，因此促进了对外投资的增长。此次扩大开放后，我国迅速成长起海尔、TCL、格兰仕等一批本土企业，通过出口等途径融入国际市场并在此过程中了解到丰富的国际市场信息和知识，有效支撑了其后来的对外投资活动。同时，在此次扩大开放的过程中政府也放松了对国内企业对外投资的管制。1992 年中共十四大提出了扩大对外投资和跨国经营的指导思想，于是许多部门、地区和企业都把发展跨国经营提高到进一步扩大改革开放、促进经济发展的战略高度来考虑，促使我国对外投资出现了一个小高潮（刘阳春，2008）。

另一方面，1992 年扩大开放以后，跨国公司活动较之前体现出更明显的挤出效应。该结果与国内一些前期的研究结果相类似（刘金钵和任荣明，2003；王韧等，2004），前期研究对于这一阶段 FDI 挤出效应的解释主要包括以下四个方面：一是 FDI 的结构性失衡，即外资企业过度集中于东部地区、劳动密集型行业，严重抢夺了这些地区和领域本土企业的要素资源和市场空间；二是 FDI 的超国民待遇，即外资企业在税收、要素、交易成本等方面的超常待遇使本土企业在竞争中处于严重的不利地位；三是对 FDI 的过度偏好，即地方政府对外商投资的过度偏好导致大量低效的外资流入，从而也无从在国内产生促进作用（王韧和曾国平，2004）；四是本土企业吸收能力的局限性，到 2000 年我国高等教育的入学率仅有 7.8%，国内人力资本的低水平也抑制了 FDI 溢出效应的产生（赖明勇等，2002）。与此同时，我国这一阶段技术引进主要是伴随着外资企业的进入而增长的，即外资企业是这一时期技术引进的主体（李海静，2008），因此也呈现出与吸引外资类似的结果。

其次，来看我国加入 WTO 以后扩大开放的影响。从表 7-15 可以看出，OPEN2 的系数为负，且在第（1）列和第（4）列中的显著性水平达到 1%，说明此次扩大开放未能直接促进对外投资，反而具有一定的负面影响。同时，作为调节变量，OPEN2 所涉及的交乘项均为正值，且在第

（1）列和第（4）列中达到 1% 的显著性水平，在一定程度上证实了此次扩大开放有助于提升跨国公司活动对我国对外投资的作用。所以就此次开放而言，假设 7.8 未得到证实，而假设 7.9 得到证实。

一方面，加入 WTO 促使我国的出口大幅增加并对我国的对外投资产生了一定的替代效应，从而显示出与对外投资的负面影响。从 2002 年一直到 2007 年，我国的对外出口实现了年均增长率超过 20% 的高速增长。由于我国的出口产品大多为产成品，因此与对外投资存在替代关系（Blonigen，2001；Kokko，2006）。所以，加入 WTO 虽然有助于我国企业融入国际市场，但是却更多地以出口方式，而非直接投资的方式。

另一方面，中国加入 WTO 以后吸引外资和技术引进都出现明显的升级，而且本土企业的吸收能力也显著增强，从而提升了跨国公司活动对我国对外投资的促进作用。加入 WTO 使我国与世界的联系更为紧密，市场优势也进一步显现，促使众多跨国公司提升了在中国的业务功能。例如，通用、克莱斯勒、福特等跨国公司纷纷将亚太区总部迁往中国，在此开展市场调配、研发设计、营销策划等更加丰富的经营活动；还有不少高科技跨国公司，如微软、Intel、甲骨文等都在中国壮大了研发业务，开展更高水平的技术开发活动。同时，我国本土企业也已经积累起一定的技术能力，能够近距离地学习和吸收跨国公司的先进技术和技能，并在与跨国公司的竞争中进一步成长。而且，这些本土企业还有能力吸收更多先进人才的进入，特别是一些曾有过外资企业工作经验的高级人才，从而享受到人员流动的溢出效应。另外，我国这一时期也加大了对技术引进的吸收力度，更多本土企业开始积极在国际上组建技术联盟，在此过程中获得了跨国公司对先进技术的许可并将之转化为自身的对外投资能力。

第二，省市面板数据的检验结果。表 7-16 显示了采用省市面板数据对假设 7.8 和 7.9 进行检验的结果。由于此处对区域开放政策采用地区虚拟变量进行测度，而 FE 模型控制了省份之间的差异后无法检验该变量对对外投资的直接作用，因此采用混合最小二乘估计（POLS）来考查假设 7.8 是否成立。而对假设 7.9 的检验仍以 FE 模型的回归结果为准。

首先，根据 POLS 模型的回归结果，省市开放程度对其对外投资产生了直接的促进作用，故假设 7.8 成立。从表中第（5）列至第（8）列的结果来看，OPEN 的参数估计量为正值，且在多数情况下达到 5% 的显著性水平。由此验证了开放时间更长、程度更高的东部沿海省份通常自由化程度更高，其企业也确实在长期的开放过程中积累了更丰富的国际市场知识，因而能够开展更大规模的对外投资。

其次，根据 FE 模型的估计结果，地区开放政策的差异并未对吸引外资的作用产生显著影响，却对技术引进的效果产生了明显的影响，因此假设 7.9 仅部分得到验证。从表 7.16 第（1）列和第（3）列的结果来看，lnIFDI 与 OPEN 的交乘项均不显著。这主要是因为我国在 2000 年就提出了西部大开发战略，所以在样本期间我国沿海和内陆地区对 FDI 的开放程度已相差无几。特别是《中西部地区外商投资优势产业目录》的颁布，在削减沿海地区 FDI 超国民待遇的同时却加大了对中西部地区的开放程度，导致跨国公司开始调整在沿海地区的投资并大量转移到内陆地区。因此，这一时期 FDI 在沿海和内陆省市都发挥了明显的作用，区域之间并不存在明显的差异。

从表 7 - 16 第（2）列和第（3）列的结果则可以看到，lnTIM 与 OPEN 的交乘项均为正值且显著性水平分别达到 5% 和 1%，说明在开放时间更长、程度更深的沿海地区技术引进发挥了更加明显的效果。相比于内陆地区，沿海地区在长期的开放过程中已经培养起一批具有国际竞争力的企业，这些企业具有足够的资金实力从海外引入先进技术并投入到技术的消化活动中，而且已经积累了一定的技术实力能够顺利地吸收引进技术。因此，沿海省市在样本期间已经成为我国技术引进的主力，其企业凭借较强的吸收能力将从海外引进的技术转化为自身的生产力，并将之运用到对外投资的过程中。可见，开放程度的差异影响了当地企业引进和吸收海外技术的能力，从而对技术引进的效果构成影响。

表 7 - 16　　　　　　　　　　对省市开放政策的检验结果

变　量	FE				POLS			
	(1)	(2)	(3)	(4)	(5)	(6)	(7)	(8)
ln(IFDI)	1.687 *** (7.311)		1.424 *** (2.981)		0.641 *** (4.865)		0.590 *** (4.027)	
ln(IFDI) × OPEN	-0.082 (-0.125)		-0.810 (-1.406)		-0.295 * (-1.833)		-0.461 * (-1.880)	

续表

回归式	FE				POLS			
	(1)	(2)	(3)	(4)	(5)	(6)	(7)	(8)
ln(TIM)		2.823 *** (3.283)	1.518 * (1.762)			0.259 *** (2.861)	0.087 (0.882)	
ln(TIM) × OPEN		1.959 ** (2.629)	3.089 *** (2.843)			− 0.016 (− 0.135)	0.111 (0.625)	
ln(MNC)				1.969 *** (8.179)				0.618 *** (4.750)
ln(MNC) × OPEN				− 0.228 (− 0.315)				− 0.270 * (− 1.709)
OPEN	—	—	—	—	2.234 ** (2.112)	0.719 (1.343)	2.853 ** (2.435)	2.130 ** (2.018)
ln(GDPpc)	0.369 *** (3.056)	0.189 (0.863)	0.078 (0.445)	0.347 *** (2.979)	0.328 *** (5.200)	0.367 *** (5.773)	0.312 *** (4.882)	0.325 *** (5.117)
ln(RD)	10.916 (0.573)	− 3.019 (− 0.256)	− 7.199 (− 0.603)	10.414 (0.546)	21.559 *** (3.713)	23.745 *** (4.091)	20.525 *** (3.515)	21.302 *** (3.665)
ln(EXR)	0.264 * (1.802)	0.001 (0.010)	0.131 (1.402)	0.250 * (1.734)	0.179 (0.838)	0.112 (0.511)	0.157 (0.735)	0.168 (0.785)
常数项	− 11.318 *** (− 5.193)	− 16.224 *** (− 6.803)	− 18.857 *** (− 12.405)	− 12.779 *** (− 5.352)	− 4.459 *** (− 5.596)	− 2.015 *** (− 3.655)	− 4.355 *** (− 5.443)	− 4.389 *** (− 5.453)
Hausman 检验	$\chi^2 = 98.3$, $Pr > \chi^2 = 0.000$	$\chi^2 = 200.7$ $Pr > \chi^2 = 0.000$	$\chi^2 = 143.7$ $Pr > \chi^2 = 0.000$	$\chi^2 = 122.9$ $Pr > \chi^2 = 0.000$	—	—	—	—
组内 R^2	0.586	0.623	0.725	0.600	0.489	0.465	0.490	0.488
样本数	310	310	310	310	310	310	310	310
省市数	31	31	31	31	31	31	31	31

注：其中 *** 、 ** 、 * 分别代表在 1%、5%、10% 的显著性水平下显著。

7.1.3.4 第四层面：跨国公司活动对对外投资的间接作用机制

前文我们主要考察了吸引外资对对外投资的直接影响，其结果证实以吸引外资这一形式为代表的跨国公司活动确实促进了我国的对外投资。然而，跨国公司活动对对外投资的作用往往不是直接的，而需要通过溢出效应等途径提升本土企业的所有权优势并进而推动本土企业开展对外投资活动。因此，本部分将在原有模型的基础上进行进一步的拓展，针对跨国公司活动对我国对外投资的间接机制进行检验。

（1）理论假设。这一部分主要基于 FDI 溢出效应的理论，检验跨国公司活动对我国对外投资的间接作用机制。在文献综述中已经提到，布罗斯多姆和科科（Blomstrom & Kokko，1998）将 FDI 溢出效应分为两类：劳动生产率溢出和出口溢出。类似地，技术引进也能够促进我国企业的劳动生产率和出口能力。因此，下面将基于这两条机制提出假设。

间接机制 1：劳动生产率溢出效应。

如前所述，国内、外学者对我国劳动生产率溢出效应已经展开了丰富的研究。这些研究普遍认为，FDI 进入我国后带来了先进的技术和管理经验，使得本土企业得以近距离学习并与外资企业展开竞争，从而获得劳动生产率的提升（Liu，2001；Li et al.，2001；Buckley et al.，2002；Buckley et al.，2007）。国内学者对 FDI 溢出效应的研究始于 20 世纪 90 年代末，秦晓钟和胡志宝（1998）最早利用我国 1995 年第三次工业普查中 39 个工业行业的截面数据进行了检验，结果发现 FDI 对内资企业具有显著的劳动生产率溢出效应。陈涛涛（2003）采用我国制造业 84 个细分行业的截面数据，也发现 FDI 促进了我国企业的劳动生产率；并且当内、外资企业的能力差距较小时，溢出效应更容易产生。此外，潘文卿（2003）、谢建国（2006）、夏恩君等（2011）采用省市面板数据，王志鹏和李子奈（2003）、夏业良和程磊（2010）利用工业行业的企业数据，也都得到 FDI 在我国产生劳动生产率溢出效应的结论。

类似地，技术引进也能够促进我国企业的劳动生产率。胡等（2005）、朱平芳和李磊（2006）、吴延兵（2008）等研究均发现从海外技术引进对我国企业的劳动生产率具有促进作用。朱平芳和李磊（2006）还提出技术引进的溢出效应，即本土企业在利用引进技术提高自身的劳动生产率之后，再通过示范和竞争效应扩散到其他国内企业。于是，提出以下假设：

假设 7.10：吸引外资和技术引进能够促进我国本土企业的劳动生产率。

与此同时，劳动生产率也对企业的对外投资起到决定作用。劳动生产率综合反映了企业的生产技术水平、经营管理水平和职工技能水平，常常作为衡量企业所有权优势的指标之一（Dunning，1980）。近年来，Melitz

和 Yeaple（2004）基于企业异质性假设所构建的垄断竞争理论模型表明，生产率最高的企业会选择对外直接投资，生产率次高的企业会选择出口贸易，而最差的企业则会选择国内生产。我国学者近年所开展的实证研究大都表明，劳动生产率高的企业会更加积极地开展对外投资活动。例如，田巍和余淼杰（2012）采用浙江省制造业的企业数据，发现生产率越高的企业对外直接投资的概率和金额越大；葛顺奇和罗伟（2013）采用我国工业企业数据，也得到劳动生产率促进企业对外投资的结论。此后，戴翔（2014）、宫旭红和蒋殿春（2015）、袁东等（2015）也都得到了类似的结果。

假设 7.11：本土企业劳动生产率的提升促进了我国的对外投资活动。

间接机制 2：出口溢出效应。

21 世纪以来，国内、外学者对我国出口溢出效应的研究也不断增多。研究表明跨国公司进入我国后，向本土企业展示了海外运营的经验和海外销售的技能，带来了海外市场的信息，并逐渐与本土企业展开竞争，从而通过示范效应、信息扩散和竞争效应等途径促进了本土企业的出口能力（Buckley et al.，2002；Buck et al.，2007；Wang et al.，2007）。近年来国内对 FDI 出口溢出效应的研究也都基本上得到了正面的结论。师求恩（2006）采用 2002～2004 年二位码行业的面板数据进行了实证研究，发现外商投资企业通过出口示范和竞争效应提高了我国内资企业的出口倾向。柴敏（2006）以 1997～2003 年的省际面板数据证实，外资企业的出口行为会产生信息外溢，进而提高本土企业的出口绩效。此后，赵伟和陈文芝（2008）、杨梦泓和刘振兴（2011）、赵婷和赵伟（2012）、秦晓丽 等（2013）也都分别采用行业和企业层面的数据，证实了 FDI 对我国企业产生了出口溢出效应。

类似地，技术引进也会促进本土企业的出口。通过对引进技术的学习和吸收，本土企业能够生产出更符合国际市场需求的产品，从而提升出口能力。特别是在外包活动中，本土企业常常能够获得跨国公司的技术许可和咨询以提升产品质量，而后将大量的产品销售给跨国公司并形成出口。因此，可以提出以下假设：

假设 7.12：吸引外资和技术引进能够促进我国本土企业的出口能力。

此外，出口和对外投资也存在着密切的联系。邓宁等（2001）指出随着国家经济的发展，其外贸水平与投资地位存在相关关系，因为出口过程中所积累的知识将有利于所有权优势的提升并推动对外投资。不过，不少针对我国本土企业出口规模与对外投资关系的研究基本都表明，我国的出口与对外投资呈现替代关系（邱立成和王凤丽，2008；田巍和余淼杰，2012），这主要是因为我国不少企业都是由于面临出口贸易壁垒而进入海外开展投资活动的（刘阳春，2008），例如，21 世纪初欧盟和美国对中国电视机产品的贸易制裁，就驱使康佳、长虹和 TCL 等企业迈出了对外投资的步伐。鉴于我国的实际情况，提出以下假设：

假设 7.13：本土企业出口受阻驱使我国对外投资增长。

跨国公司活动对我国对外投资的直接作用机制。

当然，跨国公司活动也可能直接促进本土企业的对外投资。相当一部分研究发现，跨国公司在与本土企业建立合资企业或战略联盟的过程中，带动了本土企业的对外投资活动。托马斯等（Thomas et al.，2007）奎尔沃·卡苏拉（Cuervo-Cazurra，2011）等研究都指出本土企业通过与跨国公司组建战略联盟，能够助其获取国际投资和经营的有关知识，并更好地了解国际市场，从而更加倾向于开展国际化经营。拉德梅克和马丁（Rade-maker & Martin，2012）采用中国的数据研究发现，跨国公司的合资联盟能够促使本土企业更好地了解海外市场，尤其是合作方母国的市场；而且，本土企业与跨国公司在国内的成功合作经验会促使双方继续采用此模式进入跨国公司的母国。从而，提出以下假设：

假设 7.14：吸引外资和技术引进对我国的对外投资具有直接的促进作用。

（2）模型设定。为了验证前述跨国公司活动对我国对外投资的间接作用机制，本部分引入中介效应的检验方法（Baron & Kenny，1986；温忠麟等，2004），来考查 IFDI 和 TIM 通过劳动生产率溢出效应和出口溢出效应促进对外投资的中介效应是否存在。参考巴克利等（Buckley et al.，2002）、陈涛涛（2003）、葛顺奇和罗伟（2013）等研究的做法，设定以下三个模型来对跨国公司活动对我国对外投资的作用机制进行检验。

$$\ln LPd_t = \alpha_{10} + \alpha_{11}\ln IFDI_{t-1} + \alpha_{12}\ln TIM_{t-1} + \alpha_{13}\ln K/L_t$$
$$+ \alpha_{14}\ln LQ_t + \varepsilon_{1t} \tag{7.5}$$

$$\ln EXPd_t = \alpha_{20} + \alpha_{21}\ln IFDI_{t-1} + \alpha_{22}\ln TIM_{t-1} + \alpha_{23}\ln K/L_t$$
$$+ \alpha_{24}\ln LQ_t + \varepsilon_{2t} \tag{7.6}$$

$$\ln OFDI_t = \alpha_{30} + \alpha_{31}\ln IFDI_{t-1} + \alpha_{32}\ln TIM_{t-1} + \alpha_{33}\ln LPd_t$$
$$+ \alpha_{34}\ln EXPd_t + \alpha_{35}\ln GNIpc_t + \alpha_{36}\ln RD_t$$
$$+ \alpha_{37}\ln EXR_t + \varepsilon_t \tag{7.7}$$

其中，式（7.5）用于检验跨国公司活动对我国本土企业劳动生产率（LPd）的作用，即假设 7.10；式（7.6）用于检验跨国公司活动对我国本土企业出口强度（EXPd）的作用，即假设 7.12；式（7.7）用于检验我国企业的劳动生产率、出口强度对我国对外投资的作用，即假设 7.11 和假设 7.13，以及跨国公司活动对我国对外投资的直接作用，即假设 7.14。可见，lnLPd 和 lnEXPd 为本研究的中介变量。

（3）样本与变量定义。这一部分也继续采用国家层面的时序数据和省市面板数据进行检验。除了沿用第二层面的解释变量和控制变量，这一层面新增变量的说明、描述性统计和平稳性检验如表 7 – 17、表 7 – 18 和表 7 – 19 所示。

表 7 – 17　　　　　　　　　　中国 IDP 第四层面新增变量的说明

变量	含义	数据来源
LPd	本土企业劳动生产率：本土企业的工业增加值与工业就业人数之比	中国统计年鉴（国家层面） 中国工业经济统计年鉴（省市层面）
EXPd	本土企业的出口强度：本土企业的出口交货值与工业销售产值之比	中国统计年鉴（国家层面） 中国工业经济统计年鉴（省市层面）
K/L	本土企业资本密集度：本土企业固定资产净值与职工人数之比	中国工业经济统计年鉴
LQ	本土企业劳动力质量：本土企业的研发人员与就业人数之比	中国工业经济统计年鉴

表 7 - 18 中国 IDP 第四层面新增变量的统计特征

	变量	观测值	最小值	最大值	平均值	标准差
国家时序数据	lnLPd	34	7.947	10.347	8.771	0.776
	lnEXPd	34	0.044	0.168	0.114	0.035
	lnK/L	34	8.406	10.903	9.328	0.771
	lnLQ	34	0.012	0.030	0.020	0.006
省市面板数据	lnLPd	120	7.828	10.528	9.475	0.446
	lnEXPd	310	0.001	0.185	0.046	0.038
	lnK/L	279	8.473	11.744	10.182	0.538
	lnLQ	273	0.001	0.025	0.005	0.004

表 7 - 19 中国 IDP 第四层面新增变量的平稳性检验

变量	检验形式 (c, t, p)	ADF 统计量	5% 临界值	是否平稳
lnLPd	(c, t, 2)	-2.364	-3.572	不平稳
lnEXPd	(c, t, 2)	-1.763	-2.980	不平稳
lnK/L	(c, t, 1)	-3.012	-3.568	不平稳
lnLQ	(c, t, 1)	-2.455	-3.568	不平稳
D (lnLPd)	(c, t, 1)	-6.123 ***	-3.572	平稳
D (lnEXPd)	(c, t, 1)	-6.083 ***	-3.572	平稳
D (lnK/L)	(c, t, 1)	-3.724 **	-3.572	平稳
D (lnLQ)	(c, t, 0)	-4.577 ***	-3.568	平稳

注：c, t, p 分别代表 ADF 检验方程中包含的常数项、时间趋势和滞后期，最优滞后阶数由 AIC 准则确定，D 表示变量经过一阶差分处理，** 、*** 分别表示 5% 、1% 的显著性水平。

（4）检验结果。

第一，国家时序数据的检验。表 7 - 20 显示了吸引外资对我国对外投资中介效应的检验结果。根据表 7 - 13 的结果，在国家时序数据下技术引进未对我国的对外投资产生显著作用，因此这里仅考查吸引外资对对外投资的中间作用机制。从表 7 - 19 可以看到，主要变量均为 I（1）过程，而且通过 Johansen 检验显示存在协整关系，因此可以采用回归分析的方法检验变量之间的长期均衡关系。

表 7 – 20　　　国家层面吸引外资对我国对外投资中介效应的检验结果

被解释变量	lnLPd (1)	lnEXPd (2)	lnOFDI (3)
lnIFDI	0.089 ** (2.074)	0.019 *** (3.398)	0.881 *** (4.066)
lnK/L	1.074 *** (12.728)	– 0.024 ** (– 2.207)	
lnLQ	– 0.740 ** (– 2.361)	0.028 (0.706)	
lnLPd			0.591 *** (2.773)
lnEXPd			– 8.491 *** (– 3.250)
LnEXR			0.193 (0.294)
常数项	0.655 (1.109)	0.176 ** (2.320)	– 5.286 ** (– 2.597)
调整的 R^2	0.951	0.495	0.975
F 统计量	208.91	11.44	313.45
样本数	33	33	33

附注：a 在第（3）列中，由于 LPd 和 GNIpc 以及 RD 的相关系数均在 0.9 以上，为了避免多重共线性问题，此处拿掉了控制变量 GNIpc 和 RD。

表 7 – 20 的结果显示，假设 7.10 至假设 7.14 均的到证实。首先，第（1）列显示了对 FDI 劳动生产率溢出效应的检验结果，验证了假设 7.10 的成立。lnIFDI 的系数在 5% 的水平下显著，印证了改革开放以来的 FDI 流入确实通过示范、竞争、人员流动等途径促进了本土企业劳动生产率的提升。从控制变量的结果来看，lnK/L 的系数正显著说明资本密集度的提升是推动我国劳动生产率增长的重要原因；而 lnLQ 为负显著则说明人员质量的提升并未能促进我国的劳动生产率。

其次，第（2）列显示了对 FDI 出口溢出效应的检验结果，证实假设 7.12 成立。lnIFDI 的参数估计量在 1% 的水平下显著，印证了自改革开放以来 FDI 流入也通过示范、竞争和信息扩散等途径促进了我国企业的出口能力。从控制变量的结果来看，我国出口密度高的企业往往资本密集度较低，这与我国出口企业大多是从事劳动密集型业务的实际情况相一致。

最后，第（3）列显示了本土企业劳动生产率、出口密度对我国对外投资的作用，以及在控制了中介效应后吸引外资对我国对外投资的直接作用，证实了假设 7.11、假设 7.13 和假设 7.14。lnLPd 的系数在 1% 的水平下显著，证明本土企业技术水平的提升能够促进其对外投资活动。lnEXPd 的系数在 1% 的水平下负显著，印证了我国企业的对外投资与出口贸易确实存在替代关系。在控制了前述中介效应的情况下，lnIFDI 的参数估计量仍然达到 1% 的显著性水平，表明吸引外资确实也通过直接效应促进了我国的对外投资。

第二，省市面板数据的检验结果。表 7 - 21 显示了以省市面板数据对跨国公司活动对我国对外投资间接机制的检验结果。根据表 7 - 14 的结果，吸引外资和技术引进都对我国的对外投资活动产生了显著的促进作用，因此在本部分将同时考虑这两项跨国公司活动的作用。根据 Hausman 检验的结果，在第（1）列和第（2）列均采用 FE 模型，而第（3）列采用 RE 模型进行检验。

表 7 - 21 省市层面跨国公司活动对我国对外投资中介效应的检验结果

被解释变量 估计方法	lnLPd FE (1)	lnEXPd FE (2)	lnOFDI RE (3)
lnIFDI	0.328 ** (2.667)	- 0.003 (- 0.909)	0.367 *** (2.876)
lnTIM	- 0.0003 (- 0.003)	- 0.008 (- 1.164)	0.181 * (1.750)
lnK/L	1.523 *** (8.287)	- 0.021 *** (- 5.911)	
lnLQ	9.744 (0.471)	0.205 (0.663)	
lnLPd			0.401 (1.419)
lnEXPd			3.140 (1.127)
lnGDPpc			- 0.074 (- 0.754)

续表

被解释变量 估计方法	lnLPd FE (1)	lnEXPd FE (2)	lnOFDI RE (3)
lnRD			3.632 (0.628)
lnEXR			−1.231*** (−2.744)
常数项	−7.624*** (−6.120)	0.319*** (11.617)	−5.282** (−2.027)
Hausman 检验	不适用	$\chi^2 = 68.28$ $Pr > \chi^2 = 0.000$	$\chi^2 = 11.24$ $Pr > \chi^2 = 0.128$
组内 R^2	0.843	0.539	0.719
样本数	120	243	118
省市数	31	31	31

注：其中 ***、**、* 分别代表在 1%、5%、10% 的显著性水平下显著。

表 7-21 的第（1）列考查了跨国公司活动对本土企业劳动生产率的影响。从估计结果来看，lnIFDI 的系数在 5% 的水平下显著而 lnTIM 则不显著，表明 FDI 进入我国后确实产生了显著的劳动生产率溢出效应，但是技术引进却没有推动本土企业劳动生产率的提升，从而假设 7.10 仅得到部分验证。以上结果表明，在省市层面跨国公司投资越多越容易通过示范、竞争、人员流动和关联效应等途径促进本土企业的劳动生产率；而我国企业虽然在这一时期对技术引进的重视所有增强，但是仍未能充分将引进的技术转化为自身的劳动生产率能力。从控制变量的结果来看，lnK/L 正显著，与预期相符；而 lnLQ 则不显著，说明人员质量影响不是我国企业劳动生产率的重要因素。

表 7-21 的第（2）列考查了跨国公司活动对本土企业出口能力的作用。lnIFDI 和 lnTIM 的系数都不显著，说明这两类跨国公司活动都未能在样本期间内对本土企业的出口密度产生影响。这与我国主要的出口省份在样本期间进入调整阶段有一定关系，例如，浙江、广东、福建、江苏、山东等出口大省近年来都经历了转型升级，逐渐缩减或转移省内劳动密集型的出口导向型产业；而且这一时期进入这些省份开展业务的跨国公司也大

多针对国内市场。从控制变量的结果来看，lnK/L 的系数负显著，表明我国开展出口活动较多的企业仍然以劳动密集型的企业为主；而 lnLQ 不显著则说明人员质量并非影响企业出口能力的重要因素。

表 7 - 21 的第（3）列显示了本土企业劳动生产率、出口密度对各省市对外投资的作用，以及在控制了中介效应后吸引外资和技术引进对各省市对外投资的直接作用。从回归结果来看，lnLPd 和 lnEXPd 的参数估计量均未能达到 10% 的显著性水平，从而假设 7.11 和假设 7.13 未能在省市层面得到证实。这主要是因为我国大型企业通常在多个省份设有分支机构，其生产或出口业务和对外投资业务的归属地并不一定相同，而从造成它们之间的相关性较弱。例如，中国南车集团的总部位于北京，制造业务遍布湖北武汉、湖南株洲、河南洛阳等地，但却在天津注册了行使对外投资职能的南车投资租赁有限公司。

另外，吸引外资和技术引进却在省市内部对本土企业的对外投资活动产生了直接的促进作用，验证了假设 7.14 成立。lnIFDI 和 lnTIM 的参数估计量分别在 1% 和 10% 的水平下显著，印证了跨国公司通过与本土企业合资或组建技术联盟等方式能够直接带动本土企业开展国际投资活动。而且，跨国公司活动的直接作用比前述间接作用更为显著。

7.2 典型行业案例分析：汽车行业

为了深入探究吸引外资对对外投资的作用机制，与前几章的研究相对应，下面我们将选取中国的典型行业进行深入细致的案例分析研究。

7.2.1 中国汽车行业发展历程

中国的汽车产业自建立至今已经历了半个多世纪的发展历程。为了更加清晰地梳理和分析这些年中产业环境的变化，以便把握引进外资对产业中对外投资能力的形成影响机制，在此我们根据不同时期的发展特点，将中国汽车产业的开放与发展进程划分为以下四个阶段：

7.2.1.1　初创阶段（1949～1978 年）

新中国成立之后，中国首先通过引进苏联的技术建立了自己的汽车工业。1953 年，在苏联的技术援助下中国政府投资建立了第一汽车制造厂。苏联不仅提供图纸资料、技术文件，还派出了大批技术人员现场指导建筑安装施工和生产设备，一汽还曾先后派出 500 多名员工到苏联进行学习。其后，一汽等老厂成为技术的来源，通过老厂援建或包建新厂的模式陆续建立了二汽等其他汽车企业。例如，二汽的主打产品东风卡车的原型是一汽开发的解放 CA140 型 5 吨载货车，且一汽将这款车的全套设计转给了二汽。

这一时期是计划经济，政府没有把轿车作为发展的重点，因此汽车工业主要是以载货车为主。通过模仿国外车型加上自主研发，这一时期中国的载货车领域具备了一定的竞争能力，使得即使在后来的改革开放之后，中国的载货车领域仍然是本土企业占据绝对的主导地位。这一时期，零部件企业主要是为特定的整车厂商配套，因此零部件业的发展也集中在商用车领域。在轿车领域，也有少数自主开发的车型。例如，一汽设计开发的主要由政府机关使用的高档轿车——"红旗"，以及上海汽车厂开发的"上海牌"轿车等。但是由于技术较为落后，不具备大批量的生产技术，当时的轿车产量非常少。

总结起来这一时期的特点是在政府的主导下，通过初期的技术引进以及之后的模仿和自主研发，加上市场的封闭和保护，使得中国的汽车产业有了初步的发展，主要集中在商用车领域。

7.2.1.2　合资模式主导的发展时期（1978 年～20 世纪 90 年代中后期）

20 世纪 80 年代初期，中国市场的轿车需求出现了超出预期的快速增长，由于国内技术和生产能力有限，国产轿车不能满足需求，因此只能通过进口填补市场空缺。1981 年中国轿车进口量为 1401 辆，到了 1985 年激增至 105775 辆，而国产量仅为 5207 辆，进口量与国产量的比值高达 2031.40%。① 在这样的背景下，中国政府逐渐认识到了发展本土轿车产业的重要性。1986 年，中国政府正式把汽车工业列为支柱产业，并确定了轿车工业"高起点、大批量、专业化"的发展原则。为了改变中国轿车行业落后的局面，在当时改革开放的背景下，中国政府开始逐渐开放汽车市场。由于当时资金有限、外汇短缺，并且为了防止技术的泄露，外资往往不希望通过许可证的方式直接转移技术，特别是比较先进的技术，因此直接引进技术的方式往往受到限制。在这样的条件下，吸引外商直接投资的方式成了必然的选择。为了保证市场集中度以及保护幼稚的本土企业，政府对于外资的进入程度和方式有着严格的限制。外资的进入需要经过多个政府部门的审批，并且在整车和发动机制造领域外资必须通过合资的方式进入中国市场且持股比例不得超过 50%。政府还规定同一家外商在国内建立同类整车产品的合资、合作企业不得超过两家。

北京吉普是中国第一家合资汽车企业，由美国汽车公司（AMC）和北京汽车制造厂合资成立，建立于 1984 年。而在轿车领域，第一家成功的中外合资案例要数 1985 年德国大众与上海汽车工业集团合资成立的上海大众汽车有限公司。其实中国政府从 20 世纪 70 年代末期开始就与发达国家的多个整车企业商谈合资事宜。早期中国希望能够与美国通用汽车公司合资，然而通用的决策机构认为中国市场对轿车的需求还很少，也没有生产的条件，特别是零配件的工业基础太差，因此不愿意与中国合资。而日本的日产公司则只愿意通过技术转移的方式提供过时的旧车型。当时德国大众在全球汽车业中还不属于一流的竞争者，因此希望能够通过拓展中国市场提升国际竞争地位，所以最终中国与大众的谈判取得了成功（李安定，2011）。其后，1985 年 9 月，广州汽车公司与法国标致合资成立了广州标致。② 1991 年，德国大众又与一汽集团建立了一汽大众。80 年代，由于缺乏来自外部和国内市场的竞争，因此中国市场轿车的种类很少，车型也相对落后。例如，上海大众的桑塔纳轿车在 80 年代末期几乎占中国市

---

① 资料来源：《中国汽车工业年鉴》。
② 1997 年，广州标致宣告破产，法国标致撤出广州标致。

场同档轿车 100% 的份额，但在长达十几年的时间里，其车型几乎没有变化（江小涓，2002）。

在零部件体系的构建方面，为了真正建立起自己的轿车产业，政府对于零部件国产化给予相应的鼓励和要求。例如，上海大众建立之后，中央对于桑塔纳国产化给予了很大的压力，要求三年内国产化率必须达到 40%，否则上海大众就关门了结（陆吉安，1999）。在 1987 年海关总署的相关规定中还首次提出了级差关税制度，即国产化率越高，未国产化部分所需进口散件的关税税率就越低。轿车国产化率若达到 40%、60% 和 80% 这三个等级，相应进口税率为 37.5%、30%、20%（夏大慰等，2002）。1994 年的《汽车产业发展政策》中明确指出将"引进技术产品的国产化进度，作为国家支持其发展第二车型的条件之一"。在合资企业国产化的过程中，中国轿车业的零部件体系逐步建立起来。这一时期外资企业在中国建立零部件体系的案例以上海大众的桑塔纳国产化为代表。在政府的压力及支持之下，1987 年桑塔纳的国产化开始起步，当时的国产化率仅有 2.7%，国产零件只有轮胎、收放机、喇叭、天线四种。在三年内桑塔纳国产化率提高到了 60%，1994 年已经超过 85%（夏大慰 等，2002）。

在零部件领域，除了发动机产品要求外资以不高于 50% 的股比通过合资方式进入，在其他产品领域则对于外资的进入方式没有特殊的限制。然而由于在 20 世纪 80～90 年代初期，中国汽车市场的前景尚不明朗，因此愿意通过直接投资的方式进入中国市场的外资零部件企业还很少，主要是通过合资的方式进入。因此，在当时国产化率的要求下，随着外资整车企业的发展，很大程度上带动了本土零部件企业的发展。在这些本土零部件企业中，很大比例是上汽、一汽等合资中方母公司的下属或关联零部件企业，此前曾在商用车领域为国内大型整车企业配套，例如上海汇众、延锋等零部件企业。除此之外，也有一些独立的本土零部件企业随着中国汽车市场的发展而获得了发展机遇，例如万向、福耀玻璃等。在制造技术的获取方面，多数本土零部件企业在为外资配套的过程中有过从国外大量引进技术和关键设备的经历。而对于一些关键性的零部件，如电控燃油喷射装置、防抱死系统和安全气囊等，则需要依赖进口。由于中国具有低成本制造优势，因此在这一时期，以万向为代表的一些本土零部件企业已经初步实现了出口的发展。

这一时期，在合资的过程中，内资企业的产品生产制造能力有了很大的提升，并且也初步学习了现代化的管理经验。开放前基础薄弱的轿车行业已经发展出了一定的规模，到了 1992 年中国汽车产量突破了 100 万辆。[①] 然而，这一时期原本在开放前能够成功开发"红旗""上海牌"轿车的中方汽车企业却一直没能推出自主品牌车型，而是被外资品牌占领了市场。导致这一现象的原因是多方面的：第一，在汽车行业对外开放的初期，中国在轿车领域还处于非常幼稚的状态，技术十分落后，加上对外国技术的崇尚，使得在吸引外资之后放弃了原本不多的自主品牌，失去了自主创新的平台。例如，成立上海大众之后，上汽放弃了原有自主品牌"上海牌"轿车的生产，并将工作重心转向了桑塔纳国产化。第二，这一时期政府以市场集中度和规模经济为政策目标，对市场上已有的汽车企业进行保护。政府对外设置了较高的进口关税，在 20 世纪 80 年代高达 100% 以上，2001 年之前还维持在 70% ~ 80%（施节敏，2011）。对内则严格的控制轿车行业新企业的进入，使得轿车市场上长期以"三大三小"（即一汽、二汽、上汽这三大，北京吉普、天津夏利、广州标致这三小）的格局为主。上述原因使得合资企业缺乏竞争者，其产品能够维持较高的价格并轻易获得高额利润。加上当时经济发展水平有限，中国市场对于轿车的需求以公务需求为主，而公务需求的一个特点是对价格相对不那么敏感，从而使得中国市场上的轿车能够维持一个较高的价格。因此，在这样的条件下，企业只需要引进外国的技术进行生产，无须花费大力气在研发创新上就能够获得较高的利润，慢慢就失去了自主创新的动力。第三，虽然中国方在合资企业中占据 50% 的股权，然而由于产品技术是由外资提供的，因此合资企业实际上是以外资为主导的。外资通常会努力避免技术外溢，因此合资企业通常只能获得技术的使用权，难以获得产品开发等相关核心技术。并且在这样的合资模式下，外方很难允许合资企业中存在一个活跃的研发组织，这就导致了合资企业的中方即便有自主创新的想法，在合资框架的束缚之下也难以付诸实践（周治平 等，2006；章玉贵，2008）。第四，

---

① 资料来源：《中国汽车工业年鉴》。

当时的政策虽然重视了对本土企业保护，但是更偏重对于如何有效利用外资技术，而对于自主研发没有给予足够的保护和鼓励。

7.2.1.3 自主品牌涌现及竞争发展（20 世纪 90 年代中后期 ~ 2005 年左右）

20 世纪 90 年代末期，随着经济的发展和居民消费水平的提高，中国轿车市场的需求出现了快速的增长，特别是私人消费需求的增长速度远远超过了公务消费。例如，1990 年中国民用汽车中私人汽车拥有量仅占 14.8%，到了 2000 年已经增长至 38.87%，2005 年进一步增至 58.49%（Chu，2011）。相对于公务消费，私人消费对于价格更加敏感，而合资企业生产的轿车价格偏高，无法满足日益增长的私人消费需求。[①] 因此，私人消费需求的增长以及由此诞生的中、低端轿车市场产品供给的空缺为吉利、奇瑞、比亚迪等自主品牌企业的诞生和发展创造了机遇。建立于浙江台州和安徽芜湖的吉利和奇瑞都在 90 年代末期进入了轿车生产领域，并分别于 1998 年和 1999 年推出了自己的第一款轿车。由于国家对地方轿车项目进行严格的控制，因此在奇瑞和吉利建立的初期，由于没有获得中央政府生产轿车的批准，只能在地方政府的支持下"偷偷地"生产轿车。由于价格优势，吉利和奇瑞的产品在市场上获得了很大的成功。例如，吉利模仿天津"夏利"车型推出的"豪情"汽车，价格却不到夏利的一半（田原，2007）。随着奇瑞和吉利的成功，中央政府放松了对轿车项目审批的限制，在 2001 年正式批准了吉利、奇瑞、哈飞、华晨四个企业进入轿车生产领域。

随着这些自主品牌企业的发展，这一时期我国乘用车产品的出口也有了初步的发展，特别是在 2003 年之后增长尤为迅速。在 2001 年，我国乘用车出口量仅有 3579 辆，到了 2003 年初步发展至 7795 辆，而到了 2006 年已增长至 115467 辆[②]。其中在我国的汽车产品出口中，以奇瑞、吉利、长城、华晨等为代表自主品牌企业是我国汽车出口的主力军。其中奇瑞汽

---

① 根据张明转（2011）的描述："当时国内汽车定价大多在 10 万元以上，最便宜的微型轿车天津夏利也将近 9 万元"。

② 资料来源：《中国汽车工业年鉴》。

车自 2001 年开始出口轿车，开启了我国轿车产品大批量出口的先河。2006年我国整车产品出口中，自主品牌企业所占比重约为 92%。从出口的国别来看，我国汽车出口集中于发展中国家，主要分布在亚洲、东欧、中东、非洲及南美等区域。

20 世纪 90 年代末，为了加速技术更新换代的速度，政府加大力度吸引外资，使得更多的跨国整车企业进入了中国，例如，美国通用（1997年），本田（1998 年）等。随着国内市场竞争日趋激烈，加上中国政府对于合资企业技术引进的要求，外资企业技术转移速度加快，引入了更多的新车型。例如"上海大众和一汽大众分别引进了桑塔纳 2000 及帕萨特、Polo、宝来、高尔夫等新车型"（路风，封凯栋，2005）。进入 21 世纪以来，加入 WTO 之后，中国市场的进一步开放，政府对于合资合作管制减少，加上中国市场在全球的战略地位的提高，更多的外资企业以合资的方式进入了中国整车市场。例如，美国福特（2001 年）、韩国的现代（2002年）、德国宝马（2003 年）、日本丰田（2004 年）等跨国公司在这一时期纷纷在中国建立了合资企业。伴随着中国开放程度不断加深，以及政府放宽对国内汽车企业生产轿车的准入限制，中国汽车市场的竞争越来越激烈。中国 2001 年加入 WTO 之后，不断下调整车进口的关税，到了 2006 年降至 25%（江国成，2006）。

在零部件领域，这一时期随着外资及本土整车企业的发展，更多外资零部件企业进入了中国，同时一批本土零部件企业建立并获得了发展。总体来看，本土零部件企业主要在劳动密集型及高耗能、高污染的产品方面具有竞争优势，而外资零部件企业则在高技术、高附加值的产品上更有竞争优势。在一些关键技术领域，如 ABS、安全气囊等，仍然依赖进口或需要外资控股或独资企业在中国生产（刘丽，2006；秦聪，2012）。外资零部件企业主要是作为一级供应商，而多数零部件企业虽然主要是自主品牌整车企业的一级供应商，但是主要仅能做国际品牌整车企业的二、三级供应商，仅有少数本土零部件企业是外资企业的一级供应商（苟海平，李赞锋，2007）。这一时期中国本土零部件企业的出口有了进一步的发展，主要集中在美国、日本、德国等汽车生产大国，比较优势主要存在于劳动密集型及原材料密集型产品，在高技术产品领域仍然处于贸易逆差（杨宇昕，2004）。也有少数零部件企业在这一时期开始了对外投资的初步尝试，例如万向、福耀玻璃等。

7.2.1.4 产业相对成熟及对外投资起步阶段（2005 年左右至今）

这一时期我国不论是汽车生产还是需求水平均保持了快速增长的态势。2013 年我国汽车的产销量均达到了空前的规模，其中汽车总产量已达2211.68 万辆，销量达 2198.41 万辆。其中乘用车的产量为 1808.52 万辆，乘用车的销量为 1792.89 万辆，占据我国汽车生产和销售的主要份额[①]。截至 2013 年，中国汽车产销量连续五年位居世界第一位。

在此时期，政府对自主品牌汽车的发展给予越来越多的关注，出台相应的政策，对自主品牌汽车提供支持。例如，在 2004 年中国发改委发布的《汽车产业发展政策》中，明确提出"国家支持汽车、摩托车和零部件生产企业建立产品研发机构，形成产品创新能力和自主开发能力"。2009年出台的《汽车产业调整和振兴规划》中进一步强调了国家支持自主创新、发展自主品牌，并且对于企业自主开发给予税收等方面的优惠支持。政府对于自主品牌汽车也给予政府采购方面的优先。例如，宁夏、湖南、甘肃、新疆等多个省级党委政府已经出台文件规定：领导人换乘公务用车，需选择国产自主品牌汽车。在政策的刺激之下，合资企业的中方母公司也越来越多的建立起自己的研发平台，纷纷推出了自主品牌汽车。例如，一汽于 2006 年推出了自主品牌"奔腾"；上汽于 2006 年推出自主品牌"荣威"；东风于 2009 年推出"风神"等。这些大的汽车集团由于具备了较强的资金、技术积累，因此在推出自主品牌的初期就定位在中高端市场。近年来，甚至广汽本田等一些合资企业也推出了"合资自主品牌"。随着自主品牌乘用车的发展，2005 年中国自主品牌乘用车市场份额已经达到了 43.74%，其中轿车市场占有率为 26.07%，到了 2010 年达到30.9%。[②]

近年来，外资企业也纷纷向低端市场渗透，加剧了中国企业市场的竞

---

① 数据来源：我国汽车"大市场弱品牌"趋势加剧 2014 反差将持续［N/OL］. 经济参考报，(2014－01－16)［2014－03－24］. http://news.xinhuanet.com/2014－01/16/c_126012696.htm.

② 资料来源：《中国汽车产业发展报告（2013）》。

争，也挤压了中国本土汽车企业的市场空间。2012 年，中国一线城市的市场份额从 2011 年的 35.7% 降到 30.8%。同时，随着金融危机之后发达国家市场萎缩，对于外资企业来说中国市场战略地位的重要性不断提高。在这样的背景下，为了从中国的低端乘用车需求中分一杯羹，跨国车企也主动迎合中国低端市场需求，开始针对中国市场推出低端车型。例如，大众、日产、标致、通用等跨国企业已经纷纷计划在中国引入针对中低端市场的小型车。在这样的背景下，自主品牌乘用车市场份额受到了一定的冲击，从 2010 年的 45.6% 下降到 2012 年的 41.9%，2013 年又小幅降至 40.3%。

这一时期我国汽车产品的出口继续保持了快速增长的态势。2012 年我国汽车产品总出口量已经突破了 100 万，其中乘用车产品出口从 2006 年的 11.5 万辆增长至 2012 年的 58.8 万辆。与此同时，伴随着我国汽车行业出口的发展，这一时期一个重要的特点是一批实力较强的本土整车企业开始通过对外投资的方式进行海外拓展。随着我国自主品牌汽车企业的发展，一些企业凭借较高的"性价比"在我国低端市场上占据了主导地位，形成了相对的竞争优势。由于追求规模经济的需要，这些企业首先通过出口的方式拓展海外市场。然而出于对本国汽车产业的保护，多数国家对于整车进口设置了较高的关税，为了规避贸易壁垒同时减少物流成本，一些企业开始尝试通过海外生产的方式对出口进行一定程度的替代。2004 年之前，我国汽车行业海外投资的案例还非常少，从 2005 年开始对外投资有了初步的发展，主要是以在海外建立 KD 工厂的形式。截至 2012 年，奇瑞、吉利、长城、力帆等主要企业均已在海外建立十余家 KD 工厂，这些海外工厂主要分布于中东、东欧、东南亚、非洲等发展中区域。2006 年，中国累计海外散件组装生产汽车 2.6 万辆，2010 年达到 6.7 万辆。[①] 此外，除了建立海外工厂，也有通过并购的方式实现对外投资的少数企业。例如，2004 年上汽集团收购英国"MG - 罗孚"的若干资产；2010 年吉利收购沃尔沃轿车 100% 的股权等。在零部件领域，这一时期少数本土零部件企业也开始了对外投资的初步尝试，主要以在海外建立以扩大出口为目的的办

---

① 资料来源：《瑞银全球证券研究报告》，2012 年 7 月 25 日。

事处及为海外客户提供技术服务的子公司的形式，例如 2008 年安徽中鼎密封公司投资建立美国公司；2009 年上海岱美内饰公司投资建立德国公司，以为出口客户提供服务为目的。金融危机之后，也有一些零部件企业抓住机遇，通过并购的方式收购发达国家的相关企业。例如，2011 年宁波华翔电子收购美国 Sellner 公司；2011 年中信戴卡轮毂制造公司收购德国 KSM 公司等。

7.2.2 中国汽车行业吸引外资和对外投资的发展特点

7.2.2.1 中国汽车行业吸引外资发展特点

（1）中国汽车行业 FDI 流入的总体趋势特点。随着中国的改革开放，中国的汽车产业也逐步开放。通用汽车董事长墨菲在 1978 年来中国考察时提出中国可以通过"合资"的方式来发展汽车产业。邓小平对这一想法给予认同并做出了"合资经营可以办"的批示。随后，国家开始在德国、美国、日本等汽车强国进行考察并与之进行关于合资的谈判（明红，2007）。

中国第一家汽车合资企业是美国汽车公司和北京汽车制造厂 1984 年成立的北京吉普公司。此后，上海汽车和德国大众汽车在 1985 年合资成立了上海大众有限公司。[①] 上海大众是中国汽车行业最早一批建立的合资企业，也是 21 世纪 80 年代成立的合资车企中唯一延续至今并获得巨大市场成功的企业。由于 80 年代中国市场的基础条件比较薄弱，因此大多数外资还是持观望态度，没有选择投资进入中国市场。大众公司从自身战略出发，是第一批进入中国市场的外资企业，虽然起步较为艰难，但是在中国市场上赢得了先机，并且很长时间内维持着较高的垄断地位。1991 年，德国大众汽车公司又和第一汽车集团公司共同构建了一汽大众汽车有限公司。

随着 1992 年邓小平南方谈话，我国的改革开放进入了新的阶段，在

---

① 资料来源：《中国汽车产业发展报告（2013）》。

这样的背景之下汽车行业也迎来了外资进入的小高潮。在 1992 年和 1993 年两年中，法国的雪铁龙、日本的日产、铃木、法国的雷诺等跨国车企先后进入了中国市场。20 世纪 90 年代后期，由于意识到中国的汽车市场因缺乏竞争而技术更新慢，政府开始加大力度吸引外资。1997 年美国通用汽车进入中国市场，与上汽集团合资建立了上海通用；1998 年，本田汽车公司与广汽合资成立了广州本田；2000 年日本丰田与天津汽车工业集团合资建立天津丰田。[①] 新竞争者的进入加剧了市场竞争，使得大众等公司加快了产品更新的速度。

我国汽车工业市场对外开放的程度随着中国加入 WTO 而逐渐获得了发展。国家从 2002 年 1 月 1 日连续七次都对汽车进口关税进行了降低，整车关税在五年的时间内下降了将近 50%。2005 年，我国取消了汽车进口的配额许可证管理制，并进一步放开汽车产业的外资政策。例如，"为了迎接入世，2000 年，中国修改了《三资企业法》，不再硬性要求国产化率"（路风，封凯栋，2005）。伴随着开放程度的加深以及中国市场潜力的显现，福特、日产、现代、宝马等跨国公司又相继在中国建立了合资企业。目前几乎所有的国际大型汽车企业均已经投资进入中国市场。

从图 7-17 可以看出，总体上我国汽车行业的 FDI 流入一直呈现增长趋势。自 2001 年以来，伴随着中国加入 WTO 之后开放程度的加深，中国汽车行业的需求潜力也不断被激发和释放。因此在这一时期，汽车行业的外商直接投资出现了快速的增长，在 2004 年和 2005 年达到了最高点。此后，随着中国汽车市场需求增长趋于稳定，外商直接投资也呈现出平稳增长的趋势。

（2）中国汽车行业 FDI 的来源国特点。表 7-22 中列出了中国汽车行业自开放以来主要的吸引外资事件，从中可以反映出中国汽车行业 FDI 主要来源国的分布情况。汽车行业的自身特点决定了它具有很强的全球化特征，并且在汽车企业追求规模经济的过程中全球汽车产业的集中度也不断提高。目前全球大型跨国汽车公司主要包括大众、通用、菲亚特、福特这四大集团以及宝马、奔驰、日产、雷诺、标致—雪铁龙、丰田、本田、现

---

① 资料来源：《中国汽车产业发展报告（2013）》。

代等几大汽车品牌。总体来看，进入中国汽车行业的 FDI 也主要源自全球的这几个大型的汽车公司，因此在来源国分布上具有较强的集中性。美国、德国、法国、日本这几个传统的汽车强国是中国汽车行业 FDI 的主要来源，随着韩国汽车行业的崛起，韩国也加入到主要投资来源国的队伍中。目前，经过 20 多年的合资发展，合资企业不断壮大，在乘用车特别是轿车领域，外资一直占据着主导地位。2012 年德系、日系、美系、韩系、法系轿车的销量占全国轿车总销量分别为 23.31%、18.28%、15.98%、9.79% 和 4.10%。①

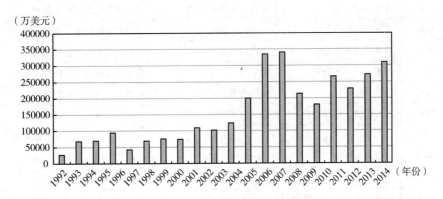

（万美元）

图 7 - 17　中国汽车行业 FDI 流入

资料来源：商务部外资统计。

表 7 - 22　　　　　　　　　　中国汽车行业主要合资事件

合资年份	主要合资外方	主要合资中方	合资企业名称
1983	美国汽车公司（AMC）	北京汽车制造厂	北京吉普汽车有限公司
1985	德国大众汽车公司	上海汽车	上海大众汽车有限公司
1985	法国标致汽车公司	广州汽车厂	广州标致汽车有限公司
1991	德国大众汽车公司	一汽集团公司	一汽大众汽车有限公司
1992	法国雪铁龙公司	二汽集团公司	神龙汽车有限公司
1992	日本马自达汽车公司	海南汽车有限公司	海南马自达汽车冲压有限公司
1993	铃木汽车公司	长安机器制造厂	重庆长安铃木汽车有限公司
1993	雷诺汽车	三江航天集团	三江雷诺

---

① 资料来源：《中国汽车产业发展报告（2013）》。

合资年份	主要合资外方	主要合资中方	合资企业名称
1995	日本铃木株式会社	江西昌河汽车公司	江西昌河铃木汽车公司
1996	意大利依维柯	南京汽车集团	南京依维柯汽车有限公司
1997	美国通用汽车公司	上汽集团	上海通用汽车有限公司
1998	本田技研工业株式会社	广州汽车集团公司	广州本田汽车有限公司
1998	日本丰田汽车公司	四川旅行车制造厂	四川一汽丰田有限公司
1999	韩国起亚汽车	悦达投资	江苏悦达起亚汽车公司
1999	菲亚特汽车	跃进汽车集团公司	南京菲亚特
2000	日本丰田汽车公司	天津汽车工业集团	天津丰田汽车有限公司
2001	美国福特汽车公司	长安汽车公司	长安福特汽车有限公司
2002	日本日产汽车公司	东风汽车公司	东风汽车有限公司
2002	韩国现代汽车公司	北京汽车工业公司	北京现代汽车有限公司
2003	宝马集团	华晨汽车公司	华晨宝马汽车有限公司
2003	本田技研工业株式会社	东风汽车集团	东风本田汽车有限公司
2003	日本丰田汽车公司	天津一汽夏利	天津一汽丰田汽车有限公司
2004	丰田汽车公司	广州汽车集团公司	广汽丰田汽车有限公司
2010	菲亚特集团	广州汽车集团公司	广汽菲亚特汽车有限公司
2010	中国台湾裕隆企业集团	东风汽车公司	东风裕隆汽车有限公司

资料来源：本书作者根据《中国汽车产业发展报告（2013）》整理而得。

（3）外资的进入动机及战略变化。

第一，FDI 的进入动机。总体来看在我国汽车行业中 FDI 进入的动机一直是寻求市场为主。具体来看，在中国改革开放的初期，虽然政府希望通过吸引外资建立国内的轿车工业，然而由于当时中国基础条件有限，因此虽然当时中国设置了较高的进口关税，但是丰田、通用等外资仍然不愿意通过直接投资的方式进入中国市场。德国大众是少数对于中国政府的意愿做出积极回应的跨国公司。大众进入中国市场的动因主要是看重未来中国汽车市场的发展潜力，并希望通过拓展中国市场提升在亚洲的竞争力。时任大众集团董事长的哈恩认为，中国这个具有悠久历史文化的民族在改革开放政策之下必将经历经济的快速发展，不去参与这种发展是错误的（哈恩，2008）。

到了 20 世纪 90 年代，随着中国经济的快速发展以及汽车消费的增长，越来越多的跨国公司认识到了中国市场的发展潜力。这时中国汽车行业在相关零部件行业已经有了一定的发展基础，因此为了寻求中国市场，在此时期，通用汽车、丰田汽车等跨国公司均通过直接投资的方式进入了中国市场。90 年代中国的汽车进口关税仍高达 100% 左右。通过直接投资的方式进入一方面可以减少关税成本，另一方面也可降低运输成本。2001 年中国加入 WTO 之后，营造了更加开放的市场氛围。这一时期虽然汽车产品的进口关税已经逐年降低，但是仍然有更多的跨国公司选择通过直接投资的方式进入中国市场。这是因为随着中国市场需求的快速增长，这种大市场优势使得中国成了全球汽车行业的一个重要的战略地区。因此，这一时期跨国公司通过直接投资的方式进入中国市场一方面为了接近客户以便更好地满足中国市场需求，另一方面为了追随其主要竞争对手以达到最优的全球战略布局。

第二，FDI 的战略变化。随着我国国内市场的发展以及开放程度的加深，20 多年来我国汽车行业吸引外资不仅在总量上逐年增加，在寻求中国市场的过程中，跨国公司在不同时期在中国的战略行为也产生了一定的变化。总体来看，中国市场对于外资的战略地位不断加深。

20 世纪 90 年代之前，外资主要是将中国作为一个出口市场，当时中国市场仍然较小，跨国公司在中国的直接投资相对较少，只有少数的跨国公司，如大众汽车等，开始通过直接投资进入中国。在此时期，国外企业基本上是通过"交钥匙"的方式，即外资提供成套的技术、工艺、生产设备和关键零部件，合资企业仅从事一些辅助性的工艺匹配、设备调校、生产过程中的技术管理和质量控制、非核心零部件国产化等。[①]

20 世纪 90 年代之后，随着我国市场规模的扩大，内资企业技术能力的提高，加上相关政策的激励，外商对我国汽车业的直接投资迅速增加。这一时期合资企业生产的产品与国际水平差距逐步缩小，且引进的车型和技术平台的水准也有所提高。外资企业开始更多的为适应中国市场的需要进行适应性开发和局部改进。

20 世纪以来，中国汽车市场有了爆发式的增长。特别是近年来，在金

---

① 资料来源：《中国汽车产业发展报告（2013）》，第 7 页。

融危机后全球汽车行业整体低迷的背景下，中国市场的战略地位尤为突出，中国汽车产销量均稳居世界第一。因此，国外汽车公司更多的将中国市场纳入其全球体系中，在中国的战略已进入全面整合阶段。

从 FDI 在中国的区域分布来看，东部地区占有绝对优势，一直占我国汽车业吸引外资的 80% 以上。中部地区吸引外资的比例在各年份变化较大，西部地区虽然占比较少，然而有逐年增长的趋势。其中中部地区吸引外资主要集中在湖北、安徽、湖南、吉林等省，西部地区主要集中在重庆和广西，这些省市都分布有我国主要的汽车企业。

7.2.2.2　中国汽车行业对外投资发展特点

我国汽车行业的国际化首先是通过出口的方式实现的，对外投资在很大程度上是出口贸易的一种延续。因此，下文中在分析我国汽车行业对外投资的特点之前首先对于中国汽车行业的出口情况进行简单的概括。其后再从我国汽车企业对外投资的投资方式选择、国别分布特点以及投资动因这几个方面分别分析我国汽车行业对外投资的总体发展特点。

（1）中国汽车行业的出口概况。我国的整车出口从 21 世纪开始有了初步的发展，并且近年来有了快速的增长。2001 年我国整车出口还仅有 2.6 万辆，到了 2012 年已经突破了 100 万辆。其中乘用车出口增长较之商用车更突出，从 2001 年的 3579 辆增至 2012 年的 58.8 万辆，占整车出口的比例从 2001 年的 13.73% 提高到了 2012 年的 62.61%。其中汽车出口量占国内汽车总产量的比重从 2002 年的 0.68% 迅速上升至 2012 年的 5.48%。虽然这一比例与国际上主要汽车生产国相比还有很大的差距，例如德国汽车出口占产量比为 75.9%，日本为 52.2%，但是已经有了很大的进步。

从我国汽车行业出口的国别分布来看，主要集中在东南亚、南美、北非、中东、东欧等几大地区。2013 年我国出口前 15 位的国家分别是：阿尔及利亚、俄罗斯、智利、伊朗、秘鲁、哥伦比亚、埃及、伊拉克、乌拉圭、乌克兰、沙特阿拉伯、巴西、委内瑞拉、厄瓜多尔和越南。[1]

---

① 资料来源：《2013 全年中国汽车进出口分析报告》。

从我国整车出口的企业分布来看，自主品牌企业一直是我国汽车出口的主力军。2012 年我国汽车出口数量前十位的企业为：奇瑞、吉利、长城、上汽通用五菱、力帆、东风、江淮、广汽、长安、北汽和比亚迪，自主品牌企业占据了主要地位。

中国零部件行业的出口起步早于整车的出口，从 20 世纪 80 ~ 90 年代开始有了初步的发展，进入 21 世纪以来增长迅速。从出口产品的种类来看，主要集中于劳动力密集型产品以及原材料密集型产品，例如线束、内饰件、散热器、十字轴万向节等。而对于技术含量较高的产品，如自动变速器、ABS、安全气囊等，则出口竞争力还相对较差（杨宇昕，2004）。从零部件出口国别来看，以北美、西欧、日本及韩国等汽车工业发达国家为主。

（2）中国汽车行业对外投资的主要方式。随着我国汽车企业竞争优势的增强以及出口的发展，一些汽车企业已经初步具备了一定的对外投资能力和经验。我国汽车行业的对外投资起步于 21 世纪初期，在 2004 年以后有了较为快速的发展。目前，自主品牌整车企业是我国对外投资的主体。从对外投资的方式来看，目前我国企业对外投资尚处于初级阶段，主要以绿地投资，特别是以合资或独资方式在海外建立生产基地的形式为主。例如，2003 年奇瑞与伊朗 SKT 公司合作在伊朗建设 CKD 组装厂；2007 年奇瑞与阿根廷 Socma 集团合资成立乌拉圭 CKD 工厂等。截至 2012 年，奇瑞已在 17 个国家和地区建成（或正在建设）17 个 KD 工厂。目前长城也在海外建有近 20 家 KD 工厂；吉利、力帆等国内主要汽车企业也各有多家海外工厂。除了海外建厂之外，近年来也有少数企业开始在海外建立研发中心。最早在海外建立研发基地的汽车企业是长安汽车，1999 年长安汽车在意大利都灵建立了研发中心，其后国内企业陆续在海外投资建立了几家研发中心。例如，2008 年，长安汽车在日本建立设计中心；2011 年，长安汽车在美国建立研发中心；2011 年，北汽在意大利都灵建立造型办公室等。

除了绿地投资之外，以上汽集团为代表的合资企业的中方母公司以及以吉利为代表的自主品牌企业还通过并购的形式实现了对外投资。例如，2002 年，上汽以 5970 万美元收购通用大宇 10% 的股份，拉开了我国汽车整车企业对外并购的序幕。随后，吉利为代表的企业先后经历了几个比较大型的海外并购。例如，2006 年 10 月，吉利收购英国锰铜 23% 的股权，成为该公司第一大股东；2009 年 3 月，吉利收购澳大利亚 DSI 自动变速器公司；2010 年，吉利收购沃尔沃轿车 100% 的股权等。中国汽车企业海外工厂分布情况，如表 7 – 23 所示。

表 7 – 23　　　　　　　　　中国汽车企业海外工厂分布情况

汽车集团	已有海外工厂
吉利集团	俄罗斯、埃及和乌拉圭等地建有 CKD 工厂；乌克兰、斯里兰卡、印度尼西亚、埃塞俄比亚、巴西等地建有 SKD 工厂；原沃尔沃工厂
长城汽车	保加利亚、马来西亚、伊朗、埃及、塞内加尔、菲律宾、埃塞俄比亚、斯里兰卡、苏丹、巴西等地建有 KD 组装厂
奇瑞汽车	俄罗斯、乌克兰、伊朗、埃及、马来西亚、印度尼西亚、乌拉圭等国建有生产基地；巴西工厂在建中
江淮汽车	俄罗斯、越南、伊朗、埃及、土耳其、墨西哥等地建成了 14 个 KD 工厂
力帆汽车	俄罗斯、埃塞俄比亚、伊朗、阿塞拜疆、乌拉圭、伊拉克等地拥有 5 个生产基地

资料来源：本书作者根据《瑞银全球证券研究报告》（2012 年 7 月 25 日）整理而得。

除了整车企业，以万向为代表的零部件企业也通过绿地投资及海外并购的方式实现了对外投资。例如，早在 1994 年万向就投资建立了万向美国公司；2001 年，万向集团收购了美国汽车零部件生产商 UAI；2013 年，经美国政府批准，万向又收购了美国最大的电池生产商——A123 公司等。

（3）中国汽车行业对外投资的国别分布。从对外投资的国别分布来看，我国汽车企业在海外投资设厂主要分布在发展中国家，其中以中东、东欧及拉美地区最为集中。由于海外工厂主要是面向当地市场或邻近国家出口，因此这些汽车企业的海外工厂分布与我国主要出口国家的分布类似。例如，截至 2012 年，奇瑞的海外工厂主要分布于"俄罗斯、乌克兰、土耳其、伊朗、埃及、乌拉圭、巴西、马来西亚"等国家；吉利的海外工厂主要分布于"乌克兰、俄罗斯、埃及、乌拉圭、伊拉克、印度尼西亚"等国；长城汽车的海外工厂主要集中于"俄罗斯、乌克兰、埃及、伊朗、保加利亚"等地；力帆的主要海外工厂分布于"埃塞俄比亚、伊拉克、阿塞拜疆、俄罗斯、伊朗"等地。① 可以看出这些汽车企业海外工厂的布局具有一致性，都是集中在我国企业相对具有比较优势的发展中国家。

与海外设厂不同，由于对外并购以及设立海外研发中心是以获取战略性资产或者接近研发集散地为目的，因此这两种类型的对外投资大多数投向了发达国家。例如，吉利投资瑞典；万向投资于美国；长安在意大利都灵建立研发中心等。

（4）中国汽车行业的对外投资动机。从对外投资的动机来看，我国汽车企业在海外建立工厂的这种投资方式主要是以寻求市场为目的。汽车行业的自身特点决定了其对于规模经济的要求较高，并且随着技术水平的不断提高，企业需要不断扩大自身规模才能在激烈的竞争中保持自己的地位。因此，当国内市场需求的增长不能满足需要时，我国的本土汽车企业需要不断寻求新市场，需要放眼海外以扩大发展空间。为了扩大销量获得规模效应，企业一个最自然的反应是通过出口来拓展市场。然而出于对本土企业的保护，各国政府往往对进口采取一定的政策限制，这些贸易壁垒加大了出口的风险和不确定性。例如，在 2006~2008 年，俄罗斯是我国最大的汽车出口市场，然而由于 2008 年俄罗斯政府修订了进口汽车认证体系，使得进口汽车的认证从 11 项增加至 55 项，同时对进口汽车散件按整车价格征收 15% 的关税，这些政策大大加剧了出口的困难。因为这些贸易壁垒的存在，使得通过海外设厂的方式，充分利用当地资源、接近目标市场，成了更为可行的选择。

随着全球各大跨国公司的进入，中国汽车市场一直存在着激烈的竞争。我国的自主品牌企业由于长期以来与外资处于不同的细分市场，外资企业主要聚焦于中高端市场，自主品牌企业主要面向中低端市场，两者之间的直接竞争相对较少，因此自主品牌得以生存和壮大。然而随着世界汽车市场需求减缓，特别是金融危机之后国际市场陷入低迷，而中国市场的高速增长与之形成了鲜明的对比，使得中国市场的战略地位更加重要，因此跨国公司的战略也纷纷开始向自主品牌所在的中低端市场倾斜，使得自主品牌企业面临前所未有的困境。因此，"走出去"寻求外部市场是我国

---

① 资料来源：《中国汽车产业发展报告（2013）》，P. 254。

汽车企业对外投资的主要动因。

我国汽车企业跨国并购的主要动因是寻求战略性资产。我国汽车行业经过几十年的发展，内资企业已经在竞争中锤炼出一定的比较优势，然而我国作为汽车行业后来者，无论在技术、品牌、服务等各个方面都与国际企业有较大的差距。因此，在适当的机遇下，通过并购的方式获取战略性资产，是快速提高自身实力的有效途径。例如，吉利通过收购沃尔沃，获取了沃尔沃的品牌、专利技术、销售渠道等极具价值的资产，无疑对于其日后的发展是非常有利的。

7.2.3 中国汽车产业吸引外资对对外投资能力形成的机制分析

从以上中国汽车产业的发展过程可以明显看出，中国的轿车产业的确是从本国的初步尝试到引进外资建立和搭建产业体系，再到自主品牌企业的建立以及合资品牌企业的进一步发展，最终走到了当前所呈现的综合性共同发展的繁荣局面；并且在此过程中逐渐培养了本土企业的对外投资能力，并真实地实现了对外投资。上述发展的事实，使我们有理由相信，我国汽车产业引进的外资，在产业的发展过程中，必然地对我国汽车企业对外投资能力的培养和打造起着重要的推动作用。下面我们将利用本书第3章设立的机制分析框架，依据我国汽车行业的四个发展阶段，分阶段地分析和考察在我国汽车产业的发展进程中产业环境的动态变化以及外资对每一阶段产业环境发展的影响。

7.2.3.1 初创阶段的产业环境

利用波特的钻石模型，我们认为，这一阶段，我国汽车产业环境的主要特点表现为轿车产业的基础条件十分薄弱。这种薄弱性明显地体现在生产要素和相关产业这两个方面。在生产要素方面，这一时期我国虽然有相对廉价且充裕的劳动力资源，但是由于汽车产业总体刚刚起步，轿车产业还处于萌芽阶段，因此技术、管理等方面的高端人才极度缺乏。在生产技术上，虽然在苏联的援助下商用车领域有了一定的发展，然而在乘用车领域与国际技术水平差距较大，不具备大批量生产技术。此外，由于经济发展程度有限，这一时期我国在发展资金以及外汇储备上也极其短缺。在相关产业方面，这一时期由于只有"红旗"及"上海牌"等少量轿车的生产，因此在轿车生产领域的相关零部件配套基础还很薄弱。

与此同时，在这一时期，改革开放尚未起步，经济发展程度很低，所以在需求方面，轿车的普遍性有效需求也不存在，有限的市场需求主要集中在商用车领域；再加上计划经济时期高关税保护以及不对 FDI 开放，该产业中仅有一汽、二汽、上汽等几家大的国有企业。产业初创阶段的本土产业条件，如图 7 - 18 所示。

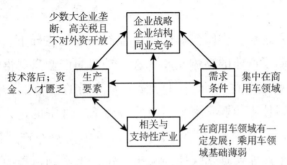

图 7 - 18　产业初创阶段的本土产业条件

7.2.3.2　合资模式主导阶段的产业发展

这一阶段是中国汽车产业在引进外资的条件下开始真正建立和发展的重要阶段。沿着产业建立和发展的路径，我们将依次梳理"从政府决策到引进外资""从外资进入到其后的产业发展""这一阶段发展后期所呈现的问题"这些细分阶段的产业环境及其变化情况。

引起中国汽车产业政策发生重大变化，从封闭走向开放，的理由源自改革发展的大环境以及我国汽车市场需求条件的变化。1978 年是我国改革开放的元年，说明当时的政府已经有了通过开放促发展的基本共识；然而，不同产业的开放都有其产业的具体的原因，而汽车产业开放的初始原因，还是起自轿车产业需求条件的变化。如前文所述，20 世纪 80 年代初期，我国轿车产品的需求出现了快速的增长，需要大量依赖进口以弥补国内生产的不足。正是轿车需求的快速增长，使得政府决心通过开放、引进外资的发展模式建立自己的轿车产业。然而，引进外资并不是没有基础条件的，中国汽车产业必须提供外资投资所看重的"区位优势"。基于前文对前一阶段产业环境的描述，当时顶级的国际车企并不看好中国。因此，为了有效地吸引外资，政府设置了较高的进口关税，同时对市场上企业数目进行严格的控制以保证市场集中度，从而把当时有限的、但却是快速增长的市场，提供给了愿意投资中国的外资企业。这才有了作为当时二流国际车企的德国大众对中国的投资。1984～1985 年，上海大众等第一批轿车合资企业的建立，标志着中国政府通过开放引资的政策发展中国汽车产业的开始。

在外资进入之后，中国汽车产业在合资企业的主导下，搭建了完善的产业体系，推动了产业的整体发展。这一时期的产业发展恰恰主要体现在生产要素及相关产业这两个前一阶段最为薄弱的环节上。在生产要素方面，在当时我国技术薄弱、资金短缺的条件下，外资的进入带来了先进的生产技术和生产设备并注入了资金，提升了中国汽车产业的生产要素条件，使中国轿车产业实现了快速的起步，轿车生产制造能力有了很大的提升。轿车产量从 1980 年的 5418 辆跃升至 1995 年的 32.5 万辆。同时，外资在本土发展过程中不仅培养了大量一般性的熟练工人，还培养了一批专业技术人员和现代化管理人才，提升了我国汽车产业人力资本方面的要素条件。例如，从 20 世纪 80 年代中期开始，上海大众每年会派大量中方管理和技术人员去大众在德国沃尔夫斯堡的总部以及大众在其他地方的企业进行培训和学习（李安定，2011）。在相关产业方面，外资通过产生行业间溢出效应帮助建立和完善了零配件体系，使得中国轿车产业真正建立起来。由于政府政策的要求，外资企业在进入之后需要将引进的车型国产化。在国产化过程中，外资企业会帮助零配件厂商获取技术、设备并培训人才。以上海大众的国产化为例，德国大众公司会提供产品样式、设计方面图纸和要求，并会帮助中国零配件厂商从其母公司或其原有供应商处引进相关设备，从而使为上海大众配套的零部件企业获取产品和制造技术。在德国大众的介绍下还有一些其跨国配套厂商也投资进入了中国，与国内企业建立了合资公司，如博世、纳铁福、汉高等（穆荣平，1997）。国产化过程中，德国大众还会派专家进行技术指导，并对中方员工进行培训。此外，外资企业对于产品质量的高标准也显著促进了零部件企业能力的提升。例如，由于桑塔纳轿车比此前上海汽车厂生产的轿车技术先进三四十年，国产化的实现非常困难。然而德国大众仍然坚持按照德国的高标准进行要求，迫使零部件企业提升自身能力。例如上海大众国产化过程中的供应商之一——上海离合器厂在配套过程中，解决了"原型车离合器沉重的毛病"，并独立开发了新产品，供应给国内其他整车厂商（谢伟，吴贵生，1997）。在外资的上述作用之下，我国轿车国产化取得了初步的进展，一批符合国际标准的零部件供应商建立起来。

在产业迅速搭建与发展的过程中，随着生产要素与相关产业的升级，到了 20 世纪 90 年代中后期，钻石模型四要素中的需求条件与竞争条件开始成为制约产业发展的短板。这一时期我国的市场需求仍主要以公务需求为主，这种需求条件使得市场上的车型以中高端为主，且种类相对单一。而由于政府对于新企业准入的严格限制，这一阶段我国的汽车市场仍然主要被少数几家大型企业所垄断，市场竞争不充分，从而导致外资技术更新缓慢，例如，上海大众 80 年代引入的桑塔纳车型在中国同类产品市场上形成了一股独大的局面。合资模式主导阶段的产业发展状况，如图 7 - 19 所示。

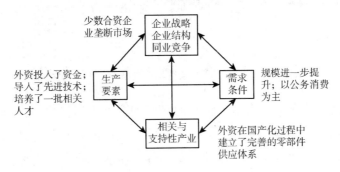

图 7 - 19　合资模式主导阶段的产业发展状况

7.2.3.3　自主品牌涌现及竞争发展阶段的产业发展

这一阶段产业发展的一个重要标志是以吉利、奇瑞等为代表的一批自主品牌企业相继涌现，从而结束了我国轿车行业外资品牌主导市场的局面。与此同时，随着市场竞争的加剧，合资企业有了进一步的发展，并与自主品牌一起进一步带动了整体汽车产业的升级。下面将首先分析自主品牌企业诞生及发展条件，其后再进一步分析这一时期我国汽车产业的总体发展状况。

（1）本土产业条件及自主品牌企业诞生。这一时期，前一阶段以公务需求为主的需求条件开始发生变化，私人乘用车需求开始迅速增长。需求条件的变化为自主品牌企业诞生创造了机遇。随着私人轿车需求的增长，由于外资产品价格较高，因此大量价格敏感的低端市场没有被外资覆盖。这种巨大的、未被满足的潜在市场，首先被本土企业敏锐地察觉到了。例如，奇瑞的创始者芜湖市政府的领导人正是发现当地的村办工厂敲打出的简陋汽车尚且有可观的收入，因此意识到汽车市场潜力巨大，决心进入汽车行业。本土产业条件与自主品牌企业的诞生，如图 7-20 所示。

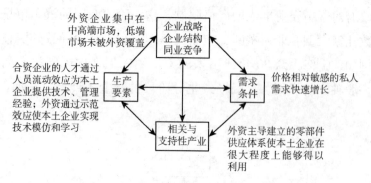

图 7-20　本土产业条件与自主品牌企业的诞生

虽然市场需求条件为本土企业的诞生创造了机遇，然而汽车制造业毕竟是相对复杂的行业，因此本土企业想要进入还需要具备专业人才、关键技术及相关零部件供应等必要的要素条件。而前一阶段合资模式下的产业发展恰恰为本土企业的诞生提供了上述必要条件。在生产要素方面，合资企业内部培养的部分专业人才通过人员流动效应进入本土企业，为本土企业的发展提供了技术及管理方面的经验。例如，奇瑞在建立初期吸引了大量来自一汽大众的员工，包括其总经理和早期的技术骨干尹同跃。同时外资通过 FDI 示范效应，为本土企业提供了技术学习和模仿的机会。例如，吉利生产的第一辆轿车"豪情"，主要是通过模仿和反向工程制造出来的，是"拆奔驰，仿夏利"的路线（张明转，2011）。在相关及支持性产业方面，外资企业主导建立的开放式的零部件供应体系，不仅为本土企业提供了高质量的一般性零部件，还提供了发动机、变速器等关键零部件，从而使本土企业得以越过由于关键零部件技术所构成的进入壁垒（赵增耀，王喜，2007）。例如，奇瑞第一款车型"风云"的生产在很大程度上利用了大众汽车在国内建立的成熟的零部件配套体系。

综上所述，前一阶段外资主导模式下生产要素及相关产业的发展为自主品牌企业的诞生打下了良好的基础，而这一时期本土需求条件的变化则为自主品牌企业的诞生创造了契机。

（2）汽车产业总体的进一步发展。在上一阶段中，由于竞争的缺乏使得产业的整体发展受到了制约，产业技术更新缓慢。为了促进竞争，20世纪90年代末期政府批准了通用、本田等外资企业进入市场。中国加入WTO之后，整车进口关税逐渐下调，同时福特、现代、宝马等外资企业相继进入，在外资所在的中高端市场上竞争日益加剧，前一阶段市场垄断的局面被打破。同时，随着私人轿车需求的快速增长，也使得中国市场对于轿车需求的种类更加多样化。正是在竞争环境和需求条件的共同促进下，使得外资规模扩大，加快了技术更新及车型引进的速度，并且开始更多地针对本土市场进行适应性研发。例如，2002年上海大众引进了与世界市场同步推出的POLO车型；2005年推出了针对中国市场打造的帕萨特领驭等等。在外资企业自身发展壮大的过程中进一步提升了产业技术、人力资本等相关生产要素，同时进一步带动了相关产业的发展。而这种外资带动下的技术、人力资本及相关产业的发展，将通过前文提到的示范效应、人员流动效应等机制，进一步使自主品牌企业的发展从中受益。

与此同时，随着政府放松对于本土整车企业审批的限制，奇瑞、吉利、比亚迪、华晨等一批自主品牌企业相继进入市场，低端市场的竞争也越来越充分，并且由于处于价格敏感且进入门槛相对较低的细分市场，因此市场竞争也更为残酷和激烈。伴随着自主品牌企业的诞生，一批具有低成本优势的本土零部件企业也随之建立起来。例如，吉利进入汽车工业之后，其所在的浙江台州地区发展了一批民营零部件供应商，这些民营企业的零部件价格只是进口产品价格的 1/3 ~ 1/2（路风，封凯栋，2005）。在激烈的竞争之下，我国自主品牌企业在低端市场的发展逐渐成熟，部分企业开始将产品出口到具有类似需求的发展中国家。

总体来看，在这一时期，私人轿车需求快速增长，并且随着政策的开放更多外资进入市场，前一阶段需求条件单一、少数外资垄断市场的局面被打破。在需求和竞争的促动下，外资所在的中高端市场进一步发展，带动了整体产业条件的提升。与此同时，在产业整体发展的基础上，自主品牌所在的低端市场也逐渐发展成熟，并初步具备了出口能力。自主品牌涌现及竞争发展阶段的本土产业发展，如图 7-21 所示。

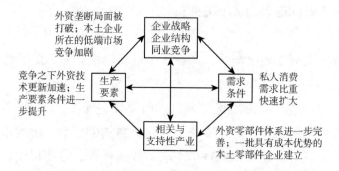

图 7-21 自主品牌涌现及竞争发展阶段的本土产业发展

7.2.3.4 对外投资起步阶段的产业环境及本土企业对外投资能力

经历了前面三个阶段的发展积累，到了这一时期，钻石模型的四个要素实现了较为均衡且成熟的发展，形成了我国汽车产业的总体繁荣。结合前文的描述，可以将这一时期我国汽车产业的本土环境概括如下：就需求条件而言，我国具有庞大且多层次的需求环境；从生产要素条件来看，经过多年的发展，我国汽车行业已经积累了一批技术人员，也培养了一批有经验的管理者，人力资本有了很大的提升。例如，2005 年我国汽车行业工程技术人员总人数已达 19.3 万，占汽车行业总职员数的比重也从 1993 年的 8.4% 上升至 11.6%[①]。此外，相对于世界上其他主要汽车生产国，我

---

① 资料来源：《2012 年中国汽车工业年鉴》。

国具有劳动力成本方面的优势。随着市场竞争的加剧及中国市场战略地位的提高，外资在中国市场上引进的车型和技术均达到了世界先进水平；在相关产业的发展上，我国不仅在外资主导下建立了具有国际质量标准的供应商体系，还涌现了一批具有低成本优势的民营零部件企业；在同业竞争方面，在外资所在的中高端市场以及本土企业所在的低端市场均形成了充分的市场竞争，并且内外资之间的竞争也逐步加深。总体来看，到了这一阶段，我国汽车行业已经形成了完整的产业体系，产业发展进入了成熟阶段并具有了一定的国家竞争优势。对外投资起步阶段的本土产业环境，如图 7－22 所示。

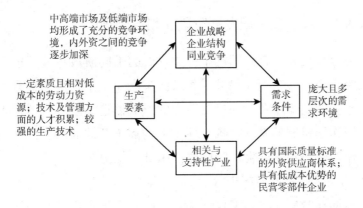

图 7－22　对外投资起步阶段的本土产业环境

　　正是有了产业的总体繁荣，使得根植于其中的本土企业得以不断成长和壮大。同时，随着政府对于自主品牌和自主研发的支持，自主品牌企业在更加优越的政策环境下进一步提升自身能力。伴随着出口的发展，出于规避贸易壁垒以及降低物流成本等原因，一些有能力的本土汽车企业已经开始通过对外投资的方式对出口进行一定程度的补充和代替。根据国际投资理论，对外投资的实现，说明我国本土汽车企业已经具备了一定的所有权优势。然而，这种所有权优势并不是绝对的，而是具有相对性。由于目前我国汽车企业对外投资主要是通过建立海外 KD 工厂的形式，因此对外投资能力与出口所具有的能力类似，在很大程度上是企业在国内市场竞争优势的延展。我国的本土汽车企业在国内市场的竞争优势主要集中在低端市场，而低端市场的需求特点决定了其竞争优势主要体现为"一定质量和技术之下的低成本优势"。相对的，由于不具有在中高端市场的竞争优势，本土企业在技术、品牌等方面相对于传统跨国公司仍处于明显的弱势地位。因此，我国本土汽车企业具有的对外投资能力及所有权优势主要是相对于具有类似需求特点的发展中国家市场而言。例如，俄罗斯是我国企业对外投资的主要东道国之一。在中国企业进入之前，俄罗斯中高端汽车市场被各大跨国企业所占领，价格相对较高；在低端市场上，俄罗斯虽然也有自主品牌企业"拉达"，但是车型种类相对单一。因此中国本土企业凭借较高的"性价比"优势，在进入俄罗斯市场的当年就获得了良好的销售业绩。

7.2.3.5　政府在不同发展阶段作用的强调

从上述分析可知，在我国汽车行业发展的不同阶段，外资进入通过直接影响及溢出效应等渠道，促进了我国汽车产业本土优势的提升，从各个方面为本土企业的诞生及对外投资能力的形成创造了条件。上述吸引外资对对外投资作用机制的发挥在各个环节上均离不开政府的关键作用。下面我们进一步对政府在不同发展阶段的作用进行总结。

（1）第一阶段：产业起步阶段。

这一时期在政府的主导下建立了一汽、二汽等大型国有企业，我国汽车产业有了初步的发展，主要集中在商用车领域。这一时期的产业发展使我国初步培养了一批汽车行业的技术专家，为日后吸引外资奠定了初步的产业基础，也为吸收外资技术积累了初步的吸收能力。

（2）第二阶段：合资模式主导的发展阶段。

第一，在国内轿车产业技术远远落后于国际水平的情况下，政府决定允许汽车行业 FDI 的进入，使得在外资主导下真正建立起了我国的轿车产业，也为内资企业提供了更多向外资学习的机会。

第二，为了保护本土汽车产业，这一时期政府一方面设置了高关税壁垒，另一方面对于外资的进入程度有着严格的限制，外资的进入需要经过多个政府部门的审批。由于政府对于竞争的限制，将有限的市场需求留给了少数几家大企业，这就使得在改革开放初期基础条件薄弱、市场需求有限的情况下，以大众为代表的外资企业仍然有动力通过直接投资的方式进入中国市场。

第三，在整车制造领域，政府一直对外资的进入方式有明确要求，外资只能通过与内资企业合资的方式进入中国市场，并且外资的持股比例不得超过 50%。正因为政府对于外资的进入方式和持股比例有着较为严格的限制，使得合资企业中的中方企业始终在国内汽车市场上占有一席之地。合资这种模式相对于独资经营模式来说内外资之间的接触更多，更有利于内资企业模仿和学习外资技术以及人才的流动，因此从国际经验来看更有利于外资溢出效应的产生（陈涛涛，宋爽，2005；Javorcik & Spatareanu，2008；Almeida & Fernandes，2008；Gu & Lu，2011）。事实证明合资企业培养的技术及管理人才对于本土企业的发展起到了关键的作用。

第四，在引进 FDI 之后，政府对于零部件国产化进行了鼓励和要求，并对于国产化的顺利实施起到了重要的作用。例如，1994 年的《汽车产业发展政策》中明确指出将"引进技术产品的国产化进度，作为国家支持其发展第二车型的条件之一"。对于达到国产化率要求的外资企业政府给予进口关税方面的优惠。在国产化过程中，政府还积极行动保证了国产化的顺利实施。例如，在桑塔纳国产化的过程中，政府设立了上海桑塔纳国产化专项基金，从每辆桑塔纳轿车的销售收入中提取 2.8 万元为零部件厂家的国产化技术改造提供低息贷款，从而有效地解决了零部件企业的资金紧缺问题（夏大慰等，2002）。

（3）第三阶段：自主品牌涌现阶段。

第一，地方政府为本土企业的诞生和发展提供了重要的支持。在吉利、奇瑞等企业诞生的初期，由于没有得到中央政府的批准，没有汽车生产许可证，因此受到中央政府的排挤，产品也无法在全国范围内销售。这个时候地方政府起到了关键的作用，为了促进当地经济的发展，地方政府对于这些企业给予了不同程度的支持。例如，奇瑞所在的安徽政府，将奇瑞的产品用于当地的出租车，帮助奇瑞获得了初期的规模效应。此后在吉利等企业生产许可的获取上，地方政府也起到了积极的作用。

第二，这一时期政府的作用还体现在适时引入竞争，增加市场活力。在 20 世纪 90 年代，由于缺乏市场竞争，中国汽车市场产品更新缓慢，并且产品价格偏高。为了促进产业的升级和发展，从 90 年代末期开始，政府引进了更多的外资，促进了市场竞争的加剧。同时，随着中国加入WTO，政府逐渐下调了整车和零部件的进口关税，使得市场竞争更加充分。伴随着竞争的加剧，外资企业加快了产品引进和更新的速度，促进了整个产业的发展，也为本土企业创造了更多的学习机会。同时，随着外资更多地关注低端市场，以及本土企业向中高端市场升级，内外资之间的直接竞争将更多，将更有利于本土企业在良性竞争中提升效率。

（4）第四阶段：对外投资起步阶段。随着自主品牌本土企业的发展，政府越来越重视对于自主研发和自主品牌的支持，从而进一步促进了本土企业能力的提升。例如，在 2004 年的《汽车产业发展政策》中，明确提出"国家支持汽车、摩托车和零部件生产企业建立产品研发机构，形成产品创新能力和自主开发能力"。并且对于企业自主开发给予税收等方面的优惠支持。2009 年出台的《汽车产业调整和振兴规划》中进一步强调了国家支持自主创新、发展自主品牌，并且对于企业自主开发给予税收等方面的优惠支持。政府对于自主品牌汽车也给予政府采购方面的优先。例如，"宁夏、湖南、甘肃、新疆等多个省级党委政府"已经出台文件规定："领导人换乘公务用车，需选择国产自主品牌汽车"。[①] 政府的支持为本土企业自主研发创造了更加优越的政策环境，在这样的背景下不仅原有自主品牌企业有了更快的发展，一些合资企业的中方母公司也加入自主品牌的行列中。

7.2.3.6　中国汽车行业吸引外资对对外投资的作用机制总结

从以上的分析可以看出，我国汽车产业的对外投资能力的确得益于我国对外开放和吸引外资的过程。尽管过程比较复杂，但也有一定的内在逻辑可以梳理和归结。与此同时，中国政府在中国汽车产业的发展以及对外资的引导作用方面起到了至关重要的作用。

经过上文的分析，我们在引进外资对我国汽车产业对外投资能力的影响方面得出以下主要基本结论：

---

① 资料来源：涂重航，尹蔚，赵力. 多省市改作风规定要求领导换乘国产品牌汽车 ［N/OL］. 新京报，（2013-02-04）［2014-03-24］. http://news.sina.com.cn/c/2013-02-04/023926194638.shtml.

第一，我国汽车产业吸引外资对对外投资能力的影响主要表现在引进外资对整个汽车产业发展环境的综合影响和连续过程中。它集中体现在：引进外资对我国汽车产业的建立、汽车产业零部件体系的建设、汽车产业环境中资本、技术、人才等各种生产要素的提升，以及外资企业间相互竞争所带来的产业整体发展等各个方面。这正是外资企业对我国积极的直接影响和各种类型的溢出效应的体现。总之，在行业层面，外资企业对中国汽车产业对外投资能力的影响总体体现在外资对本土汽车产业的建设和快速发展所做出的贡献上。

第二，外资对中国汽车产业的投资以及对中国汽车产业对外投资能力的影响是在中国特定的区位优势环境中、与中国的特定产业环境的相互作用中发生的。中国改革开放的大背景及其不断扩大的市场规模等区位优势吸引了外资的不断进入，也激励了外资在中国的不断发展；而外资在不断发展的过程中又受到了中国政府产业发展政策的引导，其直接和间接的溢出效应又是在与中国整车企业、零部件企业以及不断扩大和提升地人力资本的大环境不断互动的过程中发生的。这也进一步印证了前文实证研究中所证实的东道国市场规模以及人力资本水平对于吸引外资对对外投资促进作用产生的关键影响作用。

第三，我国汽车产业中对外投资能力的典型代表企业是我国自主品牌的汽车企业。在我国自主品牌车企的发展过程中，本土低端需求的兴起和对本土需求的高度敏感性使自主品牌企业把握住了发展的机会；与此同时，外资企业的早期进入所创造的产业环境也为本土企业的成长打下了基础；因而，我们认为我国本土汽车企业的发展是对本土市场机会的把握和在外资的主导下中国汽车产业的发展充分结合的结果。

第四，我国本土汽车企业虽然已经实现了对外投资，但其对外投资能力和所有权优势具有一定的相对性，即是相对于与我国具有类似需求特点的发展中国家而言的。这一点与本土汽车产业的发展状况及发展程度紧密相关。

此外，中国政府在整个汽车产业从引进外资、产业发展到对外投资的过程中所起到的关键作用，集中体现在以下几个方面：

其一，在我国轿车产业技术远远落后于国际水平的情况下，是政府决定通过吸引外资的方式发展汽车产业。并且在改革开放初期基础条件薄弱、对外资吸引力有限的情况下，政府通过对于竞争的限制，将有限的市场需求留给了少数愿意进入中国市场的外资企业，从而使得通过吸引外资发展汽车产业的战略真正得以实现。

其二，在引进外资之后，政府对于国产化率给予了鼓励和要求，从而在政府的引导下，外资帮助搭建了本土零部件体系，使我国的轿车产业真正建立起来。

其三，在 20 世纪 90 年代末期，由于意识到市场的竞争缺乏，政府适时加大开放力度，引入了更多外资，从而使外资企业在竞争下加快了产品引进和更新的速度，促进了整个产业的发展。

其四，政府越来越重视对于自主品牌和自主研发的支持，使得本土企业在更加优越的政策环境下得以实现更加快速的发展。

7.3　典型行业案例分析：半导体行业

7.3.1　中国半导体产业的发展历程

根据中国半导体产业的开放特点和能力演变，我们将其发展历程划分为三个阶段：1956～1978 年的封闭发展阶段、1979～2000 年在开放条件下的起步阶段，以及 2001 年至今在开放条件下的追赶阶段。

从 1956～1978 年，我国半导体产业经历了长达 22 年的封闭发展阶段。1956 年，国务院发布《1956 年至 1967 年科学技术发展远景规划纲要》（以下简称《纲要》），其中的第 40 项就是"半导体技术的建立"。为贯彻落实《纲要》，政府立即采取了两项战略措施：一是培养人才，从 1956 年起将北京大学、复旦大学等五所高校物理系的部分教师和高年级学生集中到北大物理系，创立了中国最早的半导体专业；二是建立半导体科研机构，中科院物理所和第二机械工业部第 11 研究所分别于 1956 年设立了半导体研究室。1957 年，我国研制成功第一个锗合金晶体管，1958 年又完成了第一个自主设计、装配的半导体收音机。1965 年，我国开发出首个

DTL 型数字逻辑电路，仅比国际上晚了 7 年。不过，"文化大革命"期间产业发展混乱，手工作坊式的半导体制造厂一哄而上。到改革开放前全国已有 600 多家半导体厂，一年的产量却只有日本一家两千人工厂月产量的 1/10，主要产品仍停留在仅包含十几个或几十个元件的集成电路，与国际水平存在 10 年以上的差距（俞忠钰，2013）。

改革开放后，我国政府开始引进技术和吸引外资，引导半导体产业在开放条件下重新起步。"六五"期间，全国共有 33 家单位开展了技术引进，耗资约 1.5 亿美元。但是，其中产生显著影响的只有无锡 742 厂从日本东芝引进的 5 微米技术的双极线性集成电路生产线，其他项目大多因引进的设备零散、技术落后而无法正常运转。于是，我国政府开始采取吸引外资的方式，先后引入美国的贝尔公司、荷兰的飞利浦公司和日本的 NEC 公司，与本土企业合资成立了上海贝岭、上海飞利浦和北京首钢日电三家重点企业。此后，在"八五"和"九五"期间，我国政府又相继主导了 908 和 909 两个大型的半导体工程。其中，908 工程以无锡华晶（前身为无锡 742 厂）为主体，从美国 AT&T 公司引进了 0.8 ~ 1 微米的集成电路生产线；909 工程的实施主体为中外合资的上海华虹 NEC 电子有限公司（简称"华虹 NEC"），建成了一条 8 英寸、0.5 微米技术的生产线。

21 世纪以来，我国政府进一步扩大开放，推动产业进入追赶阶段。2000 年 6 月，国务院发布了《鼓励软件产业和集成电路产业发展的若干政策》，对集成电路产业的发展给予了资金、税收、折旧等多方面的优惠。2011 年，国务院又出台《关于进一步鼓励软件产业和集成电路产业发展的若干政策》，继续加强对集成电路产业的支持力度。于是，跨国公司、海外人才和创投资金纷纷进入中国，带动了我国集成电路设计和代工产业的蓬勃发展。2014 年，中国集成电路产业的销售额已经达到 2672 亿元，成为国际半导体产业重要的新兴制造大国；从设计、代工到封测的三段产业链格局已基本形成，在 2014 年销售额中的占比分别为 34.7%、23.6%、41.7%，如表 7 - 24 所示。

表 7-24　　　　　　　我国集成电路行业各产业链的销售额　　　　　单位：亿元

		2001 年	2005 年	2010 年	2011 年	2012 年	2013 年	2014 年
产量		63.6	265.8	652.5	719.6	823.1	866.5	1034.8
销售收入		188.3	702.1	1440.2	1933.7	2158.5	2414.6	2672
各链段销售额	设计业	11	124.3	363.9	526.4	621.7	808.8	1047.4
	制造业	27.16	232.9	447.1	431.6	501.1	600.9	712.1
	封测业	150.14	344.9	629.2	975.7	1035.7	1098.8	1255.9

资料来源：俞忠钰（2013），中国信息产业年鉴。

7.3.2　中国半导体行业引入跨国公司活动和对外投资的发展特点

伴随着上述发展历程，我国半导体产业的对外开放也呈现出相应阶段性特点。自改革开放以来，首先在政府主导下经历了技术引进和吸引外资的尝试；直到 2000 年以后在政府扩大开放的政策下，外商直接投资和国际技术合作才广泛开展。

7.3.2.1　中国半导体产业引入跨国公司活动的阶段性特点

（1）开放条件下产业起步阶段的开放特征。改革开放后，我国半导体产业在政府主导下经历了从技术引进到吸引外资的开放起步阶段。从 1978 年到整个"六五"期间，我国各省市共有 33 家单位尝试从海外引进了半导体设备和仪器，但是效果并不理想。于是，从"七五"期间，我国政府开始物色合适的跨国公司与国内企业组建合资公司，并集中在少数重点企业开展大型的技术引进活动。

我国对跨国公司活动的引入是从技术引进开始的，如表 7-25 所示。这一时期技术引进的规模和效果都十分有限，其原因可归结为国内和国际环境的制约。一方面，政府全面主导的技术引进活动存在着效率问题。在技术引进的过程中，我国政府主导了从立项、谈判、审批到签约的全部过程，暴露出审批效率低、引进周期长等问题。例如，"七五"期间的重点项目无锡微电子工程和"八五"期间的重点项目 908 工程，仅项目审批时间就耗费了 3 ~ 5 年，待项目引进投产之时技术已经大为落后。另一方面，我国的技术引进还面临着西方国家的大力阻挠。在巴统的封锁禁运下，我国在"六五"期间仅成功引进了一条大型的成套制造设备，而同期的其他引进项目大多只能采取拼盘引进、旧线引进和单台设备引进的方式。受限于上述内、外部因素，我国这一时期引进的有效技术非常有限，多数年份的引进金额不超过 3000 万元。

表 7 - 25　　　　　　起步阶段我国半导体产业主要技术引进项目

时间	引进情况
"六五"时期	全国共 33 个单位开展引进活动，累计投资 13 亿元。除了无锡 742 厂从东芝引进的 5 微米生产线，其余引进项目大多半途而废
"七五"时期	重点引进工程"无锡微电子工程"的主体华晶公司从西门子引进 2 微米和 3 微米集成电路制造技术
"八五"时期	908 工程的主体华晶公司从美国 AT&T 引进 0.9 微米单层多晶体双层金属（SP-DM）、互补式全氧半导体技术（CMOS）及相关设计技术

资料来源：俞忠钰（2013）。

　　同时，我国凭借成本优势也吸引了一些跨国公司投资进入封装测试环节，但是在制造环节却仅有四家跨国公司进入并全部由政府主导引进，如表 7 - 25 所示。这四笔制造业的投资呈现以下三方面特点：第一，全部由政府通过创造市场的方式引进。由于"七五"期间我国的区位优势尚不足以吸引跨国公司自发进入开展制造活动，于是政府就通过采购终端产品的方式鼓励跨国公司投资，例如，上海贝岭的设立就是我国政府以采购程控交换机为条件，吸引美国贝尔公司在我国投资了程控交换机用芯片的制造厂。第二，外资制造项目全部采用与本土企业组建合资公司的方式。为了最大限度地利用跨国公司的先进技术提升本土产业能力，政府要求跨国公司必须采取合资方式开展半导体制造业务，因此表 7 - 26 中所列项目全部为合资项目。第三，项目主要集中于上海和北京两地。这一时期，上海和北京被分别确立为南方和北方的半导体产业基地，因此上海贝岭、上海飞利浦和上海华虹 NEC 均在上海设立，而首钢日电则在北京成立。

表 7-26　　　　　　起步阶段我国半导体制造业的主要外商投资项目

成立时间	企业名称	企业介绍
1988 年 9 月	上海贝岭微电子有限公司	我国第一家合资的半导体企业，由上海仪表电讯工业局和上海贝尔有限公司合资设立，产品主要用于上海贝尔生产的数字程控交换机
1988 年 10 月	上海飞利浦半导体公司	由荷兰飞利浦公司与上海无线电七厂组成的中外合资企业，产品主要销往飞利浦公司生产消费电子产品，于 1995 年更名为上海先进半导体制造有限公司
1991 年 12 月	首钢日电电子有限公司	由首钢总公司和日本 NEC 电子株式会社合资设立，主要生产 DRAM 产品，用于 NEC 公司的下游产品
1997 年 7 月	上海华虹 NEC 电子有限公司	由上海华虹与日本 NEC、NEC（中国）共同投资 7 亿美元，建成了中国大陆第一条 8 英寸芯片生产线

资料来源：俞忠钰（2013）。

（2）开放条件下产业追赶阶段的开放特征。2000 年 6 月国务院出台的"18 号文"提出，对投资于总额超过 80 亿美元或线宽小于 0.25 微米的生产线的企业，可以从盈利第一年起享受五年的所得税免税期，并且此后五年所得税减半。于是在国内掀起了一轮前所未有的半导体生产线的投资热潮，我国集成电路制造业的外资规模达到新的高度，如图 7-23 所示。与此同时，随着我国代工企业的崛起，其也开始与国际上的跨国公司开展广泛的技术合作。

（百万美元）

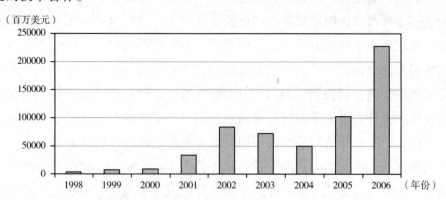

图 7-23　集成电路制造业实际利用外资发展趋势

资料来源：2007 年中国外商投资报告。

在政策鼓励下，国际主要的半导体厂商纷纷在我国投资建设了半导体制造厂，如表 7-27 所示。与上一阶段相比，本阶段跨国公司在半导体制造业的投资呈现如下特点：首先，政府不再直接介入跨国公司的投资过程。这一阶段，政策优惠以及我国在要素成本和市场需求的区位优势已经能够吸引跨国公司自发投资进入，例如，三星电子在西安投资的 10 纳米级的 NAND Flash 生产线就是因西安市政府的多重优惠政策和中国庞大的电子市场而落地的。其次，多数投资项目都采取了外商独资的方式。为了避免核心技术遭到泄露，英特尔、三星电子、海力士、台积电等世界领先的半导体厂商在中国投建芯片制造厂时全部选择了独资的方式。最后，跨国公司的投资也扩展到更广泛的地理范围。随着我国经济的发展，越来越多的省市有能力承接半导体产业，而跨国公司在选址过程中也会综合考虑各地区的区位优势，因此其投资已不再局限于上海和北京。例如，英特尔就在大连投资了 12 英寸的生产线，而三星电子 10 纳米级的生产线则选在了西安建设。

表 7 - 27　　2001 年以后跨国公司在我国投产的主要集成电路生产线

企业	制造工艺	技术水平	产量
和舰科技（苏州）	CMOS	8''，0.25μm	4 万片/月
松江台积电	CMOS	8''，0.25μm	4 万片/月
重庆茂德	Flash，LCD 驱动等	8''，0.18μm	6 万片/月
德州仪器（成都）	Analog IC	8''，0.13μm	2 万片/月
大连英特尔	CMOS	12''，90nm	5.2 万片/月
无锡海力士	CMOS	12''，90~32nm	6 万片/月
西安三星	CMOS	12''，45~20nm	7 万片/月

资料来源：俞忠钰（2013）。

随着我国半导体产业的快速发展，技术引进的规模和效果也都得到大幅提升。这一阶段，企业已经成为技术引进的主体，同时受到的国际阻力有所减弱。一方面，我国政府已不再直接干预技术引进项目，而是本土企业在与国际厂商合作的过程中根据自身的需要引进必要的专利和技术。例如，中芯国际成立后不久，就迅速从新加坡的特许半导体（Charetered）和德国的英飞凌（Infineon）公司分别引进了 0.18 微米的逻辑制程技术和 0.14 微米的 DRAM 沟槽式技术，顺利实现了相关产品的量产。另一方面，随着巴统的解散，我国引进先进技术和设备所面临的阻力也有所减少。虽然"瓦森纳协定"仍然限制军民双用的高科技设备输出中国，但是也提供了很多变通的余地，例如，武汉新芯在引进 12 寸晶圆代工设备时，就通过证明企业所生产的集成电路全部为民用而顺利获得了通过。得益于国内外环境的改善，我国技术引进的种类和金额均大幅提升，如图 7 – 24 所示。

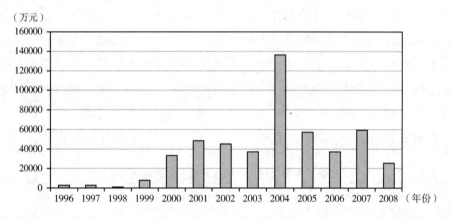

（万元）

图 7 – 24　1996 ~ 2008 年中国集成电路技术引进金额

资料来源：中国高技术产业统计年鉴。

7.3.2.2　中国半导体产业对外投资的阶段性特点

随着我国半导体制造业向代工模式转型，一些企业开始在海外建立销售机构以更好地服务于设计客户。近年来，在国家战略的支持下，我国半导体企业更开始积极参与海外并购活动。由此，我国半导体产业的对外投资可划分为两个阶段：小规模的萌芽阶段和积极开展并购活动的成长阶段。

（1）萌芽期对外投资的特点（2000 ~ 2012 年）。这一时期，我国代工企业主要在海外投资建立销售支持机构，投资的数量和规模都十分有限。如表 7 – 28 所示，我国代工行业的领军企业都已经在海外设立了分支机构。不过，尚没有企业有能力开展大型的投资活动，多数只是在海外建立销售支持机构，投资金额不高。例如，中芯国际在美国的分公司注册资本仅为 50 万美元，在欧洲的分公司注册资本也仅为 10 万欧元。

表 7 – 28　　　　2000～2012 年中国典型半导体企业的海外或地区投资

投资企业	投资情况
中芯国际	在美国、日本、欧洲和中国台湾地区设立了营销办事处，在中国香港设立了代表处
上海宏力	在美国设有销售机构，在奥地利 Villach 有一个设计基地
上海华虹	在美国圣克拉拉设有销售机构

资料来源：作者根据公开信息收集。

（2）成长期对外投资的特点（2013 年至今）。2013 年"棱镜门"事件的曝光激发了我国政府发展半导体产业的决心。2014 年，国务院印发了《国家集成电路产业发展推进纲要》，提出"鼓励境内企业扩大国际合作，整合国际资源"的发展措施。此后，工信部牵头筹建了总规模高达 1200亿元的国家集成电路产业投资基金（简称"大基金"），进一步带动了我国半导体产业对外投资的增长，如表 7 – 29 所示。

表 7 – 29　　　　　　　　近年来中国半导体产业的主要并购案例

时间	投资方	被收购企业	战略资产	投资金额	东道国或地区
2014 年	北京清芯华创投资管理有限公司 中信资本控股有限公司 金石投资公司	豪威科技公司（OmniVision Technologies）	全球著名的摄像头芯片企业	19 亿美元	美国
2014 年	江苏长电科技股份有限公司 芯电半导体（上海）有限公司 国家集成电路产业投资基金	星科金朋有限公司（STATS ChipPAC Ltd.）	全球第四大封装测试厂商	7.8 亿美元	新加坡
2015 年	北京中天联科科技有限公司	凌阳科技旗下数字机顶盒（STB）部门	数字机顶盒芯片业务	3.3 亿元	中国台湾
2015 年	北京建广资产管理有限公司	恩智浦半导体旗下的射频功率部门RF Power	大功率射频功率放大器领域全球排名第二	18 亿美元	荷兰
2015 年	武岳峰资本 eTown MemTek Ltd. 北京清芯华创投资管理有限公司 华清基业投资管理有限公司	芯成半导体（ISSI）	世界第二大 SRAM 供应商	7.3 亿美元	美国

在政府的大力支持下，我国半导体产业对外投资的规模迅速增长，通过收购活动获得了许多宝贵的战略资产。首先，政府支持成为这一时期海外投资的最典型特征。表 7－29 中所示的投资项目几乎都有政府资金的参与，例如，北京清芯华创投资管理有限公司的背后就是规模 300 亿元的北京市集成电路产业发展股权投资基金，而 2014 年长电科技和芯电半导体对新加坡星科金朋的收购更是直接获得了"大基金"的资助。其次，这一时期我国半导体海外投资的规模明显上升，单笔投资金额动辄达到上亿美元。其中最高的两笔当属对豪威科技和恩智浦 RF Power 部门的收购，金额分别高达 19 亿和 18 亿美元。最后，这些投资主要以获取战略资产为动机，以支持国内产业链的扩展和细分领域龙头企业的培育。例如，对豪威科技和 RF Power 的收购就有助于扩展我国在摄像头芯片和射频功率放大器领域的设计能力，而长电科技通过对星科金朋的收购则将跻身全球封测行业前三甲。

7.3.3 中国半导体产业引入跨国公司活动对对外投资能力形成的机制分析

在上述国际产业环境下，我国在封闭发展阶段只能通过政府创造的各种条件来发展半导体产业，而进入开放阶段后才通过引入跨国公司活动弥补和提升国内产业条件逐渐实现了产业的起步和发展。下面，对我国半导体产业内部条件的演进过程和能力形成机制进行系统地分析。

7.3.3.1 初始条件与开放特征

20 世纪 50 年代后期，我国已经具备了一定的军工和重工业基础，不过在半导体产业仍处空白。然而，当时的国际环境又不允许我国采取开放策略，因此只能在封闭条件下进行发展。

以钻石模型进行分析，20 世纪 50 年代我国在半导体产业的初始条件还很薄弱，如图 7－25 所示。生产要素方面，我国虽然在物理学科积累了一些人才和技术，但是尚不具备半导体领域的专业要素：既没有高校开设半导体学科培养专业人才，也没有专门从事半导体技术研发的机构。需求条件方面，这一时期也仅有潜在的军事需求，即需要随时提防以美国为首的西方国家引发军事冲突。在相关产业领域，我国已经在重工业、军工业和基础设施等方面取得了一定进展。不过，这一时期我国尚没有一家现成的企业能够直接开展半导体业务，因而也毫无竞争条件可言。

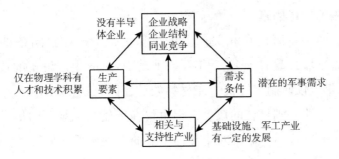

图 7 – 25　中国半导体产业的初始条件

在以上初始条件下，我国本来也应通过引入国际资源来发展半导体产业；然而在特殊的国际环境下却不得不采取自力更生的封闭发展方式，而政府在此过程中承担起创造和提升国内产业条件的重任。好在较早地进入使我国面临的行业门槛并不高，因此在封闭条件下也取得了初步的发展。

7.3.3.2　封闭发展阶段的产业环境

为了补充国内所欠缺的专业要素条件，政府首先建立了专门的人才培养机构和技术研发机构。1956 年，在高等教育部的主导下，我国创办了第一个五校联合的半导体专门化。首届毕业生 240 多人于 1958 年毕业，成为我国新兴半导体事业的第一批骨干力量。同年，中科院物理所和第二机械工业部第 11 研究所也分别设立了半导体研究室，成为我国半导体技术研发的摇篮。由此，我国半导体产业早期专业人才和技术要素的生成机制基本建立。

同时，政府也提供了我国半导体产业早期发展所必要的需求条件。我国早期开发出的半导体技术主要被用于军事领域，例如，十三所于 1964 年设计定型的锗高频功率管和锗功率开关晶体管，就分别被应用于军用小型电台和我国最初的晶体管化计算机 108 乙机；1965 年研发成功的 GD32 和 GD33 高频大功率晶体管又被用于满足军用短波通信电台发射机半导体化的需要（俞忠钰，2013）。此后，随着国民经济的发展，我国逐渐出现了低端半导体产品的民用需求，而且呈现严重的供不应求的局面。到了 70 年代，集成电路已经形成卖方市场，一块与非门电路的价格可达 500 元钱，利润率高达 40% 以上。可见，政府的军事需求才是这一阶段半导体技术得以发展的关键因素。

此外，我国政府也在相关产业做出努力，不过在封闭条件下进展有限。在设备领域，政府于 1972 年开始推动 Ø50mm 生产设备的攻关，但是直到 1978 年也仅研制出样机。在材料领域，国家计委从 1974 年开始组织大规模集成电路基础材料的攻关，但也仅在低档和小规模的集成电路材料领域取得了一些成果，难以对半导体产业的发展构成实质性的支持（俞忠钰，2013）。

遗憾的是，我国半导体产业这一时期未能形成有效的竞争机制。在卖方市场上，国内市场的高额盈利虽然推动了半导体企业数量的增加，到改革开放前我国已有半导体制造企业 600 多家；然而过于低端的需求却没有带动企业技术水平的提升，多数企业只能生产仅包含十几个或几十个元件的简单集成电路。而且，政府主导的"大锅饭"体制，使这些企业缺少争相扩大规模的意识，导致前述企业的产能之和还不及日本一家 2000 人工厂月产量的 1/10。

综上所述，在封闭环境下凭借政府创造的各种条件，如图 7 – 26 所示，我国半导体产业在这一时期取得了有限的发展。虽然一些基础的产业条件基本具备，但是与国际水平相比仍存在约十五年的差距，产业规模还不如一些起步晚于我国的后发国家。

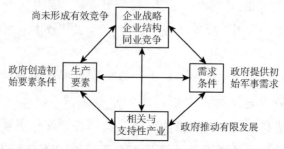

图 7 – 26　封闭发展阶段中国半导体产业的能力形成机制

7.3.3.3 开放条件下起步阶段的产业环境

改革开放后，我国政府开始通过引入跨国公司活动来提升国内半导体产业的条件。政府首先试图从跨国公司引进技术来弥补国内要素条件的缺失，不过效果并不理想。如前所述，"六五"期间我国有 33 家单位开展了半导体设备的引进，但是在巴统约束下多数项目只能采用拼盘引进、旧线引进或单台引进的方式，而我国企业当时并没有能力将这些零散的设备组装成完整的生产线以实现量产，因此这些项目大多不了了之、半途而废。唯一对产业发展做出显著贡献的是无锡 742 厂引进的 5 微米技术的双极线性集成电路成套设备。该厂的技术人员在东芝公司的培训指导下很快掌握了 5 微米的生产工艺，并通过组织其他企业前来参观学习将这一技术在全国进行了推广，产生了良好的扩散效应，带动我国集成电路产量在 80 年代上半期实现了 3 倍以上的增长，如表 7 - 30 所示。

表 7 - 30 我国集成电路年产量（万块）

年份	1973	1977	1981	1985	1986	1987
产量	186	2956	1279	5313	4500	7666

资料来源：俞忠钰（2013）。

于是，我国政府在"七五"期间开始创造条件吸引跨国公司前来设立合资企业，以补充国内在技术和资金方面的要素条件。通过承诺采购外资企业的终端产品，我国政府吸引跨国公司与本土企业合资建立了该产品所需的上游半导体器件制造厂。于是，美国贝尔公司、日本 NEC 公司等跨国公司先后在上海、北京等地设立了合资企业，使国内企业在资金、技术和人员等方面获得支援。以首钢日电为例，其不仅获得了日本 NEC 公司近 3000 万美元的直接股权投资（占股 40%），还得到了其带来的日本输出入银行超过 1 亿美元的贷款。在 1991 年底合资公司设立后，日本 NEC 公司就向其转让了 2 微米的芯片制造技术，并承诺将先后向合资公司转让约 300 种产品，以及支持合资公司开发 CAD 技术（俞忠钰，2013）。

同时，我国迅速发展的消费电子产业带动了半导体产品的需求，而跨国公司也在其中做出了重要贡献。由于我国在劳动力成本方面的区位优势，日本、美国和韩国等地的跨国公司纷纷以直接投资或者业务外包的方式进入东部沿海地区开展电子产品的组装和生产活动，并通过溢出效应带动了本土电子产业的蓬勃发展（陈涛涛 等，2010）。以电视机产业为例，我国彩电的产量从 1979 年的 133 万台增长到 2000 年的 3936 万台，从而形成了大量电视机专用集成电路的需求。与此同时，我国在收录机、电子琴、电子钟表等领域的生产规模也大幅增长，从而带动了这些领域芯片制造能力的提高。

不过，这一阶段的外资进入仍未能促使我国半导体产业形成有效的竞争机制。截至 20 世纪 90 年代末，我国有能力量产大规模集成电路的企业仅有 6 家，其中包括 4 家合资企业。一方面，这些企业的产品领域存在明显差异，例如，上海贝岭是生产程控交换机用芯片的，而上海飞利浦则是生产家电用集成电路的。另一方面，我国政府为了减少风险，在开展合资项目时就要求外方有能力自行消化大部分的芯片产品，例如，上海贝岭的芯片产品主要销往上海贝尔电话设备制造有限公司，而上海飞利浦 85% 的产品直接向飞利浦公司出售。于是，上述企业之间的竞争非常有限。

另外，跨国公司的投资和政府的扶持也在一定程度上推动了相关产业的发展，为我国半导体制造业提供了一定的支持。随着我国半导体产业的成长，相关领域的跨国厂商开始投资进入，为国内半导体制造企业提供了支持。例如，美国应用材料公司就于 1984 年在北京设立了客户服务中心，之后又在上海设立了中国区总部和全球技术培训中心。通过为上海华虹 NEC、上海先进（前身为上海飞利浦）等本土企业提供设备、解决技术问题和培训人员，应用材料公司在我国半导体产业产生了明显的前向溢出效应。同时，我国政府也继续支持了设备和材料产业的发展，但仍然仅在低端领域有所进展。到 20 世纪 90 年代初，我国已经基本实现了 3 英寸硅晶片、5 微米工艺设备的国产化，数百种低档大规模和中小规模集成电路所需的材料可以自行供应。截至本阶段末，我国半导体设备企业仍不足 10 家，材料企业仅约 20 家，总体而言对半导体制造业的支持程度比较有限。

在开放条件下，通过对跨国公司活动的引入，我国这一时期的产业条件有所提升，如图 7 - 27 所示。但是，我国半导体产业相比韩国、中国台湾等后发经济体仍存在很大差距，国内骨干企业的技术水平比韩国和中国台湾企业落后约三代，本阶段末我国半导体产业的生产能力仅相当于台积电年产能的 1/3。这一阶段的有限发展使我国政府意识到扩大开放的重要性，也为我国在下一阶段承接更大规模的跨国公司活动打下了基础。

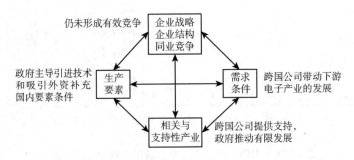

图 7 - 27　起步阶段中国半导体产业的能力形成机制

7.3.3.4　开放条件下追赶阶段的产业环境

2000 年以后，我国扩大了半导体产业的开放力度，积极顺应国际半导体产业新趋势，通过吸引跨国公司投资进入和鼓励国内外企业的技术合作带动了国内半导体设计业和代工业的蓬勃发展。下面，将对我国这一阶段取得显著进展的半导体设计产业和代工产业的能力形成机制分别进行探讨。

（1）设计产业。这一时期的政府政策显著提升了我国半导体产业的区位优势，于是吸引了大量具有跨国公司从业经验的海外人才回国创业，弥补了国内发展设计产业所需的要素条件。"18 号文"对集成电路设计产业在资金、税收等方面给予了大力支持，例如，第三条规定"'十五'计划中适当安排一部分预算内基本建设资金，用于软件产业和集成电路产业的基础设施建设和产业化项目"；第六条规定"在我国境内新创办的软件企业①，自获利年度起可享受所得税'两免三减半'的优惠政策"。同时，

---

① 第五十一条规定，集成电路设计业视同软件产业，适用软件产业有关政策。

政府还出台了《关于鼓励海外高层次人才回国工作的意见》《中国海外高层次人才引进计划》等人才吸引政策，促使海外设计人才大量回到国内创办半导体设计企业，如图 7-28 所示。这些海归人才大多都具有跨国公司的从业经历，将国际先进的设计理念引入中国市场，有效弥补了国内设计人才和技术要素的缺失。

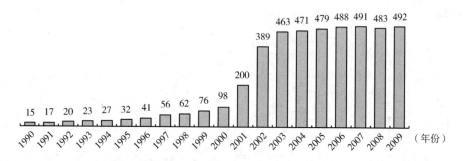

图 7-28　中国半导体设计企业数量（1990~2009 年）

资料来源：Li（2011）。

同时，国内市场需求在本阶段的蓬勃发展也促进了设计产业的苗壮成长。庞大的市场需求一方面得益于国内消费水平的提升，另一方面也因跨国公司向我国加速转移终端产品的制造业。如表 7-31 所示，2000 年我国半导体市场的规模仅为 113.86 亿美元，占全球的份额为 5.6%；而 2014 年市场规模已达 1690.4 亿美元，占全球一半以上份额。我国半导体芯片的主流应用市场为计算机、通信和消费电子三大领域。从消费水平来看，2000 年至 2014 年间我国的人均 GDP 从 949 美元增至 6093 美元，城镇居民对计算机、手机和汽车的拥有量分别增长了 8 倍、10 倍和 42 倍，由此带动了这些领域半导体市场的迅速成长。同时，跨国公司近年来将新兴电子产品制造环节向中国的集中转移。最为明显的就是近年来全球移动通讯终端厂商向中国加速转移制造业，或直接进入中国投资设厂，或寻求富士康、东信等企业代工，使我国在 2011 年智能手机的产量已占到全球 60% 以上。由此，对国内移动通讯终端应用处理器的市场规模也相应扩大，2011 年中国移动互联网终端应用处理器市场规模达到 328.1 亿元，同比大增 232.9%。

表 7 – 31　　　　　　　　全球半导体主要市场的变化情况

主要市场	2000 年		2014 年	
	全球份额（%）	市场规模（亿美元）	全球份额（%）	市场规模（亿美元）
美国	640.71	21.3	657.63	19.7
欧洲	423.09	20.7	379.23	11.4
日本	467.49	22.9	352.39	10.6
亚太	512.65	25.1	1942.26	58.3
中国市场	113.86	5.6	1690.4	50.7

资料来源：李珂. 中国集成电路市场回顾与展望. 电子产品世界，2015，(5)：9 – 11.

近年来我国市场规模的迅速增长吸引了跨国设计公司的不断进入，使得本土企业间本已近乎惨烈的竞争进一步升级，促使本土的领先企业开始整合资源以提升规模和技术实力。如图 7 – 29 所示，我国设计企业的竞争主要发生在国内市场的本土企业之间。实际上，由于设计行业进入门槛较低，加上我国中低端市场的高速发展，导致国内设计企业从 2000 年以来迅速增加至约 500 家，形成了"浅水塘抓小鱼"的行业竞争格局。这些企业中 2/3 所拥有的员工数不足 50 人，绝大多数的产品集中在中低端的消费类芯片，导致价格战成为我国 IC 设计企业之间竞争最重要的手段。然而，随着我国市场在规模扩大的同时，需求的层次也有所提升，吸引了欧美以及我国台湾地区的多家 IC 设计公司加强在华战略布局，欲抢占国内企业的市场份额。在此竞争压力下，国内领先的设计企业已经开始着手整合产业内资源，致力于提升系统集成能力。例如，珠海炬力已经宣布将利用其充裕的现金优势，收购可以强化研发部门、引入新产品线的竞争对手；华为海思也已经推出了收购或整合中小型设计公司的庞大计划（周生明，2008）。

在如图 7 – 30 所示的产业条件下，我国半导体产业的设计能力得到明显提升。2014 年，我国半导体设计业的销售规模已达 1047.4 亿元，具备了智能卡芯片、手机通讯芯片、无线连接芯片和广播芯片等多元产品的设计能力，华为海思、展讯通信、南瑞智芯、锐迪科等 9 家企业进入全球前五十大无晶圆厂 IC 供应商排行榜。

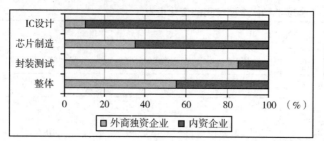

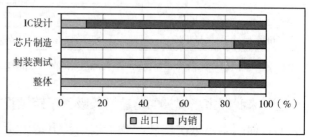

图 7-29 2008 年我国集成电路产业的国际化情况

资料来源：俞忠钰（2009）。

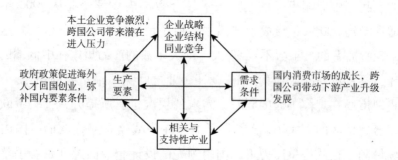

图 7-30 中国半导体设计产业的能力形成机制

（2）代工产业。在政策鼓励下，跨国公司和海外人才也被吸引进入开展半导体制造业，从而大幅提升了国内发展代工产业的要素条件。"18 号文"指出，对"投资额超过 80 亿元人民币"或"集成电路线宽小于 0.25μm"的集成电路生产企业给予所得税优惠、免征关税、加速折旧等鼓励政策，于是吸引了台积电、联电、Intel、三星和海力士等国际半导体巨头进入投资建设了芯片生产厂，带来了先进的技术和生产设施，并培养起大批本土人才。由于半导体制造企业对技术的保密严格，企业间的信息交流很少，因此人员流动便成为该行业产生溢出效应最为关键的途径。诸如中芯国际、上海华虹、华润上华等本土的代表性企业，上到核心高管，下到操作厂工，都不乏从跨国公司跳槽而来的人员。

在跨国公司直接投资进入的同时，许多具有海外跨国公司工作经历的海归人才也在政策吸引下回国创业，通过人员流动的机制进一步补充了国内半导体制造业的要素欠缺。中芯国际和上海宏力是本阶段海归团队创业的典范，两家公司的创始团队基本都具有跨国公司的工作经历。例如，中芯国际的创始成员之一杨士宁，就曾在美国英特尔公司有过十多年的从业经验；离开中芯国际后于 2011 年加入中国科学院微电子研究所，帮助我国搭建起 8 英寸集成电路先导工艺技术平台。此外，这些海归人才凭借与跨国公司的密切联系，还使其所创立的本土企业能够顺利地从跨国公司引进技术。中芯国际早期开展业务所需的 0.13 微米的工艺技术，就是其创始人张汝京从老东家德州仪器获得的授权。

这一阶段，我国政府也加大了对国内半导体产业技术研发和人员培养的支持力度，通过开展大型的官产合作项目促进产业要素条件的提升。2008 年国务院通过了"核心电子器件、高端通用芯片及基础软件产品"（简称"01 专项"）作为《国家中长期科学和技术发展规划纲要（2006 ~ 2020 年)》所确定的国家十六个科技重大专项之首，旨在实现芯片、软件和电子器件等领域的技术追赶。项目重点支持大唐电信、华为海思、中芯国际等龙头企业开展研发活动，中央财政为该项目安排了预算 328 亿元，加上地方财政以及其他配套资金，预计总投入将超过 1000 亿元。同时，政府也开展了一系列人才培养计划，以缓解国内半导体专业人才短缺的问题。例如，2003 年国务院组织实施了"国家集成电路人才培养基地"计划；2004 年教育部批准六所高校为国家集成电路人才培养基地的建设单位。

与此同时，跨国公司也为我国代工产业创造了早期的需求条件，而本土设计企业近年的成长则提供了越来越多的国内需求。由于 21 世纪初国内的设计产业尚未形成规模，因此国内代工企业的早期订单主要来自跨国公司。以中芯国际为例，其成立之初 90% 以上的订单均来源于海外，其中相当一部分来自公司高管团队以前就职的跨国公司，另有部分业务来自东芝、尔必达、富士通等日本内存芯片企业在缩减自有产能时所释放的订单。不过，随着国内市场的增长和本土设计企业的成长，国内需求所占份额日渐提升。2014 年，中国内地客户已占到中芯国际销售额的 43%，包括华为海思、展讯通信、华大设计、锐迪科等重要的本土设计公司都已成为其重要客户。对于其他本土的代工企业而言，本土需求所占业务份额甚至更高。此外，政府采购也为国内代工产业的需求条件做出了贡献，例如，在日本 NEC 退出后转而从事低端芯片代工的上海华虹，就是依靠着政府在普及第二代身份证和公交卡过程中所创造的需求，才能够继续维持正常运营的。

同时，我国代工产业也已经开始进入激烈的竞争时代。如图 7 - 29 所示，芯片制造业是一个国际化程度很高的产业，这就意味着我国的代工企业不仅在国内市场上面临着与跨国公司的激烈竞争，而且也不可避免地在国际市场上与跨国公司展开竞争。一方面，随着跨国代工企业纷纷进入国内投资设厂，并积极争夺国内的设计客户，国内市场上内、外资企业之间的竞争日渐激烈。对于国内的设计客户而言，为了满足其所设计的产品不断升级换代的需要，他们通常会倾向于选择具备持续技术升级空间的代工厂商进行合作。这就意味着代工企业必须能够证明自己比竞争对手具有更强的技术开发能力，才有可能获得设计企业的青睐，从而给本土企业造成了巨大的竞争压力。因为台积电、联电等外资企业具有实力雄厚的母公司作为后盾，在竞争中常常显示出巨大的优势，例如，华为海思、展讯通信等国内领先的设计企业都将一部分先进产品交给了前述外资企业代工。竞争的压力促使中芯国际等本土企业不仅需要加强先进制程的研发，还需要拓宽产品的应用开发以实现与跨国公司的差异化。

另一方面，由于本土代工企业大量承接国际订单，因而也必然在国际市场上与跨国公司展开竞争。代工企业具有高度的同质性，因此在国际市场上取得竞争优势的关键就在于能否走在摩尔定律的前端，即率先开发出精度更高、尺寸更小的芯片产品。只有能够量产最先进制程工艺的企业才能够赢得最优质的客户、获取最大的利润空间，而跟随者则往往只能徘徊在盈利的边缘，如表 7 - 32 所示，由此导致全球的代工企业陷入无穷尽的研发和设备的投资竞赛。这也是中芯国际自 2000 年成立以来，就不断致力于产能扩张并到处吸纳人才以扩充技术实力的原因。

表 7 - 32　　　　　　　2010 年中芯国际与业内领先者财务指标横向比较

能力指标	财务指标	台积电	联电	中芯国际
盈利能力	销售收入	14413000	4339106	1554788
	净利润	5639000	818324	14011
	净利率（%）	39.12	18.86	0.90
偿债能力	流动比率	1.63	2.06	0.84
	速动比率	1.40	1.78	0.69
	资产负债率	0.18	0.20	0.43
营运能力	存贷周转率	9.44	8.07	6.11
	应收账款周转率	10.93	7.32	7.57
	总资产周转率	0.58	0.47	0.42

资料来源：易辉（2011）。

最后，跨国企业继续支持着我国半导体相关产业高端领域的发展，而政府支持则促进中低端领域在这一阶段取得重要进展。我国已经成长为全球重要的半导体设备市场，2014 年的市场规模达到 43.7 亿美元，占全球半导体设备市场份额的 11.7%。于是，国际主要的大型设备厂商，如 ASML、Lam Research、LKA-Tencor 等，都已经在中国多个省市设立了服务机构和研发中心，以更好地支持国内制造厂商的发展。而一些中小的设备和材料厂商甚至还在中国直接投资了生产业务，例如，日本 TOPPAN 公司就在上海设立了光掩膜的生产厂，供货给上海华虹 NEC、华润上华、华力微电子和上海宏力等本土的晶圆代工企业，并在提供客户服务的过程中产生了前向溢出效应。

同时，我国政府也继续致力于我国半导体设备和材料的国产化，从而在中低端领域已经可以为半导体产业提供有效的支持。为了推动半导体设备的国内生产，国务院通过了"极大规模集成电路制造装备及成套工艺"（简称"02 专项"）作为十六个国家科技重大专项之一。2009 年，财政部联合海关总署和税务总局自取消了集成电路制造企业原来享有的进口设备免征进口环节增值税的政策。2011 年，国务院又在"4 号文"中提出，对国内符合条件的集成电路专用材料和设备企业给予所得税优惠[1]。上述激

---

[1]　2014 年至今，国家发出了三项优惠政策支持中国半导体设备发展：《关于调整重大技术装备进口税收政策的通知》《关于进一步鼓励集成电路产业发展企业所得税政策的通知》《关于开展首台（套）重大技术装备保险机制试点工作的通知》。

励措施促使我国半导体设备和材料产业取得了明显进展：在设备领域，"02 专项"的 32 项设备在 2012 年获得了验收，涌现出北方微、中微等骨干企业，其所生产的机台、化学蚀刻设备等已经被国内的代工企业用于生产；在材料领域，我国的自主技术实现了 8 英寸硅片销售零的突破，宁波金瑞泓、有研半导体材料等企业已经实现批量生产。到 2013 年，我国已有超过 100 家半导体设备企业，超过 200 家半导体材料生产企业。不过，总体而言我国半导体设备和材料产业仍主要局限于中低端，其中设备行业的国内自给率只有 1/6。

如图 7 – 31 所示，这一时期扩大开放的政策使我国已经形成一定的高端产业条件，从而推动我国半导体制造业进入追赶阶段。2014 年，我国代工产业的销售规模达到 721 亿元，已经成为国际重要的半导体代工大国之一。而且，以中芯国际为代表的本土代工企业已经开始筹备 28nm 工艺的量产，与国际前沿水平的差距缩小到 1～2 代。

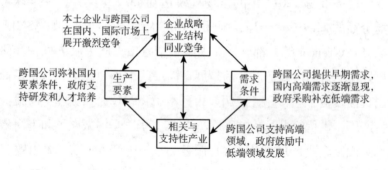

图 7 – 31   中国半导体产业的能力形成机制

7.3.3.5   中国政府促进国内半导体产业能力形成的机制总结

在我国半导体产业的发展过程中，政府更是产生了深远的影响。首先，我国政府直接决定了不同阶段产业的开放政策。其次，政府也致力于增进跨国公司与本土产业的联系，以便最大限度地利用跨国公司的资源实现本土产业的发展。最后，我国政府一直努力提升国内的各方面产业条件。具体作用机制如表 7 – 33 所示。

表 7 – 33　　　　　中国政府对中国半导体产业发展作用机制的总结

阶段	主要领域	典型政策
封闭发展阶段	开放策略	迫于国际环境采取封闭发展策略
	产业条件	1956 年创建五校联合的半导体专业和专门的半导体研发机构；提供早期的半导体军事需求；组织半导体设备和材料的技术攻关等
开放条件下的起步阶段	开放策略	初步开放，主导半导体制造业的技术引进和外资进入
	内外资联系	以采购终端产品为条件，吸引跨国公司建立半导体的合资生产企业
	产业条件	"七五"期间设立电子工业发展基金；支持半导体设备和材料的国产化等
开放条件下的追赶阶段	开放策略	积极扩大开放，鼓励跨国公司投资进入和海外人才归国创业
	产业条件	2006 年启动国家重大科技专项中的 01、02 两个专项支持半导体设计、制造和相关产业的发展；2015 年工信部主导设立规模高达 1200 亿元的国家集成电路产业投资基金；通过采购身份证、公交卡、社保卡等创造芯片需求；对国内符合条件的集成电路专用材料和设备企业给予所得税优惠等

7.3.3.6　跨国公司促进中国半导体产业能力形成的机制总结

改革开放后，跨国公司开始通过技术输出和直接投资等方式参与到我国的半导体产业中。相比于技术输出，跨国公司通过直接投资在我国产生的影响更为显著，包括通过合资和人员流动溢出效应等途径弥补国内产业要素的不足；同时也在需求、竞争和相关产业等方面促进着国内的产业条件，其具体作用机制见表 7 – 34 的总结。

表 7 – 34　　　　　跨国公司对中国半导体产业发展作用机制的总结

阶段	产业条件	MNE 活动	作用机制	方式
开放条件下的起步阶段	生产要素	技术输出	将设备和技术输出给中国企业	非股权
		合资经营	与国内本土企业组建合资公司，提供资金、技术支持，并培训人员	股权
	需求条件	进入下游行业	以投资或外包方式带动下游电子产业的发展，促进国内半导体需求	股权、非股权
	相关产业	直接投资	为本土半导体产业提供服务和支持，并产生前向溢出效应	股权
		出口贸易	向本土制造企业出口半导体设备和材料	非股权

续表

阶段	产业条件	MNE 活动	作用机制	方式
开放条件下的追赶阶段	生产要素	直接投资	投资设厂带入先进的设备和技术，培养本土人员并产生人员流动效应	股权
		人才转移	海外跨国公司培养的精英人才回国创业发展	非股权
		技术输出	向本土企业输出工艺技术并提供技术许可	非股权
	需求条件	进入下游行业	加速向中国转移新兴的电子产品制造业，带动国内半导体需求的提升	股权、非股权
		合同代工	为中国企业提供了早期的代工需求	非股权
	竞争关系	同质竞争	在国内、国际市场上与本土企业激烈竞争，并产生竞争效应	其他
	相关产业	直接投资	为本土半导体产业提供服务和支持，并产生前向溢出效应	股权
		出口贸易	向本土制造企业出口关键的设备和材料	非股权

7.4　本章小结

　　本章首先回顾了中国吸引外资、技术引进和对外投资的发展历程和特点，并从发展趋势、国家分布和行业领域三个方面进行了匹配性分析。从趋势特点来看，我国吸引外资和技术引进的发展早于对外投资，而对外投资则在近年呈现加速发展的趋势，与 IDP 理论对前三个阶段的描述相一致；同时，我国吸引外资的金额要明显高于技术引进。从国家分布来看，中国香港、美国、日本、韩国、新加坡、英国、德国等在我国引进跨国公司活动和对外投资活动中均占有重要的地位。从行业分布来看，制造业、商务服务、批发零售、运输仓储、电气水的生产供应、信息服务等行业在引进跨国公司活动和对外投资活动中均占有相当的份额。因此，我国吸引外资、技术引进和对外投资的发展趋势符合 IDP 理论，而且引入活动与投出活动的国别匹配性和行业匹配性均较高。

　　在上述分析的基础上，结合第 3 章至第 6 章的假设和模型设定，本章进一步对中国动态 IDP 机制进行了四个层面的实证检验。第一层面检验了吸引外资对对外投资的作用及关键影响因素，从总体上看中国的 FDI 流入对 FDI 流出有着显著的正向影响，主要由于 FDI 产生技术溢出效应以及信息方面的溢出，从而促进本土企业对外投资能力的提升。加入东道国特征变量的回归结果表明，中国人力资本水平越高，则对 FDI 的吸收能力越强，越有利于将流入 FDI 转化为自身对外投资能力。在区分 FDI 来源的实证结果表明，来自发展中国家和发达国家的 FDI 流入均会对中国总体对外投资和中国对发展中国家的对外投资产生促进作用。相对来讲，来自发展中国家的 FDI 对中国对发展中国家的 OFDI 促进作用更明显。而对于中国对发达国家的对外投资来说，则只有来自发达国家的 IFDI 起到了显著的正向影响。因此总体上看，来自发达国家的 FDI 对中国对外投资的促进作用更强，而来自发展中国家的 FDI 则主要对中国对发展中国家的对外投资存在促进作用。这主要是由于来自发达国家的 FDI 所有权优势更强，并且更多以市场寻求为目的，因此会产生更多的技术溢出效应，同时通过信息溢出及网络效应增进本土企业对国外市场的了解，从而提升本土企业对外投资能力。而相对来说，以港澳台为代表的发展中国家的 FDI 技术溢出较弱，在市场信息方面的溢出也更多集中在母国或类似的发展中国家市场，因此难以对中国对发达国家市场的对外投资产生影响。第二层面检验了技术引进对我国对外投资的作用。国家时序数据的结果表明，改革开放以来跨国公司主要通过直接投资的方式促进了我国的对外投资，而长期以来规模明显低于外资流入的技术引进则未产生明显的作用。第三层面专门检验了政府开放政策对我国 IDP 的影响。从国家时序数据的结果来看，1992 年的扩大开放直接促进了我国的对外投资活动，但是对跨国公司活动对本土企业的作用产生了一定的负面影响，这与当时 FDI 流入的结构性失衡、超国民待遇和本土企业的吸收能力较弱有关；2001 年的开放政策则增强了跨国公司活动对我国对外投资的作用，但是对我国的对外投资产生了一定的负面影响，主要是因为加入 WTO 后贸易的大幅增长对海外投资形成了一定的替代作用。第四层面系统检验了从吸引外资到对外投资的中间机制。国家时序数据的检验结果表明，FDI 流入通过劳动生产率溢出和出口溢出两个渠道推动了我国对外投资的发展，同时也通过合资、联盟等方式直接促进了国内企业的对外投资活动。

在行业层面机制分析中，本章选取了中国汽车行业和半导体行业作为典型行业进行案例研究。通过对于中国汽车产业不同阶段的深入分析，发现中国汽车产业对外投资能力的形成的确在很大程度上得益于中国的对外开放和吸引外资的过程。主要体现在外资主导下中国汽车产业的建立、外资通过行业间溢出效应等途径完善零部件体系的建设、外资通过直接影响及溢出效应等途径提升产业环境中资本、技术、人才等生产要素，以及外资企业间相互竞争带来的整体产业发展等。正是在外资的上述作用下，本土汽车企业得以获得诞生的基础以及发展壮大的环境，进而形成对外投资能力。本书的研究也表明，外资对于中国汽车产业对外投资能力的影响离不开中国特定产业环境（如市场规模以及人力资本等因素）以及政府的作用。

在半导体行业的分析中，本章分析了我国在改革开放后通过引入跨国公司活动促进国内半导体产业发展的机制。在开放条件下的起步阶段，跨国公司通过技术输出和合资经营弥补了国内产业条件的缺失；通过直接投资和外包带动下游产业发展以及通过直接投资和出口支持相关产业，从而提升了国内产业在需求和相关产业方面的条件，并在此过程中产生了后向和前向溢出效应。在开放条件下的追赶阶段，跨国公司更大规模地投资进入半导体产业，在此过程中引入了先进的设备和技术，培养了本土人员并通过人员流动溢出效应促进了本土产业的发展；也通过增加国内竞争压力产生了竞争效应。此外，跨国公司还通过技术输出弥补国内产业要素，通过直接投资带动下游产业需求和相关产业发展，并产生了行业间溢出效应。在此过程中，我国政府通过扩大开放的政策、以市场换技术的方式要求跨国公司合资进入以及直接提供产业要素和创造产业需求等措施，进一步强化了跨国公司活动在国内的作用效果并推动本土产业能力的成长。研究结果表明，跨国公司活动确实促进了我国半导体产业的能力提升，而我国政府的各种政策措施也产生了显著的影响。

第 8 章
国际比较分析及动态 IDP 理论的阶段性小结

在前面第 4、第 5、第 6 和第 7 章中，我们对巴西、日本、韩国和中国分别进行了详细的研究，在本章中我们将对这些国家的动态 IDP 机制进行比较。我们的比较分为两个层次，首先，我们将根据这些国家与中国的可比性的特点以及所涉及行业的不同，将比较分为两组。第一组是中国与巴西的比较，原因在于两国均为发展中大国且我们对两国在行业层面动态 IDP 理论机制的探讨中都采用了汽车产业作为典型的案例产业；第二组是中国与日本和韩国，其主要原因在于三个国家都处在亚洲，发展思路和模式上有相近之处，且所选择的典型案例行业均包括半导体产业。其次，在对四个国家分为两组分别进行比较的基础上，在第二个比较层次，我们将站在对动态 IDP 理论进行阶段性总结的角度，对四个国家的研究成果进行进一步的归纳和抽象，以期从中得出一些更加具有一般化意义的结论，以便推动动态 IDP 理论的建设。

8.1 中国和巴西的比较分析

中国和巴西同为发展中大国，在市场规模及经济发展阶段等多个方面具有相似性和可比性。同时，两国在地理环境、历史文化背景、经济发展战略等多个方面又具有较大差异。因此，将中国和巴西这两个国家进行对比分析将有助于我们归纳适用于发展中大国的一般性规律，同时也有助于发现和分析两国吸引外资对对外投资作用机制产生差异的原因。前文中已经分别对中国和巴西这两个国家吸引外资对对外投资的影响进行了实证研究及行业层面案例分析，下面我们将在前文分析的基础上对中国和巴西进行国际比较分析。

对于中国和巴西的比较分析将分为两个层面：首先，在第 4 章和第 7 章国家层面研究的基础上，针对两国国家层面进行对比；其次，在前文针对两国汽车行业机制分析的基础上，对于两国汽车行业吸引外资对对外投资作用机制的异同进行分析和总结。

8.1.1 国家层面的比较分析

沿用第 4 章和第 7 章的写作思路，下面将逐一对于两国开放发展历程、吸引外资和对外投资的特征以及两国国家层面的实证检验结果进行对比分析。

8.1.1.1 两国开放发展历程的对比

从两国开放发展历程来看，目前在吸引外资方面，总体上中国和巴西均采取了"开放式"的发展战略，在多数行业中允许外资进入。然而具体来看，两国的开放发展历程具有较大的差异，主要体现在以下几个方面：

第一，从对外开放的时长来看，巴西较中国有着更长的对外资开放的历史。1500 年葡萄牙人发现巴西并将其作为殖民地，此后巴西经历了长达 300 多年的殖民统治时期，可以说从巴西建立那天起就与外资活动密不可分。因此，由于历史文化原因，在 1822 年巴西独立之时，巴西对外资处于一种自然开放的状态。与此不同，中国从新中国的建立直到 70 年代末期之前，对于外资一直处于一种自然封闭的状态，直到改革开放之后才逐渐对外资开放。

第二，总体来看中国对外开放的政策相对更加持续和稳定，而巴西的开放政策则相对更加易变。虽然中国的对外开放时间较短，但是自改革开放以来总体上一直保持了对外资的持续开放和鼓励的态度。而从前文的描述可知，巴西历史上经历了多次的政权更替，因此总体上在对待外资的态度和政策上也经历了多次变化。例如，在 20 世纪初期巴西工业化及民族主义盛行的时期，当时的瓦尔加斯政府对于外资的态度从自然开放和鼓励转变为利用并加以限制。到了 20 世纪 60 年代军政府统治时期，又加大了吸引外资的力度，颁布了多项政策鼓励外资进入。而在 70 年代债务危机时期，由于跨国公司利润汇出的问题突显，因此又加大了对外资的限制力度。直到 90 年代自由化之后，巴西对外资的政策才又开始进入稳定开放的阶段。

第三，在对外投资方面，中国的对外投资相对来说受到更多政策的影响，而巴西的对外投资则主要是一种自然发展的状态。在改革开放之后，中国政府才逐渐批准企业对外投资，并对对外投资的行业和企业有着较多限制。随着开放程度的加深，中国政府对于企业对外投资逐渐转变为鼓励的态度，例如，在 21 世纪初期提出了"走出去"战略。而巴西政府对于本国企业对外投资采取的是一种放任的态度，没有特别的限制或鼓励政策。

8.1.1.2　两国吸引外资和对外投资特征的对比

下面将分别从总体特点、国别分布和行业分布三个方面对两国吸引外资和对外投资的特征进行对比分析。

（1）两国吸引外资的特征对比。从两国 FDI 流入的总体分布情况来看，根据 UNCTAD 的统计，截至 2012 年，中国和巴西分列全球 FDI 流入存量分布的第 6 和第 8 位，而在发展中国家和地区中仅次于中国香港，位列第 2 和第 3 位。而从 FDI 的流量数据来看，2012 年中国和巴西分别位列全球第 2 和第 4 位。由此可见，中国和巴西作为发展中大国，对于外资均有着很强的吸引力。从图 8 - 1 中两国 FDI 流入的存量对比来看，中国吸引外资发展较晚但是增长迅速。在 1992 年之前，中国的 FDI 流入存量低于巴西，而随着中国经济的发展和开放程度的加深，流入中国的 FDI 存量逐渐超过了巴西。

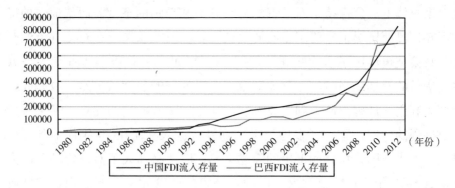

图 8 - 1　中国和巴西 FDI 流入存量对比

　　从 FDI 流入的国别分布来看，中国和巴西表现出了较大的差异。对于中国来说，由于特殊原因，来自港澳台的投资在统计时被计入外来资本，因此流入中国的 FDI 中 50% 以上来自港澳台地区。相对来看，巴西的 FDI 来源国分布更加广泛，集中度更低，并且绝大部分来自于发达国家。

　　从 FDI 流入的行业分布来看，对于中国来说，制造业一直是 FDI 流入存量最多的行业；服务业的 FDI 流入比重呈现上升趋势，在流量上逐渐超过了制造业；而第一产业的 FDI 流入一直非常少，2012 年流入第一产业的 FDI 仅占 1.7%。对于巴西来说，服务业一直是 FDI 流入最多的行业，而制造业和初级产业也占据了越来越高的比重。截止到 2011 年，巴西服务业、制造业和初级产业 FDI 流入的比重分别为 43%、41% 和 16%。两国 FDI 行业分布的不同反映了两个国家区位优势以及开放政策的差异。由于巴西是一个自然资源丰富的国家，因此随着政策的开放，巴西在石油、天然气及采矿业等初级产业中均吸引了大量的 FDI。而由于中国在低成本制造上的区位优势，因此相对于巴西来说在制造业中吸引了更多的 FDI 流入。

　　（2）两国对外投资的特征对比。从两国 FDI 流出的总体分布情况来看，根据 UNCTAD 的统计，截至 2012 年，中国和巴西分列全球 FDI 流出存量分布的第 13 和第 20 位，在发展中国家和地区中位列第 2 和第 6 位。由此可见，虽然中国和巴西在吸引外资上均在全球具有较高的地位，但是在对外投资上发达国家仍然占据主要地位。从图 8 - 2 中两国 FDI 流出的存量对比来看，巴西的对外投资起步较早，然而中国的对外投资在进入 21 世纪以来增长更加迅速，因此从 2008 年开始，中国的对外投资存量超过了巴西。

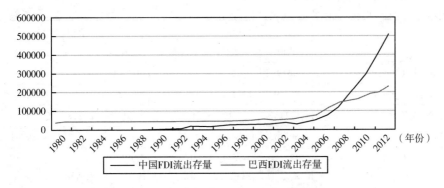

图 8 - 2　中国和巴西 FDI 流出存量对比

从两国 FDI 流出的国别分布来看，两国的对外投资中均有较大比重流向了维尔京群岛、开曼群岛等税收和监管相对宽松的国际离岸中心。并且总体来看，两国流向发达国家的 FDI 比重都在不断提升，体现了两个国家对外投资能力的增长。与中国 FDI 流入的来源国分布类似，中国对外投资中也有很大比重投向了发展中国家和地区，特别是中国香港地区吸收了中国 50% 以上的对外投资。相对来看，巴西的对外投资则主要分布于欧美发达国家。

从 FDI 流出的行业和企业分布来看，两个国家表现出了较为一致的特点。从对外投资的金额来看，以商务服务业和金融业等为代表的服务业均在两国对外投资中占据了绝对的主导地位。而从对外投资企业数目来看，两国在制造业中跨国企业的数目都显著多于服务业和初级行业。而在第一产业中，两国均分布了数目不多但是投资金额较大的大型企业。

8.1.1.3　两国国家层面实证结果的对比分析

中国和巴西实证变量统计对比，如表 8 - 1 所示。

表 8 - 1　　　　　　　　　中国和巴西实证变量统计对比

变量	中国			巴西		
	均值	最大值	最小值	均值	最大值	最小值
对外投资	138762.2	1010202	39.36	76273	204253	38545
吸引外资	264433.4	1220903	1339	180903	675533	17480

续表

变量	中国			巴西		
	均值	最大值	最小值	均值	最大值	最小值
人均 GNI（美元）	1819	7820	220	4722	12180	1560
人均出口（美元）	460.9	1710.41	20.57	450.2	1149	255.3
汇率（对美元）	6.116	8.619	1.705	1.205	3.328	0
GDP	2505366	10866444	194369	804337	2184996	349795
高等教育入学率（%）	12.36	43.39	1.69	20.7	49.3	10.4
OECD 国家 IFDI	67962	315915	1014	113794	382179	17013
非 OECD 国家 IFDI	125509	312064	8827	60634	348301	-16200
对 OECD 国家投资	5129	35974	10.56	12854	72548	243.8
对非 OECD 国家投资	57783	338784	1451	65686	188967	39190

注：其中括号中未标注的变量单位均为百万美元。

从总体层面实证检验结果来看，两国的 FDI 流入对 FDI 流出均存在正向影响。这说明对于发展中大国来说，吸引外资对对外投资的促进作用均有一定的普遍性。而从两国实证结果的对比来看，中国的 FDI 流入对于 FDI 流出表现出了更加显著的正向影响。基于前文的分析，本书认为这主要是由于中国政府对于本土企业更加重视，因此一方面在吸引外资时会更加重视对外资的引导，以使其产生更多的溢出效应，另一方面中国政府也会在政策上对于本土企业加以保护。而由于长期的殖民地历史以及大量的移民等原因，相对来说以巴西为代表的拉美国家没有根深蒂固的"本土企业"观念，因此其吸引外资更侧重于引导 FDI 带动整个产业和经济的发展，而没有更多的关注 FDI 对于本土企业的溢出效应。

在加入市场规模、人力资本以及经济发展水平这三个东道国影响因素的回归结果中，中国和巴西的实证结果均表明人力资本确实影响着对流入 FDI 的吸收能力，进而影响着对外投资水平。说明对于现阶段的中国和巴西来说，提升人力资本以及对于 FDI 的吸收能力是保证两国能够将吸引外资转化为本国对外投资能力的有效途径。而市场规模因素虽然在全球层面的检验中表现出能够与流入 FDI 产生交互作用从而促进对外投资的增长，然而在中国和巴西国家层面的检验中却没有表现出显著的正向作用。我们认为这并不能说对于中国和巴西来说市场规模的大小不是影响吸引外资对

对外投资产生正向影响的关键因素，而是说明对于中国和巴西这样的发展
中大国来说，当市场规模已经足够大时，市场规模的进一步变化将不会显
著影响吸引外资能否促进对外投资的大小。关于两国市场规模的影响将在
下面的行业层面对比中进一步阐释。

在区分 FDI 来源的回归中，中国和巴西的结果均表明来自发达国家的
FDI 对于对外投资有着显著的正向影响。并且以两国对发达国家的 OFDI
为被解释变量的回归结果表明，只有来自发达国家的 IFDI 会对两国对发达
国家的对外投资产生显著的促进作用，而来自发展中国家的 IFDI 则没有显
著影响。这说明来自发达国家的 FDI 通常具有更高的技术水平和更强的所
有权优势，并且会产生信息方面的溢出，从而有利于提升本土企业的对外
投资能力。

8.1.2　行业层面对比：汽车行业

下面将分别对中国和巴西汽车行业发展历程、吸引外资和对外投资的
特点以及行业层面吸引外资对对外投资的作用机制进行对比，进而得出行
业层面对比分析的主要结论和启示。

8.1.2.1　两国汽车行业的发展历程对比

结合前文中对中国和巴西汽车行业发展历程的描述，通过对比可以发
现如下相似性和差异性：

（1）两国汽车行业发展历程的相似性。总体来看，中国和巴西的汽车
产业在整体发展的阶段性特征上具有明显的相似性，均可以分为四个发展
阶段，即：初创阶段、外资垄断阶段、竞争发展阶段及产业相对成熟期，
如表 8 - 2 所示。

表 8 - 2　　　　　中国和巴西汽车产业发展及外资作用对比

阶段	特征	中国	巴西	相似	差异
1	时间	1978 年之前	50 年代中期之前		
	初始条件	生产要素缺乏；相关产业薄弱	生产要素缺乏；相关产业薄弱	初始条件相似	中国在商用车领域有一定基础

续表

阶段	特征	中国	巴西	相似	差异
2	时间	1978 年至 90 年代末	50 年代中至 90 年代		
	外资的进入	政府决定通过吸引外资发展汽车产业；为了吸引外资进入，政府严格限制行业内企业数目，设置了较高进口关税	政府决定通过吸引外资发展汽车产业；为了吸引外资进入，政府限制进口，并对于愿意进入的外资给予财政补贴	均是政府决定采用吸引外资的方式发展汽车产业；在本土基础条件薄弱的条件下，均是通过政府引导使引资战略得以实现	中国政府要求外资必须以合资方式进入，并且持股比例不超过 50%；巴西没有限制外资进入方式，外资多以独资方式进入
	零部件体系的搭建	有相应的国产化率要求，主要通过级差关税的方式	有国产化率的要求，要求五年内国产化率达到 90%～95%	两国政府均有国产化率要求	巴西政府对于国产化率的要求相对更加严格；巴西政府早期曾注重对本土零部件企业的保护
	生产要素的提升	外资进入带来了先进的生产技术，培养了技术及管理等方面人才	外资带来了先进的技术，培养了相关人才	外资对于生产能力、就业及人才培养等方面均有显著正向影响	中国的合资发展模式相对更有利于内资企业模仿和学习
	外资垄断局面的形成	外资进入初期中国原有少数轿车品牌被挤出市场，市场被外资品牌所垄断；由于市场高度保护，加上需求以公务需求为主，形成了外资品牌垄断市场的局面，竞争缺乏，车型单一，技术更新缓慢	外资进入之后少数本土整车企业被挤出市场；由于进口替代时期国内市场高度保护，因此形成了外资垄断市场的局面，缺乏竞争，技术更新缓慢，生产效率低下	外资进入初期，均存在外资产品对本土产品的替代效应；两国政府均对市场上已有的外资企业给予高度保护；市场的保护均导致了外资垄断局面的形成；市场需求相对不足及竞争的缺乏均成为这一阶段末期制约两国汽车产业发展的瓶颈	由于中国政府通过合资政策对内资整车企业给予保护，因此虽然中国在这一时期缺乏自主品牌产品，但是本土企业仍然通过合资的方式在市场中占有一席之地
3	时间	90 年代末至 2005 年	90 年代初至 2005 年		
	竞争发展时期	政府意识到竞争的缺乏，引入了更多外资进入；政府逐渐下调汽车产品的进口关税；需求条件开始变化，低端需求大量兴起，一批自主品牌企业诞生，填补市场空缺	自由化政策下，政府短期内快速下调进口关税；更多外资进入市场；随着进口产品及更多外资零部件企业进入市场，一批能力较弱的本土零部件企业被挤出市场；同时一些能力较强的本土零部件企业在竞争的促进下实现了对外投资	两国均存在需求条件的变化及私人需求的增长；随着竞争的加剧，两国汽车产业效率提升	中国政府开放相对更加平缓，给本土企业更长的缓冲期；两国均存在价格相对敏感的低端需求，中国在此机遇下诞生了自主品牌企业，而巴西则在政府引导下由外资满足了市场
4	时间	2005 年左右至今	2005 年左右至今		
	产业相对成熟期	钻石模型四要素均有了较为成熟的发展；处于低端市场的本土整车企业开始对外投资；少数本土零部件企业也开始对外投资	产业总体发展相对成熟；存活下来的本土零部件企业继续壮大和对外投资	在竞争和需求条件促动下，进一步带动了生产要素及相关产业的发展，实现了产业总体相对成熟	由于本土整车企业的缺失，巴西只有少数零部件企业实现了对外投资

具体来看，结合四个发展阶段的主要特征，可以发现中国和巴西汽车产业发展历程具有如下几点相似性：

第一，在两国汽车产业的初创阶段，即外资通过直接投资的方式进入并本土化生产之前，两国的产业基础条件相似。在乘用车领域，均只有少数本土企业，并且技术落后，生产能力有限，仍需依赖进口满足国内市场需求。这说明对于发展中国家来说，作为汽车产业的后来者，在缺乏外部技术来源的条件下，仅仅凭借本土已有资源发展汽车产业是十分困难的。

第二，两国的乘用车产业也均是在外资主导下建立起来的，而这种外资主导建立产业的过程离不开政府的引导和本土市场优势对外资的吸引力。两国在外资进入之前，本土产业环境均不具备必要的生产要素及相关产业的基础，因此外资没有动力通过直接投资的方式将生产环节转移到这两个国家。为了实现吸引外资发展汽车产业的战略，两国政府均以本土市场对外资的吸引力为筹码，采取相应政策限制市场中企业的数目，把有限的本土市场提供给了愿意投资进入的外资企业。同时，两国政府也均设置了较高的进口关税壁垒，迫使外资采取直接投资的方式进入市场。在外资进入之后，两国政府均对于零部件的国产化率提出了相应的要求，从而引导外资建立了本土的零部件供应体系。

这说明在通过吸引外资发展产业的战略下，政府具有关键性的决策及引导作用。同时，从中国和巴西的案例中可以看出，两国作为发展中大国，其自身市场规模的优势对于外资的吸引力也是促成外资愿意响应政府号召、帮助建立产业并实现国产化的重要影响因素。

第三，在本土产业基础薄弱的条件下，为了吸引外资进入，政府均对市场上已有的外资企业给予了保护，保护的结果导致两国均经历了少数外资垄断市场的局面。其后，在意识到市场上由于缺乏竞争而导致的效率低下问题之后，两国政府均采取了进一步开放、引入更多竞争者的方式促进了市场的活力。这进一步说明了在利用外资发展产业的过程中，政府根据本土产业环境适时采取相应策略引导外资促进产业发展的重要作用。

（2）两国汽车行业发展历程的差异性。中国和巴西在汽车产业发展历程上也存在着明显的差异性。

第一，从两国汽车行业吸引外资的时长来看，巴西从 20 世纪 50 年代开始，政府就有意识地通过吸引外资的方式发展本国汽车产业。而中国的汽车行业则是在新中国成立之后首先经历了 30 多年的封闭发展，直到 20 世纪 80 年代初期才正式开始有 FDI 进入。因此，巴西汽车行业长达 60 多年的引导和利用外资的发展历程，能够为我们提供很多可供借鉴的宝贵经验。

第二，中国政府相对来说在对外开放政策上更加谨慎，采取的是渐进式的开放策略。例如，在整车领域中国政府始终要求外资通过合资方式进入，且持股比例不得超过 50%。并且外资的进入需要经过多个部门的审批，政府对于外资进入的程度有着很强的把控能力。在汽车产品的进口关税上，中国也是采取了逐渐降低的方式，给国内企业提供了相对充裕的准备期。而巴西政府的开放则相对更加激进。例如，巴西政府没有对外资的进入方式进行限制，因此外资企业绝大多数以独资方式进入市场，导致少数本土整车企业很快被挤出市场。20 世纪 90 年代自由化政策实施之后，政府也在短期内下调汽车产品的进口关税，导致一批本土零部件企业在竞争中破产或被收购。

第三，两国政府在对待本土企业的态度上表现出较大的差异。中国政府一直重视对本土企业，特别是本土整车企业的保护，并在政策上对本土企业给予了持续的支持。例如，中国政府对于外资汽车企业持股比例的限制，保证了本土企业始终在市场上占有一席之地。而随着奇瑞等自主品牌企业的诞生，政府也越来越重视对于自主创新和自主品牌的扶持。相对来看，巴西政府对于本土企业则没有持续的保护。例如，在 20 世纪 50 年代时巴西政府曾一度对本土零部件企业给予保护，要求外资整车企业与本土零部件企业建立配套合作关系。然而到了 60 年代，这种保护政策便被取消了。而在 60 年代巴西本土整车企业陷入困境被外资收购时，政府也没有加以阻止，导致了巴西本土整车企业的全军覆没。

上述事实说明，至少在发展初期，发展中国家本土企业的发展需要政府的保护，否则将很难在与外资的竞争中得以立足。这也进一步体现了政府在本土企业生存和发展过程中的重要作用。

第四，在两国汽车产业发展的相对成熟期，中国的本土整车企业及一些本土零部件企业均实现了对外投资。而巴西由于本土整车企业的缺失以及外资对于本土零部件企业的挤出，因此只有极少数能力较强的本土零部件企业实现了对外投资。这一事实说明，即便外资促进了整体产业的发展也不必然导致东道国本土企业对外投资的产生。

8.1.2.2　两国汽车行业吸引外资和对外投资的特点对比

总体来看，两国的汽车行业在吸引外资的特点上具有很强的相似性。在"开放式"的发展战略之下，汽车行业均是两国 FDI 流入的主要行业之一。从 FDI 的来源来看，美国、德国、日本等传统汽车强国均是两国汽车行业外资的主要来源地。而中国和巴西作为发展中大国，规模庞大且高速增长的本土需求均是吸引外资进入的主要动因。

从两国汽车行业对外投资的特点来看，由于本土整车企业的缺失，巴西仅有少数零部件企业实现了海外投资。相对来看，中国汽车行业对外投资的主体更加丰富，以奇瑞、吉利等自主品牌企业为代表的整车企业立足于中低端市场，是中国汽车行业对外投资的主体；以上汽为代表的合资企业的中方母公司也通过海外并购的方式实现了对外投资；在零部件行业中，以万向集团为代表的少数企业也实现了对外投资。

8.1.2.3　两国汽车行业吸引外资对对外投资作用机制对比

通过前文的描述可知，中国和巴西汽车行业均存在吸引外资对对外投资的作用机制。具体来看，在吸引外资对对外投资的作用机制上既存在相似性也存在差异性。

（1）两国汽车行业吸引外资对对外投资作用机制的相似性。

第一，本土优势是企业初始对外投资能力的主要来源，因此在两国汽车产业的案例研究中，吸引外资对对外投资的作用机制主要体现在外资通过促进本土产业环境的提升，进而提升本土企业的对外投资能力。具体来看，吸引外资对东道国本土产业环境的影响是一个动态的复杂过程，从两国汽车产业的经验来看，主要体现在外资在产业发展的不同阶段，通过直接影响及溢出效应等途径，促进本土技术、人力资本等生产要素的提升、相关产业的发展，以及在进一步开放的过程中，通过促进竞争而进一步带动整体产业各要素发展的过程。在整体产业发展的基础上，一些本土企业能力不断提升，并最终实现了对外投资。

第二，市场规模优势均是两国得以通过吸引外资促进汽车产业发展进而实现本土企业对外投资这一过程的重要影响因素。正是因为作为发展中大国拥有对汽车产品的需求潜力，因此外资才愿意在政府的引导下通过直接投资的方式进入并通过本土化生产帮助搭建了整个乘用车产业。也正是由于发展过程中市场规模优势的进一步体现，使得两国在进一步开放、降低进口关税的条件下，仍然有更多的外资由于看重市场优势而投资进入，从而通过加剧市场竞争促进了产业的进一步繁荣。这一结论与前文中的实证研究相呼应，通过两个发展中大国的案例分析对比，进一步证实了东道国市场规模这一要素对于吸引外资对对外投资促进作用的产生有着关键影响。

第三，在两国通过利用外资发展汽车产业的过程中，均体现了政府在其中的重要作用。例如，两国均是在政府的决策下采取了吸引外资发展汽车产业的战略，并且均是在政府的引导下促使外资通过直接投资的方式进入并提升国产化率。在外资垄断阶段，也是政府通过进一步开放而引入更多竞争，从而促进了产业进一步发展。两国均存在外资对于本土零部件企业对外投资能力的促进作用，这与两国政府在一定时期内采取国产化率的要求及贸易保护等手段密不可分。

（2）两国汽车行业吸引外资对对外投资作用机制的差异性。

第一，相对于巴西来说，中国汽车行业吸引外资对本土企业对外投资的影响作用更加充分。中国不仅存在外资对于本土整车企业对外投资的促进作用，也存在外资对本土零部件企业对外投资的促进作用。而对于巴西来说，虽然外资对于总体产业发展有着明显的促进作用，然而从外资对本土企业对外投资的影响来看，外资对于本土整车企业存在明显的挤出效应，而外资对于巴西的本土零部件企业则挤出效应和溢出效应并存。

第二，由于本土整车企业的存在，相对来说中国汽车行业吸引外资对对外投资的作用渠道更加复杂和多样化。对于中国汽车行业来说，吸引外资对本土企业对外投资能力的影响渠道不仅包括传统 FDI 溢出效应理论所指出的示范效应、竞争效应、人员流动效应这些途径，由于汽车产业自身的特殊性，还会存在另一种作用渠道，即外资整车企业能够提升国内零部件企业的竞争力，进而这种外资建立起来的零部件供应体系又会被内资整车企业所利用，从而间接促进本土整车企业能力的提升；同样，外资零部件企业也可以先通过对本土整车企业的溢出效应，进而再间接促进本土零部件企业能力的提高。而本土整车企业和本土零部件企业之间由于存在天然的联系，因此这两者之间也会相互促进、共同发展，如图 8 - 3 所示。例如，对于中国汽车行业来说，跨国整车企业更倾向于采用跨国供应商为其配套，而与之相比，内资的整车企业出于采购和维修的方便、成本和技术适用性等原因会相对更多地采用国产零部件，并更多地与内资零部件企业建立供应关系。例如，吉利的发展带动了台州民营零部件企业的发展，使得当地发展出来一个具有相当规模的汽车零部件工业。因此，对于像中国这类具备本土整车企业的国家来说，其外资对于本土企业的作用也将更加充分。

图 8 - 3　汽车行业外资对本土企业影响的特殊渠道

反之，对于巴西汽车行业来说，对于本土整车企业的缺失，则不能产生上述联动效应，外资对于本土企业的作用相对不充分。巴西汽车行车外资对本土企业影响的不充分性，如图 8 - 4 所示。

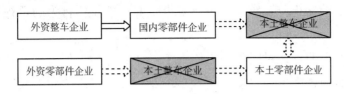

图 8 - 4　巴西汽车行业外资对本土企业影响的不充分性

（3）两国吸引外资对对外投资作用机制差异的原因分析。基于前文的分析，我们认为导致中国和巴西汽车产业吸引外资对对外投资作用机制存在差异的原因主要有以下几点：

第一，通过前文对于两汽车产业发展历程的对比可知，两国政府政策的不同是导致两国汽车产业吸引外资对对外投资作用机制存在差异的主要原因。本土企业是实现对外投资的主体，而通过前文的比较分析我们已经得知，在对待本土企业的态度上，中国和巴西的政策存在着较大的差异。与巴西汽车产业的发展不同，在中国汽车产业的发展过程中，政府一直保有并激励了本土汽车企业的发展，例如，通过限制外资持股比例、逐渐下调进口关税、对自主创新的支持等。巴西政府则主要关注外资对整体产业发展的影响，对于本土企业则没有采取过多的保护措施，因此本土整车企业在与外资的竞争中被挤出，而自由化短期大幅下调进口关税之后，本土零部件企业也受到了较大的冲击。

而在 20 世纪 90 年代私人汽车需求快速增长的时期，由于中国大市场庞大且复杂的需求特性，使得自主品牌企业得以获得诞生机遇。中国本土企业敏锐地捕捉到了低端市场需求的空缺，利用现有外资企业搭建的基础和本土低成本制造的优势，迅速进入市场并获得了发展空间。而对于巴西来说，同样由于大市场需求复杂性的特点，在 20 世纪 90 年代时虽然也出现了类似的对于低端小型车的需求，然而却在政府的引导下，由外资企业迅速把握机遇占领了相应市场。

第二，政府的作用是导致两国汽车产业吸引外资对对外投资作用机制不同的直接因素，而两国意识形态的差异则是更深层根源。对外投资主要是本土企业的行为。而由于巴西移民国家的性质以及长期被殖民的历史，相对于中国等亚洲国家来说，巴西没有根深蒂固的本土企业意识，因此对于本土企业的保护政策较少，对于本土企业对外投资行为的重视和支持也很少。

中国和巴西均通过吸引外资使汽车产业有了很大的发展。然而由于对本土企业重视程度不同，使巴西汽车行业对外投资主体相对缺乏。这一差异进一步引发了对于本土企业在产业发展中作用的思考。通过对中国和巴西的对比分析，本书认为本土企业在产业发展中具有外资企业不可替代的作用。首先，本土企业可以通过对外投资利用全球优势资源为本国利益服务。此外，本土企业的存在也将有助于提升本土市场竞争的活跃性和有效性。对于像巴西和中国这种大的发展中国家来说，在市场需求方面必然具有一定的特殊性和复杂性。相对于外资企业来说，本土企业在发现和把握本土需求方面具有先天的优势。此外，由于发展中国家的本土企业往往不具备国际化的优势，因此只能充分利用本土优势，会更多地培养本土人才。总体来看，相对于外资企业，本土企业具有更加有效地利用当地资源以及更加敏锐地把握本土需求的竞争优势。与此同时，由于外资拥有全球价值链，能够利用国际资源，与本土企业具有不同的优势要素。因此，在内外资共存的环境下东道国本地大市场中的竞争将更加活跃，从而因效率的提升而促进产业的升级与发展。

8.1.3　中巴对比的主要结论

在第 4 章和第 7 章对巴西和中国研究的基础上，我们对于两国的研究结果进行了对比分析。在两国国家层面的对比中，主要可以发现，总体上中国和巴西均存在吸引外资对对外投资的促进作用，而相对于巴西来说，中国的这种促进作用更加显著。政府政策的不同是导致两国差异的主要因素，相对于巴西来说，中国政府更加重视对于本土企业及其对外投资的支持，在吸引外资上也更加重视通过相应政策促进 FDI 溢出效应的产生。对比两国实证研究结果，还可以发现在东道国特点的影响因素上，现阶段提升人力资本、促进对 FDI 吸收能力的提升对于中国和巴西来说均是有效促进吸引外资对对外投资促进作用的关键因素。而在流入 FDI 特点的影响因素上，两国的实证结果均表明来自发达国家的相对更加高端的 FDI 将更有利于促进本土对外投资的产生。

本节进一步重点对两国汽车行业进行了对比分析。中国和巴西汽车行业发展过程中，吸引外资均对整体产业环境的发展起到了显著的促进作用，并且在此基础上均发展出了一批对外投资的本土企业。从对外投资的主体来看，中国既存在本土整车企业，也发展出了一些实现了对外投资的零部件企业，而巴西则仅有少数本土零部件企业实现了对外投资。通过对两国的对比可以发现，首先，政府在吸引外资对对外投资作用机制产生的过程中起到了关键性作用。政府一方面是引导外资促进产业发展、提升本土企业对外投资能力的决定因素之一，而另一方面，政府作用的不足也是导致外资作用不充分及对本土企业产生挤出效应的主要原因。总体来看，中国政府相对巴西政府更重视对本土企业的保护和支持，这一差异的根源则是两国在意识形态上的不同。其次，在两国汽车产业的案例中，东道国市场规模等本土优势也是影响吸引外资对对外投资促进作用产生的关键因素。在利用外资发展产业的过程中，离不开政府对外资的不断引导，而在政府的引导过程中所依赖的筹码则是东道国的本土优势，对于中国和巴西汽车产业来说，这种本土优势则主要体现为市场规模优势。

8.2　中国、日本和韩国的比较分析

中国、日本和韩国同为东亚地区成功的追赶型国家，在经济发展战略和政府干预方面具有许多相似之处。同时，这三个国家因在发展过程中所面临的国际环境和在要素水平、市场规模等方面区位优势的差异，从而呈现出不同的路径特征。因此，对这三个国家进行比较分析将有助于归纳后发国家在开放条件下实现经济赶超并形成对外投资能力的一般性规律，同时也能够进一步揭示不同的内、外部条件对后发国家投资发展路径所造成的不同影响。

本部分基于前面的研究，将分别在国家和产业层面，对中国、日本和韩国的动态 IDP 机制进行比较。首先，在第 5 章至第 7 章国家层面研究的基础上，针对三个国家的开放历程、特点以及实证检验结果展开比较研究。其次，在针对这三个国家半导体行业机制分析的基础上，针对三个国家半导体产业利用开放战略实现对外投资的作用机制进行对比分析。

8.2.1　国家层面的比较分析

这部分针对国家层面的研究结果展开对比分析，包括开放历程、跨国公司活动与对外投资的匹配性以及三个国家的实证检验结果等方面。

8.2.1.1　国家开放历程的对比

（1）引入跨国公司活动。中国、日本和韩国在引进跨国公司活动方面

存在许多共同点。第一，这三个国家在经济发展过程中都施行了开放政策，而且政策环境都经历了由紧到松的过程，从而引进跨国公司活动的规模不断扩大。第二，他们引入跨国公司活动的主要来源国都是发达国家，这些国家的跨国公司往往在技术、管理等方面具有明显的所有权优势，从而能够带动东道国经济的发展。第三，这三个国家所引入的跨国公司活动都呈现出产业转型升级的过程，即从制造业向服务业转型，从劳动密集型产业和重化工业向技术密集型产业升级。第四，三个国家都采用了不止一种方式来利用跨国公司的资源，包括吸引外资、技术引进等。

中国、日本和韩国在引进跨国公司活动方面的差异则主要体现在对跨国公司活动方式的选择上。中国自改革开放以来主要通过吸引外资的方式来促进国内经济的发展，而技术引进则一直处于次要地位。相比之下，日本和韩国都非常重视海外技术的引进。如表 8-3 所示，日本技术引进的存量长期高于吸引外资，而韩国吸引外资和技术引进之比也明显低于中国。

表 8-3　　　　　中国、日本和韩国吸引外资与技术引进的比较　　　　单位：百万美元

国家	项目	1980 年	1990 年	2000 年	2010 年
中国	吸引外资	502.40 *	4803.87	45736.63	104267.47
	技术引进	219.92 *	1755.06	20417.81	23296.98
	两项之比	2.28 *	2.74	2.24	4.48
日本	吸引外资	278.00	1806.04	8322.74	-1251.81
	技术引进	1056.27	2568.50	4113.56	6038.97
	两项之比	0.26	0.70	2.02	-0.21
韩国	吸引外资	42.90	1133.20	4842.10	28279.90
	技术引进	344.30	1087.00	3062.80	10234.30
	两项之比	0.12	1.04	1.58	2.76

注：＊为 1981 年数据。

资料来源：联合国贸发会议组织、中国科技统计年鉴、日本统计局、韩国国家科技委员会。

（2）对外投资活动。中国、日本和韩国的对外投资历程也具有广泛的相似性。三个国家的对外投资政策都经历了由限制到开放的演变过程，并且随着经济发展和本土企业所有权优势的提升不断扩大规模。具体而言，

这三个国家在不同阶段呈现出相似的对外投资特征。在起步期，由于国内外汇资源的限制，政府将对外投资活动限定在有利于获取资源和创造外汇的领域，于是矿业和贸易、金融等服务性行业成为最初开展对外投资的主要领域。此后，由于这三个国家都采取了出口导向的制造业发展策略，随着国内区位优势的升级和国际贸易环境的变化，他们加大了制造业对外转移的力度。再后来，随着国内企业对外能力的提升，他们开始更加积极地开展海外投资活动、拓展国际市场。

中国、日本和韩国在对外投资方面的差异性主要体现在投资类型和政府支持程度的不同，而造成上述区别的主要原因则是这三个国家企业对外投资能力的差异。从对外投资的类型来看，日本企业主要开展了能力运用型的投资，这主要是因为日本企业具有强悍的所有权优势，从而体现出许多传统跨国公司的特征；而中国和韩国企业则开展了大量能力提升型的投资，这些企业具有明显的新兴跨国公司的特征，在国内尚未形成充分所有权优势的情况下积极通过购买海外战略资产加以补充。从政府支持的角度来看，中国政府对其对外投资的推动作用更加明显；而日本和韩国政府在对外投资活动中的干预程度则相对较低，对企业的支持也主要限于中小企业。

8.2.1.2 跨国公司活动与对外投资的匹配性比较

（1）趋势匹配性。中国吸引外资和技术引进的金额长期高于对外投资。从流量来看，我国吸引外资的金额到 2014 年仍高于对外投资，而技术引进的金额在 2006 年以前也一直是高于对外投资的。不过，由于对外投资在近年来发展迅速，大有赶超吸引外资之势。从上述趋势可见，我国的投资发展路径存在明显的从引入跨国公司活动向对外投资活动演变的过程。

日本在近半个世纪以来的对外投资都一直高于吸引外资和技术引进。伴随着第二次世界大战后日本经济的迅速崛起，日本的对外投资发展迅速，从 20 世纪 60 年代开始就一直高于吸引外资，进入 70 年代又超过了技术引进，长期属于净对外投资国。由此可见，日本的投资发展路径主要是由对外投资主导的。

韩国则介于中国和日本之间，即吸引外资和技术引进的金额长期与对外投资相差不大。韩国与日本的相似之处在于其对吸引外资也采取了谨慎的态度，不过其对外资的利用水平还是高于日本；韩国与中国的相似之处则在于其对外投资的发展相对缓慢，不过仍然相对快于中国。从而，韩国的投资发展路径长期处于比较平缓的状态，直到近年来才随着对外投资的增长而大幅攀升。

（2）国家匹配性。中国、日本与韩国在吸引外资（技术引进）和对外投资的国家匹配性方面存在较强的相似性。三个国家的外资流入（技术引进）中都有很大部分来自于发达国家，例如，美国、英国、荷兰等；同时在中日韩对外投资的主要东道国中也可以看到这些国家的身影。这种匹配性在一定程度上说明，发达国家的企业在向中日韩三国投资（输出技术）的过程中与本土企业建立了业务联系，帮助本土企业提升了业务能力，并使后者对于发达国家的市场和企业有了更加丰富的了解，这些知识对于中日韩企业在拓展海外市场或收购战略资产时起到了重要的支撑作用。

同时，中国、日本与韩国在吸引外资和对外投资的国家不匹配性方面也存在着相似性。这种不匹配性主要体现在三个国家对外投资的主要东道国都包含了一些经济发展落后于本国或是具有丰富资源的国家，体现出三国企业对外投资的相当一部分是以降低成本和获取资源为动机的。对于降低成本型投资，发达国家跨国公司通过溢出效应等途径促使本土企业所形成的能力也可以起到支撑作用。

相比较而言，三个国家中比较特殊的是中国，因为中国吸引外资和对外投资中的大量份额都归属于中国香港、维尔京群岛和开曼群岛。这些投资中的相当一部分属于返程投资，与能力无关，不属于本书要探讨的范畴。

（3）行业匹配性。中国、日本与韩国在吸引外资（技术引进）和对外投资行业的匹配性方面也存在较强的相似性。一方面，制造业在这三个国家吸引外资和对外投资的行业中均居于重要地位，而且主要集中在电子、汽车、机械等领域。由此在一定程度上说明，跨国公司活动带动了这三个国家制造业的发展，从而促进了这些国家制造业企业开展对外投资活动。另一方面，非制造业领域的金融保险和批发零售等行业，也都在中国、日本与韩国吸引外资和对外投资的主要行业中名列前茅。虽然这三个国家在上述非制造业领域对外资开放的进程都比较晚，不过外资进入后都对国内产业造成了很大的影响，因而也会对对外投资活动有所影响。

同时，中国、日本与韩国在吸引外资和对外投资行业的不匹配性方面也存在相似性，即矿业都属于这三个国家对外投资的主要行业，在吸引外资中份额却很小。这三个国家作为人口密集的制造业大国，对资源的消耗一直在世界排名领先。因此，他们对于国内资源都采取了保护的态度，而且积极进入海外获取资源。在这一领域，因为外资的进入非常有限，因此难以对对外投资活动产生影响。

8.2.1.3　实证检验结果的比较

在实证研究部分，本书对中国、日本和韩国都进行了如下三个方面的检验，包括：吸引外资对对外投资作用及关键影响因素的影响、跨国公司活动是否促进了对外投资以及政府开放政策在 IDP 中的作用，下面分别进行比较。

（1）对吸引外资对对外投资的作用及关键影响因素的检验。就吸引外资对对外投资作用的检验而言，中国吸引外资对对外投资有着显著为正的作用，而日本和韩国则由于偏好通过技术引进等形式发展产业能力的特殊发展模式，吸引外资并未对其对外投资表现出显著的作用。由此说明，对于具体国家来说，吸引外资对对外投资的作用具有一定的不确定性，也就是说，吸引外资并不必然会对对外投资产生促进作用。

就影响吸引外资对对外投资促进作用的东道国影响因素的检验来看，对中国、日本和韩国的检验结果均表明，随着人力资本的提升，吸引外资对对外投资的促进作用有所增强。由此说明，人力资本的提升有助于增强东道国企业的吸收能力并获取溢出效应，从而进一步提升东道国企业的对外投资能力。

就区分 IFDI 来源的实证检验来看，三国的实证结果均表明来自发达国家的相对更加高端的 FDI 将更有利于促进本土对外投资的产生。就日本和韩国这两个相对发达的国家而言，本国企业已经具有相当实力的技术水平，而只有来自于发达国家的外资具有同等或者更高的技术水平和能力，能够产生显著的技术溢出效应，从而来自发达国家的外资对日本和韩国的对外投资促进作用显著。对于中国而言，来自发达和发展中国家的外资对其整体对外投资都表现出显著的作用，但是仅有来自发达国家的外资对其对发达国家的投资有显著的作用。整体来看，来自发达国家的 FDI 由于具有更高的技术水平和更强的所有权优势，并且会产生信息方面的溢出，从而更有利于提升本土企业的对外投资能力。

（2）跨国公司活动与对外投资的关系。就对跨国公司活动与对外投资的关系的检验来看，中国、日本和韩国都通过跨国公司活动促进了本国的对外投资。由此说明，对后发国家而言利用跨国公司活动来推动本国的经济发展并实现对外投资是一条切实可行的捷径。

不过，三个国家对跨国公司活动的利用却存在差异。中国主要通过吸引跨国公司直接投资并从中获取溢出效应，培养起本土企业的对外投资能力。而日本和韩国则直接依靠从海外跨国公司引进先进技术并加以吸收利用，从而实现了国内企业的能力积累。由此表明，如果能够根据国内的区位优势以及本土企业的能力基础引入适当的跨国公司活动，都将有助于推动本国对外投资的增长。

（3）政府开放政策对本国 IDP 的影响。从政府开放政策对国家 IDP 的作用检验来看，中国与日本和韩国存在较大的差异，主要体现为中国早期的开放政策对其 IDP 产生了显著的影响，而日本和韩国在 IDP 中、后期的扩大开放则未有明显效果。

在对中国的研究方面，本书对 1992 年小平南方谈话和 2001 年加入 WTO 两次扩大开放的影响进行了检验。结果显示，1992 年的扩大开放导致跨国公司活动产生了一定的挤出效应，但是却有助于直接提升对外投资的规模。其原因在于这一时期本土企业的能力还很薄弱，而跨国公司却可以享受超国民待遇，进一步扩大了二者的能力差距，从而产生了挤出效应；而在这一轮扩大开放的过程中，国内企业增进了国际市场的联系，了解到更多的国际市场信息和知识，从而提升了其对外投资的能力。至于加入 WTO 后开放程度的提高，则促使跨国公司活动产生了溢出效应，却对对外投资活动产生了负面作用。这主要是因为这一时期本土企业的能力已经显著增强，同时跨国公司也在不断提升在中国的业务功能和技术水平，从而产生了更加明显的溢出效应；然而加入 WTO 后，我国企业更加便于以贸易方式进入国际市场，从而对对外投资产生了替代效应。

同时，本书也对日本泡沫危机后以及韩国亚洲金融危机后扩大开放政策的效果进行了检验，结果表明这两国政府的开放政策既未能直接促进对外投资，也未能影响跨国公司活动对两国对外投资的作用。这一方面是因为 IDP 具有惯性，日本和韩国政府在 IDP 中、后阶段的政策转变难以产生持久的影响；另一方面也是因为跨国公司在短期内大量涌入了本土企业竞争力较弱的金融保险、批发零售和服务业领域，从而不可避免地对本土企业造成了冲击。

8.2.2 行业层面对比：半导体行业

8.2.2.1 行业发展历程和开放特点的比较

（1）发展历程的比较。日本、韩国和中国半导体产业的发展历程具有很强的相似性。如表 8 - 4 所示，三国都不是半导体产业的发源国，但是都较早地进入了这一产业，已经跨越了 50 ~ 60 年的发展历程。而且，三个国家都经历了或正在经历产业的赶超阶段。

表 8 - 4　　　　　日本、韩国和中国半导体产业发展历程对比

年份	日本	韩国	中国
1950 ~ 1959 年	产业起步阶段		封闭发展阶段
1960 ~ 1969 年		产业起步阶段	
1970 ~ 1979 年	产业赶超阶段		
1980 ~ 1989 年		产业赶超阶段	开放条件下的起步阶段
1990 ~ 1999 年			
2000 ~ 2009 年	产业衰退阶段	综合发展阶段	开放条件下的追赶阶段
2010 年至今			

不过，由于产业发展过程中所处的内、外部环境的不同，三国的产业发展历程也存在差异。日本和韩国都比较顺利地实现了产业起步和赶超，而中国则经历了漫长的起步期。而在实现赶超后，日本逐渐走向衰落，而

韩国则继续发展壮大。

（2）引入跨国公司活动的特点比较。日本、韩国和中国在半导体产业的发展过程中，都受到来自先进国家跨国公司的支持。如表 8 - 5 所示，跨国公司主要通过技术输出和直接投资的方式，帮助三个国家实现了半导体产业的起步和赶超。而且，随着产业的发展，三个国家的开放程度都不断提升，从而跨国公司在产业中的参与程度也越来越高。

表 8 - 5　　日本、韩国和中国半导体产业引进跨国公司活动的特点比较

产业发展阶段	日本	韩国	中国
产业起步阶段	技术引进为主	鼓励外商投资	先尝试技术引进 后努力吸引外资
产业赶超阶段	技术引进为主	技术引进为主	鼓励外商投资 和国际技术合作
后续发展阶段	鼓励外商投资 和国际技术合作	鼓励外商投资 和国际技术合作	—

然而，由于每个国家的内部条件不同，其政府在产业发展各个阶段所选择的开放方式也有所差异。在产业起步阶段，日本主要采取了技术引进的方式，而韩国却通过吸引外商直接投资搭建起产业的初步能力。在产业赶超阶段，日本和韩国不约而同地偏好技术引进的方式，而中国却通过吸引外资实现了显著的发展。

（3）对外投资的特点比较。日本、韩国和中国在经历了产业起步阶段之后，都于产业赶超阶段开始进行对外投资。随着产业的发展，三个国家的对外投资能力都不断提升，呈现出由幼稚走向成熟的阶段性过程。投资的规模不断扩大，类型不断丰富，对国际资源的利用和整合越来越充分。

但是，三个国家对外投资也呈现出许多不同的特征。日本企业的对外投资更多呈现出传统跨国公司的投资特点，一直以能力运用型的投资为主。而韩国和中国则更多地呈现出新兴跨国公司的特点，大量通过能力提升型的海外投资来弥补国内产业条件的不足，例如，韩国在投资初始期主要在产业先进国建立了研发前哨以获取技术资源，而且近年来中韩两国均开展了大量战略资产收购型的投资。日本、韩国和中国半导体产业对外投资的特点比较，如表 8 - 6 所示。

表 8-6　　　　　日本、韩国和中国半导体产业对外投资的特点比较

产业阶段	对外投资阶段	日本	韩国	中国
产业赶超阶段	初始期	向发展中国家转移封装测试	在发达国家建立研发前哨	在发达国家建立销售和研发机构
产业赶超阶段	成长期	进入发达国家投建生产设施	向发展中国家转移封装测试 进入发达国家投建生产设施	积极开展战略资产收购活动
后续发展阶段	成熟期	全面整合全球生产体系	继续开展研发和生产型投资 积极开展战略资产收购活动	—

8.2.2.2　行业发展的外部环境比较

日本、韩国和中国能够在半导体产业进行追赶，很大程度上是因为三个国家都把握了产业发展的外部机遇。如表 8-7 所示，在国际半导体产业发展和变革的过程中，往往会涌现出一些新的机遇。如果能够顺应国际发展趋势并把握这些机遇就能够大幅提升产业的发展速度。例如，日本在产业起步阶段就享受了较低的进入门槛和大量潜在商业机会等待挖掘的机遇；而韩国和中国在（开放条件下的）产业起步阶段则都把握了国际产业转移的机会。

表 8-7　　　　　日本、韩国和中国半导体产业对外部机遇的把握

国际产业阶段	日本	韩国	中国
晶体管时代	产业进入门槛低 大量商业机会待发掘	未把握	产业进入门槛低
集成电路时代	产业进入门槛低 大量商业机会待发掘	封装测试环节向发展中国家转移	未把握
大规模集成电路时代	以 DRAM 为主的内存芯片需求大量增长	以 DRAM 为主的内存芯片需求大量增长	封装测试环节向发展中国家转移
"设计+代工"时代	未把握	逻辑芯片需求大幅增长 设计+代工格局走向成熟	代工制造环节向发展中国家转移

不过，由于各国在产业发展时所处的国际政治经济环境及相应的国际关系有所差异，因此它们把握外部机遇的程度和结果也呈现出不同。例

如，在冷战背景下，美国和日本建立了同盟关系而对中国则采取了封锁战略。因此，日本能够顺利地获得美国的技术支持进入产业并把握美国市场的各种潜在需求，在半导体产业紧随美国的步伐；而中国只能在产业门槛较低的情况下凭借自身的能力取得有限的发展。又如，由于 20 世纪 80 年代美国和日本展开国际竞争转而扶持韩国半导体产业，导致日本难以把握国际产业发展的新趋势，并最终被韩国所超越。

8.2.2.3 行业发展的内部机制比较

内部产业条件影响着一国对外部产业机遇的把握，从而对国内产业能力的形成起到决定性作用。初始条件和开放特征决定了国内产业的起点，以及本国承接、模仿国际产业的能力。而国内产业发展环境与条件是本国特定产业发展的内在动力，主要由要素条件、需求条件、竞争环境和相关产业四个方面构成。在产业发展过程中，跨国公司和政府通过对以上四方面条件的创造、提升以及相互作用，推动产业能力的逐步提升。下面，就从初始条件和开放特征、跨国公司在产业能力形成过程中的作用，以及政府在产业能力形成过程中的作用三个方面进行比较。

（1）初始条件和开放特征的比较。日本、韩国和中国发展半导体产业的初始条件存在明显差异。如表 8-8 所示，日本是三个国家中初始条件最好的，由于较早地开始了工业化进程，因而已经积累了一些高端要素和潜在企业，并在相关产业领域具有基础。中国次之，在物理等相关领域已经吸引了少量高端人才，并通过战后的工业发展军工等领域有一定基础。而且，中国还是三个国家中唯一具有国内需求条件的。韩国则是三个国家中初始条件最差的，仅有一些低端的生产要素和在电子产业的有限发展。

表 8-8　　　日本、韩国和中国半导体产业初始条件和开放特征的比较

初始条件与开放特征		日本	韩国	中国
初始条件	要素	一定的人才和技术积累	廉价的劳动力、土地	相关学科少量人才
	需求	无明显需求	几乎没有	潜在的军事需求
	竞争	数家潜在企业	几乎没有	无
	相关产业	电子、军工等领域有基础	电子领域有限发展	军工领域有基础
开放特征		技术引进为主	吸引外商投资	封闭发展

上述初始条件的差异，就造成了三者在产业之初开放特征的不同。日本由于具有良好的初始条件，能够比较容易地吸收海外的先进技术，从而支持其采取技术引进开放政策。韩国由于仅具有一些低端的生产要素，因此需要吸引外商投资进入，在其转移低端产业环节的过程中寻求发展。至于中国，很大程度上受限于当时的国际环境而无法采取开放策略，不过由于具有一定的高端初始条件，因此政府还是选择在封闭条件下开始发展半导体产业。

（2）跨国公司在产业能力形成过程中的作用机制比较。在日本、韩国和中国发展半导体产业的过程中，跨国公司活动带来的外部资源均有效弥补了国内产业条件的不足。如表 8-9 所示，对这三个国家而言，跨国公司最直接、最显著的作用都体现在对国内要素条件的提升。同时，跨国公司也在需求、竞争和相关产业等方面扩展和提升了国内的产业条件。而且，跨国公司不仅对上述产业条件产生了直接影响，还在此过程中产生了溢出效应。

表 8-9　　　　　　跨国公司在日本、韩国和中国半导体产业能力
形成过程中的作用机制比较

产业发展阶段		日本	韩国	中国
起步阶段	要素	输出半导体技术	直接投资带来技术、培养人才，产生溢出效应	输出半导体技术 组建合资企业带来资金和技术
	需求	—	将业务外包给韩企，并拉动国内下游产业	拉动国内下游产业发展
	相关产业	投资建立合资设备企业，产生前向溢出	—	投资进入设备和材料产业，产生前向溢出
赶超阶段	要素	输出半导体技术	输出半导体技术	投资建厂带入先进的技术和设备，产生人员流动溢出效应；提供半导体技术许可
	需求	采购日本芯片产品	拉动国内下游产业发展，采购韩国芯片产品	拉动国内下游产业；提供早期代工需求
	竞争	美、日企业展开激烈的国际竞争，产生竞争效应	日、韩企业展开激烈国际竞争，产生竞争效应	在国内、外市场上激烈竞争，产生竞争效应
	相关产业	输出先进半导体设备	投资进入设备和材料产业，产生前向溢出	投资进入设备和材料产业，产生前向溢出

续表

产业发展阶段		日本	韩国	中国
后续阶段	要素	通过直接投资和技术合作带来先进技术	通过国际技术合作带来先进技术	—
	需求	缩减对日本芯片产品的采购	提供逻辑芯片的代工需求	
	竞争	在国内市场产生挤出效应；在国际市场夹击日本厂商	国际代工厂商展开激烈竞争，产生竞争效应	
	相关产业		投资进入设备和材料产业，产生前向溢出	

不过由于受到外部环境和国内区位优势的影响，跨国公司在这三个国家作用的具体途径和效果也存在差异。对日本而言，跨国公司的技术输出和出口需求成为助其实现赶超的重要原因，然而这两方面条件的丧失也导致日本后来走向衰退。对韩国而言，跨国公司不仅直接填补了国内要素和需求条件的缺失，还在相关产业产生了前向溢出效应，持续推动了韩国半导体产业的发展。对中国而言，跨国公司也在要素和相关产业方面提供了支持，而在需求方面的作用主要体现为对国内下游产业的拉动。

（3）政府在产业能力形成过程中的作用机制比较。在日本、韩国和中国发展半导体产业的过程中，政府也都扮演了重要的角色。这三个国家在政府作用方面存在很大的相似性，虽然采取的具体措施有所差异，但主要从三个方面对产业中跨国公司进入活动的效果和对外投资能力的形成产生了影响，如表 8 - 10 所示。首先，政府直接决定了产业在不同阶段的开放政策。依据国际环境、国内产业的区位条件和企业能力，采取了最适合本国产业发展需要的开放方式。其次，政府致力于增进跨国公司与本土产业的联系，以便最大限度地利用跨国公司的资源实现本土产业的发展，例如，鼓励本土企业与跨国公司开展合资经营或进入跨国公司的分包体系。最后，三个国家的政府都努力提升着国内产业的各方面条件，包括：主导开展大型官产合作项目对产业给予资金、技术等方面的支持，针对前沿领域制定人才培养计划，通过政府采购提升需求条件等。

表 8 – 10　　　日本、韩国和中国政府在半导体产业能力形成过程中的作用机制比较

作用机制	日本	韩国	中国
决定开放政策	在起步和赶超阶段鼓励技术引进，步入衰退后积极扩大开放、吸引外资	在起步阶段吸引外资进入，赶超阶段鼓励引进技术，综合发展阶段积极扩大开放、吸引外资	在经历了封闭阶段后，开始尝试技术引进和吸引外资，至新世纪后积极扩大开放、吸引外资
增进内外资企业联系	在起步阶段要求跨国公司只能合资进入，并将技术许可给不止一家国内企业	在起步阶段鼓励本土企业融入跨国公司的生产体系、承接外包业务	在起步阶段创造市场吸引跨国公司投资，并要求以合资方式进入
直接促进国内产业条件	在赶超阶段开展大型的官产合作研发项目、通过政府采购创造需求条件、支持相关产业的技术攻关；在衰退阶段大力培养系统芯片设计人才	在赶超阶段展开一系列大型研发计划、支持相关产业的发展；在综合发展阶段开展"半导体设计人才培育项目"、鼓励相关产业的发展	在封闭阶段直接创造各方面的产业条件；在起步阶段给予半导体项目资金支持、促进相关产业发展；在追赶阶段开展两个国家级重大科技专项、实施"国家集成电路人才培养基地"计划，创造低端政府需求并鼓励相关产业发展

8.2.3　中日韩对比的主要结论

对中国、日本和韩国的研究结果的对比分析表明，在国家层面的对比中，发现三个国家引入跨国公司活动和对外投资活动在发展历程和匹配性方面均存在较高的相似性；而差异性主要体现在对跨国公司活动的利用方式上，中国以吸引外资为主，日本和韩国则以技术引进为主。这主要是由三个国家在区位优势和本土企业能力等方面的差异造成的，而这也导致了三个国家实证检验结果的差异性。一是，实证研究的结果表明中国吸引外资对对外投资有着显著为正的作用，而日本和韩国则由于偏好通过技术引进等形式发展产业能力的特殊发展模式，吸引外资并未对其对外投资表现出显著的作用。就影响吸引外资对对外投资促进作用的东道国影响因素的检验来看，对中国、日本和韩国的检验结果均表明，随着人力资本的提升，吸引外资对对外投资的促进作用有所增强。就区分 IFDI 来源的实证检验来看，三个国家的实证结果均表明来自发达国家的相对更加高端的 FDI 将更有利于促进本土对外投资的产生。二是，从引入跨国公司活动等非股

权角度来看，检验结果表明中国吸引外资对对外投资产生了显著的促进作用，而日本和韩国则主要通过技术引进的非股权方式促进了本国的对外投资。三是，从对政府开放政策的影响来看，实证结果表明中国在 IDP 一阶段、二阶段的扩大开放政策产生了显著的影响，而日本和韩国在 IDP 三阶段、四阶段扩大开放、吸引外资的政策则未取得明显效果，在一定程度上体现出 IDP 的惯性特点（Narula & Dunning，2010；Narula，2012）。

本节进一步对日本、韩国和中国在开放条件下实现本国半导体产业发展的具体机制进行了对比分析。这三个国家的半导体产业都具有明显的追赶特征，而且在产业发展过程中都利用了跨国公司活动，并且随产业发展对外投资的规模不断扩大，这一过程与 IDP 理论的内涵是一致的。但是，三个国家通过跨国公司活动促进产业能力的具体机制也存在着差异性，而造成这些差异的因素可以从外部和内部两个角度来看。一方面，外部环境决定了国家是否能够利用跨国公司活动。冷战背景促成了日本和韩国与美国的良好关系，从而使这两个国家能够通过开放策略、利用美国企业的资源实现了产业的起步；而中国则只能在封闭条件下自寻发展。另一方面，内部因素则决定了一国利用跨国公司的方式和跨国公司发挥作用的具体机制。首先，国内的初始条件决定了国家以何种方式引入跨国公司活动。日本和韩国虽然都是在开放条件下实现的产业起步，但是日本因具有一些高端要素条件而能够仅凭技术引进就能实现本土产业的发展，韩国却因其薄弱的初始条件而选择了吸引外资的方式。其次，由于每个国家区位优势和企业能力的差异，跨国公司在这些国家发挥作用的具体机制也有所区别。例如，由于市场规模的差异，跨国公司对中国和日韩的需求条件体现出不同的促进机制：主要通过海外采购弥补日韩国内市场需求不足的问题，而通过拉动国内下游产业发展促进中国需求条件的提升。最后，政府也会影响跨国公司对国内产业作用的具体机制，而其所依赖的筹码还是国内的区位优势。例如，中国凭借市场优势可以要求跨国公司以合资方式进入，从而直接促进本土企业的能力提升；而韩国政府的合资政策则要弱很多，于是便依托本土成本优势积极鼓励本土企业加入跨国公司的生产体系以获得直接效应。

8.3　国际综合比较及动态 IDP 理论研究的阶段性小结

基于以上两组国家的比较，我们将在本节中从对动态 IDP 理论进行阶段性总结的角度，将四国经验进行综合比较，并进一步归纳和抽象出更加简洁和一般化的结论，从而推动动态 IDP 理论的建设；与此同时，我们也将说明当前研究的缺憾，从而指明未来的研究方向。

8.3.1　关于动态 IDP 理论在总体研究机制和理论构架方面的搭建

相对于 2010 年前 IDP 理论的发展而言，本研究提出了该理论存在的最主要的缺憾，即是对一国从引进外资到对外投资的内在机制没有充分地揭示和挖掘，从而，特别是对发展中国家而言，我们无法理解一国从吸引外资是怎样一步一步地发展到具有对外投资能力并最终实现对外投资的。这一过程毫无疑问是一个动态发展过程，并且对该过程的深入理解对实施开放战略的发展中国家至关重要，因此，我们将以探讨和挖掘从吸引外资到对外投资这一过程机制为核心的理论称为动态 IDP 理论。

当前动态 IDP 理论的搭建与 2010 年前国际上 IDP 理论的发展是相辅相成的，我们认为，当前动态 IDP 理论的搭建是对英国 Dunning、Narula 团队所创立的 IDP 理论的补充和发展。2010 年，邓宁与纳如拉已经意识到并且指出了 IDP 理论内在机制的重要性（Narula，Dunning，2010）；本研究在深入细致的国家案例研究的基础上，搭建并反复印证了我们在借鉴邓宁等前期研究的基础上对动态 IDP 理论总体机制的描述及理论构架的搭建。具体讲，在"对动态 IDP 理论总体机制的认识"方面，依据针对多国案例的全面分析，我们确信，一国吸引外资对对外投资的机制是一个高度复杂但又具有内在规律和逻辑联系的体系，该体系中包括宏观、行业和企业三个层面；但三个层面的规律性又各有不同，且相互影响、相互作用，最终共同影响一国对外投资能力的形成（参见图 3－1）。在"对动态 IDP

理论架构的搭建"方面，基于以上对动态 IDP 机制的综合描述，与之相吻合，动态 IDP 的理论构架也是由多层次、跨学科的三个理论模块组成的，它们分别是"现有的 IDP 理论"、"外商直接投资溢出效应理论（FDI spill-over 理论）"以及"国际直接投资理论（IB 理论）"共同组合构架而成的（参见图 3 – 2）。

基于上述对动态 IDP 理论总体机制的认识和理论构架的搭建，我们选择目标国家展开了经验研究和案例研究。由于吸引外资对对外投资的内在机制正是我们需要着力探索的对象，且这一过程是一个动态发展的过程，因此这就决定了，在当前阶段，目标国家的案例研究方法是最主要的研究方法；相比之下，我们在当前知识和数据允许的范围内，尽可能地尝试采用了经验研究的方法。研究的结果表明，两种方法的结论在一定程度上可以相互佐证。以下是对两种研究方法及其针对四国进行综合比较研究的总结。

8.3.2　关于动态 IDP 理论经验研究方面的小结

基于本书研究内容的展示，我们针对动态 IDP 理论的研究，在经验研究领域"研究模型的确定"和"多国研究的比较"方面取得了相应的研究成果。

在研究模型的确定方面，主要的研究成果表现为：

第一，对 IDP 原模型的转换以及模型 I 的设立。在本书的第三章中我们已经详细说明，在 IDP 理论的原始检验模型中，将对外净投资 NOI 作为被解释变量，而这一设定无法检验吸引外资和对外投资之间的相互关系。因此，为了研究"一国从吸引外资到对外投资能力形成的作用机制"这一动态 IDP 变化过程，我们将原 IDP 模型中的被解释变量拆解为对外投资（OFDI）和吸引外资（IFDI），并将 IFDI 作为解释变量引入模型，由此确立了本书实证研究模型 I 的基本形式（详见本书第 3 章中模型 3.2 所示）。此外，为了研究东道国特点对于吸引外资对对外投资作用的影响，我们还在模型中加入了 IFDI 与东道国特征变量的交乘项，并选取了人力资本、市场规模以及经济发达程度这三类东道国特征变量进行了考察。本书对于模

型 Ⅰ 的研究体现在第 3 章对于全球层面的研究以及第 4 至第 7 章中分别针对巴西、日本、韩国和中国的研究中。

第二，模型 Ⅱ 的设立。在第 2 章关于 IDP 理论的综述中我们提到，在研究中学者们已经发现除 FDI 之外，其他形式的跨国公司活动也对一国的投资发展路径起着不可忽视的影响（Dunning，Narula，1996）。而在我们针对日本和韩国的研究过程中也进一步证实非 FDI 形式的跨国公司活动，特别是技术引进这一形式，在这两个国家的投资发展路径中均起到了关键性的作用。由此，为了考察技术引进这一内向跨国公司活动对于一国对外投资的影响，我们对于实证模型进行了进一步的拓展，加入技术引进（TIM）这一解释变量，从而确立了本书实证研究模型 Ⅱ 的基本形式（详见本书第 5 章中式（5.2）所示）。在本书第 5 至第 7 章针对日本、韩国和中国的研究中，分别利用模型 Ⅱ 进行了相应的实证检验。

第三，模型 Ⅲ 的设立。在对动态 IDP 理论内在机制的研究过程中我们已经发现，吸引外资对一国对外投资的作用机制是一个极其复杂的过程，而这其中吸引外资对对外投资的影响往往不是直接的，而是主要通过溢出效应等途径提升本土产业优势进而提升本土企业所有权优势，从而促进本土企业对外投资能力的形成的。因此，为了检验吸引外资对对外投资的间接作用机制，我们通过加入中介变量的方式对于模型进行了进一步的拓展，确定了本书实证研究模型 Ⅲ 的基本形式（详见本书第 3 章中 3.3.2 及第 7 章中式（7.5）、式（7.6）、式（7.7）所示）。本书利用该模型组进行的实证研究体现在第 7 章针对中国的研究中。

在利用上述模型进行经验研究方面，综合本书第 3 至第 7 章针对全球层面、巴西、日本、韩国以及中国的实证研究，在多国比较的基础上，我们主要得到以下结论：

第一，我们利用模型 Ⅰ 针对全球层面及分别针对多个国家的实证研究表明：在全球层面、大样本数据的检验下，吸引外资对对外投资表现出显著的正向影响，这说明吸引外资对对外投资的促进作用在统计上具有一定的普遍存在性。然而，在针对不同单一国家的检验中，吸引外资对对外投资的作用却不尽相同。其中，中国和巴西表现为吸引外资对对外投资产生了显著的正向影响，而日本和韩国的检验结果则表现为吸引外资没有对对外投资产生显著影响。这说明，对于具体国家来说，吸引外资对对外投资的作用具有一定的不确定性，也就是说，吸引外资并不必然会对对外投资产生促进作用。第二，我们在实证研究中进一步探寻了影响吸引外资对对外投资促进作用产生的关键因素。对全球层面、中国、巴西、日本和韩国的检验结果均表明，随着人力资本的提升，吸引外资对对外投资的促进作用有所增强。由此说明，人力资本的提升有助于增强东道国企业的吸收能力并获取溢出效应，从而进一步提升东道国企业的对外投资能力。第三，区分 IFDI 来源的实证研究表明，相较于来自发展中国家的外资，来自发达国家的外资在促进东道国对外投资方面明显具有更加显著的正向作用。就日本和韩国这两个相对发达的国家而言，本国企业已经具有相当实力的技术水平，而只有来自于发达国家的外资具有同等或者更高的技术水平和能力，能够产生显著的技术溢出效应，从而来自发达国家的外资对日本和韩国的对外投资促进作用显著。对于中国和巴西而言，来自发达国家的外资同样具有产生溢出效应的潜质，中国因在开放的过程中本土企业也有了长足的发展，从而有机会通过获取外资的溢出效应而最终发展出对外投资能力；而巴西在开放的过程中存在着明显的本土企业被外资并购或挤出的现象，因此其获取外资溢出效应并成长为跨国投资的本土企业相对较少。第四，进一步对 OFDI 的目的地进行区分的实证研究表明，本书研究的四个目标国均显示出来自发达国家的 IFDI 对这些国家对发达国家的 OFDI 产生了显著的促进作用。然而具体分析这几个国家，我们发现就其内在机制来看，每个国家不尽相同，因国家而异，并且究其实质，并不存在与表相一致的内在解释。因此就我们目前的研究来看，"来自发达国家的 IFDI 对这些国家对发达国家的 OFDI 产生了显著促进作用"这一结果可能仅仅是表面上具有类似性，而不存在具有一致性的内在逻辑规律。第五，利用模型 II 针对日本和韩国的研究进一步表明，除了吸引外资，技术引进也是影响东道国对外投资的一种重要的跨国公司活动方式，而且在这两个国家中发挥了比吸引外资更加直接、显著的作用。最后，利用模型 III 对中国中介效应的尝试性检验印证了，跨国公司在我国主要是通过直接投资的方式促进了对外投资的发展，具体机制包括：通过劳动生产率溢出和出口溢出发挥间接效应，以及直接对对外投资发挥直接效应。

8.3.3 关于动态 IDP 理论案例研究的小结

基于本书研究内容的展示，我们针对动态 IDP 理论的研究，在案例研究领域也取得了两项主要成果：其一是，在行业层面创立了"动态 IDP 理论的机制分析框架"；其二是，利用"动态 IDP 理论的机制分析框架"针对四个国家的典型行业进行了深入、细致的动态机制研究，并在此基础上综合比较得出了重要的研究结论。

在"行业层面动态 IDP 机制分析框架的搭建"方面，承接上文，在动态 IDP 总体机制及理论构架的支持下，我们在行业层面多个国家的多个产业展开了案例研究。通过这些案例研究，我们确立并印证了两个在行业层面关于"吸引外资对对外投资能力影响机制"的分析框架。

第一个分析框架我们直接称之为"一国吸引外资对对外投资能力的影响机制分析框架"（参见图 3 - 3 所示），它是以目标国家为研究对象，在考虑了目标国家宏观背景的前提下，集中探讨目标国家中特定产业吸引外资对该产业中企业对外投资能力的影响的有效分析工具；而该分析框架中在宏观层面以及宏观层面与产业层面的衔接机制，还有待于我们进一步的研究与探索。"一国吸引外资对对外投资能力的影响机制分析框架"，简明展示了"具有特定动机和能力的外资从特定投资国流入目标国并与目标国的产业环境之间发生动态交互关系、进而影响目标国本土企业的对外投资能力的形成、并最终实现了目标国本土企业针对特定东道国的特定行业具有特定动机的对外投资的机制过程"。该分析框架在本书中被全面地用于每个国家特定产业的案例分析过程。

第二个分析框架我们称之为"特定国家特定产业发展路径的综合分析框架"（参见图 8 - 5），该综合分析框架是在第一个分析框架的基础上发展出来的（陈涛涛，顾凌骏，柳士昌，2015）。相对于第一个分析框架，第二个分析框架在第一个分析框架的基础上增加了对产业外部环境的考虑，"产业外部环境"的影响因素体现在"特定产业的国际发展态势"、"国际经济大背景"以及"目标国家的国际关系特征"三个方面；因此，第二个分析框架的特点在于，将一国特定产业的开放、发展与相关的国际产业发展有机地联系起来，并且将一国特定产业的发展置于国际产业动态发展的大环境中，综合而动态地考虑了国际产业发展为一国特定产业发展所带来的机会以及产业先进国与目标国的相互关系对目标国特定产业发展的影响，从而更加全面地揭示在国际产业发展的大背景下一国特定产业的发展机会和轨迹。如图 8－5 中显示，该框架同时考虑了影响产业发展路径的内外部环境，并将对两者的分析有机结合。在本书中，第一个分析框架在所有的目标国家的行业案例中都得到了全面的使用，而第二个分析框架的使用主要体现在针对日本和韩国的行业案例研究中。

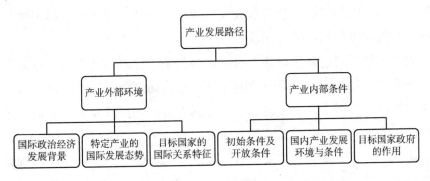

图 8－5 特定国家特定产业发展路径的综合分析框架

利用上述"动态 IDP 机制的两个分析框架"，我们针对四个国家的特定产业进行了深入细致的案例研究，在综合四个国家典型产业分析结果的基础上，我们得出以下几点重要结论：

第一，引进外资对对外投资的影响机制，主要是通过在开放的过程中，外资企业的进入，在需求条件、生产要素、相关产业以及竞争环境等方面促进了目标国相应产业环境的提升，并使之产生了具有一定特点的国际竞争力；进而，在此产业环境中成长起来的具有相应国际竞争力的本土企业，在适当的时机和条件下开始了对外投资。

第二，引进外资对对外投资的影响机制，还表现在引进的外资在与目标国本地企业的竞争与合作过程中对目标国本地企业产生了溢出效应，有助于本地企业竞争能力的提高，进而推动了本地企业的对外投资。

第三，引进外资对对外投资影响机制的阶段性值得关注，即引进外资对对外投资的阶段性影响体现在三个连续的过程中。一是东道国必须具有一定的吸引力或被创造出相应的吸引力从而将外资引进本国；二是外资进入目标国后会对目标国的产业环境及本土企业发生积极和促进的影响，从而导致目标国目标产业环境及本地企业国际竞争力的提升；三是目标国本地企业在具有一定竞争力的前提下对一些开放的东道国进行对外投资。对于任何目标国而言，以上三个过程不会自动地连续发生。

第四，目标国的外部环境对目标国引进外资对对外投资的机制发生重要影响。其中，国际产业的发展态势、国际政治经济的大趋势以及目标国与特定产业先行国之间的外交关系等都为目标国产业的引入、发展以及对外投资提供可能的发展机会或形成发展的障碍，从而促进或阻碍引进外资对对外投资促进机制的顺利完成。

第五，除了引进外资以外，引进技术也是在开放条件下利用国际企业的一个重要途径。引进国际企业的先进技术，同样会通过对本地产业竞争环境的影响以及对本地企业的影响，起到提升产业环境及本土企业竞争力的目的。同样，这一过程也不是自然发生的。

第六，与第3条、第4条、第5条的结论相联系，目标国（特别是发展中国家的目标国）的政府在引进外资（包括引进技术）到对外投资的过程中起着非常重要的作用。具体而言，目标国政府需要根据国内产业初始条件及国际产业及国家环境的允许条件适度选择开放的方式（即引进外资还是引进技术，或两者同时）；进而根据引进外资及引进技术对对外投资的过程机制规律，有意识地、切实地把握时机，通过政策手段及时地支持和引导三个阶段中的重要影响因素，从而使三个连续的阶段能够顺利地完成；与此同时，目标国政府还需特别关注产业外部环境对产业发展的影响，同样利用政策手段适时地合理利用外部的有利因素，同时尽力避免有害的因素对作用机制的负面影响。

8.3.4 当前动态 IDP 理论的研究缺憾及未来拓展的方向

如前所述，为弥补邓宁等在 20 世纪 80 年代初创立并发展至今的 IDP 理论在内在机制方面的缺憾，我们进一步发展了动态 IDP 理论。从针对内在机制开始探索到现在虽然已经经历了 6 年左右的时间，但由于机制复杂，目前的研究还只是该体系研究的初级阶段。当前动态 IDP 理论的缺憾主要体现在以下方面：

第一，虽然我们已经理解到 IDP 理论的内在机制是一个包括宏观、产业和企业至少三个层次的复杂体系，且三个层次之间既是相互区别、又是相互作用的关系，当前我们针对动态 IDP 机制的研究成果主要还只是在产业层面，而在宏观层面、宏观层面与产业层面之间、在产业与产业之间（如服务业与制造业之间）的内在互动关系尚未得到充分地探讨和揭示。

第二，虽然在产业层面，我们已经搭建了两个有效的机制分析工具，但随着研究的深入，我们不断发现，不同产业中普遍存在 IFDI 和 OFDI 的不匹配关系，因此，仍需要积累更多的产业和企业层面的完整案例，对当前的研究框架进行进一步的补充和完善。

第三，探讨 IDP 理论内在机制的案例（无论是国家层面还是产业层面）都具有明显的国家特征，而世界上的发展中国家，即使是那些采用开放战略的发展中国家，相互之间在发展条件、发展思路等各个方面也是千差万别的，因此，动态 IDP 理论作为一个以经济学和管理学理论相结合的综合理论，要抽象其理论的一般性和不同国家的特殊性，进而完善和发展其较为完整的动态理论框架，必然需要积累多个发展中国家的研究案例，并且加以比较。以当前的研究状况而言，多国比较方面的研究显然还是不够充分的。

第四，正如早期的学者随着全球化发展的新特点不断地推动 IDP 理论的发展一样，我们意识到，当前发展中国家的实践，特别是中国的实践，已经超越了理论的发展，而相应的理论研究尚未赶上。中国不仅经过了通过引进外资发展国内产业，进而推动特定产业中产生了具有对外投资能力的企业的过程；当前，一些产业的对外投资也正在影响着国内产业的进一步发展；进而，这种"反向的 FDI 溢出过程"是否会进一步影响我国对外资的吸引力，从而使我国在两极开放战略推动下，使 IFDI 和 OFDI 的互动关系能够发展到循环往复且不断推升的过程呢？面对当前的现实发展，我们有理由认为，进一步探讨我国 IFDI 和 OFDI 在当前发展基础上形成"正向互动、不断推升"的潜在机制和实现条件，是合适的时机，也是现实发展的需要，而针对这一问题的研究有待于迅速推进。

事实上，以上我们对当前动态 IDP 理论缺憾的陈述，也正是本书将进一步推展的方向。

参 考 文 献

[1] 安田信之助. ハイテク貿易摩擦と半導体のプロダクト・サイクル [J]. 日本企業の対外技術移転の現状, 1995: 2-17.

[2] 柴敏. 外商直接投资对中国内资企业出口绩效的影响——基于省际面板数据的实证分析 [J]. 管理世界, 2006, (7): 46-52.

[3] 陈德智, 陈香堂. 韩国半导体产业的技术跨越研究 [J]. 科技管理研究. 2006, (2): 42-44.

[4] 陈漓高, 黄武俊. 投资发展路径 (IDP): 阶段检验和国际比较研究 [J]. 世界经济研究, 2009, (9): 51-56.

[5] 陈少平, 陈硕. 日本战后科学技术引进的特点 [J]. 研究与发展管理, 2002, (10): 90-94.

[6] 陈涛涛, 白晓晴. 外商直接投资溢出效应与内外资企业能力差距 [J]. 金融研究, 2004, (8): 59-69.

[7] 陈涛涛, 范明曦, 马文祥. 对影响我国外商直接投资行业内溢出效应的因素的经验研究 [J]. 金融研究, 2003, (5): 117-126.

[8] 陈涛涛, 顾凌骏, 柳士昌. 复杂环境下特定国家的产业发展机会——一个综合性分析框架 [J]. 国际经济合作, 2015 (12): 32-38.

[9] 陈涛涛, 潘文卿, 陈晓. 开放政策内在机制初探: 吸引外资对对外投资的影响 [J]. 国际经济合作, 2011, (5): 4-13.

[10] 陈涛涛, 宋爽. 影响外商直接投资行业内溢出效应的政策要素研究 [J]. 金融研究, 2005, (6): 56-66.

[11] 陈涛涛, 影响中国外商直接投资溢出效应的行业特征 [J]. 中国社会科学, 2003, (4): 33-43.

[12] 陈涛涛, 张建平, 陈晓. 投资发展路径 (IDP) 理论的发展与评

述［J］. 南开经济研究，2012，(5)：121 – 135.

［13］陈涛涛. 智利：中国企业投资的环境和机会［J］. 国际经济合作，2013 (9)：35 – 42.

［14］陈颖. 我国技术引进政策的反思与调整［J］. 现代管理科学，2012，(4)：65 – 66.

［15］戴翔. 生产率与中国企业"走出去"：服务业和制造业有何不同？［J］. 数量经济技术经济研究，2014，(6)：74 – 87.

［16］董伕，杨清，曹宗平. 广东省与亚洲地区对外投资发展阶段及经济水平的比较分析［J］. 技术经济与管理研究，2008，(1)，114 – 116.

［17］肥塚浩. 日本半導体製造装置産業の分析［J］. 立命館経済学，1992，41 (1)：116 – 142.

［18］冯飞，迈向工业大国——30 年工业改革与发展回顾［M］. 中国发展出版社，2008.

［19］福斯托. 巴西简明史［M］. 刘焕卿，译. 北京：社会科学文献出版社，2006.

［20］高敏雪，李颖俊. 对外直接投资发展阶段的实证分析——国际经验与中国现状的探讨［J］. 管理世界，2004，(1)：55 – 61.

［21］葛顺奇，罗伟. 中国制造业企业对外直接投资和母公司竞争优势［J］. 管理世界，2013，(6)：28 – 42.

［22］宫旭红，蒋殿春. 生产率与中国企业国际化模式：来自微观企业的证据［J］. 国际贸易问题，2015，(8)：24 – 32.

［23］苟海平，李赞峰. 我国汽车零部件产业竞争形势与战略选择［J］. 汽车工程，2007，(11)：1018 – 1024.

［24］哈恩. 我在大众汽车 40 年［M］. 朱刘华，译. 上海远东出版社，2008：118 – 121.

［25］郝名玮，冯秀文，钱明德. 外国资本和拉丁美洲国家的发展［M］. 北京：东方出版社，1998：166.

［26］何洁. 外国直接投资对中国工业部门外溢效应的进一步精确量化［J］. 世界经济，2000，(12)：29 – 36.

［27］何洁，许罗丹. 中国工业部门引进外国直接投资外溢效应的实

证研究 [J]. 世界经济文汇, 1999, (2): 16－21.

[28] 黄先智. 战后日本技术引进产业结构变迁及其启示 [J]. 云南科技管理, 2003, (1): 41－45.

[29] 黄振辉. 多案例与单案例研究的差异与进路安排——理论探讨与实例分析 [J]. 管理案例研究与评论, 2010, 3 (2): 183－188.

[30] 霍潞露. 巴西汽车税收体系及启示 [J]. 汽车工程师, 2013, (5): 20－22.

[31] 榎本里司. 半導体産業における提携: 独占的市場秩序のもとでの「戦略的提携」の考察 [J]. 季刊経済研究, 1991, 14 (2): 39－64.

[32] 江国成. 我国将降低部分汽车及其零部件进口关税税率 [EB/OL]. (2006－06－15) [2014－03－24]. http: //www. gov. cn/banshi/2006－06/15/content_310922. htm.

[33] 江小涓. 跨国投资, 市场结构与外商投资企业的竞争行为 [J]. 经济研究, 2002, (9): 31－38.

[34] 蒋殿春, 张宇. 经济转型与外商直接投资技术溢出效应 [J]. 经济研究, 2008, (7): 26－38.

[35] 井上纯一. 日本光电子半导体器件的市场趋势 [J]. 半导体情报, 1988, (1): 52－56.

[36] 康荣平. 韩国的技术引进: 方式、体制、模式 [J]. 自然辩证法通讯. 1993, (1): 39－49.

[37] 赖明勇, 包群, 彭水军, 等. 外商直接投资与技术外溢: 基于吸收能力的研究 [J]. 经济研究, 2005, (8): 95－105.

[38] 赖明勇, 包群, 阳小晓. 外商直接投资的吸收能力: 理论及中国的实证研究. 上海经济研究, 2002, (6): 9－17.

[39] 赖明勇, 包群, 阳小晓. 我国外商直接投资吸收能力研究 [J]. 南开经济研究, 2002, (3): 45－50.

[40] 黎晓晖. 日本电子企业对外投资的能力来源研究 [D]. 清华大学学位论文, 2015.

[41] 李安定. 车记: 亲历·轿车中国30年 [M]. 北京: 生活·读书·新知三联书店, 2011.

[42] 李国平. 日本对外直接投资的发展与结构变化研究 [J]，现代日本经济，2001（3）：7-11.

[43] 李海静. 新中国技术引进的历程分析 [D]. 师范大学学位论文，2008.

[44] 李辉. 经济增长与对外投资大国地位的形成 [J]. 经济研究，2007（2）：38-47.

[45] 李莎. 韩国依靠优势吸引外资 [J]. 经济日报，2015-10-30（004）.

[46] 李晓峰，仲启亮. 中国对外直接投资发展现状的实证分析 [J]. 湖南科技大学学报（社会科学版），2012，15（3）：55-60.

[47] 林毅夫，张鹏飞. 后发优势、技术引进和落后国家的经济增长 [J]. 经济学（季刊），2005，5（1）：53-74.

[48] 刘浩远. 日本：多种优惠措施吸引外资 [J]. 经济参考报，2007-3-6（003）.

[49] 刘红忠. 中国对外直接投资的实证研究及国际比较 [M]. 上海：复旦大学出版社，2001.

[50] 刘金钵，任荣明. 外商直接投资对上海国内投资的挤出效应研究 [J]. 工业工程与管理，2003，（3）：32-34.

[51] 刘丽. 中国汽车零部件行业发展模式研究 [D]. 吉林大学学位论文，2007.

[52] 刘小鲁. 我国创新能力积累的主要途径：R&D，技术引进，还是 FDI? [J]. 经济评论，2011，（3）：88-96.

[53] 刘阳春. 中国企业对外直接投资的特征研究 [J]. 经济与管理研究，2008，（11）：55-59.

[54] 卢圣亮. 日本战后开放资本市场的经验及其对我国的启示 [J]. 国际商务，1997，（1）：22-26.

[55] 陆吉安. 先行一步：桑塔纳轿车国产化案例集 [M]. 上海财经大学出版社，1999.

[56] 路风，封凯栋. 发展我国自主知识产权汽车工业的政策选择 [M]. 北京大学出版社，2005.

［57］明红. 邓小平与民族汽车工业［J］. 文史月刊，2007，（2）：20－25.

［58］穆荣平. 国际技术转移影响因素分析——上海大众汽车公司案例研究［J］. 科学学研究，1997，（4）：68－73.

［59］潘龙飞，黄健. 韩国许可贸易的过去与未来——韩国政府在本国技术引进中扮演了重要角色［J］. 世界贸易组织动态与研究，1996，（2）：26－28.

［60］潘文卿. 外商投资对中国工业部门的外溢效应：基于面板数据的分析［J］. 世界经济，2003，（6）：3－7.

［61］彭刚，苑生龙. 对外直接投资发展周期定位与总体模型——人均样本下的中国特征及国际比较［J］. 经济学动态，2013，（2）：60－66.

［62］秦聪. 高度市场化 外资占优 自主汽车零部件逆境生存［J］. 中国汽车界，2012，（1）：84－85.

［63］秦晓丽，张艳磊，方俊森. FDI 在行业内和行业间的出口溢出效应分析——基于中国微观企业面板数据的实证研究［J］. 宏观经济研究，2014，（11）：84－95.

［64］秦晓钟，胡志宝. 外商对华直接投资技术外溢效应的实证分析［J］. 江苏经济探讨，1998，（4）：47－49.

［65］邱立成，王凤丽. 我国对外直接投资主要宏观影响因素的实证研究［J］. 国际贸易问题，2008，（6）：78－82.

［66］邱陵，郑芳. 韩国技术引进的特点［J］. 国际经济合作，1992，（7）：45.

［67］桑百川. 中国利用外资三十年：历程、特点与前景［J］. 特区经济，2008，（7）：13－17.

［68］师求恩. 外商投资企业的出口溢出效应研究［J］. 国际贸易问题，2006，（6）：84－89.

［69］施节敏. 中国汽车税费制度改革评述［J］. 山东社会科学，2011，196（12）：145－148.

［70］田巍，余淼杰. 企业生产率和企业"走出去"对外直接投资：基于企业层面数据的实证研究［J］. 经济学（季刊），2012，（2）：383－408.

［71］田原．"奇瑞"和"吉利"——中国民族汽车产业之星能否成为 21 世纪的日本本田？［J］．国际技术贸易，2007，（4）：18－23.

［72］田泽，刘彩云．基于 IDP 范式的中国对外投资发展阶段实证研究与国际比较［J］．开发研究，2013，（4）：134－138.

［73］涂万春，陈奉先．中国对外直接投资阶段的实证分析［J］．重庆工商大学学报（西部论坛），2006，（1）：54－56.

［74］王厚双，宋子南．日本发展现代服务业的经验探讨［J］．日本研究，2012（1）：1－8.

［75］王建，陈宁宁．韩国加工贸易政策及对山东省加工贸易转型升级的启示［J］．山东经济，2007，（7）：105－110.

［76］王韧，曾国平．内生性制度变迁传导与外商直接投资的挤出效应分析［J］．国际贸易问题，2004，（6）：61－65.

［77］王韧，曾国平，任毅．外商投资绩效及其"挤出效应"的区际实证［J］．当代财经，2004，（1）：98－101.

［78］王耀中，刘舜佳．基于前后向关联分析的外商直接投资与技术外溢［J］．经济评论，2005，（6）：32－35.

［79］王志鹏，李子奈．外资对中国工业企业生产效率的影响研究［J］．管理世界，2003，（4）：17－25.

［80］温忠麟，张雷，侯杰泰，等．中介效应检验程序及其应用［J］．心理学报，2004，36（5）：614－620.

［81］翁寿松．日本半导体制造设备市场开始走向衰退［J］．电子工业专用设备，1993，（2）：6－8.

［82］巫云仙．改革开放以来我国引进和利用外资政策的历史演进［J］．中共党史研究，2009，（7）：24－32.

［83］吴兵．关于我国外商投资企业的情况及应解决的问题［J］．计划经济研究，1992，（1）：87－94.

［84］吴延兵．自主研发、技术引进与生产率［J］．经济研究．2008，（8）：51－64.

［85］吴彦艳，赵国杰，丁志卿．改革开放以来我国利用外资政策的回顾与展望［J］．经济体制改革，2008，（6）：13－16.

[86] 夏大慰，史东辉，张磊．汽车工业：技术进步与产业组织 [M]．上海财经大学出版社，2002．

[87] 夏恩君，严薇，刘宁．我国区域技术溢出效应分析——基于中国 29 个省市 1990～2007 年面板数据的经验研究 [J]．北京理工大学学报（社会科学版），2011，13（4）：1-7．

[88] 夏立宏．战后日本对外直接投资分析 [D]．吉林大学学位论文，2010．

[89] 夏业良，程磊．外商直接投资对中国工业企业技术效率的溢出效应研究——基于 2002～2006 年中国工业企业数据的实证分析 [J]．中国工业经济，2010，（7）：56-65．

[90] 谢建国．外商直接投资对中国的技术溢出——一个基于中国省区面板数据的研究 [J]．经济学（季刊），2006，（7）：1109-1128．

[91] 谢伟，吴贵生．国产化作为技术学习过程：上海桑塔纳案例分析 [J]．科研管理，1997，（1）：35-41．

[92] 徐康宁．我国外商工业投资行业结构分析与政策选择 [J]．中国工业经济研究，1992，（7）：38-44．

[93] 徐正解．企业战略与产业发展——韩国半导体产业 [J]．白桃书房，1995：103．

[94] 许峰．发达国家民营企业发展模式及其对我国民营企业的启示 [J]．理论探讨，2005，（1）：61-63．

[95] 许真，陈晓飞．基于扩展的 IDP 模型的对外直接投资决定因素分析——来自国家面板回归的证据 [J]．经济问题，2016（2）：44-49．

[96] 薛求知，朱吉庆．中国对外直接投资投资发展阶段的实证研究 [J]．世界经济研究，2007，（2）：36-40．

[97] 杨恺钧，胡树丽．经济发展、制度特征与对外直接投资的决定因素——基于"金砖四国"面板数据的实证研究 [J]．国际贸易问题，2013，（11）：63-71．

[98] 杨梦泓，刘振兴．挤出还是溢出：FDI 出口溢出效应研究 [J]．浙江社会科学，2011，（7）：13-19．

[99] 杨宇昕．从产业价值链看中国汽车零部件企业发展战略 [D]．

武汉科技大学学位论文，2004.

[100] 姚永华，苏佳丽，陈飞翔. 我国对外投资发展阶段的实证分析 [J]. 国际贸易问题，2006（10）：96 – 101.

[101] 俞忠钰. 亲历中国半导体产业的发展 [M]. 北京：电子工业出版社，2013.

[102] 羽集. 日本振兴半导体产业的几条措施 [J]. 集成电路应用，2003，（10）：5 – 7.

[103] 喻世友，史卫，林敏. 外商直接投资对内资企业技术效率的溢出渠道研究 [J]. 世界经济，2005，（6）：44 – 52.

[104] 袁东，李霖洁，余淼杰. 外向型对外直接投资与母公司生产率——对母公司特征和子公司进入策略的考察 [J]. 南开经济研究，2015，（3）：38 – 58.

[105] 月关山. 日本吸引外资的概况及其主要做法 [J]. 全球科技经济瞭望，1995，（8）：57 – 58.

[106] 张纯威，石巧荣. 中国对外直接投资规模演进路径 [J]. 金融经济学研究，2016（1）：3 – 13.

[107] 张国平，王寿春. 韩国技术引进的回顾、前瞻与思考 [J]. 亚太研究，1993，（5）：50 – 55.

[108] 张明转. 李书福的偏执智慧 [M]. 浙江大学出版社，2011：30.

[109] 章玉贵. 产品内分工条件下上海制造业的升级路径：以上海大众为例 [J]. 上海管理科学，2008，（1）：18 – 22.

[110] 赵榄，常伟. 外商直接投资对中国地区技术创新外溢的实证研究. 技术经济，2007，（9）：67 – 71.

[111] 赵婷，赵伟. 产业关联视角的 FDI 出口溢出效应：分析与实证 [J]. 国际贸易问题，2012，（2）：113 – 122.

[112] 赵伟，陈文芝. FDI 的出口溢出效应：机理分析与典型产业实证 [J]. 技术经济，2008，（3）：22 – 27.

[113] 赵增耀，王喜. 产业竞争力、企业技术能力与外资的溢出效应——基于我国汽车产业吸收能力的实证分析 [J]. 管理世界，2007，（12）：58 – 66.

［114］郑亚莉，杨益均. 浙江对外直接投资发展阶段的实证研究与趋势分析［J］. 浙江社会科学，2007，（5），32-37.

［115］中国汽车技术研究中心，中国汽车工业协会. 中国汽车工业年鉴［M］. 天津：中国汽车工业年鉴期刊社，1998-2012.

［116］中华人民共和国商务部，中华人民共和国国家统计局，国家外汇管理局. 中国对外直接投资统计公报［M］. 北京：中国统计出版社，2003-2012.

［117］周生明. 中国IC设计业面临机遇 整合资源参与国际竞争［J］. 中国电子报，2008-5-27（010）.

［118］周燕，齐中英. 基于不同特征FDI的溢出效应比较研究［J］. 中国软科学，2005，（2）：138-143.

［119］周治平，钟华，李金林. 跨国公司对我国汽车合资企业控制分析［J］. 财经理论与实践，2006，27（5）：112-117.

［120］朱大永，朴涏秀. 韩国半导体产业的国际化战略［J］. 产业研究院，1995.

［121］朱平芳，李磊. 两种技术引进方式的直接效应研究——上海市大中型工业企业的微观实证［J］. 经济研究，2006，（3）：90-102.

［122］邹蓉. 半导体产业的国际转移研究［D］. 广东外语外贸大学学位论文，2008.

［123］邹志新，赵奇伟. 东道国开放度对外商直接投资溢出效应的影响［J］. 开放导报，2008，（6）：94-97.

［124］Aitken B，Harrison A E. Do domestic firms benefit from direct foreign investment? Evidence from Venezuela. The American Economic Review，1999，89（3）：605-618.

［125］Alfaro L，Chanda A，Kalemli-Ozcan S，et al. FDI and economic growth：the role of local financial markets. Journal of International Economics，2004，64（1）：89-112.

［126］Almeida R，Fernandes A M. Openness and technological innovations in developing countries：evidence from firm-level surveys. The Journal of Development Studies，2008，44（5）：701-727.

［127］ Amsden A H. Asia's Next Giant：South Korea and Late Industriali-zation. New York：Oxford University Press，1989.

［128］ Araújo R. Desempenho Inovador e Comportamento Tecnológico das Firmas Domésticas e Transnacionais no Final da Década de 90 ［D］. Instituto de Economia da Universidade Estadual de Campinas，2004.

［129］ Araújo R. Mendonca M. Mobilidade de trabalhadores e efeitos de transbordamento entre empresas transnacionais e domésticas. XXX Ⅳ Encontro Nacional de Economia-Anpec，2006，Salvador.

［130］ Azevedo R. O impacto do investimento direto estrangeiro na produ-tividade das indústrias brasileiras. São Paulo：Faculdade de Economia e Administração IBMEC，2009.

［131］ Backer K D，Sleuwaegen L. Does foreign direct investment crowd out domestic entrepreneurship? Review of Industrial Organization，2003，22 (1)：67 – 84.

［132］ Bae. Technological innovation and development of technological ca-pabilities in the Korean semiconductor industry. // Lee Keun，eds. Technological Capability and Competitiveness of Korean Industries，Seoul：Kyungmoon Press，1997 (in Korean).

［133］ Baron R M，Kenny D A. The moderator-mediator variable distinc-tion in social psychological research：Conceptual，strategic，and statistical con-siderations. Journal of personality and social psychology，1986，51 (6)：1173.

［134］ Bellak C，Mayer S. Inward FDI in Austria andits policy con-text. Columbia FDI Profile，New York：Vale Columbia Center on Sustainable In-ternational Investment，2010.

［135］ Bellak C. The investment development path of Austria. Department of Economics. Working Paper Series No. 75，2000.

［136］ Bell M，Marin A. Where do FDI-related technology spillovers come from in emerging economies? An exploration in Argentina in the 1990s. European Journal of Development Research，2004，16：653 – 686.

［137］ Bende-Nabende A，Slater J. Government policy，industrialisation and the investment development path: the case of Thailand. Global Business and Economics Review, 2004, 6 (1): 55 – 81.

[138] Bhagwati J. The Theory of Immiserizing Growth: Further Applications. // Connolly M B, Swoboda A K, eds. International trade and money. Toronto: University of Toronto Press, 1973.

[139] Blomström M, Kokko A. Multinational corporations and spillovers. Journal of Economic surveys, 1998, 12 (3): 247 – 277.

[140] Blomstrom M, Kokko A. Foreign direct investment and spillovers of technology. International journal of technology management, 2001, 22 (5): 435 – 454.

[141] Blomstrom M, Lipsey R E, Zejan M. What explains developing country growth? . National Bureau of Economic Research, 1994, No. w4132.

[142] Blonigen B. In Search of Substitution between Foreign Production and Exports, Journal of International Economics, 2001 (1): 81 – 104.

[143] Borensztein E, De Gregorio J, Lee J W. How does foreign direct investment affect economic growth?, Journal of international Economics, 1998, 45 (1): 115 – 135.

[144] Boudier-Bensebaa F. FDI-assisted development in the light of the investment development path paradigm: evidence from Central and Eastern European Countries. Transnational Corporations, 2008, 17 (1): 37.

[145] Branstetter L G. Are knowledge spillovers international or intranational in scope?: Microeconometric evidence from the US and Japan. Journal of International Economics, 2001, 53 (1): 53 – 79.

[146] Braun E, Macdonald S. Revolustion Miniature: The history and impact of semiconductor electronics, Cambridge University Press, 1978.

[147] Buckley P J, Casson M. The future of the multinational enterprise. London: Macmillan, 1976.

[148] Buckley P J, Castro F B. The Investment Development Path: the Case of Portugal. Transnational Corporations, 1998, 7 (1): 1 – 15.

[149] Buckley P J, Clegg J, Wang, C. The impact of inward FDI on the

performance of Chinese manufacturing firms. Journal of International Business Studies, 2002, 33 (4): 637 – 655.

[150] Buckley P J, Wang C, Clegg J. The impact of foreign ownership, local ownership and industry characteristics on spillover benefits from foreign direct investment in China. International business review, 2007, 16 (2): 142 – 158.

[151] Byun B M, Ahn B H. Growth of the Korean semiconductor industry and its competitive strategy in the world market. Technovation, 1989, 9 (8): 635 – 656.

[152] Campanario M A, Stal E, da Silva M M. Outward FDI from Brazil and its policy context, 2012. Columbia FDI Profile, 2012, May 10.

[153] Catton J, DiAngelo D J, Lazarini T. The Automotive Industry in Brazil: Innovating the Small Car [EB/OL]. (2004 – 05) [2014 – 01 – 01]. http://dandiangelo. tripod. com/Brazil_Project. htm.

[154] Cechella C, Franco G H B, Silva J R, et al. New dimensions of Brazilian economy internationalisation: Portugal as a strategic location for Embraer's investments and their impact on the regional economy. Revista Portuguesa De Estudos Regionais, 2014, 35: 3 – 13.

[155] Cho H D, Lee J K. The developmental path of networking capability of catch-up players in Korea's semiconductor industry. R&D Management, 2003, 33 (4): 411 – 423.

[156] Chu W. How the Chinese government promoted a global automobile industry. Industrial and Corporate Change, 2011, 20 (5): 1235 – 1276.

[157] Cross B. Brazil aims to stimulate auto parts sector [EB/OL]. (2013 – 09 – 11) [2014 – 03 – 01]. http://www. automotivelogisticsmagazine. com/ news/brazil-aims-to-stimulate-auto-parts-sector.

[158] Cuervo-Cazurra A. Selecting the Country in Which to Start Internationalization: The Non-sequential Internationalization Model. Journal of World Business, 2011, 46 (4): 426 – 437.

[159] Curado M, Cruz M J. Investimento direto externo e industrialização no Brasil. Revista Economia Contemporânea, 2008, 12 (3): 399 – 431.

［160］ Da Rocha A, da Silva J F. The internationalization of Brazilian firms: an introduction to the special issue. Latin American Business Review, 2009, 10 (2 - 3): 61 - 71.

［161］ Das D K. Korean Economic Dynamism, Macmillan, 1992, 69 - 73.

［162］ De Souza E C, Pinto L B. T. Investimento Direto Estrangeiro e Produtividade nos Setores da Indústria Brasileira. Working Paper WPE: 305, 2013.

［163］ Dunning J H. Explaining changing patterns of international production: in defence of the eclectic theory. Oxford bulletin of economics and statistics, 1979, 41 (4): 269 - 295.

［164］ Dunning J H. Explaining the international direct investment position of countries: towards a dynamic or developmental approach. Weltwirtschaftliches Archiv, 1981, 117 (1): 30 - 64.

［165］ Dunning J H, Kim C, Lin J. Incorporating trade into the investment development path: A case study of Korea and Taiwan. Oxford Development Studies, 2001, 29 (2), 145 - 154.

［166］ Dunning J H, Kim CS, Lin J D. Incorporating Trade into the Investment Development Path: A Case Study of Korea and Taiwan. Oxford Development Studies, 2001, 29 (2): 145 - 154.

［167］ Dunning J H, Lundan S M. Foreign Direct Investment in Japan and the United States: A Comparative Analysis. The International Trade Journal, 1997, XI (2): 187 - 220.

［168］ Dunning J H, Narula R, eds. Foreign Direct Investment and Governments: Catalysts for Economic Restructuring. London and New York: Routledge, 1996: 1 - 38.

［169］ Dunning J H, Narula R. The Investment Development Path Revisited: Some Emerging Issues. // Dunning J H, Narula R, eds. Foreign Direct Investment and Governments: Catalysts for Economic Restructuring. London and New York: Routledge, 1996: 1 - 38.

［170］ Dunning J H. The eclectic paradigm of international production: a restatement and some possible extensions. Journal of International Business Studies, 1988, 19 (1): 2 - 5.

[171] Dunning J H. The Investment Development Cycle and Third World Multinationals. // Khushi M K, eds. Multinationals of the South: New Actors in the International Economy. Hamburg: German Overseas Institute, 1986: 15 - 47.

[172] Dunning J H. The Investment Development Cycle and Third World Multinationals. // Khushi M K, eds. Multinationals of the South: New Actors in the International Economy. Hamburg: German Overseas Institute, 1986: 15 - 47.

[173] Dunning J H. Toward and eclectic theory of international production: some empirical tests. Journal of International Business Studies, 1980, 1 (11): 9 - 31.

[174] Dunning J H, Van Hoesel R, Narula R. Explaining the 'new' wave of outward FDI from developing countries: the case of Taiwan and Korea. Research Memoranda, 1996, 9: 1 - 25.

[175] Durham J B. Absorptive capacity and the effects of foreign direct investment and equity foreign portfolio investment on economic growth. European economic review, 2004, 48 (2): 285 - 306.

[176] Fernandes A M, Paunov C. Services FDI and Manufacturing Productivity Growth: Evidence for Chile. Journal of Development Economics, 2012, 97 (2): 305 - 321.

[177] Findlay R. Relative backwardness, direct foreign investment, and the transfer of technology: a simple dynamic model. The Quarterly Journal of Economics, 1978, 92 (1): 1 - 16.

[178] Fiuza E P. Automobile demand and supply in Brazil: effects of tax rebates and trade liberalization on markups in the 1990s. Working paper, 2002.

[179] Fleury A, Fleury M T. Brazilian multinationals: Competences for internationalization. Cambridge University Press, 2011.

[180] Fleury A, Prado A P A, Fleury M T, et al. Roadmap for the internationalization of firms from emerging economies. Working paper, 2010.

[181] Fonseca M. The Investment Development Path hypothesis: a Panel

Data Approach to the Portuguese Case. FEP Working Papers, 2008, No. 303.

[182] Fonseca M. The paradigm of the investment development path : does it holds for portugal? Evidence for the period 1990 – 2011. Cesa Working Papers, 2016.

[183] Frank Barry, Holger Görg, Andrew Mcdowell. Outward FDI and the Investment Development Path of a Late-industrializing Economy: Evidence from Ireland. Regional Studies, 2003, 37 (4): 341 – 349.

[184] Göktas G. Industry policy for the automotive sector: a comparison of Brazil and Turkey [D]. Berlin: University of Applied Sciences Berlin, 2013.

[185] Goh S K. Malaysia's outward FDI: The effects of market size and government policy. Journal of Policy Modeling, 2011, 33 (3): 497 – 510.

[186] Gonçalves J. Empresas Estrangeiras e Transbordamentos de Produtividade na Indústria Brasileira: 1997 – 2000 [D]. Instituto de Economia da Universidade Estadual de Campinas, 2005.

[187] Gorynia M, Nowak J, Wolniak R. Poland and its investment development path. Eastern European Economics, 2007, 45 (2): 52 – 74.

[188] Greene W H. Econometric Analysis. New Jersey: Prentice Hall, 2003.

[189] Gremaud A P, Vasconcellos M A, Toneto Júnior R. Economia Brasileira Contemporânea. São Paulo: Atlas, 2002.

[190] Gu Q A, Lu J W. Effects of inward investment on outward investment: The venture capital industry worldwide 1985 – 2007. Journal of International Business Studies, 2011, 42 (2): 263 – 284.

[191] Hale G, Long C. Are there productivity spillovers from foreign direct investment in China? . Pacific Economic Review, 2011, 16 (2): 135 – 153.

[192] Holweg M. The Evolution of Competition in the Automotive Industry. // Parry G, Graves A, eds. Build To Order-The Road to the 5-Day Car, Springer London, 2008: 13 – 34.

[193] Hu A G Z, Jefferson G H, Qian J. R&D and technology transfer: firm-level evidence from Chinese industry. Review of Economics and Statistics, 2005, 87 (4): 780 – 786.

［194］ Inaba K. Kaigai chokusetsu to⁻shi no keizaigaku. To-kyo-： So-bun-sha，1999.

［195］ Javorcik B S. Does foreign direct investment increase the productivity of domestic firms? In search of spillovers through backward linkages. The American Economic Review，2004，94（3）：605－627.

［196］ Javorcik B S，Spatareanu M. To share or not to share： Does local participation matter for spillovers from foreign direct investment? . Journal of development Economics，2008，85（1）：194－217.

［197］ Jeffiris G. Brazil Moves to Protect Local Carmakers ［N／OL］. The Wall Street Journal，2011－09－15［2014－03－01］. http：//bankinformer. com/439746/brazil-moves-to-protect-local-carmakers-wall-street-journal/.

［198］ Johanson J，Vahlne J E. The Uppsala internationalization process model revisited： From liability of foreignness to liability of outsidership. Journal of international business studies，2009，40（9）：1411－1431.

［199］ Jones G，Herrero G A，Monteiro L. Brazil at the Wheel. Harvard Business School，2003.

［200］ Kim L. Imitation to innovation： The dynamics of Korea's technological learning. Harvard Business Press，1997.

［201］ Knell M，Rojec M. Why is there little evidence of knowledge spillovers from foreign direct investment? . Working paper，2011.

［202］ Kokko A. Technology，market characteristics，and spillovers. Journal of development economics，1994，43（2）：279－293.

［203］ Kokko A. The home country effects of FDI in developed economies. Stockholm： European Institute of Japanese Studies，2006.

［204］ Kowalewski O，Radło M J. Determinants of foreign direct investment and entry modes of Polish multinational enterprises： A new perspective on internationalization. Communist and Post-Communist Studies，2014，47（3）：365－374.

［205］ Kyrkilis D，Pantelidis P. Macroeconomic determinants of outward foreign direct investment. International Journal of Social Economics，2003，30

(7): 827 – 836.

[206] La Porta R, Lopez-de-Silanes F, Shleifer A, et al. Legal determinants of external finance. Journal of finance, 1997: 1131 – 1150.

[207] Lee J. Role of foreign direct investment in knowledge spillovers: Firm-level evidence from Korean firms' patent and patent citations. Journal of the Korean Economy, 2004, 5 (1).

[208] Liu X, Buck T, Shu C. Chinese economic development, the next stage: outward FDI?, International Business Review, 2005, 14: 97 – 115.

[209] Liu X, Parker D, Vaidya K, et al. The impact of foreign direct investment on labour productivity in the Chinese electronics industry. International business review, 2001, 10 (4): 421 – 439.

[210] Li X, Liu X, Parker D. Foreign direct investment and productivity spillovers in the Chinese manufacturing sector. Economic systems, 2001, 25 (4): 305 – 321.

[211] Mansfield E, Schwartz M, Wagner S. Imitation costs and patents: an empirical study. The Economic Journal, 1981, 91 (364): 907 – 918.

[212] Marin A, Costa I. Thinking locally: exploring the importance of a subsidiary-centred model of FDI-related spillovers in Brazil. International Journal of Technological Learning, Innovation and Development, 2010, 3: 87 – 107.

[213] Melitz M J, Yeaple S R. Export versus FDI with Heterogeneous Firms. American Economic Review, 2004, 94 (1): 300 – 316.

[214] Moraes O J. Investimento direto estrangeiro no Brasil. São Paulo: Aduaneiras, 2003.

[215] Morley S A, Smith G W. Import substitution and foreign investment in Brazil. Oxford Economic Papers, New Series, 1971, 23: 120 – 135.

[216] Murakami Y. Technology spillover from foreign-owned firms in Japanese manufacturing industry. Journal of Asian Economics, 2007, 18 (2): 284 – 293.

[217] Musonera E. Foreign Direct Investment (FDI) Spillovers in Sub-Saharan Africa. Journal of Global Business Management, 2007, 3 (2): 80 – 89.

[218] Narula R. Do we need different frameworks to explain infant MNEs from developing countries? . Global Strategy Journal, 2012, 2: 188 – 204.

[219] Narula R, Driffield N. Does FDI Cause Development? The Ambiguity of the Evidence and Why it Matters. European Journal of Development Research, 2012, 24 (1): 1 – 7.

[220] Narula R, Dunning J H. Industrial development, globalization and multinational enterprises: new realities for developing countries. Oxford development studies, 2000, 28 (2): 141 – 167.

[221] Narula R, Dunning J H. Multinational enterprises, development and globalization: Some clarifications and a research agenda. Oxford Development Studies, 2010, 38 (3): 263 – 287.

[222] Narula R, Guimon J. The investment development path in a globalised world: implications for Eastern Europe. Eastern Journal of European Studies, 2010, 1 (2): 5 – 19.

[223] Narula R. Multinational investment and economic structure: Globalisation and competitiveness. London and New York: Routledge, 1996.

[224] Okimoto D I, Sugano T, Weinstein F B, et al. Competitive edge: The semiconductor industry in the US and Japan. Stanford University Press, 1984.

[225] Olofsdotter K. Foreign direct investment, country capabilities and economic growth. Review of World Economics, 1998, 134 (3): 534 – 547.

[226] Ozawa T. Putting the Pieces in Place for Japan's Economic Recovery. Asia Pacific Issues, 2001a, 57: 1 – 8.

[227] Ozawa T. The Hidden Side of the Flying-geese Catch-up Model: Japan's Dirigiste Institutional Setup and a Deepening Financial Morass. Journal of Asian Economics, 2001b, 12: 471 – 491.

[228] Ozawa T. The macro-IDP, meso-IDPs and the technology development path (TDP). // Dunning J H, Narula R, eds. Foreign Direct Investment and Governments: Catalysts for Economic Restructuring. London and New York: Routledge, 1996: 142 – 173.

［229］ Park Y，Lim H A. Geometrical analysis of dynamic problem on the membrane transport using spectral solution. Korean Journal of Chemical Engineering，1995，12（1）：115 – 122.

［230］ Pichl C. Internationale Investitionen，Entwicklungsniveau und Landesgröße. WIFO Monatsberichte，1989，（4）：259 – 266.

［231］ Porter M E. The Competitive Advantage of Nations. New York：Free Press，1990.

［232］ Quadros R. TRIMs，TNCs，technology policy and the Brazilian automobile industry. Technology Policy Brief，2003，2（1）：10 – 12.

［233］ Rademaker L，Martin X. Home country alliance experience，state ownership，and the internationalization of Chinese firms. Working paper，2012.

［234］ Robert K. Yin. 案例研究：设计与方法［M］. 重庆：重庆大学出版社，2005.

［235］ Sakong I. Korea in the world economy. Peterson Institute Press：All Books，1993.

［236］ Scaperlanda A，Balough R S. Determinants of US direct investment in the EEC：Revisited. European Economic Review，1983，21（3）：381 – 390.

［237］ Shapiro H. The mechanics of Brazil's auto industry. NACLA's report on the Americas，1996.

［238］ Souza L C，Rachid A. Internationalization and geographical relocation of Brazil's auto-parts industry. International Conference on Industrial Engineering and Operations Management，2011.

［239］ Stern N. The Determinants of Growth. The Economic Journal，1991，101（404）：122 – 133.

［240］ Stoian C. Extending Dunning's investment development path：The role of home country institutional determinants in explaining outward foreign direct investment. International Business Review，2013，22（3）：615 – 637.

［241］ Suzigan W. Estadoe industrialização no Brasil. Revista de Economia Política，1988，8：5 – 16.

［242］ Teece D J. Technology transfer by multinational firms：The resource cost of transferring technological know-how. The Economic Journal, 1977, 87 (346): 242 – 261.

[243] Thomas D E, Eden L, Hitt M A, et al. Experience of emerging market firms: The role of cognitive bias in developed market entry and survival [J]. Management International Review, 2007, 47 (6): 845 – 867.

[244] Tolentino P E. Technological innovation and third world multinationals. Routledge, 1993.

[245] Tolentino P E. The macroeconomic determinants of the outward foreign direct investment of China: Whither the home country. Working paper, 2008.

[246] Twomey M. The Canadian Experience with the Investment Development Path. Canadian Economic History Conference, 2000: 20 – 22.

[247] United Nations. Economic Commission for Latin America and the Caribbean, Mortimore M, Calderón A R, et al. Mexico's incorporation into the new industrial order: foreign investment as a source of international competitiveness [J]. Desarrollo Productivo, 1995, 13: 85 – 93.

[248] Van Hoesel R. New multinational enterprises from Korea and Taiwan: Beyond export-led growth. London and New York: Routledge, 1999.

[249] Van Hoesel R. Taiwan: Foreign direct investment and the transformation of the economy. //Dunning J H, Narula R, eds. Foreign Direct Investment and Governments: Catalysts for Economic Restructuring. London and New York: Routledge, 1996: 280 – 315.

[250] Varum C A, Rocha V C, Alves G, et al. The enhancing effect of human capital on the FDI and Economic Growth nexus. Working paper, 2011.

[251] Verma R, Brennan L. The investment development path theory: evidence from India. International Journal of Emerging Markets, 2011, 6 (1): 74 – 89.

[252] Wang C, Buckley P J, Clegg J, et al. The impact of inward foreign direct investment on the nature and intensity of Chinese manufacturing exports. Transnational corporations, 2007, 16 (2): 123.

[253] Xu B. Multinational enterprises, technology diffusion, and host country productivity growth. Journal of Development Economics, 2000, 62 (2): 477 – 493.

[254] Yin R K. Case Study Research: Design and Methods. Thousand Oaks, CA: Sage Publications Ltd, 1994.

[255] Zhang Haiyang, Van Den Bulcke D. China: Rapid Changes in the Investment Development Path. // Dunning J H, Narula R, eds. Foreign Direct Investment and Governments: Catalysts for Economic Restructuring. London and New York: Routledge, 1996: 390 – 418.

[256] Zhang H K. Why is U. S. Direct Investment in China So Small? Contemporary Economic Policy, 2000, 18 (1): 82 – 94.

图书在版编目（CIP）数据

吸引外资对对外投资的作用机制：动态 IDP 理论的初步
构建／陈涛涛等著 . —北京：经济科学出版社，2017. 4
（双向开放与发展系列）
ISBN 978 - 7 - 5141 - 7932 - 3

Ⅰ. ①吸… Ⅱ. ①陈… Ⅲ. ①外资利用 - 研究 - 中国
②对外投资 - 研究 - 中国 Ⅳ. ①F832. 6

中国版本图书馆 CIP 数据核字（2017）第 076289 号

责任编辑：侯晓霞
责任校对：隗立娜
责任印制：李　鹏

吸引外资对对外投资的作用机制
——动态 IDP 理论的初步构建

陈涛涛　陈　晓　宋　爽　柳士昌　著

经济科学出版社出版、发行　新华书店经销
社址：北京市海淀区阜成路甲 28 号　邮编：100142
教材分社电话：010 - 88191345　发行部电话：010 - 88191522
网址：www. esp. com. cn
电子邮件：houxiaoxia@ esp. com. cn
天猫网店：经济科学出版社旗舰店
网址：http：//jjkxcbs. tmall. com
北京密兴印刷有限公司印装
710 × 1000　16 开　27. 75 印张　430000 字
2017 年 8 月第 1 版　2017 年 8 月第 1 次印刷
ISBN 978 - 7 - 5141 - 7932 - 3　定价：68. 00 元
（图书出现印装问题，本社负责调换。电话：010 - 88191510）
（版权所有　侵权必究　举报电话：010 - 88191586
电子邮箱：dbts@ esp. com. cn）